毕业就当系列丛书
· 设计院系列 ·

理论实际相联 · 快速适应职场的葵花宝典

**理论+经验 → 基础+实务**

以专家的高度 · 给您面对面的指导和帮助

# 毕业就进设计院
# 钢结构设计

主编 刘英慧

哈尔滨工业大学出版社
HARBIN INSTITUTE OF TECHNOLOGY PRESS

## 内 容 简 介

本书主要介绍钢结构设计人员应掌握的各种设计基础知识、设计原则、设计方法及工程设计实例,主要内容包括概述、钢结构的材料、钢屋架设计、单层厂房钢结构设计、轻型门式刚架结构设计、多层钢结构设计、高层钢结构设计、钢结构防锈及抗火设计等方面的内容。

本书适用于初涉建筑钢结构设计岗位的人员,以及初涉建筑施工领域的大学毕业生。

**图书在版编目(CIP)数据**

毕业就进设计院:钢结构设计/刘英慧主编. —哈尔滨:哈尔滨工业大学出版社,2011.5

(毕业就进系列丛书·设计院系列)

ISBN 978-7-5603-3253-6

Ⅰ.①毕⋯　Ⅱ.①刘⋯　Ⅲ.①钢结构-结构设计　Ⅳ.①TU391.04

中国版本图书馆 CIP 数据核字(2011)第 064700 号

| | |
|---|---|
| 责任编辑 | 郝庆多 |
| 封面设计 | 刘长友 |
| 出版发行 | 哈尔滨工业大学出版社 |
| 社　　址 | 哈尔滨市南岗区复华四道街10号　邮编150006 |
| 传　　真 | 0451-86414749 |
| 网　　址 | http://hitpress.hit.edu.cn |
| 印　　刷 | 东北林业大学印刷厂 |
| 开　　本 | 787mm×1092mm　1/16　印张18.5　字数440千字 |
| 版　　次 | 2011年5月第1版　2011年5月第1次印刷 |
| 书　　号 | ISBN 978-7-5603-3253-6 |
| 定　　价 | 36.00元 |

(如因印装质量问题影响阅读,我社负责调换)

# 编 委 会

**主　　编**　刘英慧

**参　　编**　于　驰　　王　玥　　王　慧　　白雅君
　　　　　　冯义显　　吕克顺　　齐丽娜　　孙庆巍
　　　　　　李　生　　李冬云　　肖建华　　远程飞
　　　　　　吴善喜　　段文民
**法律顾问**　白雅君

# 前　言

随着我国经济建设的快速发展,高层钢结构建筑近年来也开始快速发展,且向多层建筑延伸。特别是建设部近年大力推进钢结构住宅的研究与应用,对多高层钢结构的推广有很大的促进作用,可以说我国目前已进入多高层建筑钢结构大力发展的阶段。这就迫切要求提高从业人员的素质,提高初涉钢结构设计岗位人员的专业知识和业务能力。为了培养更多的钢结构设计人才,不致未来人才短缺,更应该提高在校大学生的专业能力和技术水平。为了从事钢结构设计专业的大学毕业生理论与实践不脱节,能够全面掌握钢结构设计的基础知识,本书在读者已有专业基础理论的前提下,参照国家现行的《钢结构设计规范》(GB 50017—2003)、《钢结构工程施工质量验收规范》(GB 50205—2001)、《建筑抗震设计规范》(GB 50011—2010)等规范和规程,组织编写了此书。

本书共分为8章,包括概述、钢结构的材料、钢屋架设计、单层厂房钢结构设计、轻型门式刚架结构设计、多层钢结构设计、高层钢结构设计、钢结构防锈以及抗火设计等方面的内容。

本书适用于初涉建筑钢结构设计岗位的人员,以及初涉建筑施工领域的大学毕业生。

因编者水平有限,书中难免有不足之处,恳请广大读者热心指点,以便作进一步修改和完善。

编　者

2011.3

# 目　录

第1章　概　述 ............................................................ 1
　1.1　钢结构的特点和应用范围 ...................................... 1
　1.2　钢结构的类型 .................................................... 2
　1.3　钢结构的设计方法 .............................................. 7
　1.4　钢结构的设计指标 .............................................. 12
第2章　钢结构的材料 .................................................. 15
　2.1　钢材的性能 ...................................................... 15
　2.2　钢材的疲劳 ...................................................... 21
　2.3　钢结构工程常用材料及选择 .................................. 27
第3章　钢屋架设计 ...................................................... 34
　3.1　屋盖支撑 ........................................................ 34
　3.2　普通钢屋架设计 ................................................ 41
　3.3　轻型钢屋架设计 ................................................ 65
　3.4　钢管屋架设计 .................................................. 87
第4章　单层厂房钢结构设计 .......................................... 97
　4.1　单层厂房的布置 ................................................ 97
　4.2　厂房结构的横向框架 .......................................... 104
　4.3　厂房柱设计 ...................................................... 109
　4.4　吊车梁设计 ...................................................... 116
第5章　轻型门式刚架结构设计 ...................................... 129
　5.1　结构形式和布置 ................................................ 129
　5.2　内力与侧移计算 ................................................ 133
　5.3　构件的截面设计 ................................................ 140
　5.4　构件的节点设计 ................................................ 152
第6章　多层钢结构设计 ................................................ 170
　6.1　多层钢结构体系 ................................................ 170
　6.2　多层钢结构的作用效应及内力分析 ........................ 175
　6.3　多层钢结构梁设计 ............................................ 182
　6.4　多层钢结构柱设计 ............................................ 194
　6.5　多层钢结构支撑设计 .......................................... 202
　6.6　多层钢结构的节点设计 ...................................... 207
第7章　高层钢结构设计 ................................................ 222

|   |   |   |
|---|---|---|
| 7.1 | 高层钢结构的体系 | 222 |
| 7.2 | 高层钢结构的布置 | 226 |
| 7.3 | 高层钢结构的荷载及组合 | 231 |
| 7.4 | 偏心支撑框架设计 | 236 |

**第8章 钢结构防锈及抗火设计** ……………………………………… 240
    8.1 钢结构的防锈设计 …………………………………………… 240
    8.2 钢结构的抗火设计 …………………………………………… 247

**附录** ………………………………………………………………… 258
    附录A 钢材、焊缝和螺栓连接的强度设计值 ……………………… 258
    附录B 梁的整体稳定系数 ………………………………………… 261
    附录C 轴心受压构件的稳定系数 ………………………………… 265
    附录D 柱的计算长度系数 ………………………………………… 270
    附录E 疲劳计算的构件和连接分类 ……………………………… 282

**参考文献** …………………………………………………………… 285

# 第1章 概 述

钢结构是用钢板、角钢、工字钢、槽钢、H型钢、钢管和圆钢等热轧钢材或通过冷加工成形的薄壁型钢,通过焊接、铆焊或螺栓连接等方式制造而成的结构,它是建筑结构的一种主要形式。

## 1.1 钢结构的特点和应用范围

**1. 钢结构的特点**

钢结构由钢材建造而成,从钢结构的使用和材料特性上可归纳出钢结构的特点如下。

(1)强度高,相对质量轻。设结构材料的质量密度为$\rho$,材料强度为$f$,以建筑钢、木材和钢筋混凝土为例,分别计算它们的密度与强度的比值$\alpha = \rho/f$。

建筑钢:$\alpha = (1.7 \sim 3.7) \times 10^{-4} \mathrm{m}^{-1}$;

木材:$\alpha = 5.4 \times 10^{-4} \mathrm{m}^{-1}$;

钢筋混凝土:$\alpha = 18 \times 10^{-4} \mathrm{m}^{-1}$。

通过对比可知,钢材的$\alpha$值最小,这说明作为承力材料,钢材的强度最高,质量最轻。因此在工程结构中使用钢材可节省材料。

若采用钢筋混凝土、普通型钢和冷弯薄壁型钢这三种材料来设计一个跨度相同、承载相同的平面屋架,则钢筋混凝土屋架最重,普通型钢屋架较轻,约为钢筋混凝土屋架重量的1/4~1/3,而冷弯薄壁型钢屋架最轻,仅为钢筋混凝土屋架重量的1/10。通过屋架设计这个例子可以看出,同样采用钢材,如钢材的形式不同,所设计出的结构重量也会有很大差别。

钢结构的质量轻,基础荷载小,可降低基础工程造价,也使吊装和运输的工作量降低。

由于钢材的强度高,使得钢结构适用于大跨、高耸结构,以及承载很大的重型结构,但其材料强度常常不能得到充分发挥。这是因为在构件设计时,按照强度条件计算所需的截面较小,而按照稳定条件或刚度条件计算所需的构件截面较大。

(2)塑性、韧性好。塑性好是指钢结构在通常条件下不会因超载而突然断裂,破坏前较明显的变形,易被发现。钢材良好的塑性可降低局部高峰应力,使应力分布变化趋缓。韧性好是指钢结构适宜在动力荷载下工作,因此在地震区采用钢结构较为有利。

(3)材质均匀,比较符合力学计算假定。钢材由于冶炼和轧制过程的科学控制,其内部结构组织比较均匀,接近于各向同性,符合理想的弹性-塑性体。因此,计算上不定性较小,计算结果比较可靠。

(4)制作简单、精准度较高、施工速度快。钢结构制作通常是在金属结构加工厂采用机械化施工完成的,准确度和精密度均较高。制作中常可利用各种型钢,使施工速度加快。钢构件质量轻,连接简单方便,使施工周期缩短。钢结构制作的部分工作量或全部工作量(如轻型钢结构制作)可在现场完成,施工比较灵活方便。钢结构易于连接,所以易于加固、改建和拆迁。

（5）密闭性较好。钢材及其连接（特别是焊接）的水密性和气密性均较好，适用于制作高压容器、油罐、气柜和管道等要求密闭性的板壳结构。

（6）钢材易锈蚀。因为钢材易锈蚀，所以对钢结构必须采用防锈蚀措施，特别是对于薄壁构件。钢结构常采用涂油漆防锈处理，在涂油漆前应彻底除锈，油漆质量和涂层厚度均应符合设计要求。在设计中，应考虑避免结构受潮、漏雨，尽量避免构造上出现难于检修的死角，在有较强腐蚀性介质的环境中不宜采用钢结构。

（7）钢材耐热但不耐火。温度在200℃以内时，钢材的主要性能（屈服点和弹性模量）下降不明显。当温度超过200℃后，材质变化较大，此时强度开始逐步降低，还伴随有蓝脆和徐变现象。当温度达到600℃时，钢材强度几乎为零。设计规定：钢材表面温度超过150℃时需要采取隔热防护，对有防火要求的，必须按照相关规定采取隔热保护措施。

（8）在低温或其他条件下易发生脆性断裂。钢结构在低温或其他条件下，容易发生脆性断裂，设计时也应特别注意这一点。

**2. 钢结构的应用范围**

钢结构的合理应用范围不仅取决于钢结构本身的特性，还受到钢材品种、产量和经济水平的制约。过去由于我国钢产量不能满足国民经济各部门的需要，钢结构的应用受到一定的限制。近几年来我国钢材产量大幅度增加，新型结构形式不断推出，使得钢结构的应用迅速发展。根据实践经验和技术要求，钢结构的合理应用范围如下。

（1）重型厂房结构。设有起重量较大的中级和重级工作制桥式起重机的车间，如铸钢车间、水压机车间、炼钢车间、轧钢车间、船体车间和热加工车间等重型车间的承重骨架和桥式起重机梁。

（2）大跨度结构。要求有大空间的公共建筑和工业建筑，多采用重量轻、强度高的大跨度钢结构，如飞机制造厂的装配车间、飞机库、体育馆、大会堂、剧场和展览馆等，多采用钢网架、拱架、悬索以及框架等结构体系。

（3）高层和超高层建筑。多采用钢框架结构体系，以加快建设速度，提高抗震性能。

（4）高耸构筑物。主要是承受风荷载的高耸塔桅结构，如高压输电线塔架、石油化工排气塔架、电视塔、环境气象监测塔和无线电桅杆等多采用塔桅钢结构。

（5）容器、贮罐和管道。大型油库、气罐、囤仓、料斗和大直径煤气管、输油管等多采用板壳钢结构，以保证在压力作用下耐久且不渗漏。

（6）可拆装和搬迁的结构。如流动式展览馆和装配式活动房屋等多用螺栓和扣件连接的轻钢结构。

（7）其他构筑物。如大跨度铁路和公路桥梁、水工闸门、起重桅杆、高炉、热风炉、锅炉骨架、运输通廊、管道支架和海洋采油平台等，一般多采用钢结构。

## 1.2 钢结构的类型

在一般性构筑物中通常采用钢结构，但由于构筑物使用功能的差别而形成了各种钢结构类型。本节主要介绍单层钢结构厂房、轻型钢结构、大跨空间钢结构、多高层以及超高层建筑钢结构、高耸钢结构、桥梁钢结构、钢与混凝土组合结构等。

**1. 单层钢结构厂房**

单层钢结构厂房如图1.1所示。典型的单层钢结构厂房有冶金厂房的平炉、转炉车间，混铁炉车间和轧钢车间；重型机械厂的铸钢车间、水压机车间和锻压车间等。

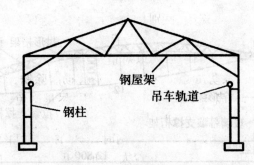

图 1.1　单层钢结构厂房

**2. 轻型钢结构**

轻型钢结构房屋如图 1.2 所示。典型的轻型钢结构有轻型门式刚架、冷弯薄壁型钢结构和轻型钢管结构等。主要用于仓库、办公室、轻型工业厂房、体育设施、低层住宅楼及别墅等。

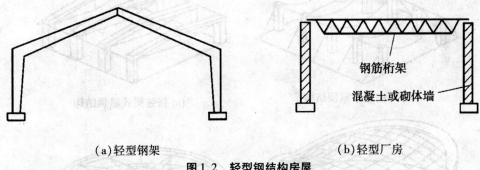

(a) 轻型钢架　　　　　　　　　(b) 轻型厂房

图 1.2　轻型钢结构房屋

**3. 大跨空间钢结构**

大跨空间钢结构如图 1.3～1.5 所示。大跨空间钢结构常用于飞机装配车间、飞机库、大型储煤库、体育场馆和展览馆等，其结构体系常为平面网架、圆柱面网壳、球面网壳、悬索结构、斜拉索结构和预应力结构等。

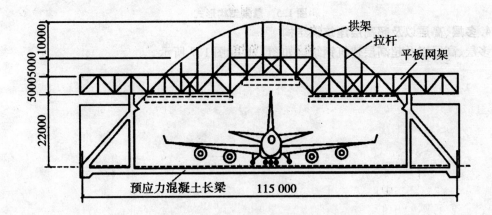

图 1.3　飞机库（拱架支承架结构网）

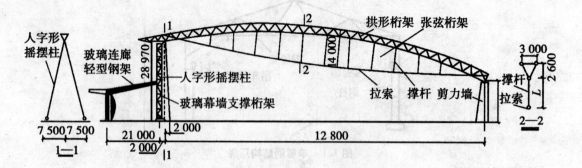

图1.4 会展场馆（张弦桁架结构）

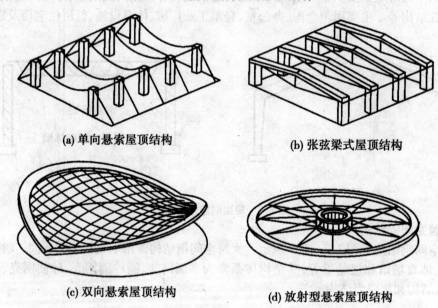

(a) 单向悬索屋顶结构　　(b) 张弦梁式屋顶结构

(c) 双向悬索屋顶结构　　(d) 放射型悬索屋顶结构

图1.5 悬索结构形式

### 4. 多层、高层以及超高层建筑钢结构

多层、高层以及超高层建筑钢结构如图1.6和图1.7所示。

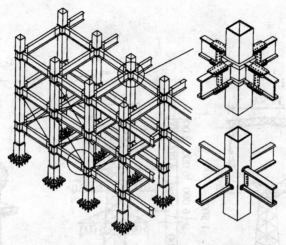

**图 1.6 多层建筑钢结构的构造形式**

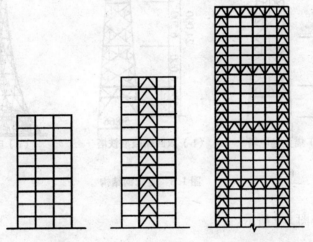

(a)多跨框结构　(b)框架－支撑结构　(c)巨型框架结构

**图 1.7 高层、超高层建筑钢结构体系**

**5. 高耸钢结构**

高耸钢结构如图 1.8 所示。典型的高耸钢结构有钻井塔、输电塔、电视塔、微波塔和环境大气监测塔,还有带拉线的无线电天线桅杆和广播发射桅杆等。

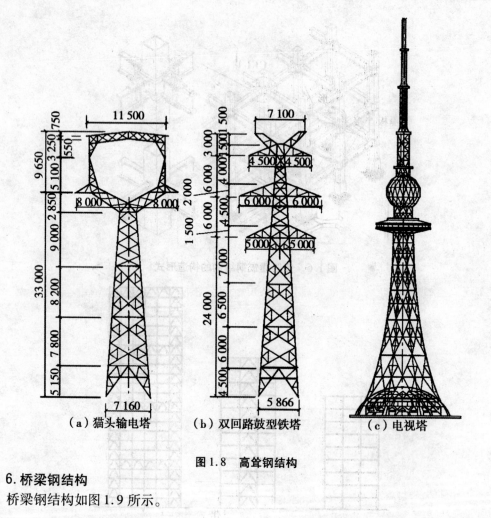

图1.8 高耸钢结构

**6. 桥梁钢结构**

桥梁钢结构如图1.9所示。

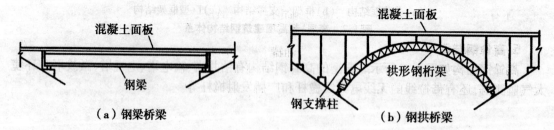

图1.9 桥梁钢结构

**7. 钢与混凝土组合结构**

钢与混凝土组合结构如图1.10所示。典型的钢与混凝土组合结构有钢管混凝土结构和型钢混凝土结构等。

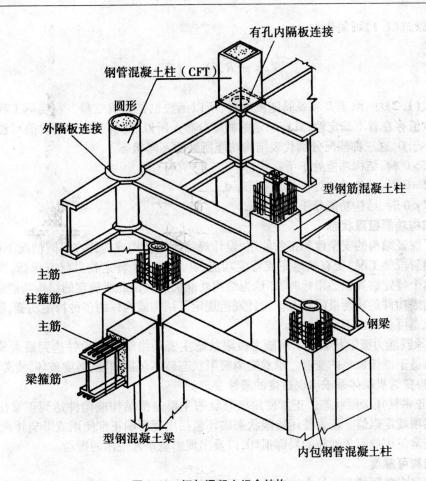

图 1.10 钢与混凝土组合结构

**8. 可拆卸或拆迁的结构**

典型的可拆卸或拆迁的结构有塔式起重机、履带式起重机的吊臂、龙门起重机和桥式吊车等,还有建筑施工的临时生产、生活用房,临时展览及演出的场馆等。

**9. 板壳结构**

典型的板壳结构有高炉、热风炉、油库、油罐、煤气库、漏斗、烟囱、水塔以及各种管道等。

## 1.3 钢结构的设计方法

**1. 结构功能函数**

设决定结构可靠性(或安全性)的参数有 $n$ 个:$x_1, x_2, \cdots, x_n$。构件为满足某一功能规定要求(如应力不超过材料强度或变形不超过规定限值等),按照设计准则可建立起包含这 $n$ 个参数的函数关系式,即

$$Z = g(x_1, x_2, \cdots, x_n) \tag{1.1}$$

式(1.1)称为结构功能函数。

为说明概念,设功能函数中只包含结构(或构件)抗力 $R$ 和荷载效应 $S$ 这两个基本随机

变量,所以式(1.1)可简化为:

$$Z = g(R,S) = (R - S) \tag{1.2}$$

在式(1.2)中,由于 $R$ 和 $S$ 是随机变量,所以函数也是随机变量。在实际工程中,$R$ 和 $S$ 的实际取值存在着不确定性,具有一定的概率分布。所以,随机变量 $Z$ 的取值可能大于0、等于0或小于0,这三种情况分别代表结构功能所处的不同状态。

当 $Z>0$ 时,结构功能处于可靠状态。
当 $Z=0$ 时,结构功能处于临界状态。
当 $Z<0$ 时,结构功能处于失效状态。

**2. 结构功能极限状态**

为了保证结构的安全性和正常使用,设计规范规定结构或构件在不同情况下(如施工阶段和使用阶段等工况)要有效地完成特定功能,并规定一个特定临界状态指标,当结构或构件超过这个特定临界状态指标时,即认为结构功能失效。由此所确定的结构功能临界状态就称为结构或构件的功能极限状态。设计规范规定了结构或构件的多种特定功能,所以结构功能极限状态可分为以下两类。

(1)承载能力极限状态。承载能力极限状态主要是指结构或构件达到最大承载能力或出现不再适于继续加载的变形。承载能力极限状态破坏包括倾覆、强度破坏、疲劳破坏、丧失稳定、结构变为机动体系或出现过度的塑性变形。

(2)正常使用极限状态。正常使用极限状态主要是指结构或构件达到正常使用或耐久性能的某项规定限值。正常使用极限状态破坏包括出现影响正常使用或影响外观的变形,出现影响正常使用或耐久性能的局部损坏,以及出现影响正常使用的振动。

**3. 结构可靠度**

按照概率极限状态设计方法,结构的可靠度是指结构在规定的时间内和条件下,完成预定功能的概率,即 $Z \geq 0$ 的概率。

结构可靠度的数学表达式如下:

$$P_s = P(Z \geq 0) \tag{1.3}$$

结构失效概率的数学表达式如下:

$$P_f = P(Z < 0) \tag{1.4}$$

事件($Z<0$)与事件($Z \geq 0$)是功能函数取值完整空间,且二者相互独立。所以有

$$P_s + P_f = P(Z \geq 0) + P(Z < 0) = 1 \tag{1.5}$$

由式(1.5)得

$$P_s = 1 - P_f \tag{1.6}$$

式(1.6)说明,结构可靠度的计算可通过间接计算结构失效概率来获得。

假若已知功能函数 $Z$ 的概率密度 $f_Z(Z)$ 曲线(图1.11),则结构失效概率 $P_f$(图1.11的阴影部分)可由下面积分求得:

$$P_f = P(Z<0) = \int_{-\infty}^{0} f_z(Z) \mathrm{d}_z \qquad (1.7)$$

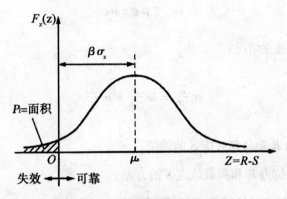

图1.11 $Z$ 的概率密度 $F_z(Z)$ 曲线

但实际上,$Z$ 的分布一般很难求出,由式(1.7)计算失效概率的方法也仅是停留在理论上。20世纪60年代末,美国学者康奈尔(C. A. Cornell)提出了"RF 一次二阶矩方法",概率设计法在实际中获得应用。

一次二阶矩法不是由图1.11中 $Z$ 的分布直接计算结构的失效概率 $P_f$,而是将功能函数 $Z$ 的均值 $\mu_Z$ 用 $Z$ 的标准差 $\sigma_Z$ 来度量(图1.11),即

$$\mu_Z = \beta \sigma_Z \qquad (1.8)$$

由上式得

$$\beta = \frac{\mu_Z}{\sigma_Z} \qquad (1.9)$$

式中 $\beta$——结构的可靠度指标或安全指标。

显然,只要确定了分布,$\beta$ 与 $P_f$ 就存在一一对应关系。如 $Z$ 为正态分布,则 $\beta$ 与 $P_f$ 的关系式为

$$P_f = \Phi(-\beta) \qquad (1.10)$$

式中 $\Phi(\cdot)$——标准正态分布函数。

如 $Z$ 为非正态分布,可用当量正态化方法将其转化为正态分布。

由式(1.10)可知:$\beta$ 增大,则 $P_f$ 减小;反之亦然。$Z$ 为正态分布,$\beta$ 与 $P_f$ 的对应关系见表1.1。

表1.1　$Z$ 为正态分布时 $\beta$ 与 $p_f$ 的对应值

| 可靠度指标 $\beta$ | 2.7 | 3.2 | 3.5 | 4.0 | 4.5 |
|---|---|---|---|---|---|
| 失效概率 $P_f$ | $3.47\times10^{-3}$ | $6.87\times10^{-4}$ | $2.33\times10^{-4}$ | $3.17\times10^{-5}$ | $3.4\times10^{-6}$ |

对于任何分布 $Z$ 的 $\mu_Z$ 和 $\sigma_Z^2$ 均可按下式求得,即

$$\mu_Z = \mu_R - \mu_S \tag{1.11}$$

对于 $R$ 与 $S$ 统计独立情况:

$$\sigma_Z^2 = \sigma_R^2 + \sigma_S^2 \tag{1.12}$$

式中　$\mu_R$、$\mu_S$——抗力 $R$ 和荷载效应 $S$ 的均值;

$\sigma_R^2$、$\sigma_S^2$——抗力 $R$ 和荷载效应 $S$ 的方差。

若 $Z$ 为设计参数的非线性函数,则应展开为泰勒级数并取其线性项,然后再计算其均值和方差。

$$\mu_Z \approx g(\mu_{x_1}, \mu_{x_2}, \cdots, \mu_{x_n}) \tag{1.13}$$

$$\sigma_z^2 = \sum_{i=1}^{n}\left(\left.\frac{\partial g}{\partial x_i}\right|_\mu\right)^2 \mu_{x_i}^2 \tag{1.14}$$

式中　$\mu_{x_i}$——随机变量 $x_i$ 的均值;

$(\cdot|\mu)$——计算偏导数时变量均用各自的均值赋值。

**4. 设计表达式**

(1)承载能力极限状态表达式。对于承载能力极限状态设计,应采用荷载效应的基本组合或偶然组合。荷载效应的基本组合应由组合式的最不利值来确定。

可变荷载效应控制的组合为

$$\gamma_0\left(\gamma_G S_{GK} + \gamma_{Q1}S_{Q1K} + \sum_{i=2}^{n}\psi_{ci}\gamma_{Qi}S_{QiK}\right) \leq R \tag{1.15}$$

永久荷载效应控制的组合为

$$\gamma_0\left(\gamma_G S_{GK} + \sum_{i=1}^{n}\psi_{ci}\gamma_{Qi}S_{QiK}\right) \leq R \tag{1.16}$$

式中　$R$——结构构件抗力的设计值,$R = R_K/\gamma_R$ 其中 $R_K$ 是抗力的标准值,取其概率分布的0.05下分位点,$\gamma_R$ 是抗力分项系数;

$\gamma_0$——结构重要性系数;

$S_{GK}$——按照永久荷载标准值计算的荷载效应值(如构件或连接中的应力);

$S_{QiK}$——按照第 $i$ 个可变荷载标准值计算的荷载效应值;

$S_{Q1K}$——所有可变荷载效应值中起控制作用的值(将该值放在特殊位置计算,使计算结果最大);

$\gamma_G$——永久荷载分项系数;

$\gamma_{Qi}$——第 $i$ 个可变荷载分项系数;

$\gamma_{Q1}$——起控制作用的可变荷载分项系数;

$\psi_{ci}$——第 $i$ 个可变荷载的组合系数,$\psi_{ci} \leq 1$。

对于一般排架、框架结构,可采用简化规则。由永久荷载效应控制的组合,仍按照式(1.16)进行计算。当只有一个可变荷载时,由可变效应控制的组合为:

$$\gamma_0(\gamma_G S_{GK} + \gamma_{Q1} S_{QiK}) \leq R \tag{1.17}$$

当有多个可变荷载时,由可变效应控制的组合为:

$$\gamma_0\left(\gamma_G S_{GK} + 0.9 \sum_{i=1}^{n} \gamma_{Qi} S_{QiK}\right) \leq R \tag{1.18}$$

对于偶然组合,荷载效应组合的设计值宜按下列规定确定:偶然荷载的代表值不乘以分项系数;与偶然荷载同时出现的其他荷载可根据观测资料和工程经验采用适当的代表值。各种情况下荷载效应的设计公式可由相关规定确定。

(2)正常使用极限状态表达式。当验算变形是否超过规定限值时,不考虑荷载的分项系数,即用荷载的标准值计算。荷载效应的组合有短期组合(标准组合)和长期组合(准永久组合)。钢结构或构件只按短期组合,其表达式为:

$$\nu = \nu_{GK} + \nu_{Q1K} + \sum_{i=2}^{n} \psi_{ci} \nu_{QIK} \leq [\nu] \tag{1.19}$$

式中　$\nu$——结构或构件的变形值;

$\nu_{GK}$——按照永久荷载标准值计算的结构或构件的变形值;

$\nu_{QiK}$——按照第 $i$ 个可变荷载标准值计算的结构或构件的变形值;

$\nu_{Q1K}$——由可变荷载标准值计算的结构或构件的变形值中起控制作用的值(该值使计算结果最大);

$\psi_{ci}$——第 $i$ 个可变荷载的组合系数,当有风荷载参与组合时取0.6,无风荷载时取1.0,一般框、排架,当有两个或两个以上荷载参与组合且有风荷载时取0.85,其他情况取1.0;

$[\nu]$——结构或构件的容许变形值。

当只有一个可变荷载时:

$$\nu = \nu_{GK} + \nu_{QIK} \leqslant [\nu] \tag{1.20}$$

## 1.4 钢结构的设计指标

**1. 钢材的强度标准值**

材料强度标准值是结构设计时采用的材料强度的基本代表值,根据《建筑结构可靠度设计统一标准》(GB 50068—2001)规定,取材料强度实测值总体中,具有95%以上的保证率为材料强度的标准值。这意味着材料强度标准值是一个可能出现偏低强度的强度指标,即存在5%的风险。

热轧钢的强度标准值取原冶金部颁布的屈服强度废品限值,即其保证率为97.73%。所谓部颁屈服强度废品限值是指冶金部为避免质量过低的钢材出厂,规定在每60 t钢材或每炉钢材中抽取两个试件,每个试件的屈服强度应不低于规定的废品限值,否则认为是废品。

**2. 钢材的强度设计值**

(1) 材料的分项系数 $\gamma_f$。

在承载能力极限状态设计中,为了充分考虑材料的离散性和施工中不可避免的偏差带来的不利影响,使实际的可靠指标 $\beta$ 值与规定的目标可靠指标 $[\beta]$ 在总体上误差最小,对全套分项系数经过优化找出最佳匹配取值,钢结构构件抗力分项系数,对 Q235(3号钢)、Q345钢,取 $\gamma_f = 1.087$;对于 Q390钢、15MnVq钢,取 $\gamma_f = 1.111$。

(2) 钢材强度设计值。材料的强度设计值 $f$ 为强度标准值除以分项系数,强度设计值可以保证构件达到所要求的承载能力极限的可靠程度。表达式如下:

$$f = f_K / \gamma_f \tag{1.21}$$

1) 钢材的强度设计值。钢材的强度设计值应根据钢材的厚度或直径不同分别取值,见表1.2。

表1.2 钢材强度设计值   单位:N/mm²

| 钢材 | | 抗拉、抗压和抗弯 | 抗剪 | 端面承压(刨平顶紧) |
|---|---|---|---|---|
| 钢号 | 厚度或直径/mm | $f$ | $f_v$ | $f_{ce}$ |
| Q235钢 | ≤16 | 215 | 125 | 325 |
| | 16~40 | 205 | 120 | 325 |
| | 40~60 | 200 | 115 | 325 |
| | 60~100 | 190 | 110 | 325 |
| Q345(16Mn钢、16Mnq钢) | ≤16 | 310 | 180 | 400 |
| | 16~35 | 295 | 170 | 400 |
| | 35~50 | 265 | 155 | 400 |
| | 50~100 | 250 | 145 | 400 |
| Q390(15MnV钢、15MnVq钢) | ≤16 | 350 | 205 | 415 |
| | 16~35 | 335 | 190 | 415 |
| | 35~50 | 315 | 180 | 415 |
| | 50~100 | 295 | 170 | 415 |

续表 1.2　　　　　　　　　　　　　　　　　　　　　　　单位：N/mm²

| 钢材 | | 抗拉、抗压和抗弯 $f$ | 抗剪 $f_v$ | 端面承压(刨平顶紧) $f_{cc}$ |
|---|---|---|---|---|
| 钢号 | 厚度或直径/mm | | | |
| Q420 钢 | ≤16 | 380 | 220 | 440 |
| | 16～35 | 360 | 210 | 440 |
| | 35～50 | 340 | 195 | 440 |
| | 50～100 | 325 | 185 | 440 |

注：表中厚度是指计算点的钢材厚度，对轴心受力构件指截面中较厚板件的厚度。

2）构件和连接的强度设计值。钢铸件的强度设计值应按表 1.3 采用。

表 1.3　钢铸件强度设计值　　　　　　　　　　　　　　　单位：N/mm²

| 钢号 | 抗拉、抗压和抗弯 $f$ | 抗剪 $f_v$ | 端面承压(刨平顶紧) $f_{cc}$ |
|---|---|---|---|
| ZG200～400 | 155 | 90 | 260 |
| ZG230～450 | 180 | 105 | 290 |
| ZG270～500 | 210 | 120 | 325 |
| ZG310～570 | 240 | 140 | 370 |

3）连接的强度设计值按表 1.4～1.6 采用。

表 1.4　焊缝的强度设计值　　　　　　　　　　　　　　　单位：N/mm²

| 焊接方法和焊条型号 | 构件钢材 | | 对接焊缝 | | | | 角焊缝 |
|---|---|---|---|---|---|---|---|
| | 牌号 | 厚度或直径/mm | 抗压 $f_c^w$ | 焊缝质量为下列等级时，抗拉 $f_t^w$ | | 抗剪 $f_v^w$ | 抗拉、抗压和抗剪 $f_f^w$ |
| | | | | 一级、二级 | 三级 | | |
| 自动焊、半自动焊和 E43 型焊条的手工焊 | Q235 钢 | ≤16 | 215 | 215 | 185 | 125 | 60 |
| | | 16～40 | 205 | 205 | 175 | 120 | |
| | | 40～60 | 200 | 200 | 170 | 115 | |
| | | 60～100 | 190 | 190 | 160 | 110 | |
| 自动焊、半自动焊和 E50 型焊条的手工焊 | Q345 钢 | ≤16 | 310 | 310 | 265 | 180 | 200 |
| | | 16～35 | 295 | 295 | 250 | 170 | |
| | | 35～50 | 265 | 265 | 225 | 155 | |
| | | 50～100 | 250 | 250 | 210 | 145 | |
| | Q390 钢 | ≤16 | 350 | 350 | 300 | 205 | 220 |
| | | 16～35 | 335 | 335 | 285 | 190 | |
| | | 35～50 | 315 | 315 | 270 | 180 | |
| | | 50～100 | 295 | 295 | 250 | 170 | |
| 自动焊、半自动焊和 E55 型焊条的手工焊 | Q420 钢 | ≤16 | 380 | 380 | 320 | 220 | 220 |
| | | 16～35 | 360 | 360 | 305 | 210 | |
| | | 35～50 | 340 | 340 | 290 | 195 | |
| | | 50～100 | 325 | 325 | 275 | 185 | |

注：1. 自动焊和半自动焊所采用的焊丝和焊剂，应保证其熔敷金属的力学性能不低于现行国家标准《埋弧焊用碳钢焊丝和焊剂》(GB/T 5293—1999)和《埋弧焊用低合金钢焊丝和焊剂》(GB/T 12470—2003)中相关的规定。
2. 焊缝质量等级应符合现行国家标准《钢结构工程施工质量验收规范》(GB 50205—2001)的规定。其中厚度小于 8 mm 钢材的对接焊缝，不应采用超声波探伤确定焊缝质量等级。
3. 对接焊缝在受压区的抗弯强度设计值取 $f_c^w$，在受拉区的抗弯强度设计值取 $f_t^w$。
4. 表中厚度系指计算点的钢材厚度。对轴心受拉和轴心受压构件系指截面中较厚板件的厚度。

表 1.5 铆钉连接的强度设计值　　　　　　　　单位:N/mm²

| 铆钉钢号和构件钢材牌号 | | 抗拉(钉头拉脱)$f_t^r$ | 抗剪 $f_v^r$ | | 承压 $f_c^r$ | |
|---|---|---|---|---|---|---|
| | | | Ⅰ类孔 | Ⅱ类孔 | Ⅰ类孔 | Ⅱ类孔 |
| 铆钉 | BL2 或 BL3 | 120 | 185 | 155 | — | — |
| 构件 | Q235 钢 | — | — | — | 450 | 365 |
| 构件 | Q345 钢 | — | — | — | 565 | 460 |
| 构件 | Q390 钢 | — | — | — | 590 | 480 |

注:1. 属于下列情况的为Ⅰ类孔:
　　(1)在装配好的构件上按设计孔径钻成的孔。
　　(2)在单个零件和构件上按设计孔径分别用钻模钻成的孔。
　　(3)在单个零件上先钻成或冲成较小的孔径,然后在装配好的构件上再扩钻至设计孔径的孔。
　　2. 在单个零件上一次冲成或不用钻模钻成设计孔径的孔属于Ⅱ类孔。

表 1.6 螺栓连接的强度设计值　　　　　　　　单位:N/mm²

| 螺栓的钢材牌号(或性能等级)和构件的钢材牌号 | | 普通螺栓 | | | | | | 锚栓 | 承压型连接高强度螺栓 | | |
|---|---|---|---|---|---|---|---|---|---|---|---|
| | | C 级螺栓 | | | A 级、B 级螺栓 | | | | | | |
| | | 抗拉 $f_t^b$ | 抗剪 $f_v^b$ | 承压 $f_c^b$ | 抗拉 $f_t^b$ | 抗剪 $f_v^b$ | 承压 $f_c^b$ | 抗拉 $f_t^a$ | 抗拉 $f_t^b$ | 抗剪 $f_v^b$ | 承压 $f_c^b$ |
| 普通螺栓 | 4.6级、4.8级 | 170 | 140 | — | — | — | — | — | — | — | — |
| 普通螺栓 | 5.6级 | — | — | — | 210 | 190 | — | — | — | — | — |
| 普通螺栓 | 8.8级 | — | — | — | 400 | 320 | — | — | — | — | — |
| 锚栓 | Q235 钢 | — | — | — | — | — | — | 140 | — | — | — |
| 锚栓 | Q345 钢 | — | — | — | — | — | — | 180 | — | — | — |
| 承压型连接高强度螺栓 | 8.8级 | — | — | — | — | — | — | — | 400 | 250 | — |
| 承压型连接高强度螺栓 | 10.9级 | — | — | — | — | — | — | — | 500 | 310 | — |
| 构件 | Q235 钢 | — | — | 305 | — | — | 405 | — | — | — | 470 |
| 构件 | Q345 钢 | — | — | 385 | — | — | 510 | — | — | — | 590 |
| 构件 | Q390 钢 | — | — | 400 | — | — | 530 | — | — | — | 615 |
| 构件 | Q420 钢 | — | — | 425 | — | — | 560 | — | — | — | 655 |

注:1. A 级螺栓用于 $d≤24$ mm 和 $l≤10d$ 或 $l≤150$ mm(按较小值)的螺栓;B 级螺栓用于 $d>24$ mm 或 $l>10d$ 或 $l>150$ mm(按较小值)的螺栓。$d$ 为螺栓公称直径,$l$ 为螺杆公称长度。
　　2. A、B 级螺栓孔的精度和孔壁表面粗糙度,C 级螺栓孔的允许偏差和孔壁表面粗糙度,均应符合现行国家标准《钢结构工程施工质量验收规范》(GB 50205—2001)的要求。

(3)强度设计值的折减系数。上述钢材和连接强度设计值是在结构处于正常工作情况下求得的,对处于不利情况下的结构构件和连接,其强度设计值应予适当折减,即在计算下列情况时,将强度设计值乘以相应折减系数。

1)单面连接的单角钢。按轴心受力计算强度和连接,取 0.85。按轴心受压计算稳定性时,对等边角钢,取 $0.6+0.001\ 5\lambda$,但不大于 1.0;对短边相连的不等边角钢,取 $0.5+0.002\ 5\lambda$,但不大于 1.0;对长边相连的不等边角钢,取 0.70。其中,$\lambda$ 为长细比,对中间无联系的单角钢压杆,应按最小回转半径计算,当 $\lambda<20$ 时,取 $\lambda=20$。

2)无垫板的单面施焊对接焊缝取 0.85。

3)施工条件较差的高空安装焊缝和铆钉连接取 0.90。

4)沉头和半沉头铆钉连接取 0.80。

当以上几种情况同时存在时,其折减系数应连乘。

# 第2章 钢结构的材料

## 2.1 钢材的性能

### 【基础】

◆ **塑性破坏形式**

塑性破坏是由于构件变形过大,超过了材料可能的应变变形能力而产生的,而且仅在构件的应力达到了钢材的抗拉强度 $f_u$ 后才发生。破坏前构件产生较大的塑性变形,断裂后的断口呈纤维状,色泽发暗。在塑性破坏前,由于总有较大的塑性变形发生,且变形持续的时间较长,很容易及时发现并采取有效补救措施,不致引起严重后果。另外,塑性变形后应力重新分布,使结构中原先受力不等的部分应力趋于均匀,因而可以提高结构的承载能力。

◆ **脆性破坏形式**

脆性破坏是在塑性变形很小,甚至没有塑性变形的情况下突然发生的。破坏时构件的计算应力可能小于钢材的屈服强度 $f_y$,断裂从应力集中处开始。破坏的断口平直并呈有光泽的晶粒状。由于脆性破坏前没有明显的预兆,无法及时觉察和采取补救措施,而且个别构件的断裂常引起整个结构的塌毁,危及人民生命财产安全,后果严重,损失较大。在设计、施工和使用钢结构时,要特别注意防止出现脆性破坏。

### 【实务】

◆ **受拉、受压及受剪时的性能**

如图 2.1 所示为钢材标准试件在常温静载情况下,单向均匀受拉试验时的应力 - 应变 ($\sigma - \varepsilon$) 曲线。

**1. 强度性能指标**

(1)线弹性阶段。在图 2.1 中,$\sigma - \varepsilon$ 曲线的 OP 段为直线,说明应力与应变的关系为线性,卸载后变形完全消失,说明材料为弹性。P 点应力 $f_p$,称为比例极限。OP 段直线的斜率 $E = 2.06 \times 10^{11} \text{ N/m}^2$,称为弹性模量,应力与应变的关系可表示为 $\sigma = E\varepsilon$。

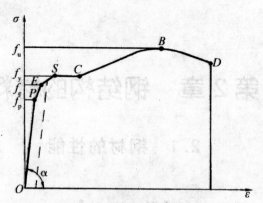

图 2.1 碳素结构钢的应力-应变曲线

(2) 非线性弹性阶段。$\sigma-\varepsilon$ 曲线的 PE 段为曲线,说明应力与应变的关系为非线性,但材料仍为弹性。E 点的应力 $f_e$ 称为弹性极限。PE 段曲线斜率为 $E_t=d\sigma/d\varepsilon$,称为切线模量。弹性极限 $f_e$ 与比例极限 $f_p$ 很接近,实际上很难区分,因此一般只提比例极限。

(3) 弹-塑性阶段。$\sigma-\varepsilon$ 曲线的 ES 段,材料表现为非弹性性质,即卸荷曲线为图 2.1 中的虚直线,它与 OP 平行,此时留下永久性的残余变形。S 点的应力 $f_y$ 称为屈服点。

(4) 塑性阶段。对于低碳钢,出现明显的屈服台阶 SC 段,即应力在屈服点 $f_y$ 下不变,而应变不断增大。在开始进入塑性流动范围时,曲线波动较大,以后逐渐趋于平稳,其最高点和最低点分别称为上屈服点和下屈服点。上屈服点与试验条件(加荷速度、试件形状、试件对中的准确性)有关;下屈服点则对此不太敏感,设计中取用的设计强度以下屈服点为依据。

对于没有缺陷和残余应力影响的试件,比例极限和屈服点比较接近,且屈服点前的应变很小(对低碳钢约为 0.15%)。当应力达到屈服点后,杆件将产生很大的塑性变形(低碳钢 $\varepsilon_e=2.5\%$),这在使用上是不容许的,表明钢材已失去了承载能力。因此,在设计时应取屈服点作为钢材可以达到的最大应力。

(5) 硬化阶段。经过屈服台阶后,$\sigma-\varepsilon$ 曲线出现了上升的 CB 曲线段,材料表现出应变硬化。B 点的应力 $f_u$ 称为抗拉强度(极限强度)。当应力达到 B 点时,试件发生颈缩现象,至 D 点而断裂。当以屈服点的应力 $f_y$ 作为强度限值时,抗拉强度 $f_u$ 只是作为材料的强度储备。

1) 理想的弹-塑性模型。对于有明显屈服台阶的钢材,假定在应力不超过屈服点以前钢材为线弹性,在应力超过屈服点以后则为完全塑性,如图 2.2 所示。这样钢材就被视为理想的弹塑性材料,可简化计算分析。

2) 条件屈服点。高强度钢没有明显的屈服点和屈服台阶,这类钢的屈服点是根据试验结果分析人为规定的,故称为条件屈服点。条件屈服点是以卸荷后试件中残余应变 0.2% 所对应的应力(有时用 $f_{0.2}$ 表示),如图 2.3 所示。

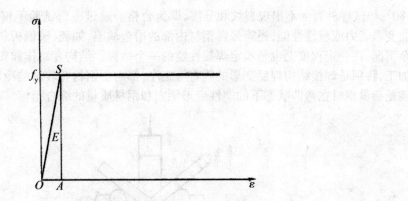

图2.2 理想的弹塑性体的应力—应变曲线

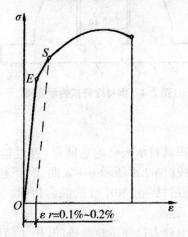

图2.3 高强度钢的应力—应变曲线

由于高强度钢不具有明显的塑性台阶,设计中不宜利用它的塑性。

**2. 塑性性能指标**

试件被拉断时的绝对变形值与试件标距长度之比的百分数,即为伸长率,以 $\delta$ 表示。伸长率代表材料在单向拉伸时的塑性应变的能力。当试件标距长度与试件直径 $d$ 之比为10时,则伸长率以 $\delta_{10}$ 表示;当试件标距长度与试件直径 $d$ 之比为5时,则伸长率以 $\delta_5$ 表示。

**3. 物理性能指标**

钢材在单向受压(粗而短的试件)时,受力性能基本上和单向受拉时相同。受剪的情况也相似,但屈服点 $\tau_y$ 及抗剪强度 $\tau_u$ 均较受拉时为低;剪变模量 $G$ 也低于弹性模量 $E$。

钢材和钢铸件的弹性模量 $E$、剪变模量 $G$、线膨胀系数 $\alpha$ 和质量密度 $\rho$ 见表1.3。

表2.1 钢材和钢铸件的物理性能指标

| 弹性模量 $E/(\mathrm{N\cdot mm^{-2}})$ | 剪变模量 $G/(\mathrm{N\cdot mm^{-2}})$ | 线膨胀系数 $\alpha/(1\cdot{}^{\circ}\mathrm{C}^{-1})$ | 质量密度 $\rho/(\mathrm{kg\cdot m^{-3}})$ |
|---|---|---|---|
| $206\times 10^3$ | $79\times 10^3$ | $12\times 10^{-6}$ | 7 850 |

## ◆冷弯性能

钢材的冷弯性能是塑性指标之一,同时也是衡量钢材质量的一个综合性指标。冷弯性能由冷弯试验确定(图2.4)。试验时按照规定的弯心直径在试验机上用冲头加压,使试件弯成

180°,如试件外表面不出现裂纹和分层,即为合格。通过冷弯试验不仅能直接检验钢材的弯曲变形能力或塑性性能,还能暴露钢材内部的冶金缺陷,如硫、磷偏析和硫化物与氧化物的掺杂情况,在一定程度上也是鉴定焊接性能的一个指标。结构在制作和安装的过程中要进行冷加工,特别是焊接结构焊后变形的调直等工序,都需要钢材有较好的冷弯性能。因此,冷弯性能是衡量钢材在弯曲状态下的塑性变形能力和钢材质量的综合指标。

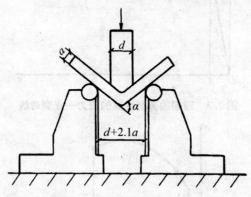

图2.4 钢材冷弯试验示意图

### ◆冲击韧性

韧性与钢材断裂前单位体积材料所吸收的总能量(弹性能和非弹性能之和)多少相关。这个总能量值就是拉伸试验曲线(图2.1所示$\sigma-\varepsilon$曲线)下包围的面积。曲线包围的面积越大韧性就越高。因此,韧性是钢材强度和塑性的综合指标。通常,当钢材的强度提高而韧性出现降低时,则说明钢材趋于脆性。

钢材的强度和塑性指标是由静力拉伸试验获得的,用于结构承受动力荷载的设计时,显然有很大的局限性。对钢材进行冲击韧性试验的目的就在于获得钢材抵抗动力荷载的性能指标。

构件局部缺陷(如裂纹和缺口等)处产生应力集中和同号应力场,塑性变形发展受到限制的结果是钢材在动力荷载作用下发生脆性破坏的原因。因此,冲击韧性试验,采用带缺口的标准试件进行冲击试验,根据试件断裂时所吸收的总能量(弹性能和非弹性能之和)来衡量钢材的抗冲击能力,称为冲击韧性。

在国家标准《碳素结构钢》(GB/T 700—2006)中规定,冲击韧性试验采用夏比V形缺口试件如图2.5(a),在夏比试验机上进行,根据试件断裂时所消耗的冲击功(以$Cv$表示,单位:J)来衡量钢料的抗冲击能力,试验结果不除以缺口处的截面积。

# 第2章 钢结构的材料

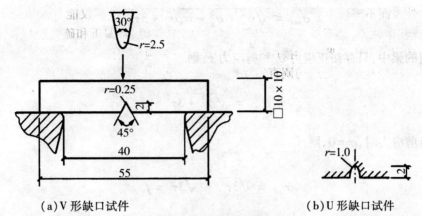

(a) V形缺口试件　　　　　　　　　　(b) U形缺口试件

**图2.5　冲击韧性试验**

在国家标准《碳素结构钢》(GB/T 700—2006)颁布以前,中国冲击试验一直采用梅氏 U 形缺口试件在梅氏试验机上进行,根据试件断裂时截面单位面积所消耗的冲击功(以 $ak$ 表示,单位:$J/cm^2$)来衡量钢料的抗冲击能力。

由于夏比试件缺口比梅氏试件的尖锐,更接近构件实际中可能出现的严重缺陷,所以近年来常采用夏比试验方法来确定钢料冲击韧性。由于低温对钢材的脆性破坏有显著影响,为保证结构具有足够的抗脆性破坏能力,因此,寒冷地区的钢结构不仅要求钢材具有常温(20 ℃)冲击韧性指标,还应具有负温(0 ℃、-20 ℃或-40 ℃)冲击韧性指标。

## ◆ 多向应力下钢材的屈服条件

在单向拉力试验中,单向应力达到屈服点时,钢材进入塑性状态。在复杂应力如平面或立体应力(图2.6)作用下,钢材由弹性状态转入塑性状态的条件是按能量强度理论(第四强度理论)计算的折算应力 $\sigma_{red}$ 与单向应力下的屈服点相比较来判断:

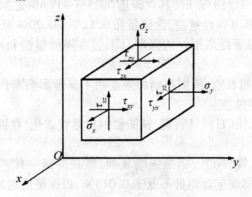

**图2.6　复杂应力**

$$v_{red} = \sqrt{\sigma_x^2 + \sigma_y^2 + \sigma_z^2 - (\sigma_x\sigma_y + \sigma_y\sigma_z + \sigma_z\sigma2_x) + 3(\tau_{xy}^2 + \tau_{yz}^2 + \tau_{zx}^2)} \quad (2.1)$$

当 $\sigma_{red} < f_y$ 时,为弹性状态;当 $\sigma_{red} > f_y$ 时,为塑性状态。

若三向应力有一向应力很小(如厚度较小,厚度方向的应力 $\sigma_z$ 可忽略不计)或为零时,则属于平面应力状态,式(2.1)简化为

$$\sigma_{red} = \sqrt{\sigma_x^2 + \sigma_y^2 - \sigma_x\sigma_y + 3\tau_{xy}^2} \tag{2.2}$$

在一般的梁中,只存在正应力 $\sigma$ 和剪应力 $\tau$,则

$$\sigma_{red} = \sqrt{\sigma^2 + 3\tau^2} \tag{2.3}$$

当只有剪应力时,$\sigma = 0$,则

$$\sigma_{red} = \sqrt{3\tau^2} = \sqrt{3}\tau = f_y \tag{2.4}$$

由此得

$$\tau = \frac{f_y}{\sqrt{3}} = 0.58 f_y \tag{2.5}$$

因此,钢结构设计规范确定钢材抗剪设计强度为抗拉设计强度的 0.58 倍。

当平面或立体应力皆为拉应力时,材料破坏时没有明显的塑性变形产生,即材料处于脆性状态。

## ◆影响钢材性能的主要因素

### 1. 化学成分的影响

(1)碳(C)。碳素钢主要是铁碳的合金,其含碳量小于 2%。按含碳量的多少可分为低碳钢(其含碳量小于 0.25%)、中碳钢(其含碳量 0.25% ~ 0.6% 之间)和高碳钢(其含碳量大于 0.6%)。含碳量越高其可焊性越差,含碳量在 0.12% ~ 0.20% 范围内,可焊性最好。

(2)锰(Mn)。锰可显著提高钢材的强度且不过多降低塑性和冲击韧性,但锰会使钢材的可焊性下降。

(3)硅(Si)。硅是强脱氧剂,能提高钢的强度而不显著影响塑性、韧性和冷弯性,但过量会恶化钢的可焊性和抗锈蚀性。

(4)钒(V)、铌(Nb)、钛(Ti)。钒、铌、钛能使钢材晶粒细化,在提高强度的同时可保持良好的塑性和韧性。

(5)铝(Al)、铬(Cr)、镍(Ni)。铝是强脱氧剂,能减少钢中有害氧化物,且能细化晶粒。低合金钢的 C、D 及 E 级都规定含铝量不低于 0.015%,以保证低温冲击韧性。

铬能提高钢的淬透性和耐磨性,能改善钢的抗腐蚀能力和抗氧化作用。

镍能提高钢的强度、韧性和淬透性。含量高时,可显著提高钢的抗腐蚀能力。

(6)硫(S)、磷(P)、氧(O)、氮(N)。硫、磷、氧和氮都是有害杂质,会引起钢材的冷脆、热脆裂纹,应严格控制其含量。

### 2. 成材过程的影响

(1)冶炼。冶炼的过程形成钢的化学成分及其含量、钢的金相组织结构及其缺陷,从而确定了不同的钢种、钢号和相应的力学性能。

(2)浇铸。浇铸铸锭的过程中,因脱氧不同而形成镇静钢、半镇静钢和沸腾钢。

(3)轧制。钢材的轧制使金属晶粒细化,使气泡、裂纹等焊合。因薄板辊轧次数多,所以其力学性能比厚板好。沿辊轧方向的力学性能比垂直于辊轧方向的力学性能好,所以要尽量避免拉力垂直于板面,以防层间撕裂。

(4)热处理。热处理不但能使钢材取得高强度,而且还能使其保持良好的塑性和韧性。

### 3. 结构钢材的脆性破坏

通常情况下,钢材是弹塑性材料,在制造和使用中可能产生脆性破坏。

(1)冷加工硬化。在常温下的加工称为冷加工。拉、弯、冲孔、机械剪切会使钢材产生很大的塑性变形,加载时屈服点提高,塑性、韧性降低。重要结构应把硬化的边缘部分刨去。

(2)时效硬化。钢材随时间的增长而变脆。重要结构应对钢材进行人工时效,然后测定其冲击韧性,保证结构有长期抗脆性破坏的能力。

(3)负温影响。在负温区强度增高,塑性变形减少,材料变脆,对冲击韧性影响特别突出。结构设计中要避免完全脆性破坏。

(4)在低温区应注意焊缝质量。焊缝布置不当可使焊接残余应力增大,焊缝区产生三向同号应力使材质变脆,焊接缺陷、微裂纹都将导致钢材脆断。

(5)应力集中。当截面完整性遭到破坏,如有裂纹、孔洞、刻槽、凹角及截面厚度或宽度突变时,都将产生高峰应力,即应力集中现象,高峰应力处将产生双向或三向应力,材料的变形受限制,将造成脆性断裂。对厚钢板应有更高的韧性要求。

(6)结构突然受力。加载速度越大,脆性断裂的可能性就越大。减小荷载的冲击、减缓加载的速度和降低应力水平是防止脆性断裂的措施。

## 2.2 钢材的疲劳

### 【基 础】

◆ **疲劳破坏**

钢构件及其连接总是存在着微观裂纹。在循环荷载作用下,构件及连接的微观裂纹不断扩展、有效截面不断被削弱,直至其承载能力不足而导致断裂破坏,这种破坏即为疲劳破坏。疲劳破坏属脆性破坏,破坏非常突然,几乎以 2 000 m/s 的速度断裂,比塑性破坏产生的危害更为严重和危险。

◆ **疲劳断裂过程**

出现疲劳断裂时,构件截面上的应力低于材料的抗拉强度,甚至低于屈服强度,塑性变形极小。观察表明,钢材疲劳破坏后的截面断口一般具有光滑和粗糙两个区域,光滑部分表现出裂纹的扩张和闭合过程是由裂纹逐渐发展引起的,说明疲劳破坏也经历了一个缓慢的转变过程;而粗糙部分表明,钢材最终断裂一瞬间的脆性破坏性质,与拉伸试验的断口颇为相似,破坏是突然的,因而比较危险。因此,疲劳断裂的过程可分为裂纹的形成、裂纹缓慢扩展与最后迅速断裂三个阶段。

## ◆ 疲劳破坏因素

钢材的疲劳强度取决于应力集中(或缺口效应)程度和应力循环次数。构件截面形状突变所产生的应力集中及钢材中的残余应力,将会显著降低材料的疲劳强度。实际上,应力集中或残余应力的峰值应力处为双向或三向拉应力场,在循环应力作用下首先出现微观裂纹,而后裂纹逐渐开展形成宏观裂缝,使构件或连接的有效截面积不断减小。当循环荷载达到一定循环次数时,由于截面削弱过多不能经受过高应力的作用,构件或连接发生突然断裂,即形成疲劳破坏。

# 【实 务】

## ◆ 常幅疲劳计算

### 1. 应力幅

连续重复荷载之下应力往复变化一周称为一个循环。应力循环特征常用应力比 $\rho$ 来表示,其含义为绝对值最小与最大应力之比(拉应力取正值,压应力取负值)。图 2.7(a)中的 $\rho = -1$,称为完全对称循环;图 2.7(b)中的 $\rho = 0$,称为脉冲循环;图 2.7(c)、(d)中的 $\rho$ 在 $-1 \sim 0$ 之间,称为不完全对称循环,其中图 2.7(c)以拉应力为主,而图 2.7(d)以压应力为主。

$\Delta\sigma$ 称为应力幅,表示构件某一点应力变化的幅度,是应力谱中最大应力与最小应力之差,即 $\Delta\sigma = \sigma_{max} - \sigma_{min}$,$\sigma_{max}$ 为每次应力循环中的最大拉应力(取正值),$\sigma_{min}$ 为每次应力循环中的最小拉应力(取正值)或压应力(取负值)。如果重复作用的荷载数值不随时间变化,则在所有应力循环内的应力幅将保持常量,称为常幅疲劳。

### 2. $\Delta\sigma - n$ 曲线

对轧制钢材或非焊接结构,在循环次数 $n$ 一定的情况下,根据试验资料可绘出 $n$ 次循环的疲劳图,即 $\sigma_{max}$ 和 $\sigma_{min}$ 的关系曲线。由于此曲线的曲率不大,可用直线代替图 2.7 中的循环应力谱,因此只要求得两个试验点,便可决定疲劳图。

如图 2.8 所示为 $n = 2 \times 10^6$ 次的疲劳图。当 $\rho = 0$ 和 $\rho = -1$ 时的疲劳强度分别为 $\sigma_0$ 和 $\sigma_{-1}$,由此便可决定 $B(-\sigma_{-1}, \sigma_{-1})$ 和 $C(0, \sigma_0)$ 两点,并通过 $B$、$C$ 两点得直线 $ABCD$。$D$ 点的水平线代表钢材的屈服强度,即使 $\sigma_{max}$ 不超过 $f_y$,当坐标为 $\sigma_{max}$ 和 $\sigma_{min}$ 的点落在直线 $ABCD$ 上或其上方,则这组应力循环达到 $n$ 次时,将发生疲劳破坏,线段 $BCD$ 以受拉为主,线段 $AB$ 以受压为主。对轧制钢材或非焊接结构,疲劳强度与最大应力、应力比、循环次数和缺口效应(构造类型的应力集中情况)有关。

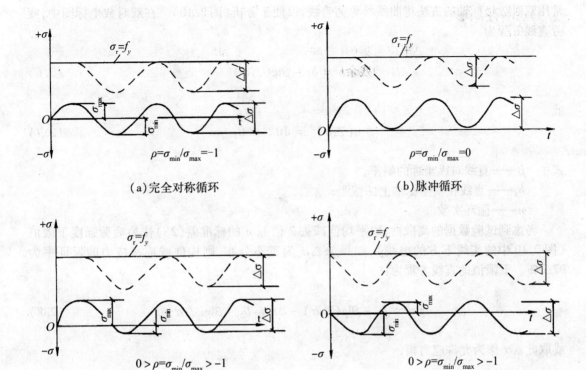

(a) 完全对称循环　　　　　　　　(b) 脉冲循环

(c) 不完全对称循环(拉应力为主)　　(d) 不完全对称循环(压应力为主)

图 2.7　循环应力谱

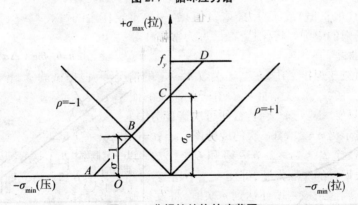

图 2.8　非焊接结构的疲劳图

对焊接结构则不同,由于焊接的加热和冷却过程,截面上产生很大的残余应力,尤其在焊缝及其附近主体金属部位,残余拉应力通常达到钢材的屈服强度,而此部位正是形成和发展疲劳裂纹最为敏感的区域。在重复荷载作用下,循环内应力开始处于增大阶段时,焊缝附近的高峰应力将不再增加(只是塑性范围加大),即 $\sigma_{max}=f_y$ 之后,循环应力下降到 $\sigma_{min}$,再升至 $\sigma_{max}=f_y$,即不论应力比 $\rho$ 值如何,焊缝附近的实际应力循环情况均形成在拉应力范围内的 $\Delta\sigma=f_y-\sigma_{min}$ 的循环(图 2.7 中的虚线)。所以焊接结构的疲劳强度与应力幅 $\Delta\sigma$ 有关,而与名义最大应力和应力比无关。图 2.7 中的实线为名义应力循环应力谱,虚线为实际应力谱。

根据试验数据可以画出构件或连接的应力幅 $\Delta\sigma$ 与相应的致损循环次数 $n$ 的关系曲线(图 2.9),按试验数据回归的 $\Delta\sigma$-$n$ 曲线为平均值曲线,是疲劳验算的依据。目前国内外都

常用双对数坐标轴的方法将曲线换算为直线,以便于分析(图2.10)。在双对数坐标图中,疲劳直线方程为

$$\lg n = b_1 - \beta\lg(\Delta\sigma) \tag{2.6}$$

或

$$n(\Delta\sigma)^\beta = 10^{b_1} = C_1 \tag{2.7}$$

式中 $\beta$——直线对纵坐标的斜率;
$b_1$——直线在横坐标轴上的截距;
$n$——循环次数。

考虑到试验数据的离散性,取平均值减去2倍$\lg n$的标准差($2S$)作为疲劳强度下限值(图2.10中的实线下方的虚线),如果$\lg\Delta\sigma$为正态分布,则构件或连接抗力的保证率为97.7%。下限值的直线方程为:

$$\lg n = b_1 - \beta\lg(\Delta\sigma) - 2S = b_2 - \beta\lg(\Delta\sigma) \tag{2.8}$$

或取此$\Delta\sigma$作为允许应力幅,

$$[\Delta\sigma] = \left(\frac{C}{n}\right)^{\frac{1}{\beta}} \tag{2.9}$$

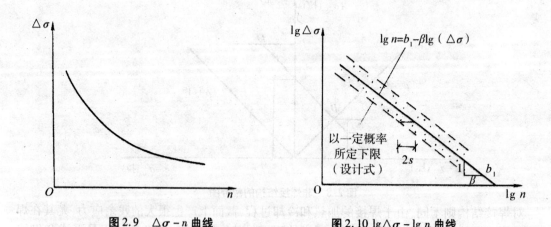

图2.9 $\Delta\sigma - n$ 曲线    图2.10 $\lg\Delta\sigma - \lg n$ 曲线

对于不同焊接构件和连接形式,按试验数据回归的直线方程,其斜率不尽相同。为了设计的方便,《钢结构设计规范》(GB 50017—2003)按连接方式、受力特点和疲劳强度,再适当照顾$\Delta\sigma - n$曲线簇的等间距布置、归纳分类,划分为八类(图2.11),其$\beta$和$C$值见表2.2。构件和连接分类的构造图见附录E。

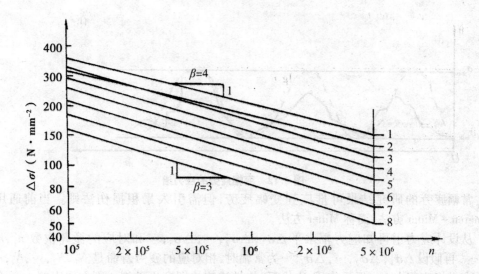

图 2.11 各类结构和连接类别的 $\triangle\sigma - n$ 曲线

表 2.2 参数 $C$、$\beta$ 值

| 构件的连接类别 | 1 | 2 | 3 | 4 | 5 | 6 | 7 | 8 |
|---|---|---|---|---|---|---|---|---|
| $C$ | $1\,940 \times 10^{12}$ | $861 \times 10^{12}$ | $3.26 \times 10^{12}$ | $2.18 \times 10^{12}$ | $1.47 \times 10^{12}$ | $0.96 \times 10^{12}$ | $0.65 \times 10^{12}$ | $0.41 \times 10^{12}$ |
| $\beta$ | 4 | 4 | 3 | 3 | 3 | 3 | 3 | 3 |

**3. 常幅疲劳验算**

对于直接承受动力荷载重复作用的构件及其连接,如起重机梁、输送栈桥以及这些构件的连接,《钢结构设计规范》(GB 50017—2003)规定,当应力循环次数 $n \geqslant 5 \times 10^4$ 时应进行疲劳验算。对焊接结构的焊接部位的常幅疲劳应按下式计算:

$$\triangle\sigma = \sigma_{\max} - \sigma_{\min} \leqslant [\triangle\sigma] \tag{2.10}$$

对于非焊接部位,最大应力或应力比对疲劳强度有直接影响,允许应力幅采用折算应力幅,其疲劳强度由下式确定:

$$\triangle\sigma = \sigma_{\max} - 0.7\sigma_{\min} \leqslant [\triangle\sigma] \tag{2.11}$$

### ◆ 变幅疲劳计算

常幅疲劳属于特殊的情况,在实际生产中,结构(如厂房起重机梁)所受荷载经常变化,其值一般小于计算荷载,称之为变幅荷载(或称随机荷载)。变幅疲劳的应力谱如图 2.12 所示。

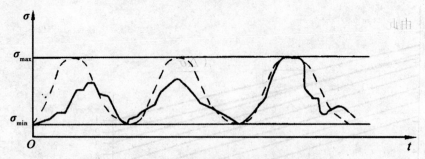

**图 2.12 变幅疲劳的应力谱**

常幅疲劳的研究结果可推广到变幅疲劳,但需引入累积损伤法则。当前通用的是 Palmgren – Miner 方法,简称 Miner 方法。

从设计应力谱可知应力幅水平 $\triangle\sigma_1,\triangle\sigma_2,\cdots,\triangle\sigma_i,\cdots$ 和对应的循环次数 $n_1,n_2,\cdots,n_i,\cdots$。再假设 $\triangle\sigma_1,\triangle\sigma_2,\cdots,\triangle\sigma_i,\cdots$ 为常幅时,相对应的疲劳寿命是 $N_1,N_2,\cdots,N_i,\cdots$。$N_i$ 表示在常幅疲劳中 $\triangle\sigma$ 循环作用 $N_i$ 次后,构件或连接即产生破损。则在应力幅 $\triangle\sigma_1$ 作用下的一次循环所引起的损伤为 $1/N_1$,$n_1$ 次循环为 $n_1/N_1$。按累积损伤法则,将总的损伤按线性叠加计算,则得发生疲劳破坏的条件如下:

$$\frac{n_1}{N_1} + \frac{n_2}{N_2} + \cdots + \frac{n_i}{N_i} + \cdots = \sum \frac{n_i}{N_i} = 1 \quad (2.12)$$

或写成:

$$\sum \frac{n_i}{\sum N_1} = \frac{\sum n_i}{N_1} = 1 \quad (2.13)$$

若认为变幅疲劳与同类常幅疲劳有相同的曲线,则任一级应力幅水平均有

$$(\triangle\sigma_i)^\beta N_i = C \text{ 或 } N_i = \frac{C}{(\triangle\sigma_i)^\beta} \quad (2.14)$$

设想由常幅 $\triangle\sigma_e$ 作用 $\sum n_i$ 次使同一结构也产生疲劳破坏,则有

$$(\triangle\sigma_i)^\beta \sum n_i = C \text{ 或 } \sum n_i = \frac{C}{(\triangle\sigma_i)^\beta} \quad (2.15)$$

式中 $\triangle\sigma_e$ ——等效应力幅。

将式(2.14)和式(2.15)的 $N_i$ 和 $\sum n_i$ 值代入式(2.13)得

$$\triangle\sigma_e = \left[\sum \frac{n_i(\triangle\sigma_i)^\beta}{\sum n_i}\right]^{\frac{1}{\beta}} \quad (2.16)$$

令 $\triangle\sigma_e = \alpha_f \triangle\sigma_{max}$，由此

$$\alpha_f \frac{\triangle\sigma_e}{\triangle\sigma_{max}} = \frac{1}{\triangle\sigma_{max}} \left[\sum \frac{n_i(\triangle\sigma_i)^\beta}{\sum n_i}\right]^{\frac{1}{\beta}} \tag{2.17}$$

式中 $\triangle\sigma_{max}$——变幅疲劳中的最大应力幅；

$\alpha_f$——变幅荷载的欠载效应系数，《钢结构设计规范》(GB 50017—2003)给出以 $n = 2 \times 10^6$ 次为基准的 $\alpha_f$ 值。

因此，《钢结构设计规范》(GB50017—2003)规定：重级工作制起重机梁和重级、中级工作制起重机桁架的疲劳可作为常幅疲劳按下式计算：

$$\alpha_f \triangle\sigma \leqslant [\triangle\sigma]_{n=2\times10^6} \tag{2.18}$$

式中 $[\triangle\sigma]_{n=2\times10^6}$——循环次数 $n = 2 \times 10^6$ 的允许应力幅，应按式(2.9)计算；

$\alpha_f$——变幅荷载的欠载效应系数，对重级工作制硬钩起重机 $\alpha_f = 1.0$，重级工作制软钩起重机 $\alpha_f = 0.8$，中级工作制起重机 $\alpha_f = 0.5$。

用允许应力幅法进行疲劳强度计算时，荷载应采用标准值，不考虑荷载分项系数和动力系数，而且应力按弹性工作计算。另外，在应力循环中不出现拉应力的部位可不计算疲劳。

## 2.3 钢结构工程常用材料及选择

### 【基础】

◆**钢材的牌号**

钢材的牌号也称钢号，其表示方法按《钢铁产品牌号表示方法》(GB/T 221—2008)的规定进行标注。碳素结构钢和低合金结构钢的牌号通常由以下四部分组成：

第一部分：前缀符号 + 强度值(以 N/mm² 或 MPa 为单位)，其中通用结构钢前缀符号为代表屈服强度的拼音字母"RFQ"。

第二部分(必要时)：钢的质量等级用英文字母 A、B、C、D、E、F、…表示。

第三部分(必要时)：脱氧方式表示符号，即沸腾钢、半镇静钢、镇静钢、特殊镇静钢分别用符合"RFF"、"RFb"、"RFZ"和"RFTZ"表示。通常镇静钢、特殊镇静钢的表示符号可以省略。

第四部分(必要时)：产品用途、特性和工艺方法表示符号。

◆**钢结构对钢材的要求**

(1)较高的强度。要求钢材的屈服强度 $f_y$ 较高，这样可减少截面尺寸，减轻自重，节约钢材；要求抗拉强度 $f_u$ 较高，可以增加安全储备。

(2)足够的变形能力。即要求塑性好,可降低脆性破坏的危险;韧性好,在动荷载作用下吸收较多的能量,降低脆性破坏的危险。

(3)良好的加工性。包含良好的冷、热加工和可焊性,不会因加工给强度、塑性和韧性带来有害影响。

钢结构规范推荐采用普通碳素钢 Q235 和低合金钢 Q345、Q390 及 Q420,规范中未推荐的钢慎用。

# 【实　　务】

## ◆钢材的分类

按用途的不同,钢材可分为结构钢、工具钢和特殊钢(如不锈钢等)。其中,结构钢又分为建筑用钢和机械用钢。

按脱氧方法的不同,钢材可分为沸腾钢(代号为 F)、半镇静钢(代号为 b)、镇静钢(代号为 Z)和特殊镇静钢(代号为 TZ)。镇静钢脱氧充分,沸腾钢脱氧较差,半镇静钢介于二者之间。

按成形方法的不同,钢材可分为轧制钢(热轧、冷轧)、锻钢和铸钢。

按化学成分的不同,钢材可分为碳素钢和合金钢。在建筑结构中常采用的是碳素结构钢、低合金高强度结构钢和优质碳素结构钢。

### 1.碳素结构钢

碳素结构钢的强度等级有 Q195、Q215、Q235 和 Q275,钢的强度等级数值采用的是钢材厚度(或直径)≤16 mm 时的屈服点数值。

同一强度等级的碳素结构钢,按其质量可分为 A、B、C、D 四个等级。A 级钢只保证抗拉强度、屈服点和伸长率,必要时可附加冷弯试验的要求,化学成分对碳、锰的含量可以不作为交货条件。B、C、D 级钢均保证抗拉强度、屈服点、伸长率、冷弯和冲击韧性(温度为 +20 ℃、0 ℃、-20 ℃)等力学性能,此外,化学成分对碳、硫、磷的极限含量有严格要求。

### 2.低合金高强度结构钢

低合金高强度结构钢的强度等级有 Q345、Q390、Q420、Q460、Q500、Q550、Q620 和 Q690。钢的强度等级仍采用钢材厚度(或直径)≤16 mm 时的屈服点数值。

低合金高强度结构钢有 A、B、C、D、E 五个质量等级。前四个等级的要求与碳素结构钢的相同,等级 E 则要求 -40 ℃时的冲击韧性。A 级钢应进行冷弯试验,对于其他质量等级钢,如供方能保证弯曲试验结果符合规定要求,则可不做检验。

### 3.优质碳素结构钢

优质碳素结构钢以不热处理或热处理(退火、正火或高温回火)状态交货。要求热处理状态交货的应在合同中注明,否则,按不热处理交货。如用于高强度螺栓的 45 号优质碳素结构钢需经热处理,强度较高,对塑性和韧性又无显著影响。

## ◆钢材的规格

钢结构采用的型材有热轧成形的钢板和型钢以及冷弯(或冷压)成形的薄壁型钢。

### 1.热轧钢板

热轧钢板如图 2.13(a)厚度为 4.5~60 mm 的是节点板、加劲肋、支座底板、柱头顶板及各种组合截面的板件；钢板厚度为 0.35~4 mm 的称为薄钢板,是冷弯薄壁型钢的原料。

钢板的符号是"RF-厚度×宽度×长度",例如-6×300×1 000,单位是 mm,常不加注明。

**2. 热轧型钢**

热轧型钢如图 2.13(a)有等边角钢、不等边角钢、工字钢、槽钢、钢管、H 型钢和剖分 T 型钢。

等边角钢的符号是"RF∟边长×厚度",例如∟100×8,单位 mm 不必注明。

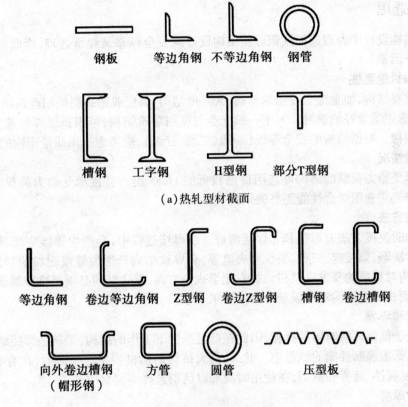

图 2.13 型钢截面

不等边角钢的符号是"RF∟长边×短边×厚度",例如∟100×80×8,单位 mm 不必注明。

工字钢的符号是"RF 型号",例如 32a,表示工字钢高度为 320 mm,a 表示腹板厚度较薄的一种;40b,表示工字钢高度为 400 mm,腹板厚度居中的一种;45c,表示工字钢高度为 450 mm,腹板厚度最厚的一种。

槽钢的符号是"RF 型号",用 a,b,c 来区别腹板的厚度,a 是较薄的,b 居中,c 是最厚的。如 28a、28b 和 28c 三种截面高度都是 280 mm,腹板厚度分别是 7.5 mm、9.5 mm 和 11.5 mm。

钢管的符号是"RFΦ 外径×厚度",如 Φ42×3,表示钢管外径为 42 mm,壁厚为 3 mm。

H 型钢的符号是"RFH 高度×宽度×腹板厚度×翼缘厚度",如 H200×200×8×12,单位 mm 不必注明,高宽相近属于宽翼缘类(HW);H194×150×6×9 属于中翼缘类(HM);H125×60×6×8 属于窄翼缘类(HN)。

剖分T型钢是上述H型钢在腹板中部一剖为二而成,符号是"RF高度×宽度×腹板厚度×翼缘厚度",如150×300×10×15,单位mm,不必注明,属于宽翼缘类(TW);170×250×9×14属于中翼缘类(TM);125×125×6×9属于窄翼缘类(TN)。

### 3. 冷弯薄壁型钢

冷弯薄壁型钢是用2~6 mm的薄钢板冷弯成形,如图2.13(b)所示。在国外薄壁型钢厚度有加大范围的趋势,如美国可用到1in(25.4 mm厚)。有防锈涂层的彩色压型钢板,所用钢板厚度为0.4~1.6 mm,可用作轻型屋面及墙面等构件。

## ◆钢材的选用

建筑结构设计中合理选择用钢可使结构设计既安全可靠又经济合理,因此,选择钢材时应考虑以下因素。

### 1. 结构的重要性

对于重要结构,如重型工业建筑结构、大跨度结构、高层或超高层民用建筑结构或构筑物等,应考虑选用质量好的钢材。对于一般工业与民用建筑结构,可根据工作性质分别选用普通质量的钢材。根据结构的安全等级(一级、二级、三级),应考虑选用质量不同的钢材。

### 2. 荷载情况

一般承受静力荷载的结构可选用价格较低的Q235钢。直接承受动力荷载的结构和强地震区的结构应选用综合性能更好的钢材。

### 3. 连接方法

钢结构的连接方法有焊接和非焊接两种。在焊接过程中,会产生焊接变形、焊接应力以及其他焊接缺陷,如咬肉、气孔、裂纹和夹渣等,有导致结构产生裂缝或脆性断裂的危险。因此,焊接结构对材质的要求应严格。如在化学成分方面,焊接结构必须严格控制碳、硫和磷的极限含量;而非焊接结构对含碳量可降低要求。

### 4. 温度和环境

钢材处于低温环境时容易冷脆,因此在低温条件下工作的结构,尤其是焊接结构,应选用具有良好抗低温脆断性能的镇静钢。此外,露天结构的钢材容易产生时效,在有害介质作用下,钢材容易腐蚀、疲劳和断裂,在使用时应加以区别选择不同材质。

### 5. 钢材厚度

薄钢材辊轧次数多,轧制的压缩比大,而厚度大的钢材压缩比小。由于厚度大的钢材不但强度较小,而且塑性、冲击韧性和焊接性能也较差。因此,厚度大的焊接结构应采用材质较好的钢材。

### 6. 订货要求

通常承重结构的钢材应保证抗拉强度、屈服点、伸长率和硫、磷的极限含量,焊接结构的钢材还应保证碳的极限含量。由于Q235-A钢的含碳量不作为交货条件,因此不允许用于焊接结构。

焊接承重结构以及重要的非焊接承重结构的钢材应具有冷弯试验的合格保证。

对于需要验算疲劳的和主要受拉或受弯的焊接结构,钢材应具有常温冲击韧性的合格保证。当结构工作温度等于或低于0 ℃但高于-20 ℃时,Q235钢和Q345钢应具有0 ℃冲击韧性的合格保证,而Q390钢和Q420钢应具有-20 ℃冲击韧性的合格保证。当结构工作温度等于或低于-20 ℃时,Q235钢和Q345钢应具有-20 ℃冲击韧性的合格保证,而Q390钢和Q420钢应具有-40 ℃冲击韧性的合格保证。

在不同使用条件下的各种类型的结构构件,宜采用的钢材牌号可参考表2.3。

**表2.3 结构钢材选用表**

| 项次 | 结构类型 | | | 工作温度 | 可选用钢材牌号 | 备注 |
|---|---|---|---|---|---|---|
| 1 | (1)承受静力荷载的结构;(2)间接承受动力荷载或振动荷载的结构 | 非抗震地区 | 焊接结构 重要的受拉和受弯构件 | — | Q235B 及 Q345、Q390、Q420 等的 B 级钢 | Q235F 不得用于工作温度 ≤ -20 ℃ |
| 2 | | | 焊接结构 其他构件 | — | Q235B 及 Q345、Q390、Q420 等的 A 级钢 | Q235F 不得用于工作温度 ≤ -30 ℃ |
| 3 | | | 非焊接结构 | — | Q235、Q345、Q390、Q420 等的 A 级钢 | Q235A 应具有冷弯试验的合格保证 |
| 4 | | 抗震设防地区 | — | — | Q235B、Q345B | 焊接结构时,同项次1和项次2 |
| 5 | (1)直接承受动力荷载或振动荷载且需验算疲劳的结构;(2)不需验算疲劳但动力荷载或振动荷载较大的结构(如吊车起重量不小于50t的中级工作制吊车梁) | 非抗震地区 | 焊接结构 | T > 0 ℃ | Q235B、Q345B、Q390B、Q390C、Q420B、Q420C | Q235F 不得用于以下情况: (1)需验算疲劳时; (2)虽不需验算疲劳,但工作温度低于 -20 ℃ |
| 6 | | | | -20 ℃ ≤ T ≤ 0 ℃ | Q235C、Q345C、Q390D、Q420D | |
| 7 | | | | T ≤ -20 ℃ | Q235D、Q345D、Q345E、Q390E、Q420E | |
| 8 | | | 非焊接结构 | T > -20 ℃ | Q235B、Q345B、Q390B、Q390C、Q420B、Q420C | 需验算疲劳时,Q235F 不得采用 |
| 9 | | | | T ≤ -20 ℃ | Q235C、Q235D、Q345C、Q345D、Q345E、Q390D、Q390E、Q420D、Q420E | |
| 10 | | 抗震设防地区 | 焊接结构 | T > 0 ℃ | Q235B、Q345B | 同项次5、项次6、项次7 |
| 11 | | | | -20 ℃ ≤ T ≤ 0 ℃ | Q235C、Q345C | |
| 12 | | | | T ≤ -20 ℃ | Q235D、Q345D、Q345E | |
| 13 | | | 非焊接结构 | T > -20 ℃ | Q235B、Q345B | — |
| 14 | | | | T ≤ -20 ℃ | Q234C、Q235D、Q345C、Q345D、Q345E | 同项次9 |

## ◆焊接材料

### 1. 材质

钢结构的焊接材料应与被连接构件所采用的钢材材质相适应。将两种不同强度的钢材相连接时,可采用与低强度钢材相适应的连接材料。对直接承受动力荷载或振动荷载且需要验算疲劳的结构,宜采用低氢型焊条。

(1)焊接材料的品种、规格及性能等应符合现行国家产品标准和设计要求。

(2)重要钢结构采用的焊接材料应进行抽样复验,复验结果应符合现行国家产品标准和设计要求。

(3)焊钉焊接瓷环的规格、尺寸及偏差应符合现行国家标准《电弧螺柱焊用圆柱头焊钉》(GB/T10433—2002)的规定。

(4)焊条外观不应有药皮脱落和焊芯生锈等缺陷,焊剂不应受潮结块。

(5)实芯焊丝及熔嘴导管应无油污、锈蚀,镀铜层应完好无损。

## 2. 选用

焊接连接是目前钢结构最主要的连接方法，它具有不削弱杆件截面、构造简单和加工方便等优点。在选择焊条时，为降低成本，应尽量选用生产率高、成本低的焊条。

常用结构钢材手工电弧焊焊条型号、二氧化碳气体保护焊焊丝型号以及埋弧焊焊接材料的选用表可参考表2.4。

表2.4 结构钢材手工电弧焊、二氧化碳气体保护焊和埋弧焊焊接材料选用

| 钢材 | | 手工焊 | 二氧化碳气体保护焊[①] | 埋弧焊 |
|---|---|---|---|---|
| 牌号 | 等级 | 焊条型号 | 焊丝型号 | 焊剂型号-焊丝型号 |
| Q235 | A | E4303[②] | ER49-1[②] | F4A0-H08A |
| | B | E303[②],E4328, E4315,E4316 | | |
| | C | | ER50-6 | |
| | D | | | F4A2-H08A |
| Q345 | A | E5003[②] | ER49-1[②] | F500-H08A[③],F500-H08MnA[④] |
| | B | E5003[②],E5015, E5016,E5018 | ER50-3 | F501-H08A[③],F501-H08MnA[④], F501-H10Mn2[④] |
| | C | E5015,E5016, E5018 | ER50-2 | F502-H08A[③],F502-H08MnA[④], F502-H10Mn2[④] |
| | D | | | F503-H08A[③],F503-H08MnA[④], F503-H10Mn2[④] |
| | E | 由供需双方协议 | 由供需双方协议 | F504-焊丝由供需双方协议 |
| Q390 | A | E5015,E5016, E5515-D3,E5515-G, E5516-D3,E5516-G | ER50-3 | F501-H08MnA[③],F501-H10Mn2[④], F501-H08MnMoA[④] |
| | B | | | |
| | C | | | F502-H08MnA[③],F502-H10Mn2[④], F502-H08MnMoA[④] |
| | D | | ER50-2 | F503-H08MnA[③],F503-H10Mn2[④], F503-H08MnMoA[④] |
| | E | 由供需双方协议 | 由供需双方协议 | F504-焊丝由供需双方协议 |
| Q420 | A | E5515-D3,E5515-G, E5516-D3,E5516-G | ER55-D2 | F601-H10Mn2[④] |
| | B | | | F601-H08MnMoA[④] |
| | C | | | F602-H10Mn2[④] F602-H08MnMoA[④] |
| | D | | | F603-H10Mn2[④] F603-H08MnMoA[④] |
| | E | 由供需双方协议 | 由供需双方协议 | F604-焊丝由供需双方协议 |

注：①采用实芯焊丝，并含$Ar-CO_2$混合气体保护焊；②用于一般结构；③薄板I形坡口对接；④中、厚板坡口对接。

## ◆ 螺栓

### 1. 材质

(1) 普通螺栓可采用符合现行国家标准《碳素结构钢》(GB/T 700—2006)规定的 Q235-A 级钢制成,并应符合现行国家标准《六角头螺栓 C 级》(GB/T 5780—2000)和《六角头螺栓》(GB/T 5782—2000)的规定。

(2) 高强度螺栓可采用 45 号钢、40Cr、40B 或 20MnTiB 钢制作并应符合现行国家标准《钢结构用高度大小角头螺栓》(GB/T1228—2006)、《钢结构用高强度大六角头螺栓、大六角螺母、垫圈与技术条件》(GB/T1231—2006)和《钢结构用扭剪型高强度螺栓连接副》(GB/T3632—2008)的规定。

### 2. 选用

(1) 普通螺栓主要用在结构的安装连接以及可拆装的结构中。螺栓连接的优点是拆装便利,安装时不需要特殊设备,操作较简便。但由于普通螺栓连接传递剪力较差,而高强度螺栓连接在高空施工中要求又较高,因而轻型钢屋架与支撑连接通常采用普通螺栓 C 级,受力较大时可用螺栓定位、安装焊缝受力的连接方法。

(2) 高强度螺栓连接除能承受较大的拉力外,还可借其连接处构件接触面的摩擦能可靠地承受剪力,因此在轻型门式刚架的梁柱的连接点以及螺栓球网架的节点连接中被广泛应用。

## ◆ 圆柱头栓钉和锚栓

### 1. 材质

(1) 圆柱头栓钉的规格及外形尺寸符合国家标准《圆柱头栓钉》(GB/T10433—2002)规定公称直径有 6～22 mm 共七种,钢结构及组合楼板中常用的栓钉直径有 16 mm、19 mm 和 22 mm 三种。

(2) 锚栓用于柱脚时,为防止松动,一般应采用双螺母紧固。锚栓一般采用未经加工圆钢制作而成,材料宜采用 Q235 钢或 Q345 钢。

### 2. 选用

(1) 圆柱头栓钉适用于各类钢结构构件的抗剪件、埋设件和锚固件。

(2) 锚栓主要应用于屋架与混凝土柱顶的连接及门式刚架柱脚与基础的连接,锚栓可根据其受力情况用不同牌号的钢材制成。

# 第3章 钢屋架设计

## 3.1 屋盖支撑

### 【基　础】

◆ **钢屋盖的结构组成**

钢屋盖结构由屋面、屋架和支撑三部分组成。钢屋盖结构可分为两类:一类为有檩屋盖,是指在屋架上放置檩条,檩条上再铺设石棉瓦、瓦楞铁皮、钢丝网水泥槽形板、压型钢板等轻型屋面材料如图3.1(a);另一类称无檩屋盖,是指在屋架上直接放置钢筋混凝土大型屋面板,屋面荷载由大型屋面板直接传给屋架如图3.1(b)所示。

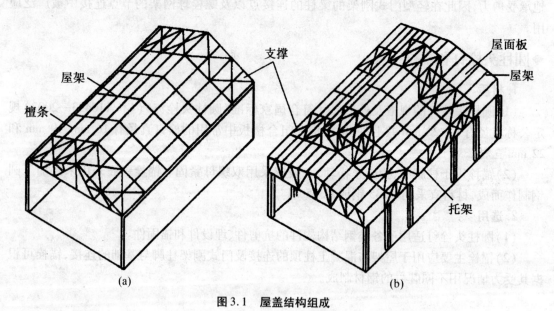

图3.1 屋盖结构组成

◆ **屋盖支撑的种类**

屋盖支撑的种类有横向水平支撑、纵向水平支撑、垂直支撑和系杆四种。

(1)横向水平支撑根据其位于屋架的上弦平面还是下弦平面,又可分为上弦横向水平支撑和下弦横向水平支撑两种。

(2)纵向水平支撑设在屋架的上弦或下弦平面,布置在沿柱列的各屋架端部节间部位。

(3)垂直支撑位于两屋架端部或跨间某处的竖向平面内。

(4)根据系杆是否能抵抗轴心压力,将其分为刚性系杆和柔性系杆两种。通常刚性系杆的截面采用由双角钢组成的十字形截面,而柔性系杆截面则为单角钢的形式,在轻型屋架中柔性系杆也可采用张紧的圆钢来构成。

## ◆设置屋盖支撑的必要性

平面屋架在其本身平面内,由于弦杆与腹杆构成了几何不变铰接体系而具有较大的刚度,能承受屋架平面内的各种荷载。但在垂直于屋架平面方向(通称屋架平面外),不设支撑体系的平面屋架的刚度和稳定性很差,不能承受水平荷载。因此,为使屋架结构具有足够的空间刚度和稳定性,必须在屋架间设置支撑系统(图3.2),否则屋架设计得再好,屋盖结构的安全也得不到保证。

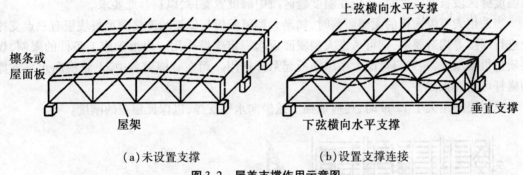

图3.2 屋盖支撑作用示意图

## ◆屋盖支撑的作用

### 1.保证结构的空间整体作用

仅由平面桁架、檩条及屋面材料组成的屋盖结构是一个不稳定的体系,简支在柱顶上的所有屋架有可能向一侧倾倒。如果将某些屋架在适当部位用支撑连接起来,成为稳定的空间体系,其余屋架再由檩条或其他构件连接在这个空间稳定的体系上,便可保证了整个屋盖结构的稳定,使之成为空间整体。

### 2.避免压杆侧向失稳,防止拉杆产生过大的振动

支撑可作为屋架弦杆的侧向支撑点如图3.2(b)所示,减小弦杆在屋架平面外的计算长度,保证受压弦杆的侧向稳定,并使受拉下弦不会在某些动力作用下(如吊车运行时)产生过大振动。

### 3.承受和传递纵向水平力

房屋两端的山墙挡风面积较大,所承受的风压力或风吸力有一部分将传递到屋面平面(也可传递到屋架下弦平面),这部分的风荷载必须由屋架上弦平面横向支撑(有时同时设置下弦平面横向支撑)承受。所以,这种支撑都设在房屋两端,就近承受风荷载并把它传递给柱或柱间支撑。

### 4.保证结构在安装和架设过程中的稳定性

屋盖的安装工作一般是从房屋温度缝区段的一端开始的,首先用支撑将两个相邻的屋架连接起来组成一个基本空间稳定体,在此基础上即可按顺序进行其他构件的安装。

## 【实　务】

### ◆ 上弦横向水平支撑的布置

一般情况下,无论有檩屋盖还是无檩屋盖,在屋架上弦和天窗架上弦均应设置横向水平支撑。横向水平支撑一般应设置在房屋两端或纵向温度缝区段两端(图3.3、图3.4)。在山墙承重或设有纵向天窗,但此天窗又未到温度缝区段尽端而退一个柱间断开时,为了与天窗支撑配合,可将屋架的横向水平支撑布置在第二柱间,但在第一柱间要设置刚性系杆以支持端屋架和传递端墙风力如图3.4(b)所示。两道上弦横向水平支撑间的距离不宜大于60 m;当温度缝区段长度较大时,还应在温度缝区段中部设置支撑,以符合此要求。

当采用大型屋面板的无檩屋盖时,如果大型屋面板与屋架的连接满足每块板有三点支撑处进行焊接等构造要求,则可考虑大型屋面板起一定支撑作用。但由于施工条件的限制,焊接质量很难保证,一般只考虑大型屋面板起系杆作用。而在有檩屋盖中,上弦横向水平支撑的横杆可用檩条代替。

当屋架间距大于12 m时,还应加强上弦横向水平支撑,以保证屋盖的刚度。

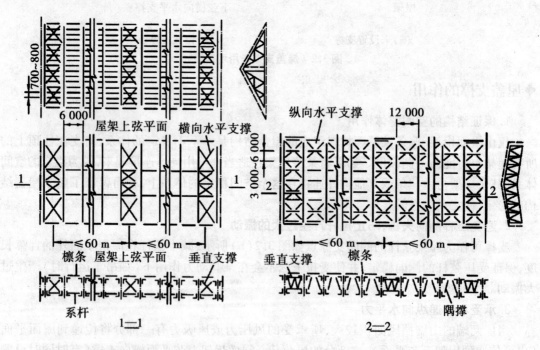

图3.3　有檩屋盖的支撑布置

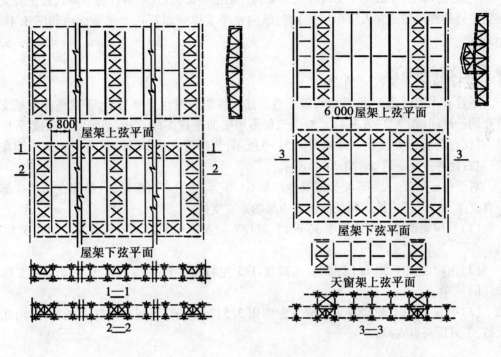

(a)屋架间距为6 m无天窗架  (b)天窗未到尽端

图3.4 无檩屋盖的支撑布置

## ◆下弦横向水平支撑的布置

下弦横向水平支撑一般和上弦横向水平支撑布置在同一柱间以形成空间稳定体系的基本组成部分如图3.3(a)、3.4所示。

当屋架间距小于12 m时,还应在屋架下弦设置横向水平支撑,但当屋架跨度比较小(l<18 m),又无吊车或其他振动设备时,可不设下弦横向水平支撑。

当屋架间距大于或等于12 m时,由于屋架下弦设置支撑不便,可不必设置下弦横向水平支撑,但上弦支撑应当加强,并应用隅撑或系杆对屋架下弦侧向加以支撑如图3.3(b)所示。

屋架间距大于或等于18 m时,如果仍采用上述方案,则檩条跨度过大,此时宜设置纵向次桁架,使主桁架(屋架)与次桁架组成纵横桁架体系,次桁架间再设置檩条或设置横梁及檩条。同时,次桁架还对屋架下弦平面外提供支撑。

## ◆纵向水平支撑的布置

当房屋较高、跨度较大、空间刚度要求较高时,要设支撑中间屋架的托架。为保证托架的侧向稳定,在设有重级或大吨位的中级工作制吊车、壁行吊车或有锻锤等较大振动设备时,均应在屋架端节间平面内设置纵向水平支撑。纵向水平支撑和横向水平支撑形成封闭体系,将大大提高房屋的纵向刚度。单跨厂房一般沿两纵向柱列设置,多跨厂房则要根据具体情况,沿全部或部分纵向柱列设置。

屋架间距小于12 m时,纵向水平支撑一般设置在屋架下弦平面内如图3.4(a)。

当屋架间距大于或等于 12 m(或屋架为三角形屋架,以及端斜杆为下降式且主要支座设在上弦处的梯形屋架和人字形屋架)时,纵向水平支撑宜布置在上弦平面内如图 3.4(b)所示。

◆ **垂直支撑的布置**

不管有无檩屋盖,一般都应设置垂直支撑。屋架的垂直支撑与上、下弦横向水平支撑设置在同一柱间(图 3.3、图 3.4)。对于三角形屋架的垂直支撑,当屋架跨度小于或等于 18 m 时,可仅在跨度中央设置一道如图 3.5(c)所示;当跨度大于 18 m 时,宜设置两道即在跨度 1/3 左右处各设置一道如图 3.5(d)所示。

对于梯形屋架、人字形屋架或其他端部有一定高度的多边形屋架,必须在屋架端部布置垂直支撑,此外,还应按下列条件设置中部的垂直支撑:

(1)当屋架跨度小于或等于 30 m 时,可仅在屋架跨中布置一道垂直支撑如图 3.5(a)所示。

(2)当跨度大于 30 m 时,则应在跨度 1/3 左右的竖杆平面内各设一道垂直支撑如图 3.5(b)所示。

(3)当有天窗时,宜设在天窗腿下面如图 3.5(b)所示,若屋架端部有托架,就用托架来代替,不另设垂直支撑。

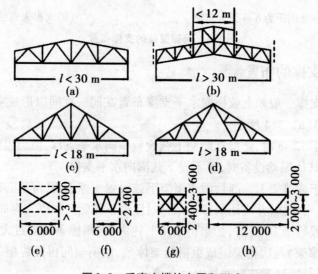

**图 3.5 垂直支撑的布置和形式**

与天窗架上弦横向水平支撑类似,天窗架垂直支撑也应设置在天窗架端部,以及中部有横向水平支撑的柱间如图 3.4(b)所示,并应在天窗两侧柱平面内布置如图 3.5(b)所示,对于多竖杆和三点式天窗架,当其宽度大于 12 m 时,还应在中央竖杆平面内增设一道垂直支撑。

◆ **系杆的布置**

为了支撑未连支撑的平面屋架和天窗架,保证它们的稳定和传递水平力,应在横向支撑或垂直支撑节点处沿厂房通长设置系杆(图 3.3、图 3.4)。

在屋架上弦平面内,对于无檩体系屋盖,应在屋脊处和屋架端部处设置系杆;对于有檩体系屋盖,只在有纵向天窗下的屋脊处设置系杆。

在屋架下弦平面内,当屋架间距为 6 m 时,屋架端部处、下弦杆有折弯处、与柱刚接的屋架下弦端节间处受压应设压杆,但未设纵向水平支撑的节点处、跨度大于或等于 18 m 的芬克式屋架的主斜杆与下弦相交的节点处等部位皆应设置系杆。当屋架间距大于或等于 12 m 时支撑杆件截面将大大增加,钢材耗量较多,比较合理的做法是将水平支撑全部布置在上弦平面内,并利用檩条作为支撑体系的压杆和系杆,而作为下弦侧向支撑的系杆可用支于檩条的隅撑代替。

系杆分为刚性系杆和柔性系杆两种,其中刚性系杆既能受拉也能受压,而柔性系杆只能受拉。屋架主要支撑节点处的系杆,屋架上弦屋脊节点处的系杆均宜用刚性系杆,当横向水平支撑设置在房屋温度缝区段端部第二柱间时,第一柱间的所有系杆如图 3.4(b)所示均为刚性系杆,其他情况可用柔性系杆。

## ◆屋盖支撑的计算和构造

屋架的横向和纵向水平支撑都是平行弦桁架。屋架或托架的弦杆均可兼作支撑桁架的弦杆,斜腹杆一般采用十字交叉式(图 3.3、图 3.4),斜腹杆和弦杆的交角宜在 30~60°之间,通常横向水平支撑节点间的距离为屋架上弦端节间距离的 2~4 倍,纵向水平支撑的宽度取屋架端节间的长度,一般为 6 m 左右。

屋架垂直支撑也是一个平行弦桁架如图 3.5(f)、(g)、(h),其上、下弦可兼作水平支撑的横杆。有的垂直支撑还兼作檩条。屋架间垂直支撑的腹杆体系应根据其高度和长度之比采用不同的形式,如交叉式、V 式或 W 式如图 3.5(e)、(f)、(g)、(h)。天窗架垂直支撑的形式也可按图 3.5(e)、(f)、(g)、(h)所示选用。

支撑中的交叉斜杆以及柔性系杆按拉杆设计,通常用单角钢做成;非交叉斜杆、弦杆、横杆以及刚性系杆按压杆设计,宜采用双角钢做成 T 形截面或十字形截面,其中横杆和刚性系杆的截面常用十字形截面,以使其在两个方向具有等稳定性。屋盖支撑杆件的节点板厚度通常采用 6 mm,对于重型厂房屋盖宜采用 8 mm。

屋盖支撑受力较小,截面尺寸一般由杆件容许长细比和构造要求决定,但对兼作支撑桁架的弦杆、横杆或端竖杆的檩条或屋架竖杆等,其长细比应满足支撑压杆的要求,即$[\lambda] \leqslant 200$;兼作柔性系杆的檩条,其长细比应满足支撑拉杆的要求,即$[\lambda] \leqslant 400$(一般情况)或 350(有重级工作制的厂房)。对于承受端墙风力的屋架下弦横向水平支撑和刚性系杆,以及承受侧墙风力的屋架下弦纵向水平支撑,当支撑桁架跨度较大(大于或等于 24 m)或承受风荷载较大(风压力的标准值大于 $0.5 \text{ kN/m}^2$),或垂直支撑兼作檩条,以及考虑厂房结构的空间工作而用纵向水平支撑作为柱的弹性支撑时,支撑杆件除应满足长细比要求外,还应按桁架体系计算内力,并据此内力按强度或稳定性选择截面并计算其连接。

具有交叉斜腹杆的支撑桁架,通常将斜腹杆视为柔性杆件,只能受拉,不能受压,因而每节间只有受拉的斜腹杆参与工作(图 3.6)。

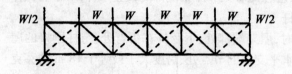 

**图 3.6　支撑桁架杆件的内力计算简图**

支撑与屋架或天窗架的连接应使构造简单、安装方便,通常采用普通 C 级螺栓,每一杆件接头处的螺栓数不少于两个。螺栓直径一般为 20 mm,与天窗架或轻型钢屋架连接的螺栓直径为 16 mm。有重级工作制吊车或有较大振动设备的厂房中,屋架下弦支撑和系杆(无下弦支撑时为上弦支撑和隅撑)的连接宜采用高强螺栓,或除 C 级螺栓外另加安装焊缝,每条焊缝的焊脚高度尺寸不宜小于 6 mm,长度不宜小于 80 mm。

支撑与屋架的连接构造如图 3.7 所示。

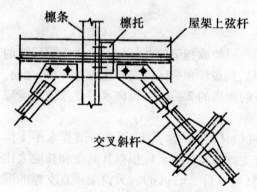 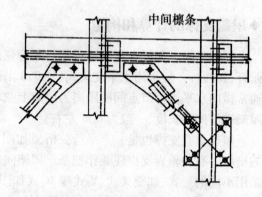

(a)上弦横向支撑与屋架的连接节点一　　(b)上弦横向支撑与屋架的连接节点二

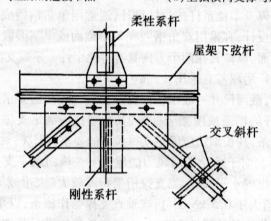

(c)上弦横向支撑和系杆与屋架的连接节点

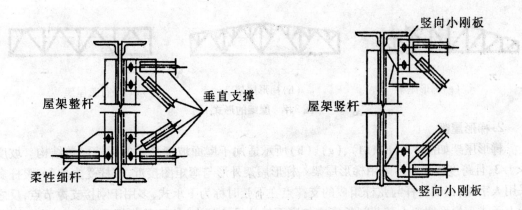

(d)垂直支撑与屋架的连接节点一　　　　(e)垂直支撑与屋架的连接节点二

图3.7 支撑与屋架的连接构造(续)

## 3.2 普通钢屋架设计

【基　础】

◆ 钢屋架的形式

常用的钢屋架有三角形屋架、梯形屋架和平行弦屋架等。

**1. 三角形屋架**

三角形屋架如图3.8(a)、(b)、(d)所示适用于屋面坡度较陡的有檩屋盖结构。坡度 $i$ = 1/6 ~ 1/2；上、下弦交角小，端节点构造复杂；外形与弯矩图差别大，受力不均匀，横向刚度低，只适用于中、小跨度轻屋面结构。

三角形屋架的腹杆布置有芬克式、单斜式和人字式三种。芬克式屋架如图3.8(b)所示受力合理、便于运输，多被采用；单斜式屋架如图3.8(d)所示只适用于下弦设置天棚的屋架，较少被采用；人字式屋架如图3.8(a)所示只适用于跨度小于18 m的屋架。

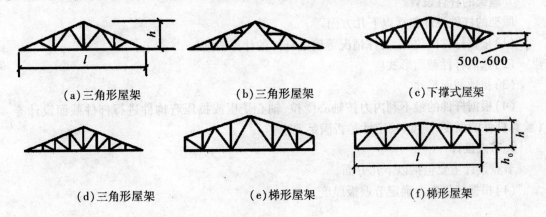

(a)三角形屋架　　　　(b)三角形屋架　　　　(c)下撑式屋架

(d)三角形屋架　　　　(e)梯形屋架　　　　(f)梯形屋架

(g)梯形屋架　　　　　(h)梯形屋架　　　　　(i)平行弦屋架

图3.8　屋架的形式

### 2. 梯形屋架

梯形屋架如图3.8(e)、(f)、(g)、(h)所示适用于屋面坡度平缓的无檩屋盖结构。坡度$i<1/3$,且跨度较大时多采用梯形屋架。梯形屋架外形与弯矩图接近,弦杆受力均匀;腹杆多采用人字式,当端斜杆与弦杆组成的支撑点在下弦时称为下承式,多用于刚接支撑节点,反之为上承式。梯形屋架上弦节间长度应与屋面板的尺寸配合,使荷载作用在节点上,当上弦节间太长时,应采用再分式腹杆。

### 3. 平行弦屋架

当屋架的上、下弦杆相平行时,称为平行弦屋架,如图3.8(i)所示。此种屋架多用于单坡屋盖和双坡屋盖或用作托架、支撑体系,腹杆多为人字形或交叉式。平行弦屋架的同类杆件长度一致,节点类型少,符合工业化制造要求。

## ◆钢屋架的设计内容及步骤

### 1. 屋架的选型

屋架的选型就是对屋架形式的选取及有关尺寸的确定,即包括屋架的外形、腹杆体系及主要尺寸的确定等。

### 2. 荷载计算

荷载计算包括永久荷载(包括屋面材料、保温材料、檩条及屋架、支撑等的自重)、屋面均布活荷载、雪荷载、风荷载和积灰荷载等的计算。

### 3. 内力计算

计算内力时通常先计算单位荷载(包括满跨布置和半跨布置)作用下屋架中各杆件的内力,即内力系数,然后用内力系数乘以荷载设计值即得相应荷载作用下杆件的内力设计值。

### 4. 内力组合

内力组合即确定各杆件的最不利内力。

### 5. 屋架的杆件设计

屋架的杆件设计包括以下几方面。

(1)根据杆件的位置、支撑情况等确定杆件的计算长度。

(2)选取杆件截面形式。

(3)初选截面尺寸。

(4)根据杆件的最不利内力按轴心受拉、轴心受压或拉压弯构件进行杆件截面设计等。(验算杆件的强度、刚度、稳定性是否满足要求)

### 6. 节点设计

节点设计主要包括以下几方面。

(1)根据杆件内力确定节点板厚度。

(2)根据杆件截面规格及交汇于节点的腹杆内力和构造要求确定节点板的平面尺寸。

(3)验算节点连接强度等。

### 7.绘制屋架施工图并编制材料表

屋架施工图是指导钢结构构件制造和安装的技术文件,同时也是编制工程预算的依据和工程竣工后的存档资料。因此,必须做到清晰、明确、准确无误,表达详尽。

# 【实　　务】

## ◆钢屋架的主要尺寸确定

平面钢屋架的主要尺寸是指屋架的跨度和高度,对于梯形屋架还有端部高度。屋架的主要尺寸不仅与屋架自身有关,还与结构连接方式、屋面板的选用以及使用荷载有关,具体确定方法如下。

### 1.屋架的跨度

屋架的跨度应根据生产工艺和建筑使用要求确定,同时应考虑结构布置的经济性和合理性。通常跨度为 18 m、21 m、24 m、27 m、30 m、36 m 等,以 3 m 为模数。对于简支于柱顶的钢屋架,屋架的计算跨度 $l_0$ 为屋架两端支座中心的距离。屋架的标志跨度 $l$ 为柱网横向轴线间的距离。

根据房屋定位轴线及支座构造的不同,屋架的计算跨度的取值如下:当支座为一般钢筋混凝土柱且柱网为封闭结合时,计算跨度为 $l_0 = l - (300 \text{ mm} \sim 400 \text{ mm})$;当柱网采用非封闭结合时,计算跨度为 $l_0 = l$,如图 3.9 所示。

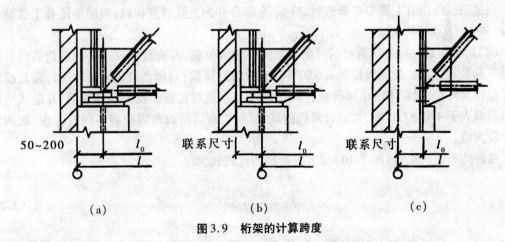

图 3.9　桁架的计算跨度

### 2.屋架的高度

屋架的高度取决于运输界限、刚度条件、建筑要求、屋面坡度和经济高度等因素。屋架的最大高度不能超过运输界限,最小高度应满足屋架容许挠度 $[f] = 1/500$ 的要求。

三角形屋架的高度为 $h$,当坡度 $i = 1/3 \sim 1/2$ 时,$h = (1/6 \sim 1/4)l$。

平行弦屋架和梯形屋架的中部高度主要由经济高度决定,一般为 $h = (1/10 \sim 1/6)l$。

梯形屋架的端部高度按以下情况取值:

(1)当屋架与柱刚接时,梯形屋架的端部高度取 $h_0 = (1/16 \sim 1/10)l$。
(2)当屋架与柱铰接时,取 $h_0 \geq (1/18)l$。
(3)陡坡梯形屋架的端部高度,一般取 $h_0 = 0.5 \sim 1.0$ m。
(4)平坡梯形屋架取 $h_0 = 1.8 \sim 2.1$ m。

以上尺寸中,当跨度较小时取下限,屋架跨度越大,$h_0$ 取值越大。

当屋架的外形和主要尺寸(跨度、高度)确定后,桁架各杆的几何尺寸(长度)即可根据三角函数或投影关系求得。

## ◆节点荷载计算

### 1.屋架上的荷载

作用在屋架上的荷载有永久荷载和可变荷载。

(1)永久荷载。

永久荷载包括屋面材料、檩条、屋架、天窗架、支撑以及天棚等结构自重。

屋架和支撑自重可按下列经验公式估算:

$$g_k = \beta l \tag{3.1}$$

式中 $g_k$——屋架和支撑的自重荷载($kN/m^2$),按水平投影面积计算;

$\beta$——系数,当屋面荷载 $F_k \leq 1$ $kN/m^2$ 时,$\beta = 0.01$;当 $F_k = 1 \sim 2.5$ $kN/m^2$ 时,$\beta = 0.012$;当 $F_k > 2.5$ $kN/m^2$ 时,$\beta = 0.12/l + 0.011$;

$l$——屋架的跨度(m)。

当屋架仅作用有上弦节点荷载时,将 $g_k$ 全部合并为上弦节点荷载;当屋架还有下弦荷载时,$g_k$ 按上、下弦平均分配。

(2)可变荷载。可变荷载包括屋面均布使用的活荷载、雪荷载、风荷载、积灰荷载以及悬挂吊车和重物等项。当屋面坡度 $\alpha \geq 50°$ 时,不考虑雪荷载;当屋面坡度 $\alpha \leq 30°$ 时,除瓦楞铁等轻型屋面外,一般可不考虑风荷载;当 $\alpha > 30°$ 时,以及对瓦楞铁皮等轻型屋面、开敞式房屋和风荷载大于 490 $N/m^2$ 时,均应计算风荷载;屋面均布活荷载与雪荷载不同时考虑,取两者之中较大值。

各种均布荷载汇集(图3.10)成节点荷载的计算式为

$$F_i = \gamma_{si} q_{ki} s a \tag{3.2}$$

式中 $q_{ki}$——沿屋面坡向作用的第 $i$ 种荷载标准值。对于沿水平投影面分布的荷载,$q_{ki}^h = q_{ki}/\cos \alpha$(kN/m);

$\alpha$——屋面坡度,可取上弦杆与下弦杆的夹角(°);

$s$——屋架的间距(m);

$a$——屋架弦杆节间水平长度(m);

$\gamma_{si}$——第 $i$ 种荷载分项系数。

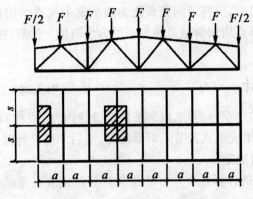

图 3.10 节点荷载汇集简图

**2. 荷载的组合**

屋面均布活荷载、屋面积灰荷载和雪荷载等可变荷载,应按全跨和半跨均匀分布两种情况考虑,因为荷载作用于半跨时对桁架的中间斜腹杆的内力可能产生不利影响。

桁架内力应根据使用和施工过程中可能遇到同时作用的最不利荷载组合情况进行计算,不利荷载组合通常考虑以下三种情况。

(1) 全跨永久荷载 + 全跨可变荷载。
(2) 全跨永久荷载 + 半跨可变荷载。
(3) 全跨屋架、支撑和天窗自重荷载 + 半跨屋面板自重荷载 + 半跨屋面活荷载。

## ◆ 屋架杆件内力计算方法

**1. 节点荷载作用下的杆件内力计算**

节点荷载作用下,铰接桁架杆件的内力计算可采用图解法或数解法(节点法或截面法)、有限元位移计算法等,所有杆件均受轴心力作用。

**2. 有节间荷载作用时杆件内力计算**

当有集中荷载或均布荷载作用在上弦节间时,将使上弦杆节点和跨中节间产生局部弯矩。由于上弦节点板对杆件的约束作用,可减少节间弯矩,屋架上弦杆应视为弹性支座上的连续梁,为简化计算,可采用下列近似法。

对于无天窗架的屋架,端节间的跨中正弯矩和节点负弯矩均取 $0.8M_0$;其他节间正弯矩和节点负弯矩均取 $0.6M_0$;$M_0$ 为跨度等于节间长度的相应节间的简支梁最大弯矩值。

对于有天窗架的屋架,所有节间的节点和节间弯矩均取 $0.8M_0$,如图 3.11 所示。

设计钢屋架时,应尽量避免节间荷载布置,以免因节间荷载作用产生的弯矩所引起的截面增大。

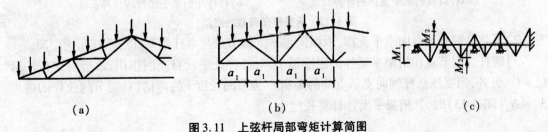

图 3.11 上弦杆局部弯矩计算简图

在计算其他各杆内力时,应将节间荷载化为两个集中荷载作用在两相邻节点上,可按简支梁支座反力分配或按节点所属荷载范围划分的方法取值。然后,按铰接桁架计算各杆轴心力。

## ◆屋架杆件的截面设计

桁架经选定形式和确定钢号、并求出各杆件的设计内力(或和)后,还需确定杆件在各个方向的计算长度、截面的组成形式及节点板厚度等,然后才可进行截面设计。

### 1. 桁架杆件计算长度确定

(1)桁架平面内杆件的计算长度 $l_{0x}$。桁架按理想铰接节点考虑时,各杆件两端接近不动铰接,在桁架平面内的计算长度大致为 $l_{0x}=l$,$l$ 为杆件的几何长度,即相邻节点中心间距离。

实际桁架的节点接近于刚接,相邻杆件将约束该杆端部转动,称为嵌固作用,从而提高了其整体稳定性,因而 $l_{0x}$ 可予以折减,特别是当相邻杆件中有较多截面相对较粗(指桁架平面内的线刚度值相对较大)的拉杆时。即使相邻杆件中的压杆本身有弯曲失稳趋向,对嵌固也影响不大(除非其截面较粗、长细比较小而受力有较多富裕)。按照《钢结构设计规范》(GB 50017—2003)的规定,杆件在桁架平面内的计算长度可根据以下情况进行取值:

1)对于一端为上弦节点,另一端为下弦节点,并用节点板连接的非支座腹杆,取 $l_{0x}=0.8l$ 如图 3.12(a)所示。这种非支座腹杆在一般桁架的腹杆中占多数。

2)对于除上述腹杆以外的其他杆件,均取 $l_{0x}=l$。

(2)桁架平面外杆件的计算长度 $l_{0y}$。

屋架弦杆在平面外的计算长度应取侧向支撑点间的距离。

1)上弦。一般取上弦横向水平支撑的节间长度。在有檩体系屋盖中,如檩条与横向水平支撑交叉点用节点板焊牢如图 3.12(b)所示,则此檩条可视为屋架弦杆的支撑点。在无檩体系屋盖中,如果保证大型屋面板与上弦三点可靠焊接,则考虑到大型屋面板能起一定的支撑作用,所以通常取两块屋面板的宽度,但不大于 3.0 m。

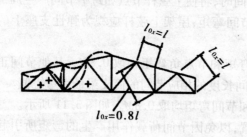 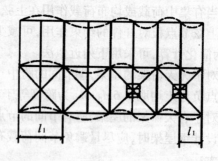

(a)杆件在桁架平面内的计算长度　　(b)杆件在桁架平面外的计算长度

图 3.12　承受节间荷载的屋架

2)下弦。看有无纵向水平支撑,取纵向水平支撑节点与系杆或系杆与系杆间的距离。

3)腹杆。因节点在桁架平面外的刚度很小,对杆件几乎没有嵌固作用,故所有腹杆均取 $l_{0y}=l$。另外,当受压弦杆侧向支承点间的距离 $l_1$ 为节间长度 $l$ 的两倍,且两节间弦杆的内力 $N_1 \neq N_2$(图 3.13)时,其桁架平面外计算长度为

$$l_{0y}l_1(0.75 + 0.25\frac{N_2}{N_1}) \geq 0.5l_1 \tag{3.3}$$

式中 $N_1$——较大的压力,计算时取正值;
$N_2$——较小的压力或拉力,计算时压力取正值,拉力取负值。

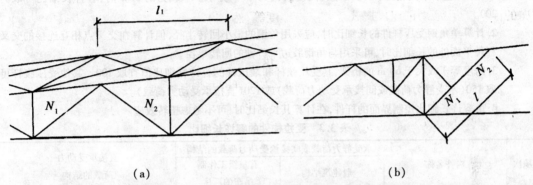

图 3.13 杆件内力变化时在桁架平面外的计算长度

再分式腹杆体系的受压主斜杆如图 3.13(b) 所示,在桁架平面外的计算长度也按式(3.3)确定,受拉主斜杆仍取 $l_{0y}=l_1$。确定再分式主斜杆在桁架平面内的计算长度 $l_{0x}$ 时,因主斜杆的 $N_2$ 段杆件的两端弹性嵌固作用均较差,因此该段应取 $l_{0x}=l$;主斜杆的 $N_1$ 段仍取 $l_{0x}=0.8l$。

(3) 斜平面的计算长度 $l_0$。对于双角钢组成的十字形截面和单角钢截面腹杆,截面主轴不在桁架平面内,杆件受压时可能绕截面较小主轴发生斜平面内失稳,但在桁架下弦节点处还可起到一定的嵌固作用,故斜截面计算长度可略做折减,即取 $l_0=0.9l$,然而支座斜杆和支座竖杆仍应取其计算长度为几何长度,即 $l_0=l$。桁架各杆件在平面内和平面外的计算长度 $l_0$ 汇总列入表 3.1 中,以便查用。

表 3.1 桁架弦杆和单系腹杆的计算长度

| 方向 | 弦杆 | 腹杆 | |
|---|---|---|---|
| | | 端斜杆和端竖杆 | 其他腹杆 |
| 在桁架平面内 $l_0$ | $l$ | $l$ | $l$ |
| 在桁架平面内 $l_{0y}$ | $l_1$ | $l$ | $l$ |
| 斜平面 $l_0$ | — | — | $0.9l$ |

注:$l$ 为杆件几何长度,$l_1$ 为杆件侧向支撑点之间距离。

**2. 桁架杆件的容许长细比**

桁架杆件长细比的大小,对杆件的工作有一定的影响。长细比太大,将使杆件在自重作用下产生过大挠度,在运输和安装过程中会因刚度不足而产生弯曲,在动力作用下还会引起较大的振动。因此在《钢结构设计规范》(GB 50017—2003)中对拉杆和压杆都规定了容许长细比。受压构件的长细比不宜超过表 3.2 的容许值;受拉构件的长细比不宜超过表 3.3 的容许值。

表 3.2 受压构件的容许长细比

| 项次 | 构件名称 | 容许长细比 |
|---|---|---|
| 1 | 柱、桁架和天窗架中的杆件<br>柱的缀条、吊车梁或吊车桁架以下的柱间支撑 | 150 |
| 2 | 支撑(吊车梁或吊车桁架以下的柱间支撑除外)<br>用以减小受压构件长细比的杆件 | 200 |

注:1. 桁架(包括中间桁架)的受压腹杆,当其内力小于或等于承载力的 50% 时,容许长细比可取为 200。
2. 计算单角钢受压杆件的长细比时,应采用角钢的最小回转半径,但计算在交叉点相互连接的交叉杆件平面外的长细比时,可采用与角钢肢边平行轴的回转半径。
3. 跨度等于或大于 60 m 的桁架,其受压弦杆和端压杆的容许长细比值宜取 100。其他受压腹杆可取 150(承受静力荷载或间接承受动力荷载)或 120(直接承受动力荷载)。
4. 由容许长细比控制界面的杆件,在计算其长细比时,可不考虑扭转效应。

表 3.3 受拉构件的容许长细比

| 项次 | 构件名称 | 承受静力荷载或间接承受动力荷载的结构 | | 直接承受动力荷载的结构 |
|---|---|---|---|---|
| | | 一般建筑结构 | 有重级工作制吊车的厂房 | |
| 1 | 桁架的杆件 | 350 | 250 | 250 |
| 2 | 吊车梁或吊车桁架以下的柱间支撑 | 300 | 200 | — |
| 3 | 其他拉杆、支撑、系杆等(张紧的圆钢除外) | 400 | 350 | — |

注:1. 承受静力荷载的结构中,可仅计算受拉构件在竖向平面内的长细比。
2. 在直接或间接承受动力荷载的结构中,单角钢受拉构件长细比的计算方法与表 3.2 注 2 相同。
3. 中、重级工作制吊车桁架下弦杆的长细比不宜超过 200。
4. 在设有夹钳或刚性料耙等硬钩吊车的厂房中,支撑(表中第 2 项除外)的长细比不宜超过 300。
5. 受拉构件在永久荷载与风荷载组合作用下受压时,其长细比不宜超过 250。
6. 跨度等于或大于 60 m 的桁架,其受拉弦杆和腹杆的长细比不宜超过 300(承受静力荷载或间接承受动力荷载)或 250(直接承受动力荷载)。

**3. 杆件的截面形式**

桁架杆件的截面形式应根据用料经济、连接构造简单、施工方便和具有足够的刚度以及取材方便等要求确定。

(1)单壁式屋架杆件的截面形式。普通钢屋架通常采用由两个角钢组成的 T 形截面,如图 3.14(a)、(b)、(c)所示,或十字形截面形式的杆件构造而成,而受力较小的次要杆件则可采用单角钢制造。在我国生产 H 型钢后,多数情况下可用 H 型钢剖开而成的 T 型钢如图 3.14(f)、(g)、(h)所示来代替双角钢组成的 T 形截面。组成屋架的各种杆件应选择的截面形式具体介绍如下。

1)上下弦杆。上下弦杆中,$l_{0y}=l_1$,$l_{0x}=l$,一般 $l_{0y}/l_{0x}$(2 倍以上),因此常采用短肢相并的双不等边角钢组成的 T 形截面如图 3.14(b)所示,$i_y/i_x \approx 2.8$ 或 TW 形截面(由 H 型钢腹板截开而成的 T 型钢)。整个桁架在运输和吊装过程中要求有较大的侧向刚度,采用这种宽度较大的弦杆截面形式十分有利。截面宽度较大也便于在上弦杆上放置屋面板和檩条。当然,也可采用两个等边角钢截面如图 3.14(a)所示或 TM 形截面如图 3.14(g)所示。

当弦杆同时承受 $N$ 和 $M$(上弦有节间荷载)时,由于抗弯需要,通常采用长边相并的双不等边角钢T形截面,如图3.14(c)所示。如需保持适当的侧向刚度,可采用双等边角钢T形截面。

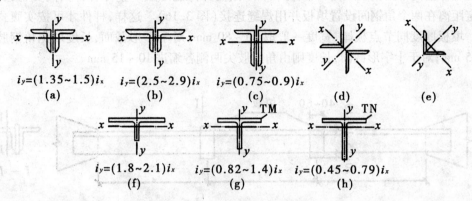

图3.14 单壁式屋架杆件截面

2)支座腹杆(端竖杆与端斜杆)。支座腹杆中 $l_{0y} = l_{0x} = l$,因此常采用长边相并的双不等边角钢T形截面图3.14(c)。当杆件较短、内力较大、截面较粗及长细比较小时,如规格合适,有时可采用双等边角钢T形截面。

3)一般腹杆。一般腹杆中,$l_{0y} = l$,$l_{0x} = 0.8l$,$l_{0y}/l_{0x} = 1.25$,所以常采用双等边角钢T形截面图3.14(a)。

4)再分式腹杆。一般再分式主斜杆中 $l_{0y}/l_{0x} \approx 2$,但因杆件通常较短,所以常用双等边角钢T形截面,必要时可用短肢相并的双不等边角钢T形截面。再分式次腹杆中 $l_{0y} = l_{0x} = l$,但一般杆件短、内力小,故常用较小规格的双等边角钢T形截面。

5)双角钢十字形截面。双角钢十字形截面如图3.14(d)所示,常用于桁架正中竖杆,刚度较大,并能把连接正中垂直支撑或系杆的支撑连接板做在正中位置,使传力没有偏心,且桁架吊装不分正反(正中竖杆用T形截面时,有偏心且桁架有正反,如某一榀桁架转180°吊装,则支撑连接板会左右错位)。其他连接垂直支撑处的桁架非正中竖杆如需减少传力偏心,也可采用十字形截面。另外,支撑中的刚性系杆通常都用十字形截面。

6)单角钢截面。受力很小的腹杆(如再分杆等次要杆件)可采用单角钢截面如图3.14(e)所示。支撑系统中的柔性系杆也常采用单角钢截面。

(2)双壁式屋架杆件截面的形式。屋架跨度较大时,弦杆等杆件较长,单榀屋架的横向刚度较低。为保证安装时屋架的侧向刚度,对跨度大于或等于42 m的屋架宜设计成双壁式如图3.15所示。其中由双角钢组成的双壁式截面可用于弦杆和腹杆,横放的H型钢可用于大跨度重型双壁式屋架的弦杆和腹杆。

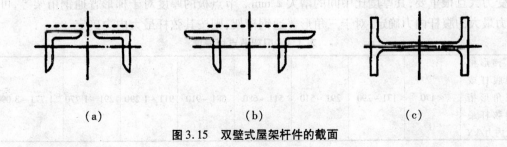

图3.15 双壁式屋架杆件的截面

### 4. 双角钢杆件的填板

为确保由两个角钢组成的T形或十字形截面杆件能形成一整体杆件共同受力,必须每隔一定距离在两个角钢间设置填板并用焊缝连接(图3.16)。这样,杆件才可按实腹式杆件计算。填板厚度同节点板厚,宽度一般取50~80 mm,对于T形截面,长度取比角钢肢宽大10~15 mm;对于十字形截面,长度则由角钢肢尖两侧各缩进10~15 mm。

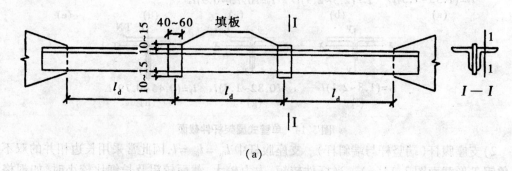

(a)

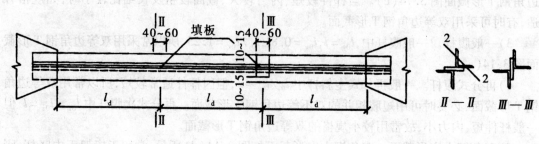

(b)

图3.16 桁架杆件中的填板

填板间距:对于压杆,$l_d \leq 40i$,对于拉杆,$l_d \leq 80i$。在T形截面中$i$为一个角钢对平行于填板的自身形心轴如图3.16(a)所示的Ⅰ-Ⅰ轴的回转半径,十字形截面中$i$为一个角钢的最小回转半径,如图3.6(b)的Ⅱ-Ⅱ轴所示。在压杆的桁架平面外计算长度的范围内,填板数不应少于两块。按上述要求设置填板的双角钢杆件,在设计计算时可按整体实腹截面考虑。

### 5. 节点板的厚度

节点板内应力大小与所连构件内力大小有关,可按《钢结构设计规范》(GB 50017—2003)有关规定计算其强度和稳定性。表3.4是根据上述计算方法编制的表格,设计时可查表确定节点板的厚度。在同一榀桁架中,所有中间节点均采用同一种厚度,支座节点板由于受力大且很重要,其厚度比中间的增大2 mm。节点板的厚度对于梯形普通钢桁架等,可按受力最大的腹杆内力确定,对于三角形普通钢桁架,则按其弦杆最大内力确定。

表3.4 屋架节点板厚度

| 梯形桁架腹杆或三角形桁架弦杆最大内力/kN | <170 | 171~290 | 291~510 | 511~680 | 681~910 | 911~1 290 | 1 291~1 770 | 1 771~3 090 |
|---|---|---|---|---|---|---|---|---|

续表3.4

| 梯形桁架腹杆或三角形桁架弦杆最大内力/kN | <170 | 171~290 | 291~510 | 511~680 | 681~910 | 911~1 290 | 1291~1 770 | 1 771~3 090 |
|---|---|---|---|---|---|---|---|---|
| 中间节点板厚度/mm | 6 | 8 | 10 | 12 | 11 | 16 | 18 | 20 |
| 支座节点板厚度/mm | 8 | 10 | 12 | 14 | 16 | 18 | 20 | 22 |

注:1. 表中厚度是按钢材为Q235钢考虑的,当节点板为Q345钢时,其厚度可较表中数值适当减小。
  2. 节点板边缘与腹板轴线间的夹角应不小于30°。
  3. 节点板与腹杆用侧焊缝连接,当采用围焊时,节点板厚度应通过计算确定。
  4. 无竖腹杆相连且无加劲肋加强的节点板,可将受压腹杆的内力乘以1.25后再查表。

**6. 杆件的截面选择**

(1)桁架杆件截面选择的一般原则。

1)在相同截面积情况下,桁架杆件截面应优先选用宽肢薄壁的角钢,以增加截面的回转半径,但受压构件应满足局部稳定的要求。通常情况下,板件或肢件的最小厚度为5 mm,对小跨度房屋可用到4 mm。

2)桁架弦杆一般沿全跨采用等截面,但对于跨度大于24 m的三角形桁架和跨度大于30 m的梯形桁架。可根据内力变化改变弦杆截面,但在半跨内只宜改变一次,且只改变肢宽而保持厚度不变,以便拼接时的构造处理。

3)角钢规格不宜小于∟45×4或∟56×36×4。

4)同一榀桁架的角钢规格应尽量统一。如选出的型钢规格过多,可将数量较少的小号型钢进行调整,同时应尽量避免选用相同边长或肢宽而厚度相差很小的型钢。

(2)杆件截面选择与计算。桁架杆件一般为轴心受拉或轴心受压构件,当有节间荷载时则为拉弯构件或压弯构件。选择与验算截面的具体规则如下:

1)轴心拉杆。轴心拉杆可按强度条件确定所需的净截面面积$A_n$,即$A_n \geq N/f$,其中$f$为钢材的抗拉强度设计值。当采用单角钢单面连接时,乘以0.85的折减系数。

根据$A_n$选用合适的角钢,然后按轴心受拉构件验算其强度和刚度。当连接支撑的螺栓孔位于连接节点板内且离节点板边缘的距离(沿杆件受力方向)不小于100 mm时,由于连接焊缝已传递部分内力给节点板,节点板一般可以补偿孔洞的削弱,故可不考虑该孔对角钢截面削弱的影响,如图3.17所示。

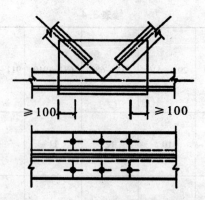

图 3.17 节点板范围内的螺栓孔

2)轴心压杆。首先由 $=f$ 确定 $A$(先假定 $\lambda$,弦杆的 $\lambda$ 为 60~100,腹杆的 $\lambda$ 为 80~120,查表得,算出 $A$,同时计算 $i_x$、$i_y$);其次,选择合适的角钢,查得实际 $A$ 及回转半径 $i_x$、$i_y$;然后验算截面强度、刚度和稳定性,直到满足要求为止。

双角钢压杆及轴对称放置的单角钢压杆,绕对称轴失稳时,采用换算长细比 $\lambda_{yz}$ 代替 $\lambda_y$,即选择 $\max(\lambda_x、\lambda_{yz})$ 查得进行稳定验算。换算长细比 $\lambda_{yz}$ 按式(3.4)~式(3.10)计算。

①等边单角钢截面如图 3.18(a)所示:

当 $b/t \leqslant 0.54 l_{0y}/b$ 时,$\lambda_{yz} = \lambda_y(1 + \dfrac{0.85 b^4}{l_{0y}^2 t^2})$ (3.4)

当 $b/t > 0.54 l_{0y}/b$ 时,$\lambda_{yz} = 4.78 \dfrac{b}{t}(1 + \dfrac{l_{0y}^2 t^2}{13.5 b^4})$ (3.5)

式中 $b$、$t$——角钢肢宽和肢厚。

②等边双角钢截面如图 3.18(b)所示:

当 $b/t \leqslant 0.58 l_{0y}/b$ 时,$\lambda_{yz} = \lambda_y(1 + \dfrac{0.475 b}{l_{0y}^2 t^2})$ (3.6)

当 $b/t > 0.58 l_{0y}/b$ 时,$\lambda_{yz} = 3.9 \dfrac{b}{t}(1 + \dfrac{l_{0y}^2 t^2}{18.6 b^4})$ (3.7)

③长肢相并的不等边角钢截面如图 3.18(c)所示:

当 $b_2/t \leqslant 0.48 l_{0y}/b_2$ 时,$\lambda_{yz} = \lambda_y(1 + \dfrac{1.09 b_2^4}{l_{0y}^2 t^2})$ (3.8)

当 $b_2/t > 0.48 l_{0y}/b_2$ 时,$\lambda_{yz} = 5.1 \dfrac{b_2}{t}(1 + \dfrac{l_{0y}^2 t^2}{17.4 b_2^4})$ (3.9)

④短肢相并的不等边双角钢截面如图 3.18(d)所示:

当 $b_1/t > 0.56 l_{0y}/b_1$ 时,可近似取 $\lambda_{yz} = \lambda_y$,否则

$$\lambda_{yz} = 3.7 \dfrac{b_1}{t}(1 + \dfrac{l_{0y}^2 t^2}{52.7 b^4}) \qquad (3.10)$$

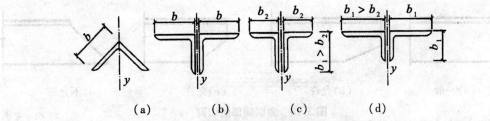

图 3.18 单角钢截面和双角钢组合 T 形截面

3)压弯杆件。对于上弦有节间荷载的压弯构件,应进行平面内、外的稳定性及长细比计算,必要时应进行强度计算。

杆件截面选择完成后,应注意检查其是否满足前面所讲的钢屋架杆件截面选择的一般原则。

## ◆节点设计

### 1. 节点设计的一般要求

(1)为避免杆件偏心受力,原则上应使杆件形心线与桁架几何轴线重合,并在节点处交于一点。为便于制造,通常取角钢肢背或 T 型钢背至形心距离为 5 mm 的整倍数。

(2)当弦杆截面沿跨度有改变时,为便于拼接和放置屋面构件,一般应使拼接处两侧弦杆角钢肢背齐平,这时形心线必然错开,宜采用受力较大的杆件形心线为轴线(图 3.19)。当两侧形心线偏移的距离 $e$ 不超过较大弦杆截面高度的 5% 时,可不考虑此偏心影响。当偏心距离 $e$ 值超过上述值,或者由于其他原因,节点处有较大偏心弯矩时,应根据交汇处各杆的线刚度,将此弯矩分配于各杆如图 3.19(b)所示。所计算杆件承担的弯矩为

$$M_i = M \cdot \frac{K_i}{\sum K_i} \tag{3.11}$$

式中 $M$——节点偏心弯矩,对于如图 3.19 所示的情况,$M = N_1 \times e$;
$K_i$——所计算杆件的线刚度;
$\sum K_i$——汇交于节点的各杆件线刚度之和。

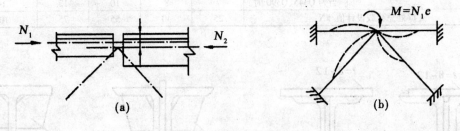

图 3.19 弦杆轴线的偏心

(3)在屋架节点处,腹杆与弦杆或腹杆与腹杆之间焊缝的净距不宜小于 10 mm,或者杆件之间的空隙不小于 15~20 mm(图 3.20),以便制作,且可以避免焊缝过分密集,致使钢材局部变脆。

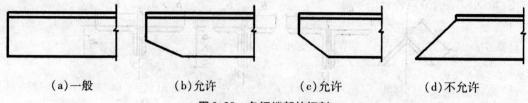

(a) 一般　　　　(b) 允许　　　　(c) 允许　　　　(d) 不允许

图 3.20　角钢端部的切割

(4) 角钢端部的切割一般垂直于其轴线如图 3.20(a) 所示。有时为减小节间板尺寸,允许切去一肢的部分如图 3.20(b)、(c) 所示,但不允许将一个肢完全切去而另一肢伸出的斜切如图 3.20(d) 所示。

(5) 节点板的外形应尽可能简单且规则,至少有两边平行,一般采用矩形、平行四边形和直角梯形等,节点板边缘与杆件轴线的夹角不应小于 15°,单斜杆与弦杆的连接应不出现偏心弯矩,如图 3.21(a) 所示。节点板的平面尺寸,一般应根据杆件截面尺寸和腹杆端部焊缝长度画出的大样来确定,但考虑施工误差,宜将此平面尺寸适当放大。

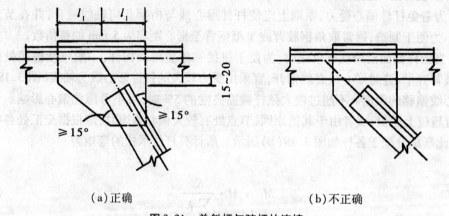

(a) 正确　　　　　　　　　　　(b) 不正确

图 3.21　单斜杆与弦杆的连接

(6) 支撑大型混凝土屋面板的上弦杆,当支撑处的总集中荷载(设计值)超过表 3.5 中的数值时,弦杆的伸出肢容易弯曲,应对其采用如图 3.22 所示的做法之一进行加强。

表 3.5　弦杆加强的最大节点荷载

| 角钢(或 T 型钢翼缘板)厚度/mm | 当为 Q235 时 | 8 | 10 | 12 | 14 | 16 |
| --- | --- | --- | --- | --- | --- | --- |
| | 当为 Q345、Q390 时 | 7 | 8 | 10 | 12 | 14 |
| 支撑处总荷载设计值/kN | | 25 | 40 | 55 | 75 | 100 |

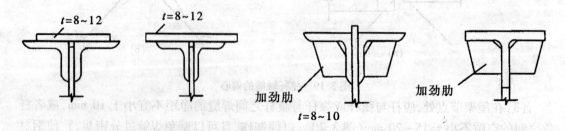

图 3.22　上弦角钢的加强

## 2. 角钢桁架的节点设计

角钢桁架是指桁架的弦杆和腹杆均用角钢做成的桁架。角钢桁架的节点主要有一般节点、有集中荷载节点、弦杆的拼接节点和支座节点四种类型。

(1) 节点设计的一般步骤。

1) 据屋架几何形式定出节点的轴线关系,并按比例画出轴线(1/20~1/10)和杆件(1/10~1/5),弦杆肢尖与腹杆距离应满足前述的基本要求。

2) 计算腹杆肢背、肢尖焊缝长度,图中做出定位点。

3) 计算弦杆与节点板的焊缝,图中做出定位点。

4) 确定节点板的合理形状和尺寸。节点板应框进所有焊缝,并注意沿焊缝长度方向多留 $2h_f$ 的长度以作为施焊时的焊口,垂直于焊缝长度方向应留出 10~15 mm 的焊缝位置。

5) 适当调整焊缝厚度和长度,重新验算。

6) 绘制比例尺为 1/10~1/5 的节点大样,标注需要的尺寸,如图 3.23 所示。

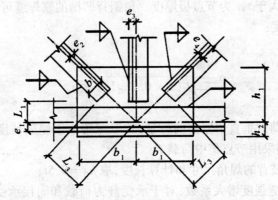

图 3.23　节点上需标注的尺寸

(2) 各种节点的设计方法。

1) 一般节点。一般节点是指无集中荷载作用和无弦杆拼接的节点,如无悬吊荷载的屋架下弦中间节点,其构造形式如图 3.24 所示。

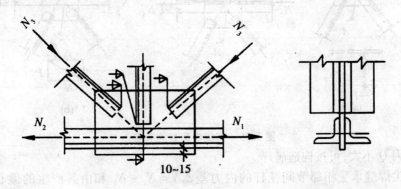

图 3.24　一般节点

各腹杆杆端与节点板连接的角焊缝的尺寸和长度应按角钢连接的角焊缝计算,可在图上按比例标出各焊缝长度的控制点。节点板的尺寸应能框进所有焊缝控制点,同时还要伸出弦杆角钢肢背 10~15 mm,以便焊接。弦杆与节点板的连接焊缝应考虑承受弦杆相邻节间内力

之差 $\Delta N = N_2 - N_1$，按下列公式计算其焊角尺寸：

对于肢背焊缝，

$$h_{f1} \geqslant \frac{\alpha_1 \Delta N}{2 \times 0.7 l_w f_f^w} \qquad (3.12)$$

对于肢尖焊缝，

$$h_{f2} \geqslant \frac{\alpha_2 \Delta N}{2 \times 0.7 l_w f_f^w} \qquad (3.13)$$

式中 $\alpha_1$、$\alpha_2$——内力分配系数，可取 $\alpha_1 = 2/3$，$\alpha_2 = 1/3$；
$f_f^w$——角焊缝强度设计值。

通常因 $\Delta N$ 很小，实际所需焊角尺寸可由构造要求确定，并沿节点板全长满焊。

2) 有集中荷载的节点。如图 3.25 所示的屋架上弦节点承受由檩条或大型屋面板传来的集中荷载 P 的作用。为了放置上部部件，节点板须缩入上弦角钢背，缩进距离不宜小于 $(0.5t + 2)$ mm，也不宜大于 $t$，$t$ 为节点板厚度。角钢背凹槽的塞焊缝可假定只承受屋面集中荷载，按下式计算其强度：

$$\alpha_f = \frac{Q}{\beta_f (2 \times 0.7 h_{f1} l_{w1})} \leqslant f_f^w \qquad (3.14)$$

式中 $Q$——节点集中荷载垂直于屋面的分量，梯形屋架由于屋架坡度较小，可忽略坡度的影响，直接采用节点集中荷载 $P$；

$h_{f1}$、$l_{w1}$——角钢肢背的焊角尺寸和计算长度，取 $h_{f1} = 0.5t$；

$\beta_f$——正面角焊缝强度增大系数，对于承受静力荷载和间接承受动力荷载的屋架，$\beta_f = 1.22$；对于直接承受动力荷载的屋架，$\beta_f = 1.0$。

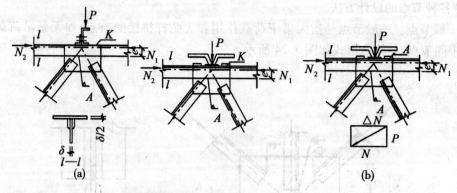

图 3.25 有集中荷载的节点

实际上因 Q 不大，可按构造满焊。

角钢肢尖焊缝承受相邻间弦杆的内力差 $\Delta N = N_2 - N_1$ 和由其产生的偏心弯矩 $M = (N_2 - N_1)e$（$e$ 为角钢肢尖至弦杆轴线的距离）的共同作用。肢尖焊缝强度应满足下式：

$$\sqrt{\left(\frac{6M}{\beta_f \times 2 \times 0.7 \times h_{f2} l_{w2}^2}\right)^2 + \left(\frac{\Delta N}{2 \times 0.7 \times h_{f2} l_{w2}}\right)^2} \leqslant f_f^w \qquad (3.15)$$

当节点板向上伸出不妨碍屋面构件的放置,或因相邻节间内力差$\Delta N$较大,肢尖焊缝强度不满足式(3.15)时,可将节点板部分向上伸出图3.25(b)或全部向上伸出。此时弦杆与节点板的连接焊缝应按下列公式计算：

对于肢背焊缝,

$$\frac{\sqrt{(\alpha_1 \Delta N)^2 + (\frac{Q}{2 \times 1.22})^2}}{2 \times 0.7 h_{f1} l_{wf}} \leq f_f^w \tag{3.16}$$

对于肢尖焊缝,

$$\frac{\sqrt{(\alpha_2 \Delta N)^2 + (\frac{Q}{2 \times 1.22})^2}}{2 \times 0.7 h_{f1} l_{wf}} \leq f_f^w \tag{3.17}$$

式中 $h_{f1}$、$l_{w1}$——伸出肢背的焊缝焊脚尺寸和计算长度；

$h_{f2}$、$l_{w2}$——上弦杆与节点板的连接焊缝肢尖的焊脚尺寸和计算长度。

3)弦杆的拼接节点。弦杆的拼接有两种,即工厂(车间)拼接和工地拼接。工厂拼接是角钢供应长度不足时所做的拼接,通常设在内力较小的节间范围内。工地拼接是桁架分段制造和运输,在工地进行的拼接。这种拼接的位置一般设在节点处,为减轻节点板负担和保证整个屋架平面外的刚度,通常不用节点板作为拼接材料,而以拼接角钢传递弦杆内力。拼接角钢宜采用与弦杆相同的角钢型号,使弦杆在拼接处保持原有的强度和刚度。

①下弦拼接节点。在下弦的拼接中,为了使拼接角钢与原来的角钢相互紧贴,要将拼接角钢顶部截去宽度为$r$棱角($r$为角钢内圆弧半径),对于其竖肢,为便于拼接,应割去($t+h_f+5$)(mm)($t$为角钢厚度,$h_f$为拼接焊缝的焊角尺寸如图3.26(c))。由切割引起的拼接角钢截面的削弱可考虑用节点板补偿。

拼接角钢长度为:

$$l_w = \frac{Af}{4 \times 0.7 h_f f_f^w} \tag{3.18}$$

拼接角钢实际长度为:

$$l = (l_w + 2h_f) \times 2 + a \tag{3.19}$$

式中 $a$——弦杆端头的距离,下弦取10 mm,上弦还应加上与屋面坡度$i$及角钢垂直宽度$b$有关的距离,即$2_{ib}$。

弦杆与节点板的连接角焊缝计算与普通下弦接点连接焊缝的计算相同,作用荷载为两侧下弦较大内力的15%和两侧下弦的内力差$\Delta N$二者中的较大值。

为了便于工地拼接,下弦中央拼接节点如图3.26所示,并有下列特点:工厂制造时中央节点板与竖杆属于左半桁架,其间焊缝均为车间焊缝,而节点板与右方杆件间均为工地焊缝;拼接角钢是一种既不属于左半桁架也不属于右半桁架的独立零件,与左右两半桁架的弦杆角钢都用工地焊缝相连。这样可避免拼接时角钢穿插困难,有利于现场拼接。另外,为便于工地拼接定位和控制位置,应在右腹杆上设置安装螺栓。

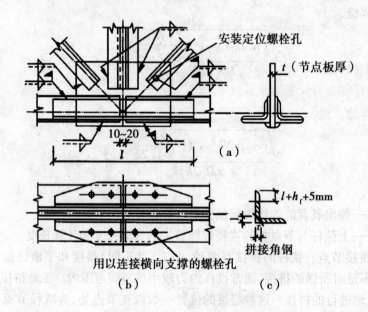

图 3.26 下弦拼接节点

②上弦中央拼接节点(屋脊节点)。屋脊节点的拼接角钢通常采用热弯成型。当屋面坡度较大且拼接角钢肢较宽时,可将角钢竖肢切口再弯折后焊成,同时需将拼接角钢截棱和将竖向肢切肢(同下弦拼接角钢),如图 3.27 所示。工地焊接时,为便于现场安装,拼接节点也要设置临时性的安装螺栓。此外,为避免双插,拼接角钢和节点板应不连在同一运输单元上,有时也可把拼接角钢作为独立的运输零件。

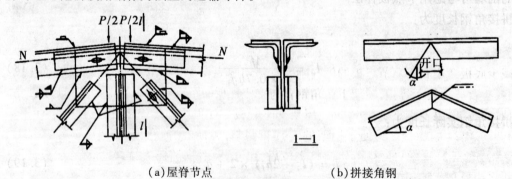

(a)屋脊节点　　　　　　(b)拼接角钢

图 3.27 屋脊拼接节点

拼接角钢的长度应根据所需焊缝长度决定,拼接角钢与上弦的单侧焊缝所需长度为

$$l_w = \frac{N}{4 \times 0.7 h_f f_f^w} \tag{3.20}$$

式中 $N$——相邻上弦节间中较大的内力。

拼接角钢实际长度取 $l = 2(l_w + 2h_f) + a$。

弦杆与节点板连接的肢背塞焊缝强度为：

$$\sigma_f = \frac{P}{\beta_f(2 \times 0.7 h'_f l'_w)} \leq f_f^w \tag{3.21}$$

式中 $h_f$——塞焊缝的焊角尺寸（$t$ 为节点板厚度）。

节点板与弦杆肢尖角焊缝强度分别见式(3.22)和(3.23)。

$$\tau_f = \frac{\triangle N}{2 \times 0.7 h''_t l''_w} \tag{3.22}$$

$$\sigma_f = \frac{6 \triangle M}{2 \times 0.7 h''_t l''^2_w} \tag{3.23}$$

$$\sqrt{\left(\frac{\sigma_f}{\beta_f}\right)^2 + \tau_f^2} \leq f_f^w \tag{3.24}$$

式中 $h''_t$、$l''_w$——上弦肢尖与节点板的焊角高度与焊缝长度；

$\triangle N$——内力差，$\triangle N = 0.15N$（$N$ 为屋脊节点相邻两节间的内力）；

$\triangle M$——内力差引起的弯矩，$\triangle M = \triangle N \cdot e$（$e$ 为上弦形心轴至肢尖焊缝的距离）。

4）支座节点。桁架与柱的连接分两种形式，即铰接和刚接。支承于混凝土柱或砌体柱的屋架一般都是按铰接设计的，而屋架与钢柱的连接可做成铰接或刚接。如图3.28所示的为三角形屋架、梯形或人字形屋架的铰接支座节点示意图。

支于混凝土柱的支座节点由节点板、底板、加劲肋和锚栓组成，加劲肋的作用是分布支座反力，减少底板弯矩和提高节点板的侧向刚度。加劲肋应设在节点的中心，其轴线与支座反力作用线重合。为便于焊接，屋架下弦角钢背与支座底板的距离 $e$（图3.28）不宜小于下弦角钢伸出肢的宽度，也不宜小于130 mm。屋架支座底板与柱顶用锚栓连接，锚栓预埋于柱顶，常用 M 20～M 24 的螺栓。为便于桁架的安装和调整，底板上的锚栓孔径应比锚栓直径大1～1.5倍或做成 U 形缺口。待桁架调整定位后，用孔径比锚栓直径大1～2 mm的垫板套进锚栓，并将垫板与底板焊牢。

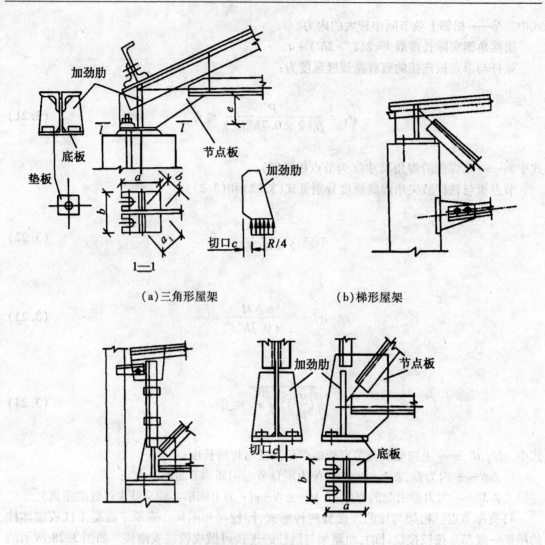

(a)三角形屋架　　(b)梯形屋架

(c)人字型屋架

图 3.28　支座节点

支座节点的传力路线是:桁架各杆件的内力通过杆端焊缝传给节点板,然后经节点板与加劲肋之间的垂直焊缝,把一部分力传给加劲肋,再通过节点板、加劲肋与底板的水平焊缝把全部支座压力传给底板,最后传给支座。由此,支座节点应进行如下计算。

支座底板的毛面积公式如下:

$$A = a \times b \geq \frac{R}{f_c} + A_0 \tag{3.25}$$

式中　$R$——支座反力;

$f_c$——支座混凝土局部承压强度设计值;

$A_0$——螺栓孔的面积。按计算需要的底板面积一般较小,主要根据构造要求(螺栓孔直径、位置以及支承的稳定性等)确定底板的平面尺寸,常用 $a \times b = 240 \text{ mm} \times 240 \text{ mm} \sim 400$

mm×400 mm。

底板厚度应按底板下柱顶反力(假定为均匀分布)作用产生的弯矩决定。如图3.28所示的底板经节点板及加劲肋分隔后成为两相邻边支承的四块板,其单位宽度的弯矩为

$$M = \beta q a_1^2 \qquad (3.26)$$

式中 $q$——底板下反力的平均值,$q = R/(A - A_0)$;
$\beta$——系数,由 $b_1/a_1$ 值按表3.6查得;
$a_1$、$b_1$——分别为对角线长度及其中点至另一对角线的距离(图3.28)。

表3.6 $\beta$ 值

| $a_1$、$b_1$ | 0.3 | 0.4 | 0.5 | 0.6 | 0.7 | 0.8 | 0.9 | 1.0 | 1.1 | ≥1.2 |
|---|---|---|---|---|---|---|---|---|---|---|
| $\beta$ | 0.026 | 0.042 | 0.056 | 0.072 | 0.085 | 0.092 | 0.104 | 0.111 | 0.120 | 0.125 |

底板的厚度为:

$$t \geq \sqrt{\frac{6M}{f}} \qquad (3.27)$$

为使柱顶反力比较均匀,底板不宜太薄,一般其厚度不宜小于 16~20 mm。加劲肋的高度由节点板的尺寸决定,其厚度取等于或略小于节点板的厚度。加劲肋可视为支承在节点板上的悬臂梁,一个加劲肋通常假定传递支座反力的 1/4,它与节点板的连接焊缝承受 $V = R/4$ 和弯矩 $M = \dfrac{V \cdot b}{4}$,并应按下式验算:

$$\sqrt{\left(\frac{V}{2 \times 0.7 h_f l_w}\right)^2 + \left(\frac{6M}{2 \times 0.7 h_f l_w^2 \beta_f}\right)^2} \leq f_f^w \qquad (3.28)$$

底板与节点板、加劲肋的连接焊缝承受全部支座反力 R 计算。验算式为:

$$\sigma_f = \frac{R}{0.7 h_f \sum l_w} \leq \beta f_f^w \qquad (3.29)$$

其中焊缝计算长度之和 $\sum l_w = (2a + b - t - 2c - 6)$ mm,其中 $t$ 和 $c$ 分别为节点板厚和加劲肋切口宽度(图3.28)。

(3)T型钢做弦杆的屋架节点。采用T型钢做屋架弦杆时,当腹杆也用T型钢或单角钢时,为省工省料,腹杆与弦杆的连接不需要节点板,可直接焊接;当腹杆采用双角钢时,有时需设节点板(图3.29),节点板与弦杆采用对接焊缝,此焊缝承受弦杆相邻节间的内力差 $\Delta N = N_2 - N_1$ 以及内力差产生的偏心弯矩 $M = \Delta N \times e$,可按下式进行计算:

$$\tau = \frac{1.5\Delta N}{l_w t} \leq f_v^w \tag{3.30}$$

$$\sigma = \frac{\Delta N \cdot e}{\frac{1}{6} t l_w^2} \geq f_t^w \text{ 或 } f_c^w \tag{3.31}$$

式中 $l_w$——由斜腹杆焊缝确定的节点板长度,若无引弧板施焊,则要除去弧坑;

$t$——节点板厚度,通常取与 T 形板等厚或相差不超过 1mm;

$f_v^w$——对接焊缝抗剪强度设计值;

$f_t^w$、$f_c^w$——对接焊缝抗拉、抗压强度设计值。

角钢腹杆与节点板的焊缝同角钢桁架,由于节点板与 T 型钢腹板的厚度相等(或相差 1 mm),所以腹杆可伸入 T 型钢腹板(图 3.29),这样可减小节点板尺寸。

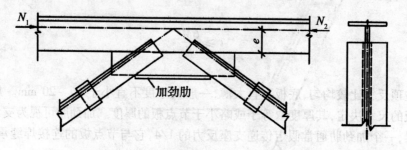

图 3.29 T 型钢作弦杆的屋架节点

## 【实 例】

【例 3.1】桁架各杆内力、截面及倾斜角如图 3.30 所示,下弦有拼接,节点板厚度 $t = 12$ mm,角钢及节点板钢材均为 Q235,角焊缝强度设计值 $f_f^w = 160$ N·mm$^{-2}$,试设计此节点。

解:

下弦采用 ∟90×8 的拼接角钢,拼接角钢切棱并按 $\triangle = t + h_f + 5 = 8 + 5 + 5 = 18$ mm 切肢。

两相邻下弦角钢使肢背外表齐平以便拼接角钢能贴合(图 3.31)。两角钢形心线间有间距 $e$。本题中 $e = 30.1 - 25.2 = 4.9$ mm $< 0.05 \times 110 = 5.5$ mm,故计算时对偏心作用不予考虑。

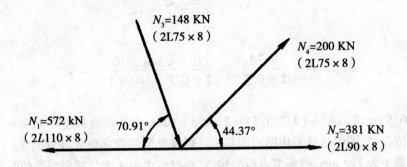

图 3.30 桁架各杆内力、截面及倾斜角示意图

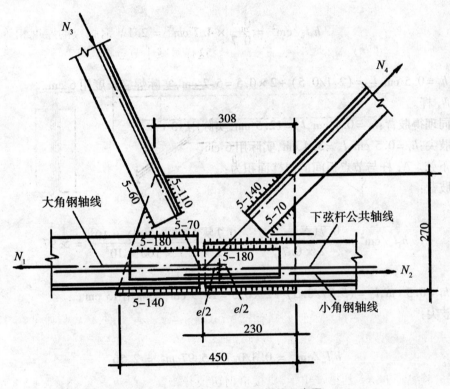

图 3.31 两相邻下弦角钢拼接示意图

(1)拼接焊缝设计。

拼接角钢一侧所需焊缝面积公式如下:

$$h_f l_w / \text{cm}^2 = \frac{N_2}{4 \times 0.7 f_f^w} = \frac{381 \times 10^3}{4 \times 0.7 \times 160 \times 10^2} = 8.2$$

用 $h_f = 0.5$ cm, $l_w l = (8.5/0.5) + 2 \times 0.5 = 18.0$ cm,实际用 18 cm;拼接角钢长度采用 $2 \times 18 + 1 = 37$ cm。

(2)连接焊缝设计。

1) $N_3$ 杆。

①肢背:

$$h_f l_w / cm^2 = \frac{0.7 N_3}{2 \times 0.7 f_f^w} = \frac{0.7 \times 148 \times 10^3}{2 \times 0.7 \times 160 \times 10^2} = 4.7$$

用 $h_f = 0.5$ cm, $l_w / cm^2 = (4.7/0.5) + 2 \times 0.5 = 10.4$, 实际焊缝长度用 11 cm。

为能看清焊缝,图中焊缝采用图示的符号。焊缝处所注数字如此肢背的 5-110,表示 $h_f$ 为 5 mm, $l_w$ 最少为 110 mm,根据节点板的构造,焊缝长度可大于计算所需数值。

②肢尖:

$$h_f l_w / cm^2 = \frac{0.3}{0.7} \times 4.7\ cm^3 = 2.1$$

用 $h_f = 0.5$ cm, $l_w = (2.1/0.5) + 2 \times 0.5 = 5.2$ cm, 实际焊缝长度用 6 cm。

2) $N_4$ 杆。

①同理得肢背: $h_f = 0.5$ cm, $l_w = 12.5$ cm, 实际用 13 cm。

②肢尖: $h_f = 0.5$ cm, $l_w = 5.4$ cm, 实际用 6 cm。

3) 下弦。$N_1$ 杆与节点板间的焊缝面积为:

①肢背:

$$h_f l_w / cm^2 = \frac{0.7(N_1 - N_2)}{2 \times 0.7 f_f^w} = \frac{0.7 \times (572 - 381) \times 10^3}{2 \times 0.7 \times 160 \times 10^2} = 5.97$$

用 $h_f = 0.5$ cm, $l_w = (5.97/0.5) + 2 \times 0.5 = 12.9$ cm, 实际用 13 cm。

②肢尖:

$$h_f l_w / cm^2 = 0.3/0.7 \times 5.97\ cm^3 = 2.56$$

用 $h_f = 0.5$ cm, $l_w = (2.56/0.5) + 2 \times 0.5 = 6.12$ cm, 实际用 7 cm。

$N_2$ 杆与节点板间理论上不传力,但按节点构造要求,采用与 $N_1$ 杆所用相同的焊缝。节点板需能包容各杆所需焊缝并各边取较整齐数值(由作图量出),如图 3.32 所示,节点板尺寸确定后,有些焊缝应延长满焊。

(3) 节点板强度及稳定验算

$N_3$ 力作用下强度:由作图量 $b_e \approx 180$ mm,

$$\sigma/(N \cdot mm^{-2}) = \frac{148 \times 10^3}{180 \times 12} = 68.5 N/mm^2 < f = 215$$

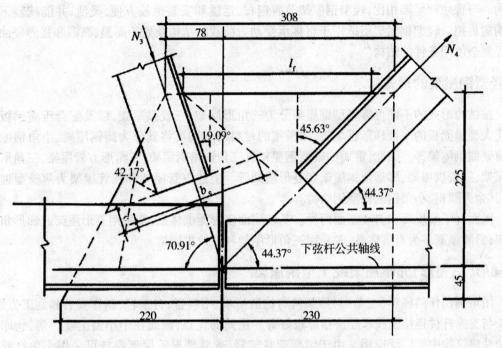

图 3.32 节点板验算

$N_4$ 拉力作用下节点板拉剪：

$\alpha_1 = 45.63°, \alpha_2 = 90°, \alpha_3 = 44.37°$;

$l_1 \approx 97.5 \text{ mm}, l_2 = 75 \text{ mm}, l_3 \approx 80 \text{ mm}$;

$\eta_1 = 0.711, \eta_2 = 0.1, \eta_3 = 0.703$。

$$\frac{200 \times 10^3}{(0.711 \times 97.5 + 75 + 0.703 \times 80) \times 12} = 83.09 \text{ N/mm}^2 < f = 215 \text{ N/mm}^2$$

对无竖腹杆的节点板，$c/t \leq \sqrt{235/f_y}$ 时，节点板的稳定承载力（单位为 kN）为 $0.8b_e tf = 0.8 \times 180 \times 12 \times 215 \times 10^3 = 371.5 > N_3 = 148$

节点板的自由边长度 $l_f/b < 60$，满足要求。

## 3.3 轻型钢屋架设计

【基础】

◆轻型钢屋架

　　轻型钢屋架主要指较多杆件采用小角钢（一般指不超过∠ 45×4 或∠ 56×36×4）或圆钢的屋架以及冷弯薄壁型钢屋架，适用于跨度较小（一般为 9～18m）和屋面荷载较轻的屋盖结构。与普通钢屋架相比,轻型钢屋架节省钢材,运输和安装也较方便、灵活,并能减轻下部结构的负担。轻型钢屋架不适用于直接承受动力荷载的结构及处于高温、高湿和强烈侵蚀环境等复杂使用条件的结构。

### ◆轻型钢屋架的形式

按结构形式的不同可将轻型钢屋架分为三角形屋架、三铰拱屋架,以及配合压型钢板和轻质大型屋面板的平坡梯形钢屋架;按所用的材料的不同可将其分为圆钢屋架、小角钢屋架和薄壁型钢屋架等。因此,常用的轻型钢屋架有三角形角钢屋架、三角形方管屋架、三角形圆管屋架、三铰拱屋架、梯形角钢屋架和菱形屋架等。上述方管屋架和圆管屋架为薄壁型钢结构,其余为圆钢、小角钢的轻型钢结构。

屋面有平坡屋面和斜坡屋面两种。平坡屋面多为无檩体系,常采用菱形屋架或梯形角钢屋架;斜坡屋面多为有檩体系,常采用三角形屋架和三铰拱屋架。

### ◆梯形(三角形)角钢屋架或T型钢屋架

用角钢制作的梯形(三角形)屋架具有构造简单、用料省、自重轻、制作安装和施工方便、易于与支撑杆件连接及技术经济指标较好等一系列的优点,因此在中小型工业厂房、仓库及辅助性建筑物中被广泛应用。由于屋面荷载较轻,通常情况下屋架腹杆可采用小角钢或圆钢。轻型角钢屋架与普通角钢屋架在本质上无太大差异,即普通钢屋架的设计方法对圆钢和小角钢屋架都适用,但设计过程中应注意轻型钢屋架的杆件截面尺寸较小,连接构造和使用条件有所不同。

在角钢屋架中,杆件的连接须借助节点板和填板,这将增大用钢量,且降低屋架的抗腐蚀性能。T型钢为H型钢的剖分产品,在屋架中采用T型钢截面,除同样具有角钢截面的优点外,还能节约钢材和提高抗腐蚀性能。因此,T型钢屋架与角钢屋架同样被广泛应用,且有逐步代替角钢屋架的趋势。

角钢或T型钢三角形屋架的跨度一般为 $9 \sim 18$ m,屋面坡度较陡($1/3 \sim 1/2$),柱距为 $4 \sim 6$ m,吊车吨位不超过 5 t。当超出上述范围时,设计中宜采取增强支撑系统和加强屋面刚度等适当的措施。角钢或T型钢梯形屋架的跨度一般为 $15 \sim 30$ m,屋面坡度较小,宜采用 $1/12 \sim 1/8$,多数取 $1/10$。

### ◆三角形薄壁型钢屋架

薄壁型钢是由钢板或带钢经冷轧成型的,也有少量产品是由压力机模压成型或由弯板机冷弯成型的。为了充分发挥薄壁的优越性以及生产设备的原因,我国规定板厚为 $2 \sim 6$ mm。薄壁型钢屋架的形式以采用三角形屋架较为普遍,它具有自重轻、节省钢材、制造和安装方便等优点。

中、小跨度的薄壁型钢三角形屋架用钢量为 $3 \sim 7$ kg/m$^2$,若包括檩条和支撑,则用钢量应为 $9 \sim 12$ kg/m$^2$,比普通钢结构节省钢材 30% 左右。

薄壁型钢三角形屋架的杆件在节点处采用顶接焊接,不需节点板,故比一般钢结构优越。虽然对薄壁型钢屋架中的杆件加工精度要求较高,但总的说来,它还是比圆钢、小角钢屋架制造方便。

薄壁型钢屋架多用在屋面坡度为1/3的钢丝网水泥波形瓦和预应力混凝土槽瓦屋面等情况中。薄壁型钢屋架适用于跨度和吊车吨位较大的一般工业房屋,不宜用于直接承受动力荷载,以及处于高温、高湿和强烈侵蚀环境作用下的工业房屋。

◆ **三铰拱屋架**

三铰拱屋架由两根斜梁和一根水平拱拉杆组成,其外形如图3.33所示。这种屋架的特点是杆件受力合理,斜梁的腹杆长度短,一般为0.6~0.8m,这对杆件受力和截面的选择十分有利。它的用钢指标和三角形角钢屋架相近,但三铰拱屋架更能充分利用普通圆钢和小角钢,做到取材容易小材大用;此外,它还具有便于拆装运输和安装等特点。由于三铰拱屋架的杆件多数采用圆钢,不用节点板连接,故设计中应注意节点偏心的问题。三铰拱屋架斜梁的截面形式可分为两种,即平面桁架式如图3.33(b)所示,和空间桁架式如图3.33(c)。平面桁架式的三铰拱屋架,杆件较少,制造简单,受力明确,用料较省,但其侧向刚度较差,宜用于跨度较小的屋盖中;空间桁架式的三铰拱屋架,杆件较多,制造较费工,但其侧向刚度较好,便于运输和安装,宜用在跨度较大的屋盖中。

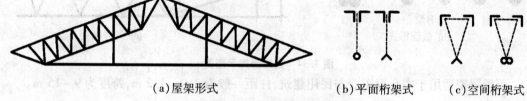

(a)屋架形式　　　　　　(b)平面桁架式　　(c)空间桁架式
图3.33　三铰拱屋架形式

三铰拱屋架多用于屋面坡度为1/3~1/2的石棉水泥中小波瓦、黏土瓦或水泥平瓦屋面,但也有个别工程曾将其用于无檩屋盖体系的。三铰拱屋架由于拱拉杆比较柔细,不能承压,并且无法设置垂直支撑和下弦水平支撑,整个屋盖结构的刚度较差,所以其不宜用于有震动荷载及屋架跨度超过18 m的工业厂房。此外,为防止在风吸力作用下拱拉杆可能受压的发生,故当用于开敞式或风荷载较大的房屋中时,应进行详细的验算。

◆ **菱形屋架**

菱形屋架上弦常采用角钢,下弦及腹杆采用圆钢,其屋面坡度通常较小,一般为1/12~1/8。采用菱形屋架的屋盖结构大多数为无檩体系,屋面板直接铺在菱形屋架上弦上,屋面板宜采用重量较轻的加气混凝土板或其他类型轻板。当采用钢筋混凝土槽形板时,北方地区要铺设保温层,保温材料常用轻质的水泥蛭石、水泥珍珠岩和聚苯板等。屋面防水层一般采用卷材防水。

菱形屋架截面重心低、空间刚度好,且外形与简支梁在均布荷载作用下的弯矩图接近,从而使屋架下弦杆各节间的内力分布较均匀,基本上克服了梯形屋架和三角形屋架下弦杆各节间内力差较大的缺点,但是屋架的制造比较麻烦。

菱形屋架的用钢量为7~12 kg/m²,比其他类型的轻型钢屋架略高,但由于不设檩条和支撑,从屋面系统的钢材总消耗量衡量,菱形屋架的用钢量还是不高。

菱形屋架的外形如图3.34(a)所示。屋架的截面形式有正三角形和倒三角形两种,正三角形又可分为 A 型和 B 型,如图 3.34(b)所示。屋架的跨度为 l,矢高为 f,其高跨比一般采用 1/12～1/9。屋架的上矢高 $f_1$ 根据屋面坡度确定,下矢高 $f_2$ 根据上矢高 $f_1$ 确定。根据试算结果分析,上矢高等于或接近下矢高时比较合理,如图 3.34(c)所示。

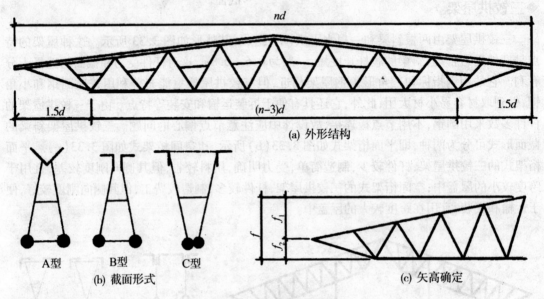

图 3.34 菱形屋架示意图

菱形屋架适用于中小型工业与民用建筑,柱距一般为 3.0～4.2 m,跨度为 9～15 m。

# 【实　务】

## ◆轻型钢屋架设计一般规定

### 1.屋架荷载

轻型钢屋架设计时取用的荷载与普通钢屋架相同,即恒荷载、活荷载和偶然作用荷载(如地震作用)等。具体数值按照现行《建筑结构荷载规范》(GB 50009—2001)的规定,并根据具体所采用的屋面材料和构造情况确定,荷载组合时应考虑到如下情况。

(1)均布活荷载不与雪荷载同时考虑,设计时取二者中的较大值。

(2)对于采用瓦楞铁等材料的轻型屋面、开敞式房屋以及风荷载大于 0.5 kN/m² 的情况,应验算三角形屋架和三铰拱屋架中按拉杆设计的杆件,检验其在恒荷载与风荷载组合作用下是否会出现压力的情况。

(3)平坡屋面的菱形屋架应验算安装时半跨荷载的影响,验算时取半跨板自重加 0.5 kN/m² 活荷载进行。

### 2.屋架内力分析

轻型钢屋架的计算模型和分析方法与普通钢屋架相同。当上弦无节间荷载时,在节点荷载的作用下,可采用图解法、数值解法或利用计算机计算各杆件的轴心力;当上弦有节间荷载时,先将节间荷载换算为节点荷载,按上弦无节间荷载计算出各杆件的轴心力,然后计算节间荷载引起的弯矩,可按近似方法计算:端节间正弯矩 $M_1 = 0.8M_0$;节点负弯矩和其他节间正弯矩 $M_2 = \pm 0.6M_0$,其中 $M_0$ 为以节间长度为跨度的简支梁在节间荷载作用下的最大弯矩。

**3. 屋架杆件截面选用原则**

轻型钢屋架截面形式主要有双角钢组成的 T 形截面或十字形截面、T 型钢截面、圆钢截面以及薄壁型钢截面等。在选择屋架截面形式时,应做到构造简单、施工方便、取材容易且便于连接,并尽可能增大屋架的侧向刚度。

轻型钢屋架在杆件截面选用过程中应遵循以下原则。

(1)杆件的截面尺寸应根据不同的受力情况按轴心受拉、轴心受压、拉弯构件或压弯构件经计算确定。

(2)压杆应优先选用回转半径较大、厚度较薄的截面规格,但应符合截面最小厚度的构造要求。方管的宽厚比不宜过大,以免出现板件有效宽厚比小于其实际宽厚比较多的不合理现象。

(3)当屋面恒荷载较小或风荷载较大时,还应验算受拉构件在恒荷载和风荷载组合作用下,以及在吊车荷载作用下,是否有可能受压,如可能受压还应满足有关容许长细比的要求。

(4)当三角形屋架跨度较大时,其下弦杆可根据端部和跨中内力变化的大小,采用两种截面规格。

(5)圆钢腹杆当采用节点有偏心的做法时,在选择截面时应留有适当的应力余量。

(6)在同一榀屋架中杆件的截面规格不宜过多。在增加钢材不多的情况下,宜将杆件截面规格相近的加以合并、统一,通常情况下一榀屋架中不宜超出 5~6 种截面规格。

**4. 屋架杆件截面的构造要求**

轻型钢屋架杆件截面的最小厚度(或直径)不应小于表 3.7 中的数值。

表 3.7 屋架杆件截面最小厚度或直径

| 杆件截面形式 | 上、下弦杆/mm | 主要腹杆/mm | 次要腹杆/mm | 附注 |
|---|---|---|---|---|
| 角钢 | 4 | 4 | — | |
| 圆钢 | $\Phi 14$ | $\Phi 14$ | $\Phi 12$ | 不宜用作上弦杆 |
| 薄壁方钢 | 2.5 | 2 | 2 | — |
| 薄壁圆钢 | 2.5 | 2 | 2 | — |

冷弯薄壁型钢屋架杆件厚度通常不大于 4.5 mm。从局部稳定的角度考虑,圆形钢管截面构件的外径与壁厚之比不应超过 $100 \times (235/f_y)$,即 Q235 钢不宜大于 100,Q345 钢不宜大于 68;方形钢管或矩形钢管截面的最大外缘尺寸与壁厚之比不应超过 $40\sqrt{235/f_y}$,即 Q235 钢不应大于 40,Q345 钢不应大于 33。

## ◆梯形(三角形)角钢屋架或 T 型钢屋架设计

**1. 屋架弦杆的节间划分**

在有檩体系屋盖结构中,轻型梯形(三角形)屋架上弦杆的节间划分与普通钢屋架相同,也应适应屋面材料的尺寸要求,以使得屋面荷载尽量直接作用于节点。一般可取一个或两个檩距为一个节间长度。当取一个檩距时,屋架上弦只有节点荷载;当取两个檩距时,屋架上弦杆有节间荷载,上弦杆除轴心力外还有弯矩,所需截面较大,但腹杆和节点数量少。通常情况下,对于檩距小于1.0 m的中、小波石棉水泥瓦屋面,屋架上弦杆的节间距离应取两个檩距。其上弦杆截面虽比取一个檩距为节间的有所增大,屋架的总用钢量稍有增加,但从制造和用钢量综合考虑还是合理的;对于檩距为1.5 m的石棉瓦屋面,屋架上弦杆的节间长度应取一个檩距。

在无檩体系屋盖结构中,当采用大型轻质太空屋面板(如1.5 m×6.0 m)时,宜使上弦节间长度等于板的宽度,即上弦杆节间距为1.5 m。从制造角度看,上弦杆采用3 m节间距可减少腹杆和节点数量,但对于节间距为3 m的角钢和T型钢截面压杆不能充分发挥作用。因此,上弦杆一般以采用节间距为1.5 m为宜。

屋架下弦杆的节间划分主要根据选用的屋架形式、上弦杆节间划分和腹杆布置形式确定。

### 2.T型钢屋架的连接构造

T型钢屋架节点板厚度的选用见表3.8。具体连接如图3.35～3.38所示。

**表3.8 T型钢屋节点板厚度选用表**

| 端斜杆最大内力 | 节点板钢号 | | | | | | | |
|---|---|---|---|---|---|---|---|---|
| | Q235 | ≤160 | 161~300 | 301~500 | 501~700 | 701~950 | 951~1 200 | 1 201~1 550 | 1 551~2 000 |
| | Q345 | ≤240 | 241~360 | 351~570 | 571~780 | 781~1 050 | 1 051~1 300 | 1 301~1 650 | 1 651~2 100 |
| 中间节点板厚度/mm | | 6 | 8 | 10 | 12 | 14 | 16 | 18 | 20 |
| 支座节点板厚度/mm | | 8 | 10 | 12 | 14 | 16 | 18 | 20 | 22 |

注:对于支座斜杆为下降式的梯形屋架,应靠近屋架支座的第二斜腹杆(即最大受压斜腹杆)的内力来确定节点板的厚度。

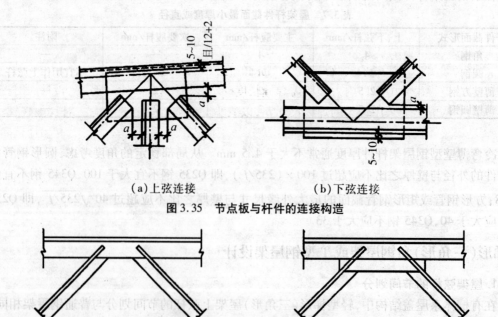

(a)上弦连接　　(b)下弦连接

**图3.35 节点板与杆件的连接构造**

(a)无节点板　　(b)有节点板

**图3.36 弦杆和腹杆均为T型钢的节点**

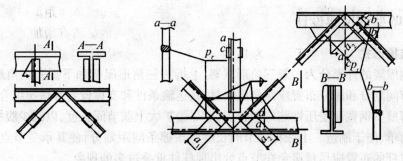

(a)T型钢件作弦杆、双角钢作腹杆　　　(b)上、下弦节点构造

图3.37　T型钢件作弦杆,双角钢作腹杆的节点

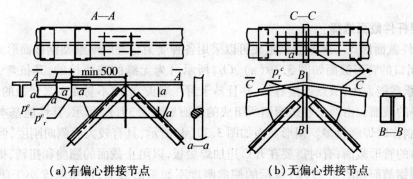

(a)有偏心拼接节点　　　　　　(b)无偏心拼接节点

图3.38　T型钢件作弦杆的拼接节点

**3. 屋架起拱**

两端简支跨度不小于15 m的三角形屋架和跨度不小于24 m的梯形或平行弦屋架,当下弦无弯折时,宜起拱,拱度取跨度的1/500。

**4. T型钢屋架的节点计算**

T型钢屋架的节点计算就是根据杆件的内力来计算各连接焊缝的长度,其中包括各杆件与节点板之间的连接焊缝长度及拼接杆件之间的连接焊缝长度。

通常节点板尺寸由腹杆内力和所需焊缝长度确定。为使节点板尺寸紧凑,设计时对控制节点板尺寸的焊缝应采用较大的焊脚尺寸 $h_f$,以减少其所需的焊缝长度 $l_w$。对其他焊缝,已知由节点板尺寸确定的焊缝长度 $l_w$,求焊脚尺寸 $h_f$,则焊脚尺寸 $h_f$ 应在满足受力和构造要求下尽量取小些。

## ◆三角形薄壁型钢屋架设计

### 1. 屋架结构形式

薄壁型钢屋架的外形分为一般三角形屋架、上折式三角形屋架和下折式三角形屋架等。屋架的弦杆节间划分和腹杆布置应结合屋面材料、运输条件和支撑设置等情况综合考虑。为了充分利用薄壁型钢截面受压性能好的特点,应尽量扩大上弦节间长度,以减少腹杆的数量,使结构形式简单、便于制造。上弦杆的节间长度应按檩条间距划分,使其承受节点荷载。薄壁型钢屋架腹杆的布置应尽量避免在节点处出现杆件重叠过多的现象。

当屋架荷载较小,如采用石棉水泥小波瓦和瓦楞铁等轻型屋面时,允许屋架上弦杆有节间荷载。

### 2. 屋架杆件截面选择

(1) 杆件截面形式。薄壁型钢屋架可以采用各种受力合理的薄壁型钢截面形式,如图 3.39 所示。闭口的管形截面如图 3.39(a)、(b)所示可为无缝的或焊接的,其抗弯、抗扭刚度大,受压时承载能力大,节点连接容易,并且易于封住端头,形成不易受大气侵蚀的封闭结构,是一种较好的截面。由两个卷边槽钢所组成的截面如图 3.39(c)所示,其性能基本与管形截面相同,但制作时焊缝较多。帽形截面如图 3.39(d)所示,具有较大的侧向刚度,但其抗扭刚度小于闭口的管形截面,有时需要在开口边加焊缀板,以阻止截面的翘曲和扭转,提高其承载力。卷边槽钢截面如图 3.39(e)所示的侧向刚度不如帽形截面,抗扭刚度小于闭口管形截面。如图 3.39(f)、(g)、(h)所示的截面,冷弯成型比较容易,可用于屋架的拉杆。综合考虑上述截面的选择原则及各种截面的优缺点,从应用实践来看,选择采用闭口管形截面的较多,即采用薄壁方管和圆管屋架的较多。

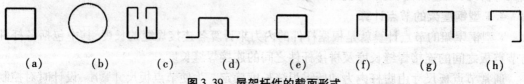

图 3.39 屋架杆件的截面形式

(2) 薄壁方管屋架的杆件截面。薄壁方管屋架的上弦和腹杆通常采用闭口方管,它不仅比开口方管的抗扭刚度高,而且涂层面积小,管的内壁也不易生锈。下弦杆可根据具体情况,采用方管、槽钢或热轧轻型槽钢等。

(3) 薄壁圆管屋架的杆件截面。薄壁圆管屋架的显著优点是:闭口圆管的表面呈凸圆形,不但与闭口方管一样具有较好的抗弯、抗扭和抗压能力,而且还具有不易发生局部压曲和失稳的特点,因而可以选择很薄的管壁,比方管经济效果更好。此外,由于管的表面呈凸圆形,灰尘、水滴不易黏附和积存,油漆涂层较耐久。由于管材的表面积较小,防腐涂料的用量较省。圆管屋架的制造较容易,当采用自动仿形切割时,制造会更为简化。

### 3. 屋架的构造连接

(1) 屋架起拱。当屋架跨度大于等于 15 m 时,一般应起拱,起拱度约为跨度的 1/500。起拱可增加使用安全度,并且还能保证屋架下弦的净空尺寸。起拱方式有两种:一种是上、下弦同时起拱,起拱前后屋架的矢高不变,但屋架上弦的坡度改变。另一种是仅屋架下弦起拱,起拱后屋架的矢高减小,但上弦的坡度不变。

(2) 屋架的节点构造。

1) 节点的构造要求。

①杆件的截面重心轴应交汇在节点的中心。

②不同宽度的方管杆件在节点处交汇时,为了防止宽度较大的杆件发生局部变形,应根据不同情况,采取设置垫板、加劲肋或卡板等增强措施。

③节点要便于施焊、清除油污和涂刷油漆。

④为防止管内壁锈蚀,闭口截面的杆件在端部应封板焊死。

2) 支座节点。薄壁方管屋架和薄壁圆管屋架的常见支座节点分别如图 3.40、图 3.41 所示。

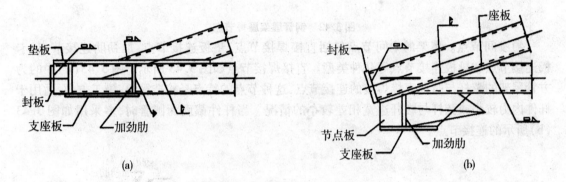

图 3.40 方管屋架支座节点

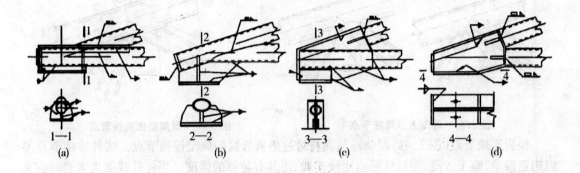

图 3.41 圆管屋架支座节点

如图 3.40(a)所示的方管屋架支座节点受力明确、构造简单、钢材较省,适用于屋架上弦杆不外挑的情况。如图 3.40(b)所示的方管屋架支座节点,不仅适用于一般情况,而且还可适用于上弦外挑的情况,并可根据需要,调整屋架端部高度。但其支座底板的弯矩要比图 3.40(a)所示的大,因此钢材用量费,构造也相对复杂。

如图 3.41(a)、(b)所示的支座节点做法与图 3.40(a)、(b)所示的类似。图 3.41(c)中的圆管屋架支座节点传力直接,唯下弦杆需留槽,制造比图 3.41(d)中的稍麻烦。

3) 屋脊节点。方管屋架的屋脊节点如图 3.42 所示,圆管屋架屋脊节点与此类似。图 3.42(a)中的形式适用于屋架跨度较小,屋架整榀制造的场合,这种节点的特点是构造简单、制造方便。图 3.42(b)中的形式适用于屋架跨度较大,屋架在屋脊处分段制作和工地拼装的情况,这种节点便于运输,还可以用连接板连接中间竖腹杆。

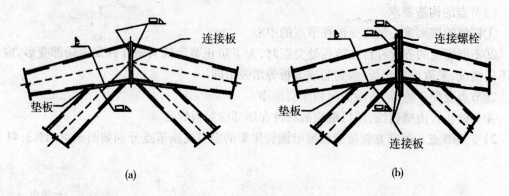

图 3.42 钢管屋架屋脊节点

4)中间节点。屋架的中间节点包括直接焊接节点、垫板连接节点、加劲肋连接节点、卡板连接节点和靴板连接节点等几种类型。直接焊接节点如图 3.43 所示。图 3.43(a)中的为方管屋架的弦杆与腹杆直接焊接的连接节点,这种节点的特点是构造简单、施工方便,适用于杆件内力较小或弦杆与腹杆边宽相差较小的情况。当杆件截面为圆管时,多采用如图 3.43(b)所示的连接节点。

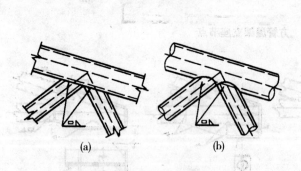

图 3.43 屋架直接焊接节点

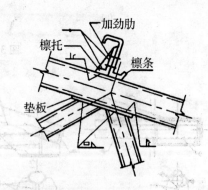

图 3.44 屋架垫板连接节点

垫板连接节点(图 3.44)是弦杆与腹杆通过垫板焊接的典型连接节点。这种连接节点不但构造简单、施工方便,而且外形也比较美观,还具有足够的强度。当杆件截面为方管时宜采用这种连接节点,其垫板厚度一般为 4 mm。

加劲肋连接节点如图 3.45 所示。在腹杆上加焊两块加劲肋,可以提高节点强度,但强度不如垫板连接节点的大。这种节点适用于弦杆与腹杆边宽差值大于 40mm 的情况。

卡板连接节点如图 3.46 所示,当方管屋架的荷载较大时宜采用这种连接节点。其特点是强度较高,但施工较为复杂、外形也不美观,因此很少使用。

靴板连接节点如图 3.47 所示。这种节点适用于圆管屋架,特别是变截面弦杆以及节点处杆件较多的情形。

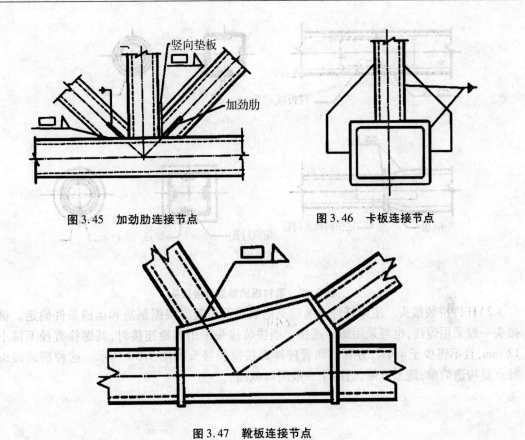

图3.45 加劲肋连接节点　　　图3.46 卡板连接节点

图3.47 靴板连接节点

(3)屋架杆件的拼接节点。

1)杆件接长接头。屋架杆件的接长接头包括受压和受拉两种。

①杆件的受压接头如图3.48所示的隔板焊接接头。当截面可能出现偏心拉应力时,不宜采用这种形式的接头。

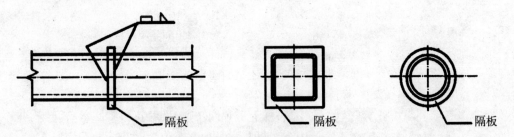

图3.48 隔板焊接接头

②杆件的受拉接头如图3.49所示的衬板焊接接头,此种形式的接头广泛应用在轻型屋架中。

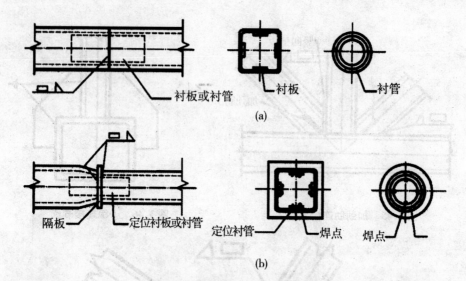

**图3.49 再衬板的单面焊接接头**

2）杆件拼装接头。屋架杆件拼装接头的数量及位置应根据制造和运输条件确定。拼装接头一般采用焊接，也可采用螺栓连接。当拼装接头采用螺栓连接时，其螺栓直径不得小于12 mm，且不得少于4个。方管和圆管杆件焊接拼装接头如图3.50所示。这种拼装接头的特点是构造简单、施工方便，适用于一般闭口截面。

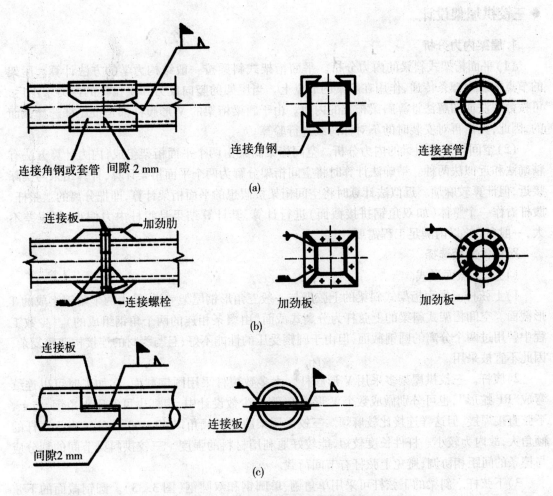

图 3.50 屋架焊接和螺栓连接拼接接头

**4. 节点焊缝计算**

薄壁型钢屋架的杆件连接为顶接焊接,其周边围焊的角焊缝如果是单向受力(受拉、受压或受剪),应按 $\tau = \dfrac{N}{0.7\sum h_\mathrm{f}, l_\mathrm{f}} \leqslant f_\mathrm{f}^w$ 进行计算。如是双向受力的角焊缝,计算则需按 $\sqrt{\tau_\mathrm{f}^2 + \left(\dfrac{\delta_\mathrm{f}}{\beta_\mathrm{f}}\right)^2} \leqslant f_\mathrm{f}^w$ 进行计算。焊缝的计算长度 $l_\mathrm{f}$(或 $l_\mathrm{w}$)应为杆端四周围焊缝的长度减去 $2h_\mathrm{f}$,在方管屋架中,当杆端的焊接面与杆件轴线垂直时,$l_\mathrm{f}$ 为方管截面的周边长减去 $2h_\mathrm{f}$,当杆端的焊接面与杆件轴线斜交时,$l_\mathrm{f}$ 数值中应考虑因斜交而使两边焊缝的增长。在圆管屋架中,根据钢结构设计规范支管与主管的连接焊缝可视为全周角焊缝,按公式 $\sqrt{\tau_\mathrm{F}^2 + \left(\dfrac{\delta_\mathrm{f}}{\beta_\mathrm{f}}\right)^2} \leqslant f_\mathrm{f}^w$ 进行计算,但取 $\beta_\mathrm{f}=1$。角焊缝的有效厚度沿支管周长是变化的,当支管轴心受力时,平均有效厚度可取 $0.7h_\mathrm{f}$。焊缝的计算长度 $l_\mathrm{w}$(支管与主管相交线长度)可由系数值乘以 $l_\mathrm{w}/d$。而求得,并减去 $2h_\mathrm{f}$。

## ◆三铰拱屋架设计

### 1. 屋架内力分析

（1）平面桁架式斜梁的内力分析。平面桁架式斜梁按一般结构力学的方法计算。屋架的节点荷载由檩条传递，作用在斜梁的节点上。当屋架的竖向反力和拱拉杆的内力求出后，可按数解法或图解法计算斜梁桁架的内力。由于斜梁桁架的 V 形腹杆都是按压杆选择截面的，因此，无需再对安装时的不对称荷载进行验算。

（2）空间桁架式斜梁的内力分析。空间桁架斜梁由两个平面桁架组成，内力计算方法有精确法和近似法两种。精确法计算时将空间桁架分解为两个平面桁架计算，计算结果与实际接近，但计算较麻烦。近似法计算时将空间桁架按假想的平面桁架计算，即把分离的上弦杆、腹杆看作一个整体（如双角钢拼接截面）进行计算，其计算结果是腹杆内力偏小，但误差不大，一般在 5% 以内满足工程需要。

### 2. 杆件截面选择

（1）屋架截面形式。

1）上弦杆。平面桁架式斜梁的上弦杆与一般三角形钢屋架一样，是由两个角钢组成的 T 形截面。空间桁架式斜梁的上弦杆为分离式截面（由缀条相连的两个角钢组成的）。少数工程中曾用过两个分离的圆钢截面，但由于圆钢受压的性能不好，且与缀材的连接构造较复杂，因此不宜被采用。

2）腹杆。三铰拱屋架多采用 V 形腹杆。大多数腹杆采用圆钢截面，在加工时可以连续弯成"RF 蛇形"，也可分别做成数个 V 形或 W 形。少数设计中，腹杆也可选用小角钢，与上、下弦直接焊接，但这样连接比较麻烦。三铰拱屋架腹杆的倾角以 40~60° 为宜。由于腹杆的倾角大，故内力较小。杆件长度较短，能较好地利用材料的强度。三铰拱斜梁节间的划分应与檩条的间距相协调，避免上弦杆有节间荷载。

3）下弦杆。斜梁的下弦杆可采用单角钢、单圆钢和双圆钢（图 3.33）。圆钢截面的下弦杆多由双圆钢并列组成，中间施以间断焊缝，便于与腹杆连接，避免节点处焊缝过于集中的现象。单角钢截面的下弦杆，角钢肢应朝下布置，这样不仅便于连接，而且使下弦杆刚度较好。由于加工时角钢在下弦杆弯折处要热弯，杆件截面有所削弱，为了弥补这一损失，有时在弯折处的角钢肢内侧加焊圆钢绑条以补强。

（2）屋架拉杆截面形式。三铰拱屋架的拉杆是极其重要的杆件，一般由单圆钢或双圆钢组成。大多数拱拉杆均有张紧装置，具体做法一般采取在跨中设置花篮螺栓。当跨度较小时，也可采取在拱拉杆端头用螺帽紧固的方法张紧拉杆。由于拉杆圆钢的刚度较小，为了防止拱拉杆下垂，三铰拱屋架应设置圆钢吊杆。当屋架跨度小于 12 m 时，应设置一根吊杆，屋架跨度大于或等于 12 m 时，应设置两根吊杆，圆钢吊杆的直径一般为 12。

（3）杆件截面的选用。空间桁架式斜梁截面高度与斜梁长度的比值不得小于 1/18，截面宽度与截面高度的比值不得小于 2/5，当满足这两项要求时，其整体稳定性可以得到保证。

平面桁架式斜梁的截面高度可参照空间桁架式的相同要求确定。但其平面外的稳定性与一般三角形角钢屋架相同，由上弦支撑保证，因此对其截面宽度无上述要求。

### 3. 屋架节点构造

（1）三铰拱屋架支座节点、中间节点及屋脊节点做法分别如图 3.51~3.53 所示。

# 第3章 钢屋架设计

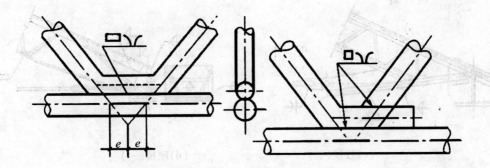

(a) 节点有偏心的做法　　　　　(b) 节点无偏心的做法(一)

图 3.51　三铰拱屋架中间节点做法

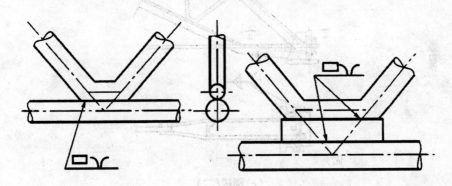

(c) 节点无偏心的做法(二)　　　　(d) 节点无偏心的做法(三)

图 3.51　三铰拱屋架中间节点做法(续)

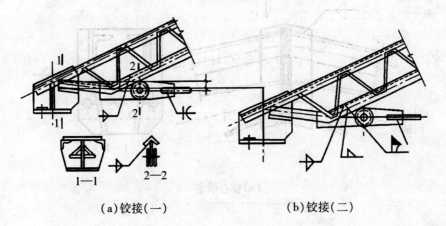

(a) 铰接(一)　　　　　　　(b) 铰接(二)

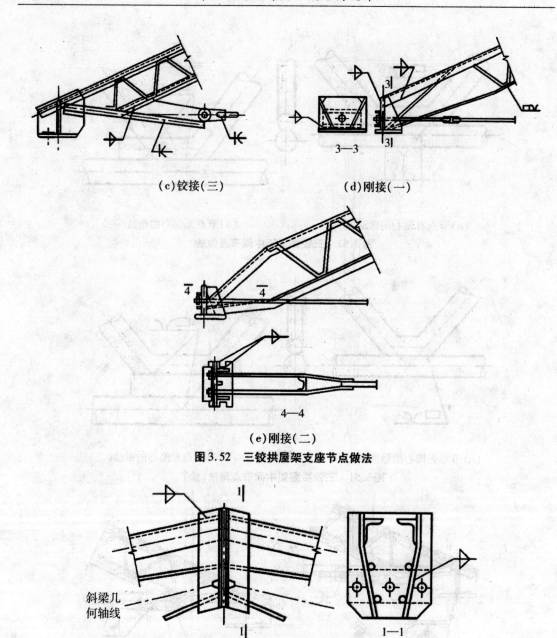

(c) 铰接(三)　　(d) 刚接(一)

(e) 刚接(二)

图 3.52　三铰拱屋架支座节点做法

斜梁几何轴线

(a) 轴心固定

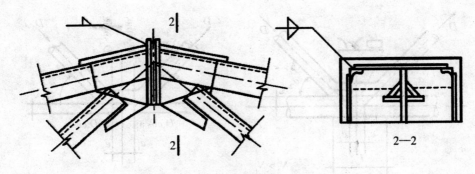

(b)上弦拼接

**图 3.53 三铰拱屋架屋脊节点做法**

(2)在三铰拱轻型钢屋架中,圆钢腹杆与弦杆的连接很难避免偏心,为减小其不利影响,通常应采取以下措施。

1)采用围焊以缩短焊缝长度。
2)斜梁的上、下弦均宜采用角钢截面。
3)连接弯折的圆钢腹杆如果需断开时,应在上弦节点处断开。
4)选择截面时,宜留有一定余量:上弦 5%~10%,下弦 5%~10%,腹杆 10%~20%。连接偏心较小时取较小余量,偏心较大时取较大余量。

**4. 节点焊缝计算**

节点偏心使连接焊缝的工作条件恶化。当连接的节点受力较小时,一般可按其构造来确定焊缝的尺寸。若受力较大,在计算焊缝时应考虑节点偏心的影响。

(1)斜腹杆为连续时,其形式如图 3.54 所示。

1)焊缝所受的轴心力和弯矩。

$$N = N_2 - N_1 \tag{3.33}$$

$$N = D_1 \cos \alpha_1 + D_2 \cos \alpha_2 \tag{3.34}$$

或

$$\begin{aligned} M &= D_1 \sin \alpha_1 e_1 + D_2 \sin \alpha_2 e_2 + (D_1 \cos \alpha_1 + D_2 \cos \alpha_2) e_3 \\ &= D_1 \sin \alpha_1 e_1 + D_2 \sin \alpha_2 e_2 + N e_3 \end{aligned} \tag{3.35}$$

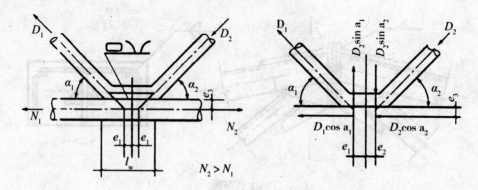

图 3.54 斜腹杆为连续的节点

2）焊缝应力。

$$\tau_f = \frac{N}{2l_w h_e} \tag{3.36}$$

$$\sigma_f = \frac{6M}{2l_w^2 h_e} \tag{3.37}$$

$$\sqrt{\tau_f^2 + \left(\frac{\sigma_f}{\beta_f}\right)^2} \leq f_f^w \tag{3.38}$$

式中 $f_f^w$——角焊缝的抗剪强度设计值；

$\beta_f$——正面角焊缝的强度设计值增大系数，取 1.22。

（2）斜腹杆断开时，其形式如图 3.55 所示。

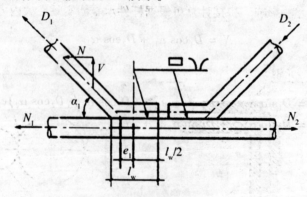

图 3.55 斜腹杆为断开的节点

1）焊缝所受轴心力、剪力和弯矩。

$$N = D_1 \cos \alpha_1 \tag{3.39}$$

$$V = D_1 \sin \alpha_1 \tag{3.40}$$

$$M = Ve_1 = D_1 \sin \alpha_1 e_1 \tag{3.41}$$

2)焊缝应力。

$$\tau_f = \frac{N}{2l_w h_e} \tag{3.42}$$

$$\sigma'_f = \frac{V}{2l_w h_e} \tag{3.43}$$

$$\sigma_f = \frac{6M}{2l_w^2 h_e} \tag{3.44}$$

$$\sqrt{\tau_f^2 + \left(\frac{\sigma'_f + \sigma_f}{\beta_f}\right)^2} \leqslant f_f^w \tag{3.45}$$

**5. 屋架杆件拼接**

三铰拱屋架斜梁的 V 形和 W 形圆钢腹杆或连续弯曲的圆钢腹杆,由于材料长度的限制或杆件截面的改变需在节点处断开时,其断开位置宜选在上弦节点处。

弦杆的拼接应放在内力较小的节间,必须在内力较大的节间拼接时,应采用对称拼接(图 3.56),以减少偏心的影响。拼接计算可根据杆件承受的实际最大内力,按计算所需的焊缝长度确定拼接长度。

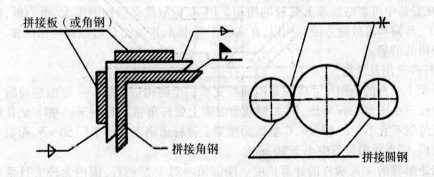

(a)角钢截面　　　　　(b)圆钢截面

图 3.56　弦杆的对称拼接

## ◆菱形屋架设计

### 1. 屋架的节间划分和杆件布置

屋架的上弦杆通常采用 10 个节间,也可采用 8 个或 12 个节间。下弦杆弯折点至支座水平距离一般为 $1.5d$,$d$ 为一般节间的距离。腹杆采用等节间距、变高度的 V 形腹杆,在其中部设水平矩形箍,以减小杆件的计算长度,如图 3.57 所示。

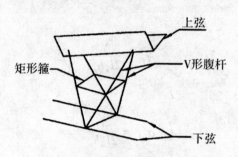

图 3.57 设置矩形箍的 V 形腹杆

设置矩形箍对菱形屋架的受压腹杆起着极其重要的作用。矩形箍可减小次弯矩,消除或减弱对细长压杆稳定性的不利影响。试验表明,矩形箍在增加腹杆稳定性的同时,也提高了整个屋架的承载力,设置矩形箍可将屋架承载力提高一倍以上。因此,在设计中不容忽视菱形屋架 V 形腹杆矩形箍的设置。

### 2. 杆件截面选择及计算

(1) 截面形式及优缺点。

A 型截面菱形屋架的上弦杆采用单角钢肢尖朝上的 V 形截面,腹杆及下弦杆均采用圆钢,组成两片平面桁架,下弦杆的节点处用短圆钢将其撑开,形成一个空间桁架。屋架上弦通过加焊蛇形筋或 Ⅱ 形筋等构造措施,并用细石混凝土浇灌与屋面板连成整体。B 型截面菱形屋架的上弦杆采用两个角钢组成的 T 形截面,腹杆、下弦杆及其他构造与 A 型截面基本相同。C 型截面菱形屋架的上弦杆是以缀条相连的两个角钢组成的分离式截面,腹杆及下弦杆均采用圆钢,组成两个平面桁架,下弦杆由两根圆钢并在一起,在其节点的中间部位用一块小钢板与两根圆钢互相焊接。

A、B 型截面在安装过程中,因单侧屋面板的压力作用点距屋架上弦杆截面中心的距离小,因此在安装中可忽略屋架上弦杆的扭矩。因 A、B 型截面结构刚度大,重心低,使用时较稳定,施工、运输和堆放较方便。所以,在实际工程中 A、B 型比 C 型截面使用的多,特别是 A 型截面使用的最多。

(2) 杆件选用及计算。

1) 屋架上弦杆的角钢尺寸应满足屋面板支承长度的构造要求。一般钢筋混凝土屋面板按支承净长不小于 50 mm 考虑,则 A 型截面屋架上弦杆角钢不宜小于∟90×6,B 型截面屋架上弦杆角钢不宜小于∟63×6,C 型截面屋架上弦杆角钢不宜小于∟50×5,而对于加气混凝土屋面板,则支承净长不应小于 60 mm。

2) 带矩形箍的 V 形腹杆的计算长度。端部第一对 V 形腹杆,因内力较大且受压矩形箍只能作为弹性支点,故腹杆计算长度取腹杆几何长度的 0.7 倍。其余带箍的 V 形腹杆,因内力较小且一边受压另一边受拉,故矩形箍可作为不动支点,腹杆计算长度取腹杆几何长度的 0.5 倍。

3)上弦杆的计算。对于 A 型截面,因屋架上弦杆已与屋面板形成一整体,因此可不考虑屋面板节间荷载引起的上弦杆的弯矩,上弦杆按轴心受压构件设计。对于 B、C 型截面的上弦杆在节间荷载作用下,按偏心受压构件计算,端节间正弯矩、其余节间正弯矩和节点负弯矩的计算同普通钢屋架。

4)当屋面板与屋架上弦杆连结可靠,能阻止上弦杆侧向失稳和扭转时,可只计算其弯矩作用平面内的强度和稳定性;当屋面板与屋架上弦杆联结不能起阻止上弦杆侧向失稳和扭转作用时,B 型截面应计算屋架平面内、外的稳定性,C 型截面应计算单角钢上弦杆的强度和稳定性。

(3)屋架内力计算及节点构造。菱形屋架的计算方法有假想平面桁架计算方法、空间桁架计算法和空间刚架计算法三种,三种方法计算结果与实际受力情况接近程度依次增强,但计算工作量也依次加大,甚至无法手工计算。

菱形屋架节点构造主要包括支座节点、屋脊节点和上弦杆中间节点。

# 【实　例】

【例 3.2】已知设计屋面材料为太空轻质条形屋面板,屋面坡度 $1/10(\alpha = 5.71°)$,选择冷弯薄壁 H 型钢檩条,檩条跨度 6 m,水平檩距 1.50 m,不设拉条,檩条钢材采用 Q235。试确定该薄壁 H 型钢檩条设计是否满足要求。

解:
(1)由已知条件可得:
1)永久荷载标准值:太空轻质条形屋面板:0.50 kN/m²;防水层:0.10 kN/m²;檩条自重:0.10 kN/m²。
2)可变载荷(包括屋面均布活荷载或雪荷载)标准值:0.50 kN/m²,为屋面均布活荷载或雪荷载的最大值;风荷载可忽略不计。
(2)内力计算
檩条线荷载:
$p_k/(\text{kN} \cdot \text{m}^{-1}) = (0.70 + 0.50) \times 3.0 \text{ kN/m} = 3.60$
$p/(\text{kN} \cdot \text{m}^{-1}) = (1.2 \times 0.70 + 1.4 \times 0.50) \times 3.0 \text{ kN/m} = 4.62$
$p_x/(\text{kN} \cdot \text{m}^{-1}) = p\sin 5.71° = 4.62 \times 0.0995 \text{ kN/m} = 0.46$
$p_y/(\text{kN} \cdot \text{m}^{-1}) = p\cos 5.71° = 4.62 \times 0.995 \text{ kN/m} = 4.60$
(3)弯矩设计值
$M_x/(\text{kN} \cdot \text{m}) = p_y l^2/8 = 4.60 \times 6^2/8 \text{ kN} \cdot \text{m} = 20.70$
$M_x/(\text{kN} \cdot \text{m}) = p_y l^2/8 = 0.46 \times 6^2/8 \text{ kN} \cdot \text{m} = 2.07$
(4)截面选择。
选用薄壁 H 型钢 $200 \times 150 \times 3.2 \times 4.5$,檩条的截面图如图 3.58 所示。

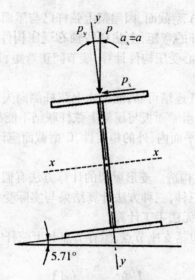

图 3.58 檩条的截面图

$W_x = 147.60 \text{ cm}^3, W_y = 33.76 \text{ cm}^3, I_x = 1475.97 \text{ cm}^4, I_y = 253.18 \text{ cm}^4, i_x = 8.68 \text{ cm}, i_y = 3.59 \text{ cm}$

受压翼缘自由外伸宽度与其厚度之比为:

$$\frac{b}{t} = \frac{(150-3.2)/2}{4.5} = 16.31$$

由于 $\frac{b}{t}$ 的比值 $16.31 > 15$,所以不考虑截面的塑性发展,即取 $\gamma_x = 1.0, \gamma_y = 1.0$,并取 $\frac{b}{t} = 15$,则受压翼缘的有效宽度为/mm: $2 \times 15 \times 4.5 + 3.2 = 138.20$

每侧扣除宽度/mm: $(150 - 138.2)/2 = 5.9$

计算截面无孔削弱,净截面模量为:

$$W_{nx}/\text{mm}^3 = \frac{147.97 \times 10^{-4} - 2 \times 5.9 \times 4.5 \times (200/2 - 4.5/2)^2}{100} \text{ mm}^3 = 142.52 \times 10^3$$

$$W_{ny}/\text{mm}^3 = \frac{253.18 \times 10^4 - 2 \times 4.5 \times 5.9 \times (150/2 - 5.9/2)^2}{100} \text{ mm}^3 = 30.08 \times 10^3$$

(5)强度计算。

屋面能够阻止檩条失稳和扭转,则可不计算檩条的整体稳定性,其强度为:

$$\sigma/(\text{N} \cdot \text{mm}^{-2}) = \frac{M_x}{\gamma_x W_x} + \frac{M_y}{\gamma_y W_y} = \frac{20.7 \times 10^6}{1.0 \times 142.52 \times 10^3} + \frac{2.07 \times 10^6}{1.0 \times 30.08 \times 10^3}$$
$$= 145.24 + 68.82 = 214.06 < 215$$

由于风荷载较小,永久荷载与风荷载组合不起控制作用。

(6)挠度计算。

$$v_y = \frac{5}{384} \cdot \frac{P_{ky} l^4}{EI_x} = \frac{5}{384} \cdot \frac{3.60 \times \cos 5.71^0 \times 6\,000^4}{206 \times 10^3 \times 1\,475.97 \times 10^4}$$
$$= 19.88 \text{ mm} < l/200 = 30 \text{ mm}$$

(7)构造要求:

$$\lambda_x/\text{mm} = \frac{600}{8.68} = 69 \qquad \lambda_y = \frac{600}{3.56} = 167 < 200$$

由上述验证可得该薄壁 H 型钢檩条在平面内、外均满足要求。

## 3.4 钢管屋架设计

### 【基　础】

◆**钢管屋架**

钢管屋架具有多方面的良好性能,因此其广泛应用在国内工业与民用建筑中,尤其是轻型屋面的大跨度建筑。钢管屋架的杆件形式主要是圆管和矩形管(含方管)。钢管截面既可冷弯成型也可热轧成型。当技术经济条件合理时,也可采用无缝钢管。在选择截面时宜优先选用矩(方)形管截面,因为截面刚度较合理、构造及加工较简便。

◆**钢管屋架的特点**

钢管屋架与传统的角钢屋架相比,具有更良好的抗压和抗弯扭承载能力及较大刚度、构造简单、利于构件的运输和安装、耐锈蚀性能良好、便于维护和外形美观等优点,但也存在对加工及组装中的误差及缺陷较敏感,对焊接、装配等有较严格的要求及材料价格稍高等缺点。

### 【实　务】

◆**方钢管屋架设计**

**1. 节点强度计算**

为保证直接焊接节点处矩形主管的强度,需计算方钢管的节点强度,即节点承载力。要求支管的轴力不得大于规定的节点承载力设计值,即

$$N_i \leq N_i^{pj} \tag{3.46}$$

式中　$N_i$——支管的轴向力;
　　　$N_i^{pj}$——节点承载力设计值。

$N_i^{pj}$的计算将用到与节点几何参数有关的参数 $\beta$。矩形钢管直接焊接节点分 T、Y、X 型如图 3.59(a)、(b)所示和 K、N 型如图 3.59(c)、(g)所示,节点几何参数的适用范围见表 3.9。对 T、Y、X 型节点,$\beta = \dfrac{b_i}{b}$ 或 $\beta = \dfrac{d_i}{b}$;对 K、N 型节点,$\beta = \dfrac{b_1 + b_2 + h_1 + h_2}{4b}$ 或 $\beta = \dfrac{d_1 + d_2}{2b}$。

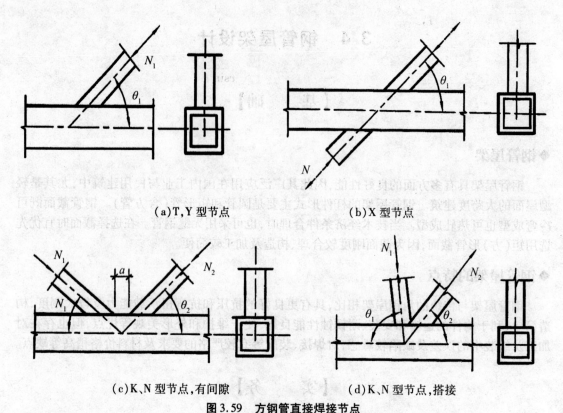

(a) T、Y 型节点　　　　　　　　(b) X 型节点

(c) K、N 型节点，有间隙　　　　(d) K、N 型节点，搭接

图 3.59　方钢管直接焊接节点

表 3.9　矩形钢管节点几何参数的适用范围

| 钢管截面形式 | 节点形式 | 几何参数，$i$ 表示支管；$j$ 表示被搭接的支管 |||||||
|---|---|---|---|---|---|---|---|---|
| | | $\dfrac{b_i}{b}$、$\dfrac{h_i}{b}$、$\dfrac{d_i}{b}$ | $\dfrac{b_i}{t_i}$、$\dfrac{h_i}{t_i}$、$\dfrac{d_i}{t_i}$ || $\dfrac{h_i}{b_i}$ | $\dfrac{b}{t}$、$\dfrac{h}{t}$ | $a$、$Q_v$、$\dfrac{b_i}{b_j}$、$\dfrac{t_i}{t_j}$ |
| | | | 受压 | 受拉 | | | |
| 主管为矩形管 | 支管的 T 型、Y 型、X 型 | ≥0.25 | ≤$37\sqrt{\dfrac{235}{f_{yi}}}$ | ≤35 | 0.5～2.0 | ≤35 | $0.5(1-\beta)\leq\dfrac{a}{b}\leq$ $1.5(1-\beta)$　$a\geq t_1+t_2$ |
| | 有间隙的 K 型、N 型 | ≥$0.1+\dfrac{0.01b}{t}$ $\beta\geq0.35$ | ≤35 | | | | |
| | 搭接 K 型、N 型 | ≥0.25 | ≤$33\sqrt{\dfrac{235}{f_{yi}}}$ | | | ≤40 | $25\%\leq Q_v\leq100\%$ $\dfrac{t_i}{t_j}\leq1.0$　$0.75\leq\dfrac{b_i}{b_j}\leq1.0$ |
| | 支管为圆管 | $0.4\leq\dfrac{d_i}{b}\leq0.8$ | ≤$44\sqrt{\dfrac{235}{f_{yi}}}$ | ≤50 | 用 $d_i$ 代替 $b_i$ 后，仍需满足相应要求 |||

注：1. $b$、$h$、$t$ 分别为矩形主管的高、宽、厚。

2. $a$ 为支管间的间隙。

3. $Q_v$ 为搭接率。

4. $b_i$、$h_i$、$t_i$ 分别为第 $i$ 个矩形支管的高、宽、厚。

5. $d_i$、$t_i$ 为第 $i$ 个圆形支管的外径、厚度。

6. $f_{yi}\leq345$ N/mm²，$f_{yi}/f_{ui}\leq0.8$，$f_{yi}$、$f_{ui}$ 为第 $i$ 个支管的屈服强度、抗拉强度。

各种形式焊接节点的承载力设计值 $N_i^{pj}$ 的计算分述如下：

(1) T、Y、X 型节点的承载力设计值计算

1)当$\beta \leqslant 0.85$时,支管在节点处的承载力设计值$N_i^{pj}$计算如下:

$$N_i^{pj} = 1.8\left(\frac{h_i}{bc\sin\theta_i} + 2\right)\frac{t^2 f}{c\sin\theta_i}\psi_n \tag{3.47}$$

式中 $\varphi_n$——参数,当主管受拉时,$\psi_n = 1$;当主管受压时,$\psi_n = 1.0 - \frac{0.25}{\beta} - \frac{\sigma}{f}$;

$\sigma$——节点两侧主管轴向压应力的较大绝对值;

$c$——参数,$c = (1-\beta)^{0.5}$。

2)当$\beta = 1.0$时,支管在节点处的承载力设计值$N_i^{pj}$计算如下式:

$$N_i^{pj} = 2.0\left(\frac{h_i}{\sin\theta_i} + 5t\right)\frac{tf_k}{\sin\theta_i}\psi_n \tag{3.48}$$

当为X型节点,$\theta_i < 90°$且$h \geqslant h_i/\sin\theta_i$时,还需按下式补充验算:

$$N_i^{pj} = \frac{2h_i tf_v}{\sin\theta_i} \tag{3.49}$$

式中 $f_k$——主管强度设计值,当主管受拉时,$f_k = f$。当主管受压时,对T、Y型节点,$f_k = 0.8f$;对X型节点$f_k = 0.65\sin\theta_i \varphi f$;

$\varphi$——按长细比$\lambda = 1.73\left(\frac{h}{t} - 2\right)\left(\frac{1}{\sin\theta_i}\right)^{0.5}$确定的轴压构件稳定系数;

$f_v$——主管钢材抗剪强度设计值;

$\psi_n$——参数,当主管受拉时,$\varphi_n = 1$;当主管受压时,$\psi_n = 1.0 - 0.25\frac{\sigma}{f}$;

$\sigma$——节点两侧主管轴向压应力的较大绝对值。

3)当$0.85 < \beta < 1.0$时,支管在节点处的承载力设计值$N_i^{pj}$应按以上公式所得的值根据插值法确定,同时不应超过以下两式的计算值。

$$N_i^{pj} = 2.0(h_i - 2t_i + b_e)t_i f_i \tag{3.50}$$

式中 $b_e = \frac{10}{b/t} \cdot \frac{f_y \cdot t}{f_{yi} \cdot t_i} b_i$,其不应大于$b_i$;

$f_i$——支管钢材强度设计值。

当$0.85 \leqslant \beta \leqslant 1.0 - 2\frac{t}{b}$时,

$$N_i^{pj} = 2.0\left(\frac{h_i}{\sin\theta_i} + b_{ep}\right)\frac{tf_v}{\sin\theta_i} \tag{3.51}$$

式中　$b_{ep} = \dfrac{10}{b/t} b_1$,其不应大于 $b_i$。

(2)有间隙的 K、N 型节点的承载力设计值计算。

1)节点处任一支管的承载力设计值,应取下列各式的较小值。

$$N_i^{pj} = 1.42 \dfrac{b_1 + b_2 + h_1 + h_2}{b \sin \theta_i} \left(\dfrac{b}{t}\right)^{0.5} t^2 f \varphi_n \qquad (3.52)$$

$$N_i^{pj} = \dfrac{A f_v}{\sin \theta_i} \qquad (3.53)$$

$$N_i^{pj} = 2.0 \left( h_i - 2t_i + \dfrac{b_i + b_e}{2} \right) t f_i \qquad (3.54)$$

当 $\beta \leq 1.0 - 2\dfrac{t}{b}$ 时,尚应小于:

$$N_i^{pj} = 2.0 \left( \dfrac{h_i}{\sin \theta_i} + \dfrac{b_i + b_{ep}}{2} \right) \dfrac{t f_v}{\sin \theta_i} \qquad (3.55)$$

式中　$A_v$——弦杆的受剪面积,对圆形支管 $A_v = 2ht$;对矩形支管 $A_v = (2h + ab)t$,

其中 $\alpha = \sqrt{\dfrac{3t^2}{3t^2 + 4\alpha^2}}$。

2)节点间隙处的弦杆轴心受力承载力设计值。

$$N^{pj} = (A - \alpha_v A_v) f \qquad (3.56)$$

式中　$\alpha_v$——考虑剪力对弦杆轴向承载力影响的系数,$\alpha_v = 1 - \sqrt{1 - (V/V_p)^2}$;

　　　$V$——节点间隙处弦杆所受剪力,可按任一支管的竖向分力计算;

　　　$V_p$——弦杆抗剪承载力,$V_p = A f_v$。

(3)搭接的 K、N 型节点的承载力设计值。

搭接支管的承载力设计值应根据不同的搭接率 $Q_v$ 确定,其计算公式根据搭接率的取值范围分为以下几种情况。

当 $25\% \leq Q_v < 50\%$ 时,$N_i^{pj} = 2.0 \left[ (h_i - 2t_i) \times \dfrac{Q_v}{0.5} + \dfrac{b_e + b_{ej}}{2} \right] t f_i \qquad (3.57)$

式中 $b_{ej} = \dfrac{10 f_{yj} t_j}{b_j / t_j f_{yi} t_i} b_i$,且要求其不大于 $b_i$;下标 $j$ 表示被搭接的支管。

当 $50\% \leq Q_v < 80\%$ 时,$N_i^{pj} = 2.0 \left( h_i - 2t_i + \dfrac{b_e + b_{ei}}{2} \right) t f_i \qquad (3.58)$

当 $80\% \leq Q_v \leq 100\%$ 时，$N_i^{pj} = 2.0(h_i - 2t_i + \dfrac{b_e + b_{ei}}{2})t_i f_i$ (3.59)

被搭接支管的承载力应满足：$\dfrac{N_i^{pj}}{A_j f_{ji}} \leq \dfrac{N_i^{pj}}{A_j f_{yi}}$ (3.60)

以上公式适用于支管为方管的情形，当支管为圆管时仍可以适用，但需将 $b_i$、$h_i$ 替换为 $d_i$，并将各式右侧乘以 $\pi/4$。

**2. 节点焊缝强度**

(1)当屋架节点处各汇交杆件均采用如图 3.60 所示的顶接连接时，杆件间的连接焊缝计算公式为

$$\dfrac{N}{0.7 h_f l_w} \leq f_f^w \quad (3.61)$$

式中　$N$——杆件的轴力设计值；

　　　$f_f^w$——角焊缝的强度设计值；

　　　$h_f$——沿杆件截面周边连接焊缝的焊脚尺寸；

　　　$l_w$——沿截面周边连接焊缝的计算长度；在矩形管结构中，对于有间隙的 K、N 型节点，当 $\theta_i \geq 60°$ 时，$l_w = \dfrac{2h_i}{\sin\theta_i} + b_i$；当 $\theta_i \leq 50°$ 时，$l_w = \dfrac{2h_i}{\sin\theta_i} + 2b_i$；当 $50° < \theta_i < 60°$ 时，$l_w$ 按插值处理。对于 T 型、Y 型和 X 型节点，取 $l_w = \dfrac{2h_i}{\sin\theta_i}$，$h_i$、$b_i$ 分别为支管的高度和宽度。

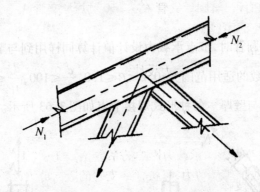

**图 3.60　顶接连接焊缝计算简图**

(2)当屋架腹杆与弦杆间采用如图 3.61 所示的加垫板的顶板连接时，垫板与弦杆的连接焊缝应按下式计算：

$$\sqrt{\left(\dfrac{\Delta N e}{W_f}\right)^2 + \left(\dfrac{\Delta N}{2 \times 0.7 h_f l_w}\right)^2} \leq f_f^w \quad (3.62)$$

式中　$\Delta N$——屋架节点处两相邻弦杆内力差；

　　　$h_f$、$l_w$——焊缝的焊角尺寸及计算长度；

$W_f$——沿截面周边的连接焊缝截面抵抗矩;

$e$——连接焊缝平面与弦杆重心线间的距离。

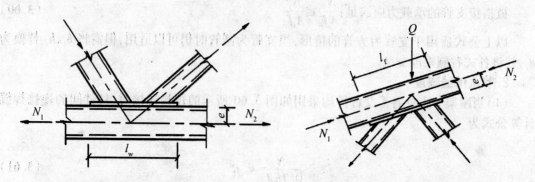

图 3.61 垫板连接焊缝计算简图　　图 3.62 有集中荷载时垫板连接焊缝计算简图

(3)当屋架节点处作用有外荷载 Q 时(图 3.62),垫板与弦杆间的连接焊缝计算如下:

$$\sqrt{(\frac{\Delta Ne}{W_f}+\frac{Q}{2\times 0.7h_f l_w})^2+(\frac{\Delta N}{2\times 0.7h_f l_w})^2} \leqslant f_f^w \tag{3.63}$$

在节点焊缝计算过程中,屋架杆件连接焊缝的焊脚尺寸不宜大于所连接杆件最小厚度的 1.5 倍。在计算垫板焊缝的强度时,为简化计算,垫板的端焊缝通常可不计入,但构造上必须焊接封闭。

## ◆圆钢管屋架设计

### 1.节点强度计算

当弦杆和支杆均采用圆管时,节点承载力设计值计算同样用到与节点几何参数有关的参数 $\beta$,$\beta=\frac{d_i}{d}$。节点几何参数的适用范围为:$0.2 \leqslant \beta \leqslant 1.0$,$\frac{d}{t} \leqslant 100$,$\frac{d_i}{t_i} \leqslant 600$,其中 $d$、$d_i$ 和 $t$、$t_i$ 分别为弦杆和支杆的外径与壁厚。各种形式焊接节点如图 3.63 所示。

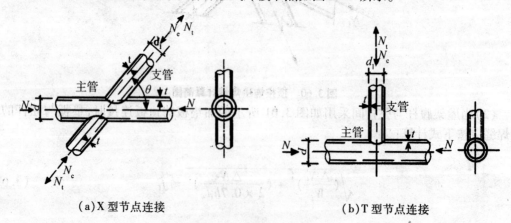

(a)X 型节点连接　　(b)T 型节点连接

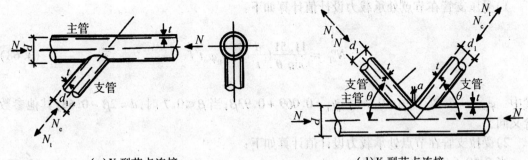

(c) Y 型节点连接　　　　　　　　(d) K 型节点连接

图 3.63　钢管节点连接构造形式

当支管直接顶接于主管时,为保证节点处主管的强度,支管的轴心力不得大于支管节点承载力设计值,支管受拉和受压应分别满足下式:

支管受压时,$N_c \leq N_c^{pj}$ (3.64)

支管受拉时,$N_t \leq N_t^{pj}$ (3.65)

式中　$N_c$、$N_t$——支管所承担的轴心压力、轴心拉力;

$N_c^{pj}$、$N_t^{pj}$——受压或受拉支管的节点承载力设计值。

圆钢管屋架节点通常采用 X、T、Y、K 型等形式。屋架节点形式不同,受压或受拉支管的节点承载力设计值也不同。

(1) X 型节点支管承载力设计值计算

X 型节点连接形式如图 3.63(a) 所示。

1) 受压支管在节点处承载力设计值计算如下:

$$N_{cX}^{pj} = \frac{5.45}{(1 - 0.81\beta)\sin\theta}\psi_n t^2 f$$ (3.66)

式中　$\psi_n$——参数,当节点两侧或一侧主管受拉时,$\psi_n = 1.0$;当主管受压时,$\psi_n = 1.0 - 0.3\frac{\sigma}{f_y} - 0.3(\frac{\sigma}{f_y})^2$;$\sigma$ 为节点两侧主管轴向压应力的较小绝对值,$f_y$ 为主管钢材屈服强度;

$t$、$f$——主管钢材的壁厚及强度设计值;

$\beta$——支管与主管外径的比值;

$\theta$——支管与主管轴线间的夹角。

2) 受拉支管在节点处承载力设计值计算如下:

$$N_{tX}^{pj} = 0.78(\frac{d^2}{t})N_{cX}^{pj}$$ (3.67)

式中　$d$、$t$——主管的外径和壁厚;

$N_{tX}^{pj}$——按支管受压计算得到的承载力设计值。

(2) T 型、Y 型节点支管承载力设计值计算

T 型、Y 型节点连接形式如图 3.63b、c 所示。

1) 受压支管在节点处承载力设计值计算如下:

$$N_{cT}^{pj} = \frac{11.51}{\sin\theta}(\frac{d}{t})^{0.2}\varphi_n\varphi_d t^2 f \tag{3.68}$$

式中 $\varphi_d$——参数,当 $\beta \leq 0.7$ 时,$\psi_d = 0.069 + 0.93\beta$;当 $\beta \leq 0.7$ 时,$d = 2\beta - 0.68$;其他参数含义同上。

2) 受拉支管在节点处承载力设计值计算如下:

当 $\beta \leq 0.6$ 时,$N_{tT}^{pj} \leq 1.4 N_{cT}^{pj}$ \hfill (3.69)

当 $\beta > 0.6$ 时,$N_{tT}^{pj} = (2-\beta)N_{cT}^{pj}$ \hfill (3.70)

(3) K型节点支管承载力设计值计算

K型节点连接形式如图 3.63(d) 所示。

1) 受压支管在节点处承载力设计值计算如下:

$$N_{cK}^{pj} = \frac{11.51}{\sin\theta}(\frac{d}{t})^{0.2}\varphi_n\varphi_d t^2 f \tag{3.71}$$

式中 $\theta_c$——受压支管与主管轴线间夹角;

$$\varphi_a = 1 + [\frac{2.19}{1+7.5\frac{a}{d}}][1-\frac{20.1}{6.6+\frac{d}{t}}](1-0.77)\beta;$$

$\varphi_a$——参数,;

$a$——两支管间的间隙,当 $a<0$,取 $a=0$;

其他符号意义同前。

2) 受拉支管在节点处承载力设计值计算如下:

$$N_{tK}^{pj} = \frac{\sin\theta_c}{\sin\theta_t}N_{cK}^{pj} \tag{3.72}$$

式中 $\theta_t$——受拉支管与主管轴线间夹角。

## 2. 节点焊缝计算

圆钢管节点连接焊缝计算公式与方钢管顶接连接焊缝计算公式相同,但焊脚尺寸一般取 $h_f \leq 2t_i$,$t_i$ 为支管壁厚。焊缝计算公式中,$l_w$ 为支管与主管相交线长度,按下列公式计算。

当 $\frac{d_i}{d} \leq 0.65$ 时,$l_w = (3.25d_i - 0.025d)(\frac{0.534}{\sin\theta_i} + 0.466)$ \hfill (3.73)

当 $\frac{d_i}{d} > 0.65$ 时,$l_w = (3.81d_i - 0.389d)(\frac{0.534}{\sin\theta_i} + 0.466)$ \hfill (3.74)

式中 $d$、$d_i$——主管和支管的外径;

$\theta_i$——支管与主管轴线间的夹角。

# 第3章 钢屋架设计

## ◆支座节点设计

三角形钢管屋架铰接支座节点(图3.40、图3.41)、梯形钢管屋架铰接支座节点(图3.64、图3.65)的设计内容与普通角钢屋架类似,也包括底板尺寸确定、节点板与加劲肋竖向连接焊缝计算、节点板及加劲肋与底板间水平连接焊缝计算三部分。

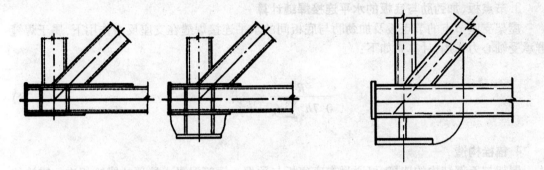

图3.64 顶接式屋架支座节点　　图3.65 插接式屋架支座节点

### 1.支座底板尺寸确定

屋架支座底板平面尺寸 $a$、$b$ 按底板混凝土的承压强度确定,计算如下:

$$a \times b \geq \frac{R}{\beta_c f_c} + A_0 \tag{3.75}$$

式中　$R$——屋架支座反力;
　　　$\beta_c$——混凝土局部承压时强度提高系数,一般取1.0;
　　　$f_c$——屋架支座混凝土轴心抗压强度设计值;
　　　$A_0$——锚栓孔的面积。

按计算确定的底板面积多数情况下较小,通常底板平面尺寸由构造决定。构造要求支座底板平行于屋架方向的尺寸不小于200~350 mm,支座底板垂直于屋架方向的尺寸不小于250~400 mm。

底板的厚度按底板内最大弯矩确定,计算式如下:

$$t \geq \sqrt{\frac{6M_{\max}}{f}} \tag{3.76}$$

式中　$M_{\max}$——支座反力在底板被节点板和加劲肋所分成的区格内产生的最大弯矩;
　　　$f$——钢材强度设计值。

计算得到的底板厚度取整以满足板的规格要求,并应满足 $t \geq 12$ mm 的构造要求。

### 2.加劲肋与节点板间的竖向连接焊缝计算

计算屋架支座节点加劲肋与节点板间的连接角焊缝时,通常假定一个加劲肋与节点板连接的两条角焊缝承担1/4的支座反力,且作用点在加劲肋1/2宽度处,此时,两条角焊缝承受偏心剪力,计算式如下:

$$\sqrt{\left(\frac{6M}{2\times 0.7\beta_f h_f l_w^2}\right)^2 + \left(\frac{V}{2\times 0.7 h_f l_w}\right)^2} \leq f_f^w \quad (3.77)$$

式中　$V$——焊缝所受偏心剪力，通常假定为1/4的支座反力；

　　　$M$——1/4的支座反力在焊缝有效截面形心处产生的偏心弯矩。

### 3. 节点板、加劲肋与底板的水平连接焊缝计算

屋架支座节点的节点板及加劲肋与底板间的水平连接焊缝在支座反力作用下，属于焊缝群承受轴心力作用，计算式如下：

$$\frac{R}{0.7 h_f \sum l_w} \leq \beta_f f_f^w \quad (3.78)$$

### 4. 锚栓构造

屋架与下部结构的连接，可通过支座底板与预埋于钢筋混凝土柱顶的锚栓相连。锚栓的最小直径与锚固长度可参照表3.10。

表3.10　屋架锚栓的最小直径与锚固长度

| 屋架跨度/m | 锚栓最小直径/mm | 最小锚固长度/mm |
| --- | --- | --- |
| 15 | 188 | 450 |
| 15～24 | 20 | 500 |
| 24～30 | 22 | 550 |

# 第4章 单层厂房钢结构设计

## 4.1 单层厂房的布置

### 【基 础】

◆单层厂房的结构组成

厂房结构一般是由屋盖结构、柱、吊车梁、制动梁(或桁架)、各种支撑以及墙架等构件组成的空间体系,如图 4.1 所示。

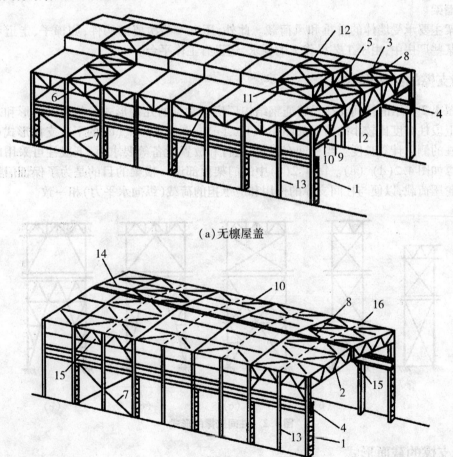

(a)无檩屋盖

(b)有檩屋盖

1—框架柱;2—屋架;3—中间屋架;4—吊车梁;5—天窗架;6—托架;7—柱间支撑;
8—屋架上弦横向支撑;9—屋架下弦横向支撑;10—屋架纵向支撑;11—天窗架垂直支撑;
12—天窗架横向支撑;13—墙架柱;14—檩条;15—屋架垂直支撑;16—檩条间撑杆

图 4.1 厂房的结构组成

这些构件按其作用的不同可分为以下几类：

**1. 横向框架**

横向框架由柱和其所支撑的屋架组成，它是厂房的主要承重体系，承受结构的自重、风荷载、雪荷载和吊车的横向与竖向荷载，并将这些荷载传递到基础。

**2. 屋盖结构**

屋盖结构是承担屋盖荷载的结构体系，其包括横向框架的横梁、托架、中间屋架、天窗架和檩条等。

**3. 支撑体系**

支撑体系包括屋盖部分的支撑和柱间支撑等，它一方面与柱、吊车梁等组成厂房的纵向框架，承担纵向水平荷载；另一方面又把主要承重体系由个别的平面结构连成空间的整体结构，从而保证了厂房结构所必须的刚度和稳定性。

**4. 吊车梁和制动梁**

吊车梁和制动梁（或制动桁架）主要承受吊车竖向及水平荷载，并将这些荷载传到横向框架和纵向框架上。

**5. 墙架**

墙架主要承受墙体的自重和风荷载。此外，还有一些次要的构件，如梯子、走道和门窗等。在某些厂房中，由于工艺操作上的要求，还设有工作平台。

## ◆柱间支撑的结构形式

如图4.2所示的柱间支撑是普通钢结构厂房中常见的几种形式。其中人字形和八字形适合于上段柱高度比较小的情况如图4.2(d)、(e)。图4.2(b)、(c)的下柱支撑形式可进一步减小柱的侧向计算长度。当柱间有运输、通行和放置设备等要求时，下段柱可采用门架式柱间支撑如图4.2(d)、(e)。图4.2(e)中的门架顶部设一横梁的目的是为了保证门架不承受吊车轮压荷载，以便与柱间支撑的作用和应承担的荷载（纵向水平力）相一致。

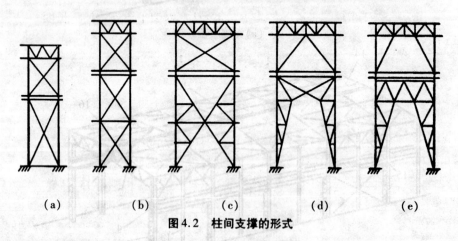

图4.2 柱间支撑的形式

## ◆柱间支撑的截面形式

柱间支撑的截面形式有单片支撑和双片支撑两种。单片支撑常采用单角钢如图4.3(a)、两个角钢如图4.3(b)组成的T形截面、两槽钢如图4.3(c)组成的工字形截面或方钢管截面如图4.3(d)。双片支撑通常采用不等边角钢以长边与柱相连如图4.4(a)或采用由两个等边角钢组成的 T 形截面如图 4.4(b);当荷载较大或杆件较长时,可采用槽钢如图 4.4(c)或由两个槽钢组成的工字形截面如图 4.4(d)。两片支撑之间应附加系杆相连。

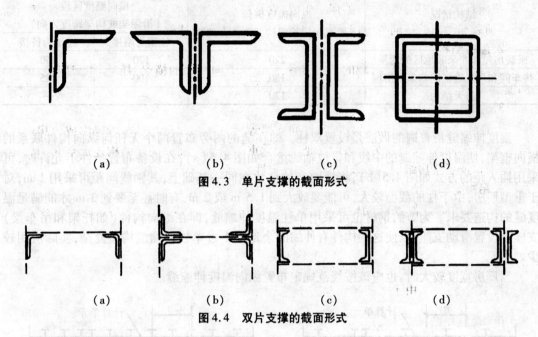

图 4.3 单片支撑的截面形式

图 4.4 双片支撑的截面形式

◆**柱间支撑的作用**

柱间支撑与厂房框架柱相连接的作用如下。
(1)组成刚度大的纵向构架,保证厂房的纵向刚度。
(2)承受厂房端部山墙的风荷载、起重机纵向水平荷载及温度应力等,在地震区还应承受厂房纵向的地震力,并传至基础。
(3)可作为框架柱在框架平面外的支点,减少柱在框架平面外的计算长度。

【实 务】

◆**温度伸缩缝的布置**

温度变化将引起结构变形,使厂房结构产生温度应力。因此,当厂房平面尺寸较大时,为避免产生过大的温度变形,应在厂房的横向或纵向设置温度伸缩缝。

温度伸缩缝的布置取决于厂房的纵向和横向长度。纵向很长的厂房在温度变化时,纵向构件伸缩的幅度较大,会引起整个结构变形,使构件内产生较大的温度应力,并可能导致墙体和屋面的破坏。为了避免产生这种不利的后果,应采用横向温度伸缩缝将厂房分成几个伸缩时互不影响的温度区段。按规范规定,当温度区段长度不超过表 4.1 中的数值时,可不计算温度应力。

表4.1 温度区段长度值

| 结构情况 | 温度区段长度/m | | |
|---|---|---|---|
| | 纵向温度区段（垂直于屋架或构架跨度方向） | 横向温度区段（沿屋架或构架跨度方向） | |
| | | 柱顶为刚接 | 柱顶为铰接 |
| 采暖房屋和非采暖地区的房屋 | 220 | 120 | 150 |
| 热车间和采暖地区的非采暖房屋 | 180 | 100 | 125 |
| 露天结构 | 120 | — | — |

温度伸缩缝最普遍的做法是设置双柱。即在缝的两旁布置两个无任何纵向构件联系的横向框架,使温度伸缩缝的中线和定位轴线重合如图4.5(a);在设备布置条件不允许时,可采用插入距的方式如图4.5(b),将缝两旁的柱放在同一基础上,其轴线间距可采用1 m,对于重型厂房,由于柱的截面较大,可能要放大到1.5 m或2 m,有时甚至要到3 m才能满足温度缝的构造要求。为节约钢材也可采用单柱温度伸缩缝,即在纵向构件(如托架和吊车梁)支座处设置滑动支座,以使这些构件有伸缩的余地。不过单柱伸缩缝构造复杂,实际应用较少。

当厂房宽度较大时,也应该按规范规定布置纵向温度伸缩缝。

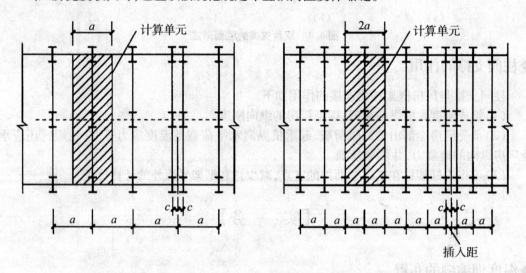

(a)各列柱距相等　　　　　　　　(b)中列柱有拔柱

图4.5 柱网布置和温度伸缩缝

## ◆柱网的布置

进行柱网布置时,应满足如下要求。

**1. 满足生产工艺要求**

柱的位置应与地上、地下的生产设备和工艺流程相配合,还应考虑生产发展和工艺设备更新问题。

**2. 满足结构要求**

为了保证车间的正常使用,有利于吊车运行,使厂房具有必要的横向刚度,应尽可能将柱布置在同一横向轴线上,以便与屋架组成刚强的横向框架。

### 3. 符合经济合理的要求

柱的纵向间距同时也是纵向构件(吊车梁和托架等)的跨度,它的大小对结构重量影响很大,厂房的柱距增大,可使柱的数量减少、总重量随之减少,同时也可减少柱基础的工程量,但会使吊车梁和托架的重量增加。最适宜的柱距与柱上的荷载及柱高有密切关系。在实际设计中要结合工程的具体情况进行综合方案比较才能确定。

### 4. 符合柱距规定要求

近年来,随着压型钢板等轻型材料的采用,厂房的跨度和柱距都有逐渐增大的趋势。对厂房横向,当厂房跨度 $L \leq 18$ m 时,其跨度宜采用 3 m 的倍数;当厂房跨度 $L > 18$ m 时,其跨度宜采用 6 m 的倍数。只有在生产工艺有特殊要求时,跨度才采用 21 m、27 m 和 33 m 等。对厂房纵向,以前基本柱距一般采用 6 m 或 12 m;现在采用压型钢板作屋面和墙面材料的厂房日益广泛,常以 18 m 或 24 m 作为基本柱距。多跨厂房的中列柱常因工艺要求需要"RF 拔柱",其柱距为基本柱距的倍数,最大可达 48 m。

## ◆柱间支撑的布置

### 1. 布置原则

柱间支撑由上支撑和下支撑两部分组成。在起重机梁以上的部分称为上支撑,起重机梁以下部分称为下支撑,下支撑与柱、起重机梁一起在纵向组成刚性很大的悬臂桁架。显然,将下支撑布置在温度区段的端部,在温度变化的影响方面将是很不利的。因此,为了使纵向构件在温度发生变化时能较自由地伸缩,下支撑应该设在温度区段中部。只有当起重机位置高而车间总长度又很短时,下支撑设在两端才不会产生很大的温度应力,而对厂房纵向刚度却能提高很多,这时放在两端才是合理的。

当温度区段小于 90 m 时,在它的中央设置一道下层支撑,如图 4.6(a)所示,如果温度区段长度超过 90 m,则在它的 1/3 点处各设一道支撑,如图 4.6(b)所示,以免传力路程太长。

上支撑又分为两层,第一层在屋架端部高度范围内属于屋盖垂直支撑。显然,当屋架为三角形或虽为梯形但有托架时,并不存在此层支撑。第二层在屋架下弦至起重机梁上翼缘范围内。为了传递风力,上层支撑需要布置在温度区段端部,由于厂房柱在起重机梁以上部分的刚度小,不会产生过大的温度应力,从安装条件来看这样布置是合适的。此外,在有下层支撑处也应设置上层支撑。上层柱间支撑宜在柱的两侧设置,只有在无人孔而柱截面高度不大的情况下才可沿柱中心设置一道。下柱支撑应在柱的两个肢的平面内成对设置,如图 4.6(b)侧视图的虚线所示,与外墙墙架有联系的边列柱可仅设在内侧,但重级工作制起重机的厂房外侧也同样设置支撑。此外,起重机梁和辅助桁架作为撑杆是柱间支撑的组成部分,承担并传递厂房纵向水平力。

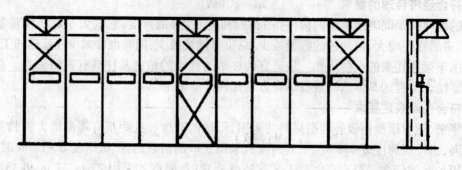

(a)

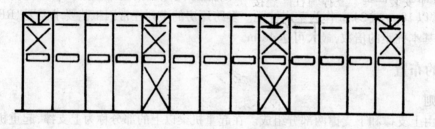

(b)

图4.6 柱间支撑的布置

## 2. 计算长度

(1) 中间无支撑点的杆件其在支撑平面内和平面外均取节点中心的距离,即取杆件几何长度 $l_0=1$,当作斜平面计算时取 $l_0=0.9l$。

(2) 十字交叉支撑的斜杆仅作受拉杆件计算时,其平面外取节点中心间的距离 $l_0=l$,其平面内取节点中心至交叉点间的距离。

(3) 双片支撑的单肢杆件在平面外的计算长度可取横向连系杆之间的距离。

(4) 单角钢杆件在斜平面的计算长度可取节点中心至交叉点之间距离的0.9倍。

柱间支撑杆件容许长细比见表4.2。

表4.2 柱间支撑杆件容许长细比

| 序号 | 构件名称 | 允许长细比值 | | |
|---|---|---|---|---|
| | | 压杆 | 拉杆 | |
| | | | 有轻、中级工作制吊车的厂房 | 有重级工作制吊车的厂房 |
| 1 | 吊车梁或桁架以下的柱间支撑 | 150 | 300 | 200 |
| 2 | 吊车梁或吊车桁架以上的柱间支撑 | 200 | 400 | 350 |
| 3 | 其他支撑 | 200 | 400 | 350 |

注:1. 计算单角钢受拉杆件的长细比时,应采用角钢的最小回转半径,但计算角钢交叉拉杆在支撑平面外的长细比时,应采用与角钢肢边平行的回转半径。

2. 在设有夹钳吊车或刚性料耙吊车的厂房中,吊车或吊车桁架以上的柱间支撑和其他支撑,其长细比不宜超过300。

## 3. 柱间支撑的连接

(1) 双片支撑的连系杆形式,通常当两片支撑的间距≤600 mm时,采用横杆式;当两片支撑的间距>600 mm时,采用斜杆式。

(2) 上、下段柱支撑杆件的最小截面,通常当采用角钢时,不宜小于∟75×6;当采用槽钢时,不宜小于12。对于双片支撑间的附加系杆,其截面一般采用不小于∟50×5。

(3)支撑节点板的厚度和尺寸可根据强度计算和构造要求确定,一般情况下,其厚度可参考表4.3。

表4.3 支撑节点板的厚度选用表

| 支撑杆件中的最大内力/kN | ≤180 | 181~300 | 301~500 | 501~700 |
| --- | --- | --- | --- | --- |
| 节点板厚度/mm | 8 | 10 | 12 | 14 |

注:表中的节点板钢材为3号钢,当为16Mn钢或15MnV钢时,共厚度可适当减小。

(4)支撑与柱的连接一般采用焊缝连接或高强度螺栓连接。当采用焊接时,焊缝的焊脚尺寸不宜小于6 mm,焊缝长度不宜小于80 mm。为了方便安装,在安装节点处的每一支撑杆件的端部应设两个安装螺栓。支撑与柱的连接节点如图4.7和图4.8所示。

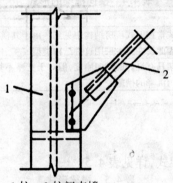

1-柱;2-柱间支撑

图4.7 柱间支撑与柱的连接节点一

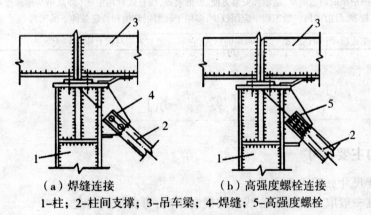

(a)焊缝连接　　　　　(b)高强度螺栓连接

1-柱;2-柱间支撑;3-吊车梁;4-焊缝;5-高强度螺栓

图4.8 柱间支撑与柱的连接节点二

## 4.2 厂房结构的横向框架

### 【基 础】

◆ **横向框架的形式**

横向框架按其静力图式来分,主要有横梁与柱铰接和横梁与柱刚接两种情况,详见表4.4。

表4.4 横向框架的形式

| 序号 | 形式 | 说明 |
|---|---|---|
| 1 | 横梁与柱铰接 | 这种形式常在旧式厂房结构中见到。由于其横向刚度较差,常不能满足起重机使用上的要求。因此现在很少采用这种结构类型 |
| 2 | 横梁与柱刚接 | 这种框架具有良好的横向刚度,但对于支座不均匀沉降及温度作用比较敏感,需采取防止不均匀沉降的措施 |

◆ **横梁的形式**

横梁的形式有实腹式和桁架式,详见表4.5。

表4.5 横梁形式

| 形式 | 说明 |
|---|---|
| 实腹式 | 实腹刚架的制造简单、运输和安装方便、外形美观,能有效利用空间(即减小房屋高度和体积),但钢材用量较多,目前国内一般工程中应用较少,多用于轻型钢结构和特定条件下的工程 |
| 桁架式 | 桁架式横梁(即钢屋架)是最常用的形式,它不但能节省钢材而且刚度较大 |

### 【实 务】

◆ **横向框架的主要尺寸**

框架的主要尺寸如图4.9所示。

框架的跨度一般取上段柱中心线间的横向距离,可由下式确定:

$$L_0 = L_K + 2S \tag{4.1}$$

式中 $L_K$——桥式起重机的跨度;

$S$——起重机梁轴线至上段柱轴线的距离(图4.9),应满足下式要求:

$$S = B + D + \frac{b_1}{2} \tag{4.2}$$

式中 $B$——起重机桥架悬伸长度可由行车样本查得;
$D$——起重机外缘和柱内边缘之间的必要空隙,当起重机起重量不大于 500 kN 时,$D$ 不宜小于 80 mm,当起重机起重量大于或等于 750 kN 时,$D$ 不宜小于 100 mm,当在起重机和柱之间需要设置安全走道时,则 $D$ 不得小于400 mm;
$b_1$——上段柱宽度。

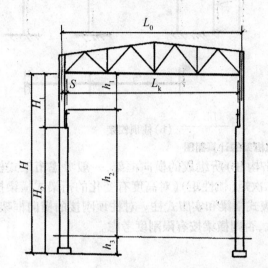 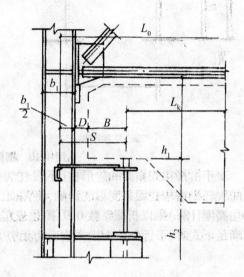

图 4.9 横向框架尺寸的确定

对于中型厂房,$S$ 一般采用 0.75 m 或 1 m,重型厂房 $S$ 为 1.25 m,甚至可达 2.0 m。
框架由柱脚底面到横梁下弦底部的距离公式为:

$$H = h_1 + h_2 + h_3 \tag{4.3}$$

式中 $h_1$——起重机轨顶至屋架下弦底面的距离,按下式确定:

$$h_1 = A + (250 \sim 300)\text{mm} \tag{4.4}$$

$h_2$——地面至起重机轨顶的高度,由工艺要求决定;
$h_3$——地面至柱脚底面的距离。中型车间约为 0.8~1.0 m,重型车间为 1.0~1.2 m。
式(4.4)中 A 为起重机轨道顶面至起重小车顶面之间的距离。250~300 mm 是考虑屋架的挠度和下弦水平支撑下伸肢宽及制造、安装误差所留出的空隙。

◆ **横向框架的计算简图**

单层厂房框架由柱和屋架(横梁)组成,框架之间由屋面板或檩条、托架及屋盖支撑等纵向构件相互连接,故框架实际上是空间工作的结构,应按空间工作计算才比较合理,但由于计算较繁,工作量大,所以通常简化为单个的平面框架来计算,如图 4.10 所示。框架计算单元的划分应根据柱网的布置确定,使纵向每列柱至少有一根柱参加框架工作,同时将受力最不利的柱划入计算单元中。对于各列柱距均相等的厂房,只计算一个框架;对有拔柱的计算单元,一般以最大柱距作为划分计算单元的标准,其界限可以采用柱距的中心线,也可以采用柱的轴线,如采用后者,则对计算单元的边柱只应计入柱的一半刚度,作用于该柱的荷载也只计入一半。

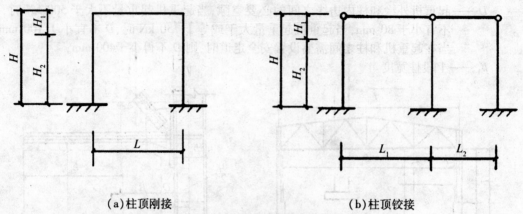

(a) 柱顶刚接　　　　　　　　　　　　(b) 柱顶铰接

图 4.10　横向框架的计算简图

对于由格构式横梁和阶形柱(下段柱为格构柱)所组成的横向框架,一般考虑桁架式横梁的腹杆或格构柱缀条变形的影响,将截面二次矩(惯性矩)(对高度有变化的桁架式横梁按平均高度计算)乘以折减系数 0.9,简化成实腹式横梁和实腹式柱。对柱顶刚接的横向框架,当满足下式时,可近似认为横梁刚度为无穷大,否则横梁按有限刚度考虑。

$$\frac{K_{AB}}{K_{AC}} > 4 \tag{4.5}$$

式中　$K_{AB}$——横梁在远端固定使近端 A 点转动单位角时在 A 点所需施加的力矩值;
　　　$K_{AC}$——柱在 A 点转动单位角时在 A 点所需施加的力矩值。

框架的计算跨度 $L$(或 $L_1$、$L_2$)取为两上柱轴线之间的距离。

横向框架的计算高度 $H$:柱顶刚接时,可取为柱脚底面至框架下弦轴线的距离(横梁假定为无限刚),或柱脚底面至横梁端部形心的距离(横梁为有限刚),如图 4.11(a)、(b)所示;柱顶铰接时,应取为柱脚底面至横梁主要支承节点间距离,如图 4.11(c)、(d)所示。对阶形柱应以肩梁上表面作分界线将 $H$ 划分为上段柱高度 $H_1$ 和下段柱高度 $H_2$。

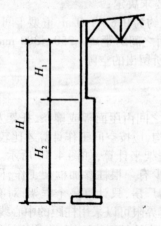　　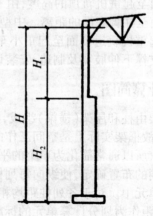

(a) 柱顶刚接,横梁视为无限刚　　　　　　(b) 柱顶刚接,横梁视为有限刚

# 第4章 单层厂房钢结构设计

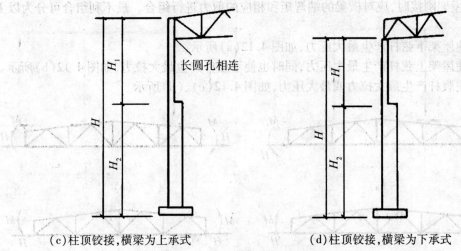

(c)柱顶铰接,横梁为上承式　　　　(d)柱顶铰接,横梁为下承式

图4.11　横向框架的高度取值方法

## ◆ 横向框架的荷载

### 1. 永久荷载

永久荷载指屋盖系统、柱、起重机梁系统、墙架、墙板及设备管道等的自重。这些重力可参考有关资料、表格和公式进行估计。

### 2. 可变荷载

可变荷载包括风荷载、雪荷载、积灰荷载、屋面均布活荷载、起重机荷载和地震荷载等,这些荷载可由荷载规范和起重机规格查得。

对框架横向长度超过允许的温度缝区段长度而未设置伸缩缝时,则应考虑温度变化的影响;对厂房地基土质较差、变形较大或厂房中有较重的大面积地面荷载时,则应考虑基础沉陷不均对框架的影响。永久荷载的荷载分项系数为 $\gamma_G = 1.2$(计算柱脚锚栓时取1.0),可变荷载的荷载分项系数 $\gamma_Q = 1.4$。雪荷载一般不与屋面均布活荷载同时考虑,积灰荷载与雪荷载或屋面均布活荷载两者中的较大者同时考虑。屋面荷载化为均布的线荷载作用在框架横梁上。当无墙架时,纵墙上的风力一般作为均布荷载作用在框架柱上;有墙架时,还应计入由墙架柱传于框架柱的集中风荷载。作用在框架横梁轴线以上的屋架及天窗上的风荷载按集中在框架横梁轴线上计算。起重机垂直轮压及横向水平力通常根据同一跨间、两台满载起重机并排运行的最不利情况考虑,对多跨厂房一般只考虑四台起重机作用。

## ◆ 横向框架的内力

框架内力分析可按结构力学的方法进行,也可利用现成的图表或计算机程序分析框架内力。应根据不同的框架和不同的荷载作用采用比较简便的方法。为便于对各构件和连接进行最不利的组合,对各种荷载作用应分别进行框架内力分析。

为了计算框架构件的截面,必须将框架在各种荷载作用下所产生的内力进行最不利组合。要列出上段柱和下段柱的上下端截面中的弯矩、轴向力和剪力。此外还应包括柱脚锚固螺栓的计算内力。每个截面必须组合出最大正弯矩及相应的轴向力和剪力;最大负弯矩及相应的轴向力和剪力;最大轴向力及相应的弯矩和剪力;对柱脚锚栓则应组合出可能出现的最大拉力,即最小轴向力和相应的最大弯矩(绝对值最大)和剪力的组合。

柱与屋架刚接时,应对横梁的端弯矩和相应的剪力进行组合。最不利组合可分为以下四组:

(1)使屋架下弦杆产生最大压力,如图4.12(a)所示。

(2)使屋架上弦杆产生最大压力,同时也使下弦杆产生最大拉力,如图4.12(b)所示。

(3)使腹杆产生最大拉力或最大压力,如图4.12(c)、(d)所示。

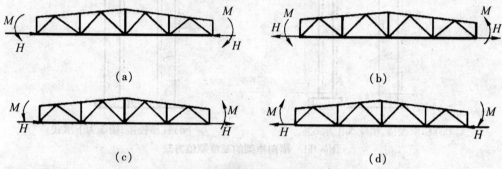

图4.12 框架横梁端弯矩最不利组合

(4)组合时考虑施工情况,只考虑屋面恒载所产生的支座端弯矩和水平力的不利作用,不考虑它的有利作用。

在内力组合中,一般采用简化规则由可变荷载效应控制的组合:当只有一个可变荷载参与组合时,组合值系数取1.0,即永久荷载+可变荷载;当有两个或两个以上可变荷载参与组合时,组合值系数取0.9,即永久荷载+0.9(可变荷载1+可变荷载2+…)。在地震区应参照《建筑抗震设计规范》(GB 50011—2010)进行偶然组合。对单层起重机的厂房,当对采用两台及两台以上起重机的竖向和水平荷载组合时,应根据参与组合的起重机台数及其工作制,乘以相应的折减系数。比如两台起重机组合时,对轻、中级工作制起重机,折减系数为0.9;对重级工作制起重机,折减系数为0.95。

# 第4章 单层厂房钢结构设计

## 4.3 厂房柱设计

## 【基  础】

### ◆厂房柱的形式

厂房柱的形式见表4.6。

表4.6 厂房柱的形式

| 分类 | 形式 | 说明 |
|---|---|---|
| 厂房柱的形式 | 等截面柱 | 等截面柱构造简单。当有起重机时,起重机梁支承在柱身牛腿上,偏心较大。因此,等截面柱一般仅适用于无起重机或起重机起重量≤5~20 t和柱距≤12 m的轻型厂房,且多数情况下被钢筋混凝土柱所代替,如图4.13(a)、(b)所示 |
| | 阶形柱 | 起重机梁支承在截面改变处,所以荷载对柱截面形心的偏心较小,构造合理,钢材用量常比等截面柱小,是厂房钢柱的主要形式,如图4.13(c)、(d)、(e)所示 |
| | 分离式柱 | 分离式柱由两个独立的柱肢组成,其间每隔一定高度用水平板联系。两个柱肢中,一个是起重机肢,专门承受起重机竖向荷载;另一个是框架肢,与屋架组成横向框架,承受屋盖荷载、风荷载和框架的其他荷载,也承受起重机横向制动力,通常也称屋盖肢。这种柱的构造、制作及安装均较简单方便,但用钢量较阶形柱多,刚度较差,多在扩建厂房中应用,如图4.13(f)所示 |

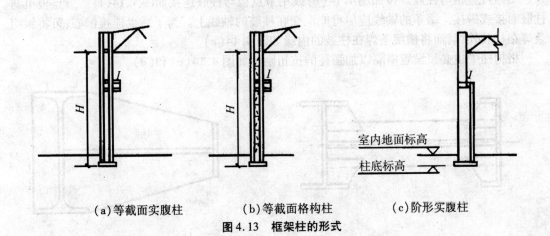

(a)等截面实腹柱　　(b)等截面格构柱　　(c)阶形实腹柱

图4.13 框架柱的形式

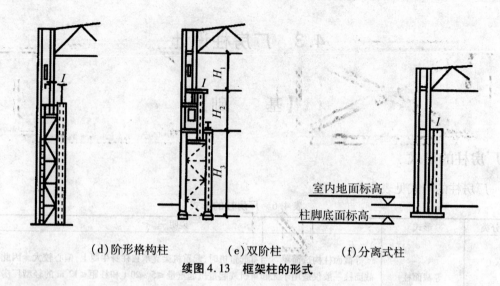

（d）阶形格构柱　　　（e）双阶柱　　　（f）分离式柱

续图 4.13　框架柱的形式

## ◆厂房柱的构造

实腹式柱的腹板的厚度一般取 $(1/120 \sim 1/100)h_w$，厚度较薄，需进行局部稳定验算。当腹板采用纵向加劲肋或当腹板的高厚比 ≥80 时，应设置横向加劲肋以提高腹板的局部稳定性和增强抗扭刚度，横向加劲肋的间距约为 $(2.5 \sim 3)h_w$。此外在柱与其他构件（屋架和牛腿等）连接处，当有水平力传来时，也应设置横向加劲肋。纵向加劲肋的设置使制造很费工，因此只用于截面高度很大的柱中。在重型柱中，除横向加劲肋外，还需设横隔来加强，横隔的间距约为 4~6 m，横隔的形式如图 4.14(a)、(b)所示，在受到较大水平力的地方和柱运输单元的端部也应设置横隔。

实腹柱的腹板与翼缘间的连接焊缝应根据所受剪力计算。根据构造要求，焊脚尺寸不宜小于腹板厚度的 0.7 倍。

格构式柱的缀条布置可采用单斜杆式、有附加横撑（水平缀条）的三角式以及交叉式体系。缀条可直接与柱肢焊接如图 4.14(e)或用节点板与柱肢连接如图 4.14(f)。节点板可与柱肢对接或搭接。缀条的轴线应尽可能汇交在柱肢的轴线上。为了减少连接偏心，可将斜缀条焊在柱肢外缘，而将横缀条焊在柱肢的内缘如图 4.14(e)。

格构柱中也必须设置横隔以加强柱的抗扭刚度如图 4.14(c)和(d)。

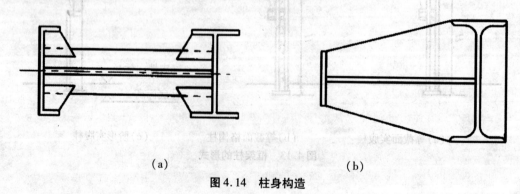

(a)　　　(b)

图 4.14　柱身构造

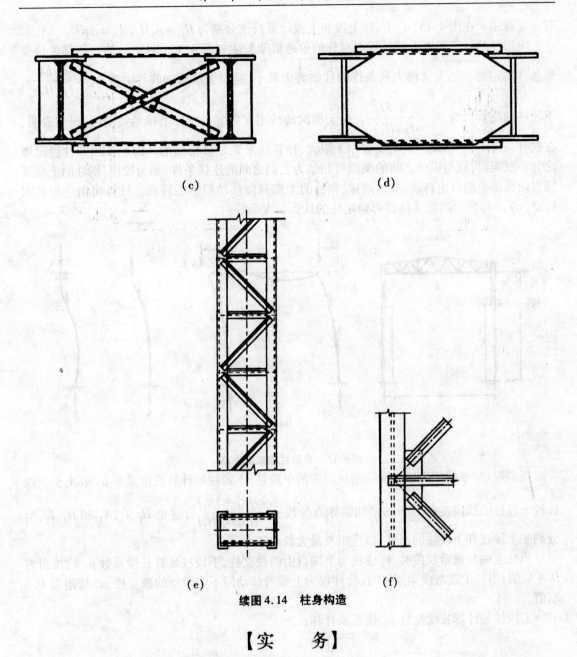

续图 4.14 柱身构造

## 【实　务】

### ◆厂房柱的计算长度

柱在框架平面内的计算长度应通过对整个框架的稳定分析确定,但由于框架实际上是一空间体系,而构件内部又存在残余应力,要确定临界荷载比较复杂。因此,目前对框架的分析,不论是等截面柱框架还是阶形柱框架,都应按弹性理论确定其计算长度。

柱在框架平面内的计算长度应根据柱的形式及两端支撑情况而定。等截面柱的计算长度按单层有侧移框架柱确定。对于阶形柱,其计算长度是分段确定的,即各段的计算长度应等于各段的几何长度乘以相应的计算长度系数 $\mu_1$ 和 $\mu_2$,各段的计算长度系数 $\mu_1$ 和 $\mu_2$ 之间有一定联系。在图 4.15(a) 中,柱上段和下段计算长度分别为 $H_{1x} = \mu_1 H_1$, $H_{2x} = \mu_2 H_2$。

阶形柱的计算长度系数是根据对称的单跨框架发生如图 4.15(b) 所示的有侧移失稳变形条件确定的。因为这种失稳条件的柱临界力最小,这时上段柱的临界力为 $N_1 = \dfrac{\pi^2 EI_1}{(\mu_1 H_1)^2}$,下段柱的临界力为 $N_2 = \dfrac{\pi^2 EI_2}{(\mu_2 H_2)^2}$。由于横梁的线刚度常常大于柱上端的线刚度,研究表明,在这种条件下,把横梁的线刚度看作无限大,计算结果是足够精确的。因此按照弹性稳定理论分析框架时,柱与横梁之间的关系可归结为它们之间的连接条件:如为铰接,则柱的上端既能自由移动也能自由转动;如为刚接,则柱的上端只能移动但不能转动。计算时由一根如图 4.15(c)、(d) 所示的独立柱即可确定柱的计算长度系数。

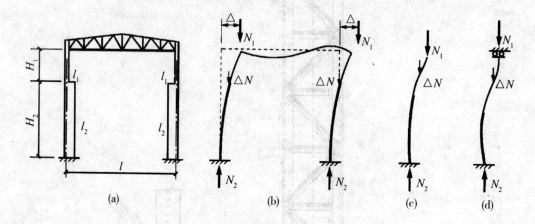

**图 4.15 单阶柱框架的失稳**

规范规定,单层厂房框架下端刚性固定的单阶柱,下段柱的计算长度系数 $\mu_2$ 取决于上段柱和下段柱的线刚度比 $K_1 = \dfrac{I_1 H_2}{I_2 H_1}$ 和临界力参数 $\eta_1 = \dfrac{H_1}{H_2} \times \sqrt{\dfrac{N_1 I_2}{N_2 I_1}}$,这里 $H_1$、$I_1$、$N_1$ 和 $H_2$、$I_2$、$N_2$ 分别是上段柱和下段柱的高度、惯性矩及最大轴向压力。

当柱上端与横梁铰接时,将柱视为上端自由的独立柱,下段柱计算长度系数 $\mu_2$ 均按附表 D.4 取值;当柱上端与横梁刚接时,将柱视为上端可移动但不能转动的独立柱,$\mu_2$ 按附表 D.3 取值。

上段柱的计算长度系数 $\mu_1$ 按下式计算:

$$\mu_1 = \frac{\mu_2}{\eta_1} \tag{4.6}$$

考虑到组成横向框架的单层厂房各阶形柱所承受的吊车竖向荷载差别较大,荷载较小的相邻柱会给所计算的荷载较大的柱提供侧移约束。同时在纵向因有纵向支撑和屋面等纵向连系构件,各横向框架之间有空间作用,有利于荷载重分配。故对于阶形柱的计算长度系数还应根据表 4.7 中的不同条件乘以折减系数,以反映阶形柱在框架平面内承载力的提高。

表4.7 单层厂房阶形柱计算长度的折减系数

| 厂房类型 | | | | 折减系数 |
|---|---|---|---|---|
| 单跨或多跨 | 纵向温度区段内一个柱列的柱子数 | 屋面情况 | 厂房两侧是否有通长的屋盖纵向水平支撑 | |
| 单跨 | 等于或少于6个 | — | — | 0.9 |
| | 多于6个 | 非大型屋面板屋面 | 无纵向水平支撑 | |
| | | | 有纵向水平支撑 | 0.8 |
| | | 大型屋面板屋面 | — | |
| 多跨 | — | 非大型屋面板屋面 | 无纵向水平支撑 | 0.8 |
| | | | 有纵向水平支撑 | 0.7 |
| | | 大型屋面板屋面 | — | |

注:有横梁的露天结构(如落锤车间等)其折减系数可采用0.9。

厂房柱在框架平面外(沿厂房长度方向)的计算长度,应取阻止框架平面外位移的侧向支撑点之间的距离,柱间支撑的节点是阻止框架柱在框架平面外位移的可靠侧向支撑点,与此节点相连的纵向构件(如吊车梁、制动结构、辅助桁架、托架、纵梁和刚性系杆等)也可视为框架柱的侧向支撑点。此外,柱在框架平面外的尺寸较小,侧向刚度较差,在柱脚和连接节点处可视为铰接。

具体的计算方法为:当设有吊车梁和柱间支撑而无其他支撑构件时,上段柱的计算长度可取制动结构顶面至屋盖纵向水平支撑或托架支座之间柱的高度;下段柱的计算长度可取柱脚底面至肩梁顶面之间柱的高度。

## ◆厂房柱的截面验算

单阶柱的上柱一般为实腹工字形截面,选取最不利的内力组合的计算方法进行截面验算。阶形柱的下段柱一般为格构式压弯构件,需要验算在框架平面内的整体稳定以及屋盖肢与吊车肢的单肢稳定。计算单肢稳定时,应注意分别选取对所验算的单肢产生最大压力的内力组合。

考虑到格构式柱的缀材体系传递两肢间的内力情况还不十分明确,为了确保安全,还需按吊车肢单独承受最大吊车垂直轮压 $R_{max}$ 进行补充验算。此时,吊车肢承受的最大压力为:

$$N_t = R_{max} + \frac{(N - R_{max}y_2)}{a} + \frac{M - M_R}{a} \tag{4.7}$$

式中 $R_{max}$——吊车竖向荷载及吊车梁自重等所产生的最大计算压力;

$M$——使吊车肢受压的下段柱计算弯矩,包括 $R_{max}$ 的作用;

$N$——与 $M$ 相应的内力组合的下段柱轴向力;

$M_R$——仅由 $R_{max}$ 作用对下段柱产生的计算弯矩,与 $M$、$N$ 同一截面;

$y_2$——下柱截面重心轴至屋盖肢重心线间的距离;

$a$——下柱屋盖肢至吊车肢重心线间的距离。

当吊车梁为突缘支座时,其支反力沿吊车肢轴线传递,吊车肢按承受轴心压力 $N_t$ 计算单肢的稳定性。当吊车梁为平板式支座时,还应考虑由于相邻两吊车梁支座反力差($R_1 - R_2$)所产生的框架平面外弯矩。

$$M_y = (R_1 - R_2)e \tag{4.8}$$

$M_y$ 全部由吊车肢承受,其沿柱高度方向弯矩的分布可近似地假定为:在吊车梁支撑处为铰接,在柱底部为刚性固定,分布如图 4.16 所示。吊车肢按实腹式压弯杆验算在弯矩 $M_y$ 作用平面内(即框架平面外)的稳定性。

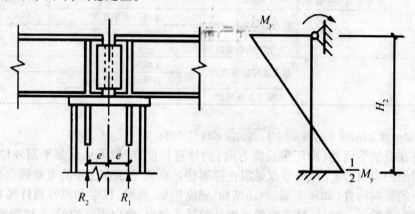

图 4.16 吊车肢的弯矩计算图

## ◆肩梁的计算

### 1. 肩梁的计算模型与强度计算

肩梁可近似按简支梁计算各种内力(图 4.17),其中双腹板式肩梁与单腹板的内力计算模型相同,但验算内容有所区别,各种情况分述如下。

(1)肩梁的内力计算。按照作用于上段柱截面的最不利内力 $M_x$、$N$,可求得肩梁跨中最大弯矩(图 4.18)。

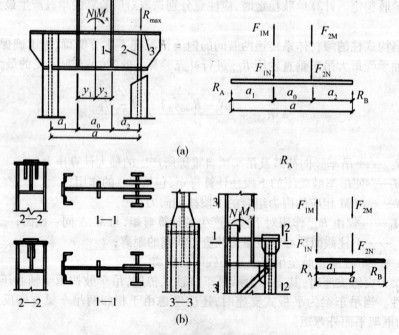

图 4.17 单腹板式肩梁的构造与计算模型

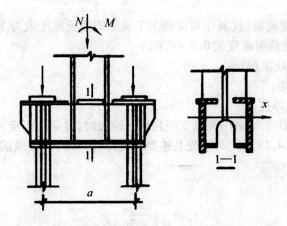

图 4.18 双腹板式肩梁构造

中柱肩梁:$M_{max} = R_B a_2$ 或 $R_A a_l$     (4.9)

边柱肩梁:$M_{max} = R_A a_1$     (4.10)

最大剪力可按下式确定:

对于平板支座:$V_{max} = \max(R_A, R_B)$     (4.11)

对于突缘支座:$V_{max} = R_B + 0.6 R_{max}$     (4.12)

式中 $R_A$、$R_B$——肩梁支座反力,如图 4.17 所示计算模型中的等效集中荷载 $F_{1N}$,$F_{2N}$,$F_{1M}$,$F_{2M}$ 共同作用下的受力条件确定,其中:

$$F_{1N} = \frac{Ny_2}{a_0}, F_{2N} = \frac{Ny_1}{a_0} \quad (4.13)$$

$$F_{1M} = F_{2M} = \frac{M_x}{a_0} \quad (4.14)$$

$R_{max}$——肩梁支承吊车梁的突缘支座传至肩梁的最大压力。

如图 4.18 所示双腹板式肩梁的内力计算模型与图 4.17 的相同。

(2)肩梁截面验算

根据上述确定的肩梁内力(最大弯矩和剪力)应对肩梁截面作如下验算:

肩梁截面强度验算:$\sigma = \dfrac{M_{max}}{\gamma W_n} \leq$     (4.15)

$$\tau = \frac{V_{max} S}{I t_w} \leq f_v \quad (4.16)$$

当 $\sigma > 0.75f$ 时,还应对腹板计算高度边缘处作如下验算:

$$\sigma_e = \sqrt{\sigma^2 + 4\tau^2} \leq f \quad (4.17)$$

式中 $W_n$——肩梁净截面模量(其中肩梁的上下翼缘即盖板宽度取为上柱翼缘宽度,截面高度一般为下段柱截面高度的 0.4~0.6);
$S$——截面形心处面积矩;
$I$——截面惯性矩;
$t_w$——肩梁腹板厚度。

值得注意的是,当吊车梁采用突缘支座且轮压较大时,肩梁腹板应伸过吊车肢腹板,并兼作支承加劲肋之用(图 4.17),此时除按上述要求设计计算外,厚度应满足如下条件(局部承压条件):

$$t_w \geq \frac{R_{max}}{(b+2t_1)f_{ce}} \tag{4.18}$$

式中 $b$——吊车梁端加劲板宽度;
$t_1$——肩梁上盖板与垫板厚度之和如图 4.17(b)、图 4.18;
$f_{ce}$——腹板钢材的局部强度设计值;
$R_{max}$——吊车梁支座传至肩梁的最大压力(一般为突缘支座)。

当该承压计算条件确定的板厚大于按强度计算要求的数值时,为节省钢材,肩梁腹板在梁端局部承压区可采用局部加厚的变截面构造;对吊车荷载很大或有特别繁重硬钩吊车的重型厂房柱,其吊车肢在肩梁范围内的腹板也可局部加厚。

当吊车梁采用平板支座时,吊车肢顶部加劲肋布置应与吊车梁支承加劲肋相对应(如图 4.17b 中的剖面 1-1 和 2-2),加劲肋上端刨平顶紧,并以吊车梁最大反力 $R_{max}$ 计算其承压面积。

**2. 连接焊缝计算**

肩梁节点的水平焊缝 3 如图 4.17(a) 的长度可按吊车梁最大反力 $R_{max}$ 设计。主要承压焊缝 1 可按传递 $F_{2N}+F_{2M}$ 力计算(确定焊缝的焊脚尺寸);突缘支座时,应对焊缝 2 按传递力 $V_{max}$(由式 4.12 确定)计算。

## 4.4 吊车梁设计

### 【基 础】

#### ◆吊车梁的结构组成

如图 4.19 所示为焊接吊车梁的截面形式和制动结构。钢吊车梁一般采用简支梁。吊车梁除承受竖向吊车轮压荷载外,其上翼缘还承受吊车横向水平制动力,因此在吊车梁上翼缘的一侧设置水平制动结构(梁或桁架)。吊车梁跨度和吊车起重量较小(≤6 mm 和 ≤30 t 轻、中级工作制)时也不设水平制动结构,而仅将上翼缘沿水平方向适当加强。

# 第4章 单层厂房钢结构设计

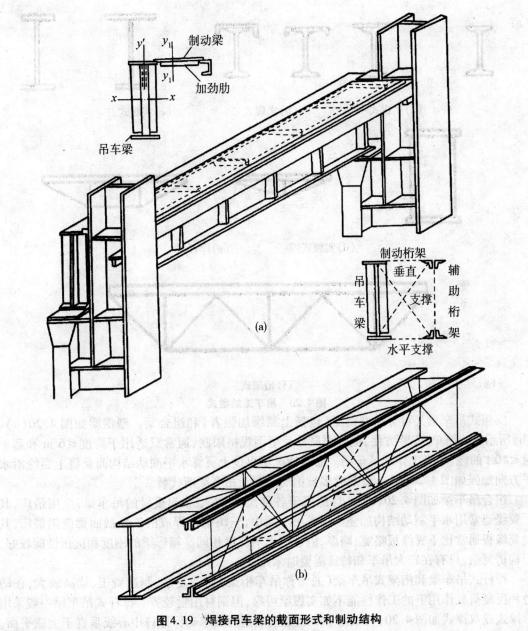

图 4.19 焊接吊车梁的截面形式和制动结构

## ◆吊车梁的形式

吊车梁按结构型式可分为实腹式如图 4.20(a)～(d)、撑杆式如图 4.20(e)和桁架式如图 4.20(f)。

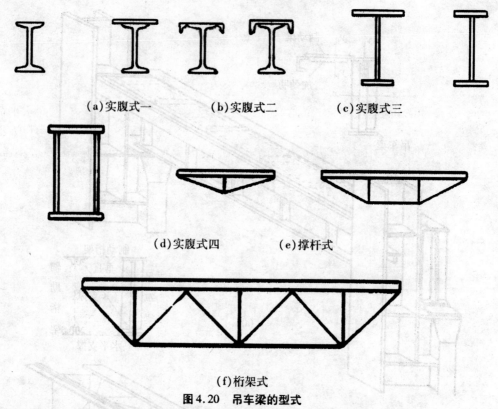

图 4.20 吊车梁的型式

实腹式吊车梁又可分为型钢梁(包括上翼缘加强者)和组合梁。型钢梁如图 4.20(a)、(b)所示制造简单,安装方便,但截面尺寸受型钢规格限制,通常只适用于跨度≤6 m 和起重量≤10 t 的轻、中级工作制吊车梁。通常情况不再设上翼缘水平制动结构而是将上翼缘沿水平方向加强如图 4.20(b)。目前大多被钢筋混凝土吊车梁所代替。

组合吊车梁如图 4.20(c)、(d)适用于各种尺寸、类型和起重量的吊车梁,应用最广,其上翼缘通常用水平制动结构加强。这类吊车梁中,三块钢板焊成的工形截面梁应用最广,其上翼缘板通常比下翼缘板略宽、略厚,但也可上下翼缘相同。箱形梁的刚度和抗扭性能较好,但构造复杂,只有在较大吊车和特殊需要时采用。

撑杆式吊车梁和桁架式吊车梁(通常称吊车桁架)构造复杂、制造费工、梁高较大,在动力和反复荷载作用下的工作性能不如实腹梁可靠,但钢材用量较省。撑杆式吊车梁一般采用单撑式或双撑式如图 4.20(e)所示,刚度较差,制造时要求确保撑杆中心线垂直于上弦平面。多数情况下只用于跨度≤6 m、起重量≤3 t 的轻、中级工作制的手动或电动吊车的吊车梁。因跨度较小,其上翼缘一般不设水平制动结构,但应保证有足够的侧向刚度。目前大多被钢筋混凝土吊车梁所代替。

吊车桁架通常采用有附加竖杆的人字式腹杆体系的平行弦桁架如图 4.20(f),设水平制动结构,其连接方式可采用全部焊接的,或采用焊接刚性上弦与各腹杆以高强度螺栓连接的方式。吊车桁架的焊接连接节点在动力和反复荷载作用下对疲劳较敏感,因此一般适用于跨度较大而起重量较小的轻、中级工作制吊车梁,如跨度≥18 m,起重量≤75 t 的轻、中级工作制吊车梁,有时也用于起重量 5~15 t 的重级工作制吊车梁。

## 【实 务】

### ◆吊车梁荷载

吊车梁承受桥式吊车产生的三个方向的荷载作用,即吊车的竖向荷载 $P$、横向水平荷载(刹车力及卡轨力) $T$ 和纵向水平荷载(刹车力) $TL$(图 4.21)。其中纵向水平刹车力 $TL$ 沿吊车轨道方向,通过吊车梁传给柱间支撑,对吊车梁的截面受力影响很小,计算时一般不考虑。因此,吊车梁按双向受弯构件设计。

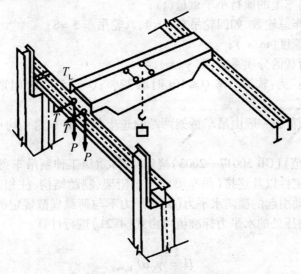

图 4.21 吊车荷载作用

**1. 竖向荷载**

吊车的竖向标准荷载为吊车的最大轮压标准值 $P_{k,max}$,可在吊车产品规格中查得。

吊车的竖向荷载设计值为最大标准轮压的 $\alpha_d \gamma_Q$ 倍,即:

$$P_{max} = \alpha_d \gamma_Q P_{k,max} \tag{4.19}$$

式中 $\gamma_Q$——可变荷载的分项系数,取 $\gamma_Q = 1.4$;

$\alpha_d$——吊车竖向荷载的动力系数。

按《建筑结构荷载规范》(GB 50009—2001)规定:对悬挂吊车(包括电动葫芦)及工作类别为 A6~A8 的软钩吊车、硬钩吊车和其他特种吊车,均取 $\alpha_d = 1.10$。《建筑结构荷载规范》(GB 50009—2001)中列出了吊车的工作制等级与工作级别的对应关系,见表 4.8。

表 4.8 吊车的工作制等级与工作级别的对应关系

| 工作制等级 | 轻级 | 中级 | 重级 | 超重级 |
|---|---|---|---|---|
| 工作级别 | A1~A3 | A4、A5 | A6、A7 | A8 |

**2. 横向水平荷载**

吊车的横向水平荷载由吊车的小车的运行机构在启动或制动时引起的惯性力产生,以横向水平集中荷载形式作用在吊车轨顶每个吊车轮子处,方向与吊车梁垂直,因而其水平间距与吊车竖向最大轮压的轮距相同,随竖向轮压移动,属于可移动荷载。横向水平荷载的指向应考虑横向小车在两个方向的刹车情况。根据《建筑结构荷载规范》(GB 50009—2001),每个吊车横向水平荷载的设计值为:

$$T = \gamma_Q \cdot (规定百分数) \cdot \frac{(Q + Q_1)g}{n} \tag{4.20}$$

式中 $Q$——吊车的额定起重量(t);
$Q_1$——桥式吊车上的横行小车重量(t);
$n$——桥式吊车总轮数,如四轮吊车 $n=4$,八轮吊车 $5=8$;
$g$——重力加速度$(m/s^2)$;
$\gamma_Q$——可变荷载的分项系数,取 $\gamma_Q = 1.4$。

"RF 规定百分数"为:软钩吊车 $Q \leq 10t$ 时取 12%;$Q = 15 \sim 20t$ 时取 10%;$Q \geq 75t$ 时取 8%;硬钩吊车取 20%。

吊车的横向水平荷载一般由吊车桥架两端轨道上的所有车轮平均承受,式(4.20)中的分母 $n$ 由此而引入。

《钢结构设计规范》(GB 50017—2003)规定:计算重级工作制吊车梁(或吊车桁架)及其制动结构的强度、稳定性以及连接(吊车梁或吊车桁架、制动结构、柱相互间的连接)的强度时,应考虑由吊车摆动引起的横向水平力(此水平力不与荷载规范规定的横向水平荷载同时考虑),作用在每个轮压处的水平力标准值可由式(4.21)进行计算:

$$H = \gamma_Q \alpha P_{k,\max} \tag{4.21}$$

式中 $P_{k,\max}$——吊车最大轮压标准值;
$\alpha$——系数,对一般软钩吊车 $\alpha = 1$,抓斗或磁盘吊车宜采用 $\alpha = 0.15$,硬钩吊车宜采用 $\alpha = 0.2$。

这条规定说明在计算重级工作制吊车梁(或吊车桁架)时,吊车的横向水平荷载设计值应取式(4.20)和式(4.21)中的较大值。

### ◆吊车梁的内力计算

计算吊车梁的内力时,由于吊车荷载为移动荷载,首先应按结构力学中影响线的方法确定各内力所需吊车荷载的最不利位置,再按此求出吊车梁的最大弯矩及其相应的剪力、支座处最大剪力以及(横向水平荷载作用下在水平方向所产生的)最大弯矩。当为制动桁架时,还要计算横向水平荷载在吊车梁上翼缘所产生的局部弯矩。

如果该跨厂房中有两台吊车,计算吊车梁的强度、稳定时,按两台吊车考虑;计算吊车梁的疲劳和变形时按作用在跨间起重量最大的一台吊车考虑。疲劳和变形的计算,采用吊车荷载的标准值,不考虑动力系数。

吊车梁、制动结构、支撑杆自重、轨道等附加杆件自重以及制动结构上的检修荷载等产生的内力,可以近似地取为吊车最大垂直轮压产生的内力乘以表4.9中的系数。

表 4.9 自重系数

| 吊车梁跨度 | 6 | 12 | ≥18 |
|---|---|---|---|
| 自重系数 | 0.03 | 0.05 | 0.07 |

## ◆吊车梁的截面验算

### 1. 吊车梁系统截面选择

求出吊车梁最不利的内力之后，根据组合梁截面选择的方法试选吊车梁截面，但需注意以下两点：

(1) 吊车梁所需截面模量，按下式计算：

$$W_{mx} = \frac{M_{xmax}}{af} \tag{4.22}$$

式中 $\alpha$——考虑横向水平荷载作用的系数，取 0.7~0.9（重级工作制吊车取偏小值，轻、中级工作制吊车取偏大值）；

$M_{xmax}$——两台吊车竖向荷载产生的最大弯矩设计值。

(2) 吊车梁的最小高度，按下式计算：

$$h_{min} = \frac{\sigma_k l^2}{5E[vr]} \tag{4.23}$$

式中 $\sigma_k$——竖向荷载标准值产生的应力，可用 $\sigma_k = \frac{M_{xk1}}{W_{nx}}$ 进行估算，这里 $M_{xk1}$ 为吊车梁在自重和一台吊车竖向荷载标准值作用下的最大弯矩；$W_{nx}$ 为按式(4.22)计算的截面模量。

### 2. 截面验算

(1) 强度验算。

1) 上翼缘的正应力按下式计算：

无制动结构时：$\sigma = \frac{M_{xmax}}{W_{nx1}} + \frac{M_{ymax}}{W_{ny}} \leq f$ (4.24)

有制动梁时：$\sigma = \frac{M_{xmax}}{W_{nx1}} + \frac{M_{ymax}}{W_{ny}} \leq f$ (4.25)

有制动桁架时：$\sigma = \frac{M_{xmax}}{W_{nx1}} + \frac{M}{W_{ny}} + \frac{N}{A_{nf}} \leq f$ (4.26)

式中 $M_{xmax}$、$M_{ymax}$——吊车竖向荷载及横向水平力（横向水平荷载或摇摆力）产生的弯矩；

$W_{nx1}$——吊车梁对轴的上部纤维的净截面模量；

$W_{ny}$——吊车梁上翼缘截面（包括加强板、角钢或槽钢）对 y 轴的净截面模量；

$W_{ny1}$——制动梁截面对 y1 轴吊车梁上翼缘外边缘纤维的截面模量；

$A_{nf}$——吊车梁上翼缘及 $15tw$ 腹板的净截面面积之和；

$M$——横向水平荷载在吊车梁上翼缘所产生的局部弯矩；
$N$——横向水平荷载或摇摆力在吊车梁上翼缘所产生的轴向压力；
$f$——钢材强度设计值。

2）下翼缘正应力按下式计算：

$$\sigma = \frac{M_{xmax}}{W_{nx2}} \leq f \tag{4.27}$$

式中 $W_{nx2}$——吊车梁对 x 轴的下部纤维的净截面模量。

3）剪应力应按下式计算：

$$\tau = \frac{V_{max}S}{It_w} \leq f_v \tag{4.28}$$

式中 $V_{max}$——梁支座处最大剪力；
$S$——梁中和轴以上毛截面对中和轴的面积矩；
$I$——梁毛截面惯性矩；
$t_w$——腹板厚度；
$f_v$——钢材抗剪强度设计值。

4）腹板计算高度上边缘的局部承压强度应按下式计算：

$$\sigma_c = \frac{\Psi F}{t_w l_z} \leq f \tag{4.29}$$

式中 $F$——考虑动力系数的吊车最大轮压的设计值；
$\psi$——对重级工作制的吊车梁取 1.35；其他情况取 1.1
$l_z$——集中荷载在腹板计算高度上边缘的假定分布长度，$l_z = a + 5h_y + 2h_R$，a 为集中荷载沿梁跨度方向的支承长度，对钢轨上的轮压可取 50 mm；为自梁顶面至腹板计算高度上边缘的距离（对焊接梁即翼缘板厚度）；$h_R$ 为轨道的高度，对梁顶无轨道的梁 $h_R = 0$。

5）此外，还应验算吊车梁上翼缘与腹板交界处的折算应力，公式如下：

$$\sqrt{\sigma^2 + \sigma_c^2 - \sigma\sigma_c + 3\tau^2} \leq \beta_1 f \tag{4.30}$$

式中 $\beta_1$——系数，当 $\sigma$ 与 $\sigma_c$ 异号时，取 $\beta_1 = 1.2$；当 $\sigma$ 与 $\sigma_c$ 同号时，取 $\beta_1 = 1.1$。

（2）整体稳定验算。
无制动结构时，按下式验算梁的整体稳定性：

$$\frac{M_{xmax}}{\varphi_b W_x} + \frac{M_{ymax}}{W_y} \leq f \tag{4.31}$$

式中 $W_x$——按吊车梁受压纤维确定的对 $x$ 轴的毛截面模量;

$W_y$——上翼缘对 $y$ 轴的毛截面模量;

$\varphi_b$——梁的整体稳定系数,按附录 B(梁的整体稳定系数)确定。

当采用制动梁或制动桁架时,梁的整体稳定能够保证,不必计算。

(3)刚度验算。吊车梁在垂直方向内的刚度可直接按下式近似计算(等截面时):

$$v = \frac{M_{xkmax} l^2}{10 E I_x} \leq [v] \tag{4.32}$$

式中 $M_{xkmax}$——竖向荷载(一台吊车荷载和吊车梁自重)的标准值引起的最大弯矩,不考虑动力系数;

$[v]$——挠度的容许值。

(4)翼缘与腹板连接焊缝。上翼缘焊缝除承受水平剪应力外,还承受由吊车轮压引起的竖向应力;下翼缘焊缝仅受翼缘和腹板间的水平剪应力。对于重级工作制的吊车梁上翼缘与腹板的连接应采用如图 4.22 所示的焊透的 T 形连接焊缝,焊缝质量不低于二级焊缝标准,可认为与腹板等强而不再验算其强度。

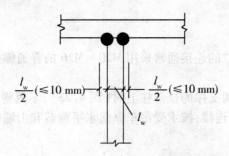

图 4.22 焊透的 T 形连接焊缝

(5)腹板的局部稳定验算。腹板局部稳定的计算原理和方法按《钢结构设计规范》(GB 50017—2003)进行验算。吊车梁腹板除承受弯矩产生的正应力和剪应力外,还承受吊车最大轮压传来的局部压应力。

(6)疲劳验算。吊车梁在动态荷载的反复作用下,可能产生疲劳破坏。在设计吊车梁时,首先应采用塑性和韧性好的钢材,并尽量避免截面的急剧变化,以免产生过大的应力集中。

钢材的冷作硬化也会加速疲劳破坏,因此吊车梁尽量避免冷弯和冷压等冷作加工。反冲成孔应进行扩钻,以消除孔周边的硬化区。对于重级工作制吊车梁受拉翼缘的边缘,当用手工气割或剪切机机割时,应沿全长刨边,以消除其硬化边缘和表面不平的现象。

焊接对结构的疲劳性能有很大影响,特别是对桁架式构件的影响更为显著,所以对吊车桁架或制动桁架,应优先采用高强度螺栓连接。焊接工字形吊车梁,其翼缘和腹板的拼接应采用加引弧板的焊透对接焊缝,割除引弧板后应用砂轮打磨使之平整。试验证明,疲劳现象在结构的受拉区特别敏感。因此规范规定,吊车梁的受拉翼缘,除与腹板焊接外,不得焊接其他任何零件,且不得在受拉翼缘打火等。对重级工作制吊车梁和中级、重级工作制吊车桁架,除以上构造措施外,还要验算其疲劳强度,焊接吊车梁应对受拉翼缘与腹板连接处的主体金属、受拉区加劲肋的端部和受拉翼缘与支撑的连接等处的主体金属以及角焊缝连接处进行疲劳验算。

验算公式如下:

$$\sigma_f \triangle \sigma \leqslant [\triangle \sigma]_{2 \times 10^6} \quad (4.33)$$

式中 $\sigma_f$——欠载效应的等效系数与吊车类别有关,按表4.10采用;

$[\triangle \sigma]_{2 \times 10^6}$——循环次数为$2 \times 10^6$的容许应力幅,根据附录E由表4.11查得。

表4.10 欠载效应的等效系数 $\sigma_f$

| 吊车类别 | $\sigma_f$ |
|---|---|
| 重级工作制硬钩吊车(如均热炉车间的钳式吊车) | 1.0 |
| 重级工作制软钩吊车 | 0.8 |
| 中级工作制吊车 | 0.5 |

表4.11 循环次数为$2 \times 10^6$的容许应力幅

| 构件的连接类别 | 1 | 2 | 3 | 4 | 5 | 6 | 7 | 8 |
|---|---|---|---|---|---|---|---|---|
| $[\triangle \sigma]_{2 \times 10^6}/(\text{N} \cdot \text{mm}^{-2})$ | 176 | 144 | 118 | 103 | 90 | 78 | 69 | 59 |

## ◆吊车梁与柱的连接

吊车梁下翼缘与框架柱的连接通常采用M20~M26的普通螺栓固定,螺栓上的垫板厚度约为16~18 mm。

当吊车梁位于设有柱间支撑的框架柱上时(图4.23),下翼缘与吊车平台间应另加连接板,并用焊缝或高强度螺栓连接,按承受吊车纵向水平荷载和山墙传来的风力进行计算。

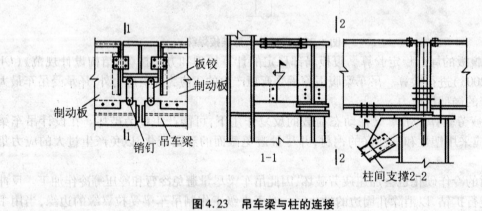

图4.23 吊车梁与柱的连接

吊车梁上翼缘与柱的连接应能传递全部支座处的水平反力。同时,对重级工作制吊车梁应注意采取适当的构造措施,减少对吊车梁的约束,以保证吊车梁在简支状态下工作。上翼缘与柱宜通过连接板用大直径销钉连接。

吊车梁之间的纵向连接通常在梁端高度下部加设调整填板,并用普通螺栓连接。

## 【实　例】

【例4.1】一简支吊车梁,跨度为12 m,钢材为Q345,承受两台起重量为50/10 t,级别为A6的桥式吊车,吊车跨度为31.5 m,吊车最大轮压标准值及轮距如图4.24所示,横行小车自重 $Q' = 15.4$ t。吊车梁的截面尺寸已初步选出,如图4.25所示,为了固定吊车轨,在梁上翼缘板上有两螺栓孔,为了连接下翼缘水平支撑,在下翼缘板的右侧有一个螺栓孔,孔径均为 $d = 24$ mm(螺栓直径为22 mm)。试验算此梁截面是否满足要求。

解：
### 1. 内力计算

按规范规定计算吊车梁的强度、稳定及吊车梁在竖向的刚度时,应考虑两台并列吊车满载时的作用,但验算竖向刚度时,取用荷载标准值。计算制动梁的水平方向刚度和验算疲劳时,只考虑一台吊车的荷载标准值作用。

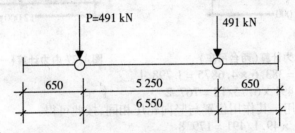

图4.24　一台吊车的最大轮压标准值

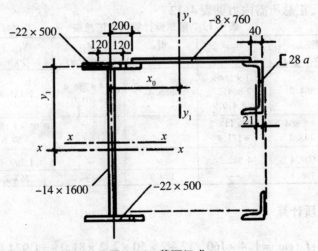

图4.25　截面组成

(1)两台吊车荷载作用下的内力。

1)竖向轮压作用。首先依荷载标准值计算。根据结构力学和材料力学知识可知,如图4.26(a)、(b)所示的轮压位置可分别算得梁的绝对最大弯矩 $M_{k,max}$ 和梁的支座处最大剪力 $V_{k,max}$。

$M_{k,max}/(kN \cdot m) = 817.3 \times 6.6585 - 491(3.933 + 0.6585 \times 2) = 2\,864.2$

$V_{k,max}/kN = 491(5.45 + 10.70 + 12)/12 = 1\,151.8$

2)横向水平力作用。作用在一个吊车轮上的横向水平力标准值为:

$T_k/kN = 0.1 P_{k,max} = 0.1 \times 491 = 49.1$

其作用位置与竖向轮压相同,因此,横向水平力作用下产生的最大的弯矩 $M_{ky}$ 与支座的水平反力 $H_k$ 可直接按荷载比例关系求得:

$M_{ky}/kN = 2864.2 \times 49.1/491 = 286.4$
$H_k/kN = 1151.8 \times 49.1/491 = 115.2$

(2) 一台吊车荷载作用下的内力如图4.27(a),(b)
1) 竖向轮压作用。

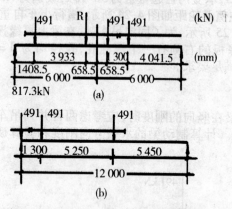

图4.26 内力计算(两台吊车)　　图4.27 内力计算(一台吊车)

$M_{k,max}/(kN \cdot m) = 383.6 \times 4.6875 = 1798.1$
$V_{k,max}/kN = 491 + 491 \times 6.75/12 = 767.2$

2) 横向水平力作用。其作用位置与竖向轮压相同,按此可得:
$M_{ky}/kN = 1798.1 \times 49.1/491 = 179.8$
$H_k/kN = 767.2 \times 49.1/491 = 76.7$

根据以上计算,汇总所需内力见表4.12。

表4.12　吊车梁计算内力汇总表

| 吊车台数 | 荷载 | $M_{k,max}$ /(kN·m) | $M_{max}$ /(kN·m) | $M_{ky}$ /(kN·m) | $M_y$ /(kN·m) | $V_{k,max}$ /kN | $V_{max}$ /kN |
|---|---|---|---|---|---|---|---|
| 两台 | 吊车 | 2864.2 | 1.1×1.4× 2864.2 =4410.9 | 286.4 | 1.4×286.4 =401.0 | 1151.8 | 1.1×1.4× 1151.8 =1773.8 |
| | 自重 | 0.05×2864.2 =143.2 | 1.2×143.2 =171.8 | — | — | 0.05×1151.8 =57.6 | 1.2×57.6 =69.1 |
| | Σ | 3007.4 | 4582.7 | — | — | 1209.4 | 1842.9 |
| 一台 | 吊车 | 1798.1 | — | 179.8 | — | 767.2 | — |

**2. 截面几何性质计算**

(1) 吊车梁。
毛截面惯性矩: $I_x/cm^4 = 1.4 \times 160^3/12 + 2 \times 50 \times 2.2 \times 81.1^2 = 1924852.9$
净截面面积: $A_n/cm^2 = (50-2 \times 2.4) \times 2.2 \times (50-1 \times 24) \times 2.2 + 1.4 \times 160$
　　　　　　$= 99.4 + 104.7 + 224 = 428.2$
净截面的形心位置: $y_1/cm = (104.7 \times 162.2 + 224 \times 81.1)/428.2 = 82.1$
净截面惯性矩: $I_{nx}/cm^4 = 1.4 \times 1603/12 + 224 \times 12 + 99.4 \times 82.12 + 104.7 \times 80.12$
　　　　　　$= 1819843.7$
净截面模量: $W_{nx1}/cm^3 = 1819843.7/82.2 = 21978.8$
半个毛截面对x轴的面积矩: $S_x/cm^3 = 50 \times 2.2 \times 81.1 + 80 \times 1.4 \times 40$
　　　　　　　　　　　　　　$= 8921 + 4480 = 13401$

(2) 制动梁。
净截面面积: $A_n/cm^2 = 2.2(50-2 \times 2.4) + 76 \times 0.8 + 40 = 99.4 + 60.8 + 40 = 200.2$

截面形心至吊车梁腹板中心之间的距离：
$x_0/\text{cm} = (60.8 \times 58 + 40 \times 97.9)/200.2 = 37.2$
净截面惯性矩：$I_{ny}/\text{cm}^4 = 2.2 \times 50^3/12 - 2 \times 2.4 \times 2.2 \times 12^2 + 99.4 \times 37.2^2 + 0.8 \times 76^3/12 + 60.8 \times 20.8^2 + 218 + 40 \times 60.7^2 = 362\,116.9$

对 $y_1 - y_1$ 轴的净截面模量（吊车梁上翼缘左例外边缘）：
$W_{ny1}/\text{cm}^3 = 362\,116.9/62.2 = 5\,821.8$

### 3. 截面验算
(1) 强度验算。
上翼缘最大正应力为：

$$\sigma = \frac{M_x}{W_{nx}} + \frac{M_y}{W_{ny}} = \frac{4\,582.7 \times 10^6}{21\,978.8 \times 10^3} + \frac{401.0 \times 10^6}{5\,821.8 \times 10^3}$$
$$= 208.5 + 68.9 = 277.4 \text{N} \cdot \text{mm}^{-2} < f(\text{第二组钢材}: f = 295 \text{N} \cdot \text{mm}^{-2})$$

腹板最大剪应力为：

$$\tau \frac{VS}{I_x t_w}/(\text{N} \cdot \text{mm}^{-2}) = \frac{1\,842.9 \times 10^3 \times 13\,401 \times 10^3}{1\,924\,852.9 \times 10^4 \times 14} = 91.6 \text{N/mm}^{-2} < f_v = 180$$

腹板局部压应力验算（吊车轨高取 170 mm）如下：

$$\sigma_c/(\text{N} \cdot \text{mm}^{-2}) = \frac{\Psi F}{t_w l_z} = \frac{1.35 \times 1.1 \times 1.4 \times 491 \times 10^3}{14(50 + 2 \times 170 + 5 \times 22)} = 145.8 \text{ N} \cdot \text{mm}^2 < f = 310$$

(2) 整体稳定。由于有制动梁，整体稳定可以保证，因此不需验算。
(3) 刚度验算。吊车梁的竖向挠度验算为：

$$v/\text{mm} = \frac{M_{kx} l^2}{10 E I_x} = \frac{1\,798.1 \times 10^6 \times 12\,000^2}{10 \times 206 \times 10^3 \times 1\,924\,852.9 \times 10^4}$$

$$= 6.53 \text{ mm} < [v] = l/750 = 12\,000/750 = 16 \text{ mm}（满足要求）$$

制动梁的水平挠度验算为：

$$u/\text{mm} = \frac{M_{ky} l^2}{10 E I_{yi}} = \frac{179.8 \times 10^6 \times 12\,000^2}{10 \times 206 \times 10^3 \times 362\,116.9 \times 10^4}$$

$$= 3.47 \text{ mm} < [u] = l/2\,200 = 12\,000/2\,200 = 5.45$$

此处稍偏于安全，近似取用制动梁的净截面惯性矩进行验算，已证明其满足要求。因此，不再计算制动梁的毛截面惯性矩。

(4) 疲劳验算。下面仅以在下翼缘用高强度螺栓连接下弦水平支撑处的主体金属为例，说明疲劳验算的方法。恒载不影响计算应力幅。因此，仅按吊车荷载计算，公式如下：

$$\Delta\sigma/(\text{N} \cdot \text{mm}^{-2}) = \frac{M_x}{I_{nx}} y = \frac{1\,798.1 \times 10^6}{1\,819\,843.7 \times 10^4} \times 812 = 80.2$$

按疲劳计算的构件和连接分类见附录 E，此处应为 2 类，由表 4.11 查得容许应力幅为 $[\Delta\sigma] = 144 \text{ N/mm}^2$，吊车梁欠载效应的等效系数由表 4.10 查得 $\sigma_f = 0.8$，可得：

$\sigma_f \Delta\sigma /(\text{N}\cdot\text{mm}^{-2}) = 0.8 \times 80.2 = 64.2 \text{ N/mm}^2 < 144$（安全）

(5)局部稳定性验算。因在抗弯强度验算时取 $\gamma_x = \gamma_y = 1.0$，故梁受压翼缘自由外伸宽度与其厚度之比。

$$\frac{250-7}{22} = 11.05 < 15\sqrt{\frac{235}{345}} = 12.4 \text{（满足）}$$

由于 $66 = 80\sqrt{\frac{235}{345}} < \frac{1600}{14} = 114.3 < 170\sqrt{\frac{235}{345}} = 140$，所以需按计算配置横向加劲肋。因钢轨用压板和防松螺拴紧扣于吊车梁上翼缘，可以认为该翼缘的扭转受到约束。计算弯曲应力临界值的通用高厚比为：

$$\lambda_b = \frac{1600/14}{177}\sqrt{\frac{345}{235}} = 0.78$$

可得：
$\sigma_{cr} = f = 310 \text{ N/mm}^2$

取横向加劲肋间距 $a = 3000 \text{ mm} = 1.875 h_0$，剪应力和横向压应力的临界值分别计算如下：

$$\lambda_s/(\text{N}\cdot\text{mm}^{-2}) = \frac{1600/14}{41\sqrt{6.34 + 4\times(1600/3000)^2}}\sqrt{\frac{345}{235}} = 133, \tau_{cr} = \frac{1.1\times 180}{133^2} = 112$$

$$\lambda_c = \frac{1600/14}{28\sqrt{18.9 + 5\times 1.875}}\sqrt{\frac{345}{235}} = 0.93$$

$$\sigma_{c,cr}/(\text{N}\cdot\text{mm}^{-2}) = [1 - 0.79\times(0.93 - 0.9)]\times 310 = 303$$

1) 验算跨中腹板区格。区格的平均弯矩取最大弯矩值 $M_{max}$；由图4.27a，不难求得该腹板区格的剪力为 $1.05\times1.1\times1.4\times326.3 = 528 \text{ kN}$，相应的剪应力为 $528\times10^3/(1600\times14) = 24 \text{ N/mm}^2$，注意 $\sigma_c = 145.8/1.35 = 108 \text{ N}\cdot\text{mm}^{-2}$，有：

$$\left(\frac{209^2}{310}\right) + \left(\frac{24}{112}\right)^2 + \frac{108}{303} = 0.86 < 1.0$$

2) 验算梁端腹板区格。区格左端的剪力取最大剪力 $V_{max}$，由图4.27(b)，得右端的剪力为170 kN，平均剪力为/kN：$1.05\times1.1\times1.4(170+1151.8)/2 = 1069$，平均剪应力为 $1069\times10^3/(1600\times14) = 47.7$；同理，由图4.27(b)得距梁左端3 m处的弯矩为/(kN·m)：$1.05\times1.1\times1.4\times1148.3 = 1857$，故平均弯曲正应力为 $\sigma/(\text{N}\cdot\text{mm}^{-2}) = 0.5\times1857\times208.5/4582.7 = 42.2$，于是：

$$\left(\frac{42.2}{310}\right)^2 + \left(\frac{47.7}{112}\right)^2 + \frac{108}{303} = 0.56 < 1.0$$

腹板局部稳定无问题。

# 第5章 轻型门式刚架结构设计

## 5.1 结构形式和布置

### 【基 础】

◆ **结构组成**

轻型单层工业厂房一般采用门式刚架作为主要承重骨架,用冷弯薄壁型钢做檩条和墙梁,以压型金属板做屋面和墙面,采用岩棉和玻璃丝棉等作为保温隔热材料,并设置支撑,轻型单层工业厂房是一种轻型房屋结构体系,如图5.1所示。

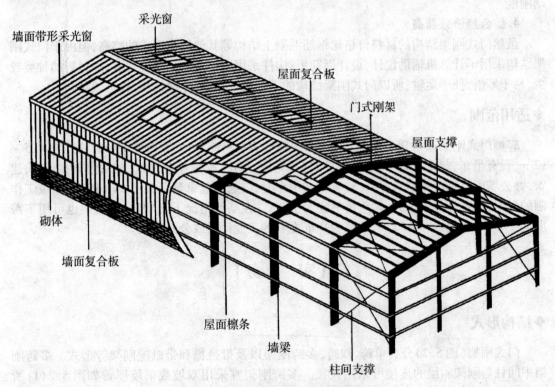

图 5.1 轻型门式刚架结构房屋的组成

◆ **结构特点**

**1. 质量轻**

围护结构由于采用压型金属板、玻璃棉及冷弯薄壁型钢等材料组成,屋面、墙面的质量都很轻,因而支承它们的门式刚架也很轻。根据国内的工程实例统计,单层门式刚架房屋承重结构的用钢量一般为 10~30 kg/m²;在相同的跨度和荷载条件下自重仅约为钢筋混凝土结构的 1/30~1/20。

由于单层门式刚架结构的质量轻,地基的处理费用相对较低,基础也可以做得比较小。同时在相同地震烈度下门式刚架结构的地震反应小,通常情况下,地震作用参与的内力组合对刚架梁和柱杆件的设计不起控制作用。但是风荷载对门式刚架结构构件的受力影响较大,风荷载产生的吸力可能会使屋面金属压型板、檩条的受力反向,当风荷载较大或房屋较高时,风荷载可能是刚架设计的控制荷载。

**2. 柱网布置比较灵活**

传统的结构形式由于受屋面板和墙板尺寸的限制,柱距多为 6 m,当采用 12 m 柱距时,需设置托架及墙架柱。而门式刚架结构的围护体系采用金属压型板,所以柱网布置不受模数限制,柱距大小主要根据使用要求和用钢量最省的原则来确定。

**3. 工业化程度高,施工周期短**

门式刚架结构的主要构件和配件均为工厂制作,质量易于保证,工地安装方便。除基础施工外,基本没有湿作业,现场施工人员的需要量也很少。构件之间的连接多采用高强度螺栓连接,这是安装迅速的一个重要方面,但必须注意设计为刚性连接的节点,应具有足够的转动刚度。

**4. 综合经济效益高**

虽然门式刚架结构的材料价格比钢筋混凝土结构等其他结构形式的略高,但由于门式刚架结构采用了计算机辅助设计,设计周期短;构件采用先进自动化设备制造;原材料的种类较少,易于筹措,便于运输;所以门式刚架结构的工程周期短,资金回报快、投资效益高。

## ◆适用范围

轻型门式刚架通常用于单层工业厂房(跨度为 9~36 m,柱距为 6~9 m,柱高在 4.5~12 m,设有吊车,起重量较小)或公共建筑(展览厅、超市、娱乐体育设施、车站候车室、码头建筑、办公场所及辅助性建筑等)。设置桥式吊车时,应选择起重量不大于 20 t 的中、轻级工作制的吊车;设置悬挂吊车时,起重量不宜大于 3 t。在某些情况下,轻型门式刚架也可用于跨度大于 36 m,柱距为 6~12 m,柱高为 9 m 左右的工业厂房或公共建筑。

## 【实　　务】

## ◆结构形式

门式刚架(图 5.2)分为单跨、双跨、多跨刚架以及带挑檐和带毗屋刚架等形式。多跨刚架中间柱与刚架斜梁的连接可采用铰接。多跨刚架宜采用双坡或单坡屋盖如图 5.2(f)所示,必要时也可采用由多个双坡单跨相连的多跨刚架形式。

在门式刚架轻型房屋钢结构体系中,屋盖应采用压型钢板屋面板和冷弯薄壁型钢檩条,主刚架可采用变截面实腹刚架,外墙宜采用压型钢板墙板和冷弯薄壁型钢墙梁,也可以采用砌体外墙或底部为砌体、上部为轻质材料的外墙。主刚架斜梁下翼缘和刚架柱内翼缘的平面外稳定性由与檩条或墙梁相连接的隅撑来保证。主刚架间的交叉支撑可采用张紧的圆钢。

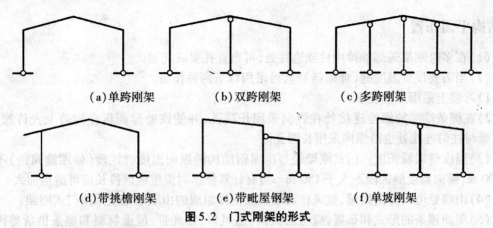

图 5.2　门式刚架的形式

单层门式刚架轻型房屋可采用隔热卷材作为屋盖隔热和保温层，也可以采用带隔热层的板材作屋面。

根据跨度、高度及荷载的不同，门式刚架的梁和柱可采用变截面或等截面的实腹焊接工字形截面或轧制 H 形截面。设有桥式吊车时，柱宜采用等截面构件。变截面构件通常改变腹板的高度做成楔形，必要时也可以改变腹板厚度。结构构件在运输单元内一般不改变翼缘截面，必要时可改变翼缘厚度，邻接的运输单元可采用不同的翼缘截面。

门式刚架可由多个梁、柱单元构件组成，柱一般为单独单元构件，斜梁可根据运输条件划分为若干个单元。单元构件本身焊接，单元之间可通过端板以高强度螺栓连接。

门式刚架轻型房屋屋面坡度宜取 1/20～1/8，在雨水较多的地区宜取较大值。

门式刚架的柱脚多按铰接支承设计，通常为平板支座，设一对或两对地脚螺栓。当用于工业厂房且有桥式吊车时，宜将柱脚设计为刚接。

## ◆建筑尺寸

### 1. 门式刚架的跨度

刚架的建筑跨度一般应取横向刚架柱轴线间尺寸，对边柱按柱外边或边柱下端截面的中心线，对中柱按柱中心线确定；常用跨度宜为 9～36 m，以 3 m 为模数，必要时也可采用非模数跨度；边柱的截面高度不相等时其外侧应对齐。

### 2. 门式刚架的结构高度

结构高度应取地坪至柱轴线与斜梁轴线交点之间的高度。无吊车房屋门式钢架高度宜取 4.5～9 m；有吊车的厂房应根据轨顶标高和吊车净空要求确定，一般宜为 9～12 m。

### 3. 门式刚架的间距

门式刚架的适用跨度为 15～36 m，经济跨度范围约在 18～21 m 之间；适用柱距宜为 6 m，也可采用 7.5 m 或 9 m，最大可用 12 m，门式刚架跨度较小时可用 4.5 m。

### 4. 门式刚架的高、宽、长

(1) 门式刚架轻型房屋的檐口高度应取地坪至房屋外侧檩条上缘的高度。

(2) 门式刚架轻型房屋的最大高度应取地坪至屋盖顶部檩条上缘的高度。

(3) 门式刚架轻型房屋的宽度应取房屋侧墙墙梁外皮之间的距离。挑檐长度可根据使用要求确定，宜为 0.5～1.2 m，其上翼缘坡度宜与斜梁坡度相同。

(4) 门式刚架轻型房屋的长度应取房屋两端山墙墙梁外皮之间的距离。

## ◆ 结构平面布置

(1)在多跨刚架局部抽掉中柱或边柱处,可布置托梁或托架。

(2)当需要设置温度缝(伸缩缝)时,可采用以下两种作法。

1)习惯上采用双柱较多。

2)在檩条端部的螺栓连接处在纵向采用长圆孔,并使该处屋面板在构造上允许胀缩。吊车梁与柱的连接处也沿纵向采用长圆孔。

(3)温度缝区段长度。门式刚架轻型房屋钢结构的纵向温度缝区段(伸缩缝间距)不大于 300 m,横向温度缝区段不大于 150 m。当有计算依据时温度缝区段长度可适当加大。

(4)山墙处可设置由斜梁、抗风柱和墙梁及支撑组成的山墙墙架或采用门式刚架。

(5)屋面檩条的形式和布置,应考虑天窗、通风口、采光带、屋面材料和檩条供货等因素的影响;屋面压型钢板的板型与檩条间距和屋面荷载有关。

## ◆ 墙架布置

(1)门式刚架轻型房屋钢结构侧墙墙梁的布置应考虑设置门窗和挑檐等构件和维护材料的要求。

(2)门式刚架轻型房屋钢结构的侧墙,当采用压型钢板作维护面时,墙梁宜布置在刚架柱的外侧,其间距根据墙板板型和规格确定。

(3)门式刚架轻型房屋的外墙,当抗震设防烈度不高于 6 度时,可采用轻型钢墙板或砌体;当抗震设防烈度为 7 度和 8 度时,可采用轻型钢墙板或非嵌砌砌体;当抗震设防烈度为 9 度时,宜采用轻型钢墙板或与柱柔性连接的轻质墙板。

## ◆ 支撑布置

(1)门式刚架轻型房屋钢结构的支撑设置。在每个温度缝区段(纵向温度缝区段长度不大于 300 m)或分期建设的区段中,应分别设置能独立构成空间稳定结构的支撑体系。在设置柱间支撑的开间,应同时设置屋盖横向水平支撑,以组成几何不变的支撑体系。

(2)支撑和刚性系杆的布置宜符合下列规定。

1)由支撑斜杆等组成的水平桁架,其直腹杆宜按刚性系杆考虑。

2)柱间支撑的间距应根据房屋纵向柱距、受力情况和安装条件确定。当无吊车时宜取 30~45 m;当有吊车时宜设在温度缝区段的中部,或当温度缝区段较长时宜设在三分点处,且间距不应大于 60 m。

3)当建筑物宽度大于 60 m 时,在内柱列宜适当增加柱间支撑。

4)当房屋高度相对于柱间距较大时,柱间支撑宜分层设置。

5)屋盖横向支撑宜设在温度区间端部的第一或第二个开间。当端部支撑设在第二个开间时,在第一开间的相应位置宜设置刚性系杆。

6)在设有带驾驶室且起重量大于 15 t 桥式吊车的跨间,应在屋盖边缘设置纵向支撑桁架。当桥式吊车起重量较大时,还应采取措施增加吊车梁的侧向刚度。

7)在刚架转折处(单跨房屋边柱柱顶和屋脊,以及多跨房屋某些中间柱柱顶和屋脊)应沿房屋全长设置刚性系杆。

(3)刚性系杆可由檩条兼作,此时檩条应满足对压弯杆件的刚度和承载力要求。

(4)门式刚架轻型房屋钢结构的支撑可采用带张紧装置的十字交叉圆钢支撑。圆钢与构件的夹角应在 30~60°范围内。

(5)当设有起重量不小于 5 t 的桥式吊车时,柱间宜采用型钢支撑。在温度区段端部吊车梁以下不宜设置柱间刚性支撑。

(6)当不允许设置交叉柱间支撑时,可设置其他形式的支撑;当不允许设置任何支撑时,可设置纵向刚架。

## 5.2 内力与侧移计算

### 【基　　础】

◆ **设计刚架应考虑的荷载**

**1. 永久荷载**

(1)初步计算时,结构自重包括屋面板、檩条、支撑、刚架和墙架等。此折算荷重可按 $0.45~0.55~kN/m^2$(标准值)近似取用。

(2)悬挂或建筑设施荷重包括吊顶、管线、天窗、风帽和门窗等。

**2. 可变荷载**

(1)屋面活荷载,对不上人屋面一般可按 $0.3~kN/m^2$(标准值)取用。

(2)雪荷载。

(3)灰荷载。

(4)风荷载。

(5)悬挂或桥式吊车荷载包括竖向轮压及水平制动力。各种荷载的取值、计算应参照现行《建筑结构荷载规范》(GB 50009—2001)和《建筑抗震设计规范》(GB 50011—2010)等进行。

**3. 地震作用**

计算刚架地震作用时,一般可采用基底剪力法,对无吊车且高度不大的刚耙可采用单质点简图如图 5.3(a)所示,此时,可假定柱上半部及以上的各种竖向荷载质量均集中于质点 $m_1$;当有吊车荷载时,可采用 3 质点简图如图 5.3(b)所示,此时 $m_1$ 质点集中屋盖质量及上阶柱上半区段内竖向荷载,$m_2$ 质点集中吊车桥梁、吊车梁及上阶柱下区段与下阶柱上半段(包括墙体)的相应竖向荷载。

纵向地震作用宜采用单质点柱列法进行计算。

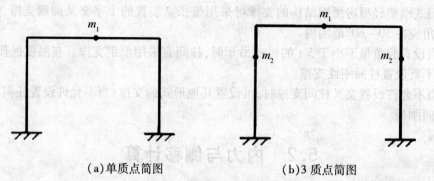

(a)单质点简图  (b)3质点简图

图5.3 刚架质点的质量集中

## ◆蒙皮效应

在垂直荷载作用下,坡顶门式刚架的运动趋势是屋脊向下、屋檐向外变形。屋面板将与支撑檩条一起以深梁的形式来抵抗这一变形趋势。这时,屋面板承受剪力,起深梁腹板的作用,而边缘檩条承受轴力起深梁翼缘的作用。显然,屋面板的抗剪切能力要远远大于其抗弯曲能力。所以,蒙皮效应指的是蒙皮板由于其抗剪切刚度对于使板平面内产生变形的荷载的抵抗效应。对于坡顶门式刚架,抵抗竖向荷载作用的蒙皮效应取决于屋面坡度,坡度越大蒙皮效应越显著,而抵抗水平荷载作用的蒙皮效应则随着坡度的减小而增加,如图5.4所示。

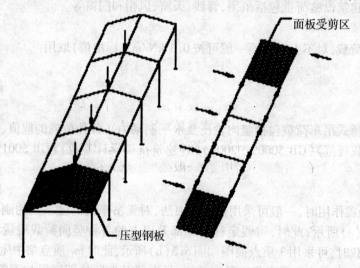

图5.4 蒙皮效应(山形门式建筑的受力蒙皮作用)

构成整个结构蒙皮效应的是蒙皮单元。蒙皮单元由两榀刚架之间的蒙皮板、边缘构件和连接件及中间构件组成。边缘构件是指两相邻的刚架梁和边檩条(屋脊和屋檐檩条),中间构件是指中间部位檩条。

## 【实 务】

### ◆内力计算

门式刚架的内力计算可根据构件截面的类型采用不同的计算方法。对于构件为变截面刚架、格构式刚架及带有吊车荷载的刚架,不宜采用塑性分析方法,应采用弹性分析方法来确定各种内力;只有当刚架的梁柱全部为等截面时才允许采用塑性分析方法。进行内力分析时,通常将刚架视为平面结构,通常不考虑蒙皮效应,只是将它作为安全贮备。当有必要且有条件时,可考虑屋面的应力蒙皮效应,蒙皮效应可用来承受平面内的荷载。

#### 1. 弹性分析方法

门式刚架的内力弹性分析按一般结构力学方法或利用静力计算公式图表确定;也可采用有限元法编制程序上机计算。对梁、柱截面为变截面的刚架,进行内力分析时,应考虑截面变化对内力分析的影响。若采用有限元法计算变截面门式刚架内力时,宜将梁、柱构件分成若干段等截面单元作近似计算。单元的划分应按其两端实际惯性矩的比值约为 0.8 来划分,并取每段单元的中间截面惯性矩值作为该单元的惯性矩值来进行内力计算,也可将整个构件视为楔形单元。

#### 2. 塑性分析方法

塑性设计方法是考虑钢材具有充分塑性变形能力这一特性,在超静定结构中,当荷载达到一定数值时,受力较大的截面随着塑性变形的深入发展而形成塑性铰,使构件各截面产生应力重分布,从而提供结构的极限承载力。这种设计方法比较符合实际工程情况,比弹性设计方法节约钢材 10% ~ 20%。

采用塑性分析方法计算门式刚架的内力时,不能直接采用将各种荷载作用下的内力叠加的方法进行计算,而应按各种可能出现的荷载组合分别进行内力分析,找出各种可能的破坏机构和计算出相应的塑性弯矩,然后从中取其最大弯矩。常用的计算方法有以下三种。

(1)静力法。静力法是通过求解静力平衡方程而确定塑性铰位置和塑性弯矩的方法。对 $n$ 次超静定门式刚架在受外荷载作用后,一般必须出现 $n+1$ 个塑性铰,才能形成机构而破坏。根所有塑性铰处的弯矩均为塑性弯矩值,可建立 $n+1$ 个平衡方程,可以求解 $n+1$ 个未知量,一般步骤如下。

1)根据结构、约束条件及合作条件,在支座处、集中荷载作用位置以及构件转折处等部位,假定一定量的塑性铰,使结构形成机构。

2)将原超静定结构变成静定结构体系,使相应的多余未知力暴露出来,再根据假定的塑性铰,建立平衡方程,求得塑性弯矩和多余未知力。

3)根据所求得的塑性弯矩和多余未知力,绘出结构的总弯矩图。

4)对计算结构进行校核。校核条件是在总弯矩图中,除加腋部位外,结构各个截面的弯矩均不超过塑性弯矩,这说明开始假定的塑性铰位置正确,计算有效,否则,重新假定塑性铰的位置,按上述步骤重新计算。

(2)机动法。当结构的超静定次数较高时采用静力法计算,需要建立很多联立方程,计算比较麻烦。为了方便计算,可采用机动法计算。机动法是利用虚位移原理,找出一个满足塑性弯矩条件的机构。并根据塑性弯矩所作内功之和等于外荷载所作外功之和的平衡方程,求解塑性弯矩和多余未知力,一般步骤如下。

1）与静力法计算相同，假定一定量的塑性铰，使结构形成机构。

2）将每个塑性铰视为实铰，且在此位置上作用一对塑性弯矩，给机构一个任意的虚位移，建立内外功相等的平衡方程，并求解。

3）、4）与静力法计算相同。

（3）公式法。在实际设计过程中，用上述的静力法和机动法来计算结构内力均比较麻烦，有时甚至是行不通的。因此，为了简化计算工作量，常采用公式法来确定结构内力。

## ◆ 单跨变截面门式刚架的侧移

如图5.5所示，当单跨变截面门式刚架斜梁的上翼缘坡度不大于1:5时，在柱顶水平力$H$作用下的柱顶侧移$\mu$可按下式计算：

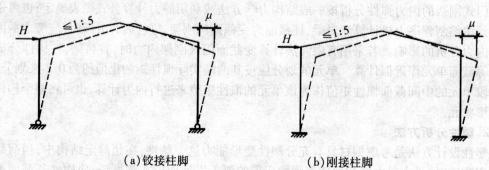

(a) 铰接柱脚　　　　　　　(b) 刚接柱脚

图5.5　变截面刚架柱顶侧移图

柱脚铰接：$\mu \dfrac{Hh^3}{12EI_e(2+\xi_t)}$ (5.1)

柱脚刚接：$\mu \dfrac{Hh^3}{12EI_e} \cdot \dfrac{3+2\xi_t}{6+2\xi_t}$ (5.2)

$\xi_t = (I_c/h)/(I_b/L)$ (5.3)

式中　$\xi_t$——刚架柱与横梁的线刚度比值；

　　　$h$、$L$——刚架柱的高度和刚架横梁的跨度；当坡度大于1/10时，$L$应取横梁沿坡折线的总长度，即$L=2s$（图5.6）；

　　　$I_c$、$I_b$——刚架柱和横梁的平均惯性矩，可按式(5.4)和式(5.5)计算；

　　　$H$——刚架柱顶的等效水平力，可按式(5.6)~(5.10)计算。

**1. 变截面柱和横梁的截面特性**

变截面柱和横梁的平均惯性矩$I_c$，$I_b$可按下式近似计算：

楔形柱：$I_c = \dfrac{I_{c0}+I_{c1}}{2}$ (5.4)

双楔形横梁：$I_b = \dfrac{I_{b0}+\beta I_{b1}+(1-\beta)I_{b2}}{2}$ (5.5)

式中　$I_{c0}$，$I_{c1}$——刚架柱柱底（小头）和柱顶（大头）的惯性矩；

　　　$I_{b0}$，$I_{b1}$，$I_{b2}$——楔形横梁最小截面、檐口和跨中截面的惯性矩；

　　　$\beta$——楔形横梁长度的比值。

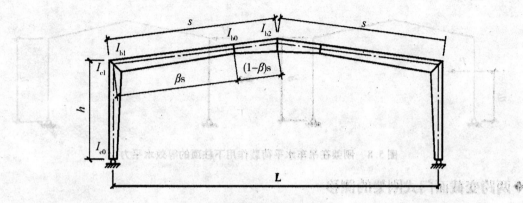

图 5.6 变截面刚架的几何尺寸

**2. 变截面门式刚架柱顶等效水平力 H**

(1)如图 5.7 所示,水平均布风荷载作用时,当计算刚架沿柱高度均匀分布的水平风荷载作用下的侧移时,柱顶等效水平力 $H$ 可取:

柱脚铰接:$H = 0.67W$                              (5.6)

柱脚刚接:$H = 0.45W$                              (5.7)

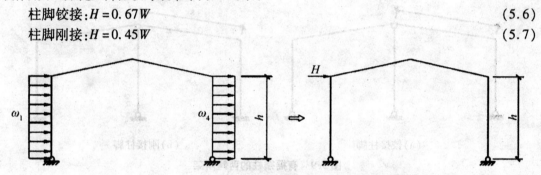

图 5.7 刚架在均布风荷载作用下柱顶的等效水平力

$$W = (\omega_1 + \omega_4)h \tag{5.8}$$

式中 $W$——均布风荷载的合力;

$\omega_1,\omega_4$——刚架两侧承受的沿柱高均布的水平荷载。

(2)如图 5.8 所示,吊车水平荷载 $P_c$ 作用时,当计算刚架在吊车水平荷载 $P_c$ 作用下的侧移时,柱顶等效水平力 $H$ 可取:

柱脚铰接:$H = 1.15\eta P_c$                           (5.9)

柱脚刚接:$H = \eta P_c$                               (5.10)

式中 $\eta$——吊车水平荷载 $P_c$ 作用位置的高度与柱总高度的比值。

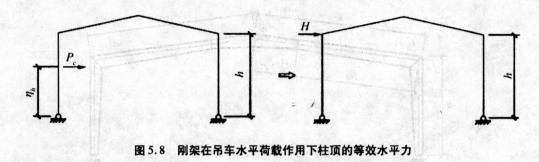

图 5.8　刚架在吊车水平荷载作用下柱顶的等效水平力

### ◆两跨变截面门式刚架的侧移

对中间柱为摇摆柱的两跨变截面门式刚架(图 5.9),柱顶侧移可采用式(5.1)和(5.2)计算。但在计算刚架柱与横梁的线刚度比值 $\xi t$ 时,横梁长度 L 应取双坡斜梁全长 $2s$,$s$ 为单坡斜梁长度。

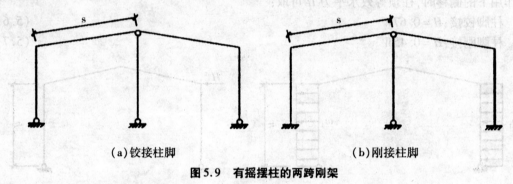

(a)铰接柱脚　　　　　　　　　　　(b)刚接柱脚

图 5.9　有摇摆柱的两跨刚架

### ◆多跨变截面门式刚架的侧移

(1)中间柱为摇摆柱如图 5.10(a)所示。对中间柱为摇摆柱的多跨变截面门式刚架,柱顶侧移采用式(5.1)和(5.2)来计算。但在计算刚架柱与横梁的线刚度比值 $\xi t$ 时,横梁长度 L 应取斜梁全长。

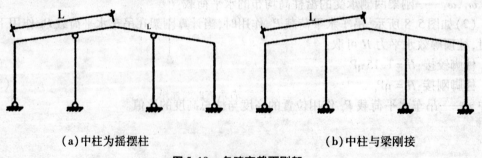

(a)中柱为摇摆柱　　　　　　　　　(b)中柱与梁刚接

图 5.10　多跨变截面刚架

(2)中间柱与横梁刚性连接如图 5.10(b)。当中间柱与钢梁刚性连接时,可将多跨刚架视为多个单跨刚架的组合体,即每个中间柱可一分为二,惯性矩两边各取一半($I_c/2$),如图 5.11 所示,整个刚架在柱顶水平荷载 H 作用下的侧移 $\mu$ 可按下式进行计算:

$$\mu = \frac{H}{\sum K_i} \tag{5.11}$$

$$K_i = \frac{12EI_{ei}}{h_i^3(2+\xi_{ti})} \tag{5.12}$$

$$\xi_{ti} = \frac{I_{ei}l_i}{h_i I_{bi}} \tag{5.13}$$

$$I_{ei} = \frac{I_i + I_r}{4} + \frac{I_i I_r}{I_i + I_r} \tag{5.14}$$

式中 $\sum K_i$——柱脚铰接时各单跨刚架的侧向刚度之和；
$\xi_{ti}$——计算柱与相连接的单跨刚架梁的线刚度比值；
$h_i$——计算跨内两柱的平均高度；
$l_i$——与计算柱相连接的单跨刚架梁的长度；
$I_{ei}$——两柱惯性矩不相等时的等效惯性矩；
$I_l, I_r$——左、右两柱的惯性矩；
$I_{bi}$——与计算柱相连接的单跨刚架梁的惯性矩。

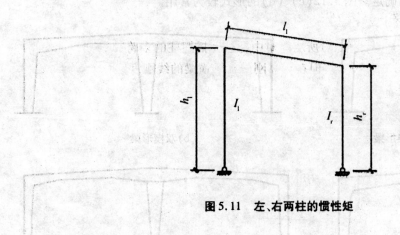

图 5.11 左、右两柱的惯性矩

## 5.3 构件的截面设计

### 【基 础】

◆ **刚架的截面尺寸**

实腹式横梁的截面高度与其跨度之比 $h/l$ 宜采用 1/45~1/30;格构式横梁宜采用 1/25~1/15。

刚架柱的截面高度应根据柱高和吊车情况,并参照横梁的截面高度选用,可与横梁等截面,也可不等截面。当刚架的跨度大于或等于 15 m 时,其横梁宜起拱,拱度可取跨度的 1/500。

◆ **变截面钢架柱的截面形式**

(1)对于无吊车单层轻钢房屋,边柱及与梁刚接的中柱采用楔形柱,摇摆柱及与梁刚接的中柱采用等截面柱(H 型钢、圆管、方管、矩形管)。

(2)对于有桥式吊车的单层轻钢房屋,吊车起重量<5 t,采用与梁刚接的楔形柱或等截面柱;吊车起重量≥5 t,采用等截面柱,与梁刚接,并宜采用刚接柱脚。

◆ **变截面钢架斜梁的截面形式**

变截面刚架斜梁可采用楔形梁、双楔形梁或加腋梁(图 5.12),究竟选用哪一种形式可根据制作单位的生产工艺而确定。图 5.12(c)、(d)的形式较为常用。

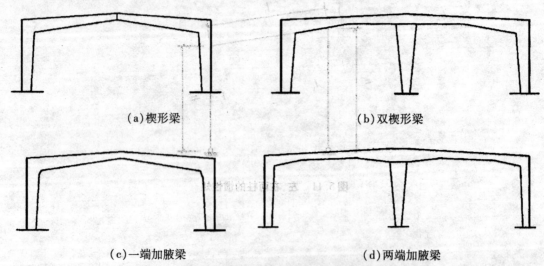

(a)楔形梁　　　　　　　　　　(b)双楔形梁

(c)一端加腋梁　　　　　　　　(d)两端加腋梁

图 5.12　刚架形式及斜梁的构造型式

刚架梁可沿梁长分段变化,其截面高度和腹板厚度、翼缘宽度和厚度,同一运输单元段翼缘不变化宽度,不同单元段连接处梁高度应相等。当翼缘宽度变化明显时(如相差 30 mm 以上),宜用梯形板或三角板使翼缘平缓过渡,以免产生应力集中(图 5.13)。

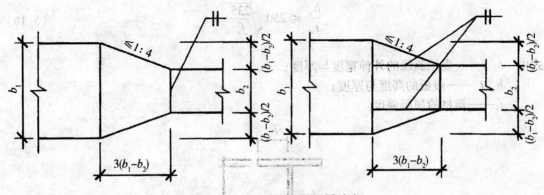

图 5.13 变宽度梁翼缘平缓过渡

初选截面时,梁端加腋长度的选取可参考表 5.1。对于单跨刚架,山尖处的加腋主要是为连接高度的需要,如果山尖一侧斜梁加腋的水平长度与刚架跨度的比值不大于 0.05,在内力及变形计算时,可不考虑此段截面变化。

表 5.1 梁端加腋长度与梁跨度的近似比值

| 单跨或多跨 | 跨内无桥式吊车 | | 跨内有桥式吊车 | |
| --- | --- | --- | --- | --- |
| | 与边柱相连的梁端 | 与中柱相连的梁端 | 与边柱相连的梁端 | 与中柱相连的梁端 |
| 单跨 | 0.2 左右 | — | 0.25 左右 | — |
| 多跨 | 0.15~0.2 | 0.2~0.25 | 0.2~0.25 | 0.25~0.3 |

考虑梁端加腋长度时,宜综合考虑以下几个因素:
(1)梁端截面的承载力要求以及梁端与柱连接处对连接高度的要求。
(2)为利用腹板屈曲后强度,腹板高度变化率不超过 60 mm/m。
(3)梁与中柱采用柱顶平接时,考虑运输长度的限值(火车运输要求构件长度不大于 12 m)。

# 【实 务】

◆ 构件强度计算

**1. 板件最大宽厚比和屈曲后强度利用**

工字形截面受弯构件中腹板以抗剪为主,翼缘以抗弯为主,增大腹板的高度,可以使翼缘的抗弯承载力发挥得更加充分。若增大腹板高度,同时,腹板厚度也相应增大,则用钢量也将会增大,考虑经济因素宜采用较薄的腹板厚度,利用板件屈曲后的强度是比较合理的。

如图 5.14 所示,轻型门式刚架梁和柱板件的翼缘宽厚比及腹板高厚比应符合以下设计要求:

$$\frac{b_1}{t} \leq 15\sqrt{\frac{235}{f_y}} \quad (5.15)$$

$$\frac{h_w}{t_w} \leqslant 250\sqrt{\frac{235}{f_y}} \tag{5.16}$$

式中 $b_1$、$t$——受压翼缘的外伸宽度与厚度;
$h_w$、$t_w$——腹板的高度与厚度;
$f_y$——钢材的屈服强度。

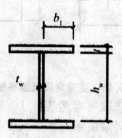

图5.14 截面几何尺寸

当工字形截面的腹板利用屈曲后强度时,应按腹板有效高度 $h_e$ 计算其截面特性。

当部分截面受压时,受拉区全部有效,受压区腹板的有效高度应为:

$$h_e = \rho h_c \tag{5.17}$$

当截面全部受压时,$h_e = \rho h_w$ (5.17)

式中 $h_e$——受压区腹板有效高度;
$h_c$——腹板的受压区高度;
$h_w$——腹板高度,对楔形腹板取板幅的平均高度;
$\rho$——有效宽度系数,按下式计算:

$$\rho = \begin{cases} 1.0 & \lambda_P \leqslant 0.8 \\ 1.0 - 0.9(\lambda_P - 0.8) & 0.8 < \lambda_P \leqslant 1.2 \\ 0.64 - 0.24(\lambda_P - 1.2) & \lambda_P > 1.2 \end{cases} \tag{5.19}$$

式中 $\lambda_p$——与板件受弯、受压有关的参数,按下式计算:

$$\lambda_P = \frac{h_w/t_w}{28.1\sqrt{k_\sigma}\sqrt{235/f_y}} \tag{5.20}$$

$$k_\sigma = \frac{16}{\sqrt{(1+\beta)^2 + 0.112(1-\beta)^2} + (1+\beta)} \tag{5.21}$$

$$\beta = \sigma_2/\sigma_1 \tag{5.22}$$

式中 $k_\sigma$——杆件在正应力作用下的凸曲系数;
$\beta$——截面边缘的正应力比值,$-1 \leq \beta \leq 1$。

当板边最大应力 $\sigma_1 < f$ 时,计算 $\lambda_p$ 可用 $\gamma_R \sigma_1$ 来代替式(5.20)中的 $f_y$,$\gamma_R$ 为抗力分项系数。对于 Q235 和 Q345 钢,$\gamma_R = 1.1$。

**2. 腹板有效宽度分布规则**

如图 5.15 所示,当全截面受压($\beta > 0$)时:

$$h_{e1} = \frac{2h_e}{5 - \beta} \tag{5.23}$$

$$h_{e2} = h_e - h_{e1} \tag{5.24}$$

当截面部分受压($\beta < 0$)时:

$$h_{e1} = 0.4 h_e \tag{5.25}$$
$$h_{e2} = 0.6 h_e \tag{5.26}$$

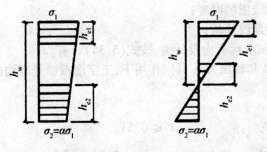

图 5.15 有效高度的分布

对于工字形截面构件腹板的受剪板幅,当腹板高度变化不超过 60 mm/m 时,可考虑采用腹板屈曲后的抗剪强度设计值,按下式计算:

$$f'_v = \begin{cases} f_v & \lambda_w \leq 0.8 \\ [1.0 - 0.64(\lambda_w - 0.8)] f_v & 0.8 < \lambda_w < 1.4 \\ (1 - 0.275\lambda_w) f_v & \lambda_w \geq 1.4 \end{cases} \tag{5.27}$$

式中 $f_v$——钢材的抗剪强度设计值;
$\lambda_w$——与板件受剪有关的参数,按下式计算:

$$\lambda_w = \frac{h_w/t_w}{37 \sqrt{k_\tau} \sqrt{235/f_y}} \tag{5.28}$$

$$k_\tau \begin{cases} 4 + \dfrac{5.34}{(a/h_w)^2} \dfrac{a}{h_w} < 1.0 \\ 5.34 + \dfrac{4}{(a/h_w)^2 h_w} \geq 1.0 \end{cases} \tag{5.29}$$

式中 $k_\tau$——受剪杆件的凸曲系数;当不设横向加劲肋时,取 $k_\tau = 5.34$;
　　 $a$——加劲肋间距。

(1) 抗弯承载力。
1) 弹性设计方法。
① 在剪力 V 和弯矩 M 共同作用下,工字形截面受弯构件的强度应符合下列要求:

$$\begin{cases} M \leq M_e & V \leq 0.5V_d \\ M \leq M_f + (M_e - M_f)[1 - (\dfrac{V}{0.5V_d} - 1)^2] & 0.5V_d < V \leq V_d \end{cases} \quad (5.30)$$

式中 $M_f$——翼缘所承担的弯矩,当截面为双轴对称时,$M_f = A_f(h_w + t)f$;
　　 $M_e$——构件有效截面所承担的弯矩,$M_e = W_e f$;
　　 $W_e$——构件有效截面最大受压纤维的截面模量;
　　 $A_f$——构件翼缘的截面面积;
　　 $t$——受压翼缘板的厚度;
　　 $f$——钢材强度设计值;
　　 $V_d$——腹板抗剪承载力设计值,按式(5.34)计算。

② 在剪力 V、弯矩 M 和轴压力 N 共同作用下,工字形截面受弯构件的强度应符合下列要求:

$$\begin{cases} M \leq M_e^N & V \leq 0.5V_d \\ M \leq M_f^N + (M_e^N - M_f^N)[1 - (\dfrac{V}{0.5V_d} - 1)^2] & 0.5V_d < V \leq V_d \end{cases} \quad (5.31)$$

式中 $M \leq M_e^N$——构件兼承轴压力 N 时有效截面所承担的弯矩,$M \leq M_e^N = M_e - NW_e/A_e$;
　　 $M \leq M_f^N$——两翼缘兼承轴压力 N 时所承担的弯矩,当截面为双轴对称时,$M \leq M_f^N = A_f(h_w + t)(f - N/A)$;
　　 $A_e$——构件有效截面面积。

实腹式刚架斜梁在平面内可按压弯构件计算其强度。

2) 塑性设计方法。
① 弯矩 $M_x$ 作用在一个主平面内(工字形截面的强轴 x 轴)的受弯构件,其弯曲强度应按下式计算:

$$M_x \leq W_{pnx} f \quad (5.32)$$

式中 $W_{pnx}$——工字形截面对 x 轴的塑性净截面模量。

② 弯矩 $M_x$ 作用在一个主平面内(工字形截面的强轴 x 轴)的压弯构件,其弯曲强度应按下式计算:

$$\begin{cases} M_x \leq W_{pnx} f & \dfrac{N}{A_n f} \leq 0.13 \\ M_x \leq 1.15\left(1 - \dfrac{N}{A_n f}\right) W_{pnx} f & \dfrac{N}{A_n f} > 0.13 \end{cases} \quad (5.33)$$

式中 $A_n$——净截面面积；

$N$——压弯构件的轴压力，$N < 0.6 A_n f$。P

(2) 抗剪承载力计算。

1) 弹性设计方法。工字形截面构件腹板的抗剪承载力采用弹性设计方法时，应按下式进行计算：

$$V \leq V_d = t_w h_w f'_v \quad (5.34)$$

式中 $h_w$——腹板高度，对楔形腹板取板幅的平均高度；

$t_w$——腹板厚度；

$f'_v$——腹板屈曲后钢材的抗剪强度设计值，按式(5.27)计算。

刚架斜梁腹板在与中柱连接处、较大集中荷载作用处和翼缘转折处应设置横向加劲肋。梁腹板利用屈曲后强度时，其中间加劲肋除承受集中荷载和翼缘转折产生的压力外，还应承受拉力场产生的压力。该压力应按下列公式进行计算：

$$N_s = V - 0.9 h_w t_w \tau_{cr} \quad (5.35)$$

$$\begin{cases} \tau_{cr} = [1 - 0.8(\lambda_w - 0.8)] f_v & 0.8 < \lambda_w \leq 1.25 \\ \tau_{cr} = f_v / \lambda_w^2 & \lambda_w > 1.25 \end{cases} \quad (5.36)$$

式中 $N_s$——拉力场产生的压力；

$\tau_{cr}$——利用拉力场时腹板的屈曲剪应力；

$\lambda_w$——与板件受剪有关的参数，按式(5.28)计算。

加劲肋的稳定性验算按《钢结构设计规范》(GB 50017—2003)的规定进行，计算长度取腹板高度 $h_w$，截面取加劲肋全部和其两侧各 $15 t_w \sqrt{235/f_y}$ 宽度范围内的腹板面积，按两端铰接轴心受压构件进行计算。

当斜梁上翼缘承受集中荷载处不设置横向加劲肋时，除应按《钢结构设计规范》(GB 50017—2003)的规定验算腹板上边缘正应力、剪应力和局部压应力共同作用时的折算应力外，还应满足下列公式的要求：

$$F \leq 15 a_m t_m^2 f \sqrt{\dfrac{t_f}{t_w} \dfrac{235}{f_y}} \quad (5.37)$$

$$a_m = 1.5 - M/(W_e f) \quad (5.38)$$

式中　$F$——上翼缘承受的集中荷载；
　　　$t_f$、$t_w$——刚架斜梁的翼缘和腹板的厚度；
　　　$\alpha_m$——参数，$\alpha_m \leqslant 1.0$，在斜梁负弯矩区取 0；
　　　$M$——集中荷载作用处的弯矩；
　　　$W_e$——有效截面最大受压纤维的截面模量。

2）塑性设计方法。工字形截面构件腹板的抗剪承载力采用塑性设计方法时，应按下式进行计算：

$$V \leqslant t_w h_w f_v \tag{5.39}$$

式中　$h_w$——腹板高度，对楔形腹板取板幅的平均高度；
　　　$t_w$——腹板厚度；
　　　$f_v$——钢材的抗剪强度设计值。

为了保证腹板在剪力和轴力作用下不发生剪切压曲，且不降低其截面所能承受的最大弯矩值，在刚架柱与横梁连接处的塑性铰附近，应设置斜的或直的成对加劲肋，对腹板进行加强。对横梁上可能出现塑性铰的集中荷载作用处，可根据其荷载的大小，对腹板设置加劲肋。

## ◆ 变截面柱在刚架平面内的长度计算

截面高度呈线性变化的柱，在刚架平面内的计算长度应取为 $h_0 = \mu_\gamma h$，式中 $h$ 为柱的几何高度，$\mu_\gamma$ 为计算长度系数，可由查表法、一阶分析法和二阶分析法三种方法来确定。

### 1. 查表法

查表法用于柱脚铰接的门式刚架。

(1) 柱脚铰接的单跨门式刚架楔形柱的计算长度系数 $\mu_\gamma$ 可由表 5.2 查得。

表 5.2　柱脚铰接楔形柱的计算长度系数 $\mu_\gamma$

|  | $K_2/K_1$ | 0.1 | 0.2 | 0.3 | 0.5 | 0.75 | 1.0 | 2.0 | ≥10.0 |
|---|---|---|---|---|---|---|---|---|---|
| $\dfrac{I_{c0}}{I_{c1}}$ | 0.01 | 0.428 | 0.368 | 0.349 | 0.331 | 0.320 | 0.318 | 0.315 | 0.310 |
|  | 0.02 | 0.600 | 0.502 | 0.470 | 0.440 | 0.428 | 0.420 | 0.411 | 0.404 |
|  | 0.03 | 0.729 | 0.599 | 0.558 | 0.520 | 0.501 | 0.492 | 0.483 | 0.473 |
|  | 0.05 | 0.931 | 0.756 | 0.694 | 0.644 | 0.618 | 0.606 | 0.589 | 0.580 |
|  | 0.07 | 1.075 | 0.873 | 0.801 | 0.742 | 0.711 | 0.697 | 0.672 | 0.650 |
|  | 0.10 | 1.252 | 1.027 | 0.935 | 0.857 | 0.817 | 0.801 | 0.790 | 0.739 |
|  | 0.15 | 1.518 | 1.235 | 1.109 | 1.021 | 0.965 | 0.938 | 0.895 | 0.872 |
|  | 0.20 | 1.745 | 1.395 | 1.254 | 1.140 | 1.080 | 1.045 | 1.000 | 0.969 |

柱的线刚度 $K_1$ 和梁的线刚度 $K_2$ 应分别按下列公式计算：

$$K_1 = I_{c1}/h \tag{5.40}$$

$$K_2 = I_{b0}/(2\Psi s) \tag{5.41}$$

表中和式中　$I_{c0}$，$I_{c1}$——刚架柱小头截面和大头截面的截面惯性矩；
　　　　　　$I_{b0}$——梁最小截面的惯性矩；

$s$——半跨斜梁长度；

$\Psi$——斜梁换算长度系数，由《门式刚架轻型房屋钢结构技术规程》（CECS 102—2002）附录 D 中曲线查得，当梁为等截面时，$\Psi=1.0$。

(2) 多跨刚架的中间柱为摇摆柱时，摇摆柱的计算长度系数取 1.0，边柱的计算长度应取：

$$h_0 = \eta \mu_\gamma h \qquad (5.42)$$

$$\eta = \sqrt{1 + \frac{\sum(P_{li}/h_{li})}{\sum(P_{fi}/h_{fi})}} \qquad (5.43)$$

式中 $\eta$——放大系数；

$\mu_\gamma$——计算长度系数，可由表 5.2 查得，但式 (5.41) 中的 $s$ 应取与边柱相连的一跨横梁的坡面长度 $l_b$，如图 5.16 所示；

$P_{li}$——摇摆柱承受的轴向力；

$P_{fi}$——边柱承受的轴向力；

$h_{li}$——摇摆柱的高度；

$h_{fi}$——刚架边柱的高度。

引入放大系数 $\eta$ 的原因：当框架趋于侧移或有初始位移时，不仅框架柱上的荷载 $P_{fi}$ 对框架起倾覆作用，摇摆柱上的荷载 $P_{li}$ 也同样起倾覆作用。即图 5.16 中框架边柱除承受自身荷载的不稳定效应外，还应加上中间摇摆柱的荷载效应，因此需要根据比值 $\sum(P_{li}/h_{li})/\sum(P_{fi}/h_{fi})$ 对边柱的计算长度进行调整。

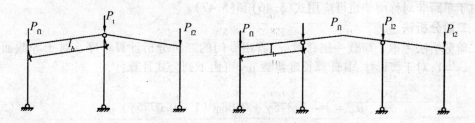

图 5.16 计算边柱时的斜梁长度

当屋面坡度大于 1:5 时，在确定刚架柱的计算长度时，应考虑横梁轴向力对柱刚度的不利影响。此时应按刚架的整体弹性稳定分析通过电算来确定变截面刚架柱的计算长度。

(3) 带毗屋的刚架可近似地将毗屋柱视为摇摆柱，此时刚架柱地计算长度系数 $\mu_\gamma$ 可由表 5.2 查得，并应乘以按式 (5.43) 计算得到的放大系数 $\eta$。计算 $\eta$ 时，$P_l$ 为毗屋柱承受的轴向力，$P_f$ 为刚架柱承受的轴向力。

**2. 一阶分析法**

当刚架利用一阶分析计算程序得出柱顶水平荷载 $H$ 作用下的侧移刚度 $K = H/u$ 时，刚架柱的计算长度系数可由下列公式计算：

(1) 对单跨对称刚架,如图5.17(a)所示,可按下列公式计算:

柱脚铰接时:$\mu_\gamma = 4.14\sqrt{EI_{c0}/Kh^3}$ (5.44)

柱脚刚接时:$\mu_\gamma = 5.85\sqrt{EI_{c0}/Kh^3}$ (5.45)

式(5.44)和(5.45)也可以用于如图5.16所示的屋面坡度不大于1:5的、有摇摆柱的多跨对称刚架的边柱,但算得的系数 $\mu_\gamma$ 还应乘以放大系数 $\eta'\sqrt{1+\dfrac{\sum(P_{li}/h_{li})}{1.2\sum(P_{li}/h_{li})}}$。摇摆柱的长度系数取 $\mu_\gamma = 1.0$。

(2) 对中间柱为非摇摆柱的多跨刚架,如图5.17b所示,可按下列公式计算:

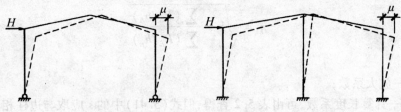

(a) 单跨对称刚架　　　　(b) 多跨刚架

图5.17　一阶分析时的柱顶位移

柱脚铰接时:$\mu_\gamma = 0.85\sqrt{\dfrac{1.2P'_{E0i}}{KP_i}\sum\dfrac{P_i}{h_i}}$ (5.46)

柱脚刚接时:$\mu_\gamma = 1.20\sqrt{\dfrac{1.2P'_{E0i}}{KP_i}\sum\dfrac{P_i}{h_i}}$ (5.47)

$$P'_{E0i} = \dfrac{\pi^2 EI_{0i}}{h_i^2}$$ (5.48)

式中　$h_i$、$P_i$、$P'_{E0i}$——第 $i$ 根柱的高度、竖向荷载和以小头为准的欧拉临界荷载。

对于单跨非对称刚架也可应用式(5.46)和(5.47)。

**3. 二阶分析法**

二阶分析法考虑了荷载一侧移效应,需用专门的二阶分析计算程序。对于等截面刚架柱,取 $\mu\gamma = 1$;对于楔形柱,其计算长度系数 $\mu\gamma$ 可由下列公式计算:

$$\mu_\gamma = 1 - 0.375\gamma + 0.08\gamma^2(1 - 0.0775\gamma)$$ (5.49)

$$\gamma = (d_1/d_0) - 1$$ (5.50)

式中　$\gamma$——构件的楔率,需满足 $\gamma \leq 0.268h/d_0$ 及 6.0;
　　　$d_0$、$d_1$——分别为柱小头和大头的截面高度。

## ◆ 整体稳定计算

### 1. 平面内整体稳定计算

(1) 弹性设计。

当采用弹性设计方法时,变截面柱在刚架平面内的整体稳定应按下式计算:

$$\frac{N_0}{\varphi_{xy}A_{e0}} + \frac{\beta_{mx}M_1}{[1-(N_0/N'_{Ex0})\varphi_{xy}]W_{e1}} \leq f \quad (5.51)$$

$$N'_{Ex0} = \frac{\pi^2 EA_{e0}}{1.1\lambda^2} \quad (5.52)$$

式中 $N_0$——刚架柱柱底(小头)的轴压力设计值;
$A_{e0}$——刚架柱柱底(小头)的有效截面面积;
$M_1$——刚架柱柱顶(大头)的弯矩设计值;
$W_{e1}$——刚架柱柱顶(大头)的有效截面最大受压纤维的截面模量;
$x_\gamma$——杆件轴心受压稳定系数,可由附表 C.3~附表 C.6 查得,计算长细比时,取小头的回转半径;
$\beta_{mx}$——等效弯矩系数,对有侧移刚架取 1.0;
$N'_{Ex0}$——参数,计算 $\lambda$ 时取小头的回转半径 $i0$,计算长度系数按"RF 变截面柱在刚架平面内的长度计算"的规定采用。

当最大弯矩不出现在大头时,$M_1$ 和 $W_{e1}$ 应分别取最大弯矩和该弯矩所在截面的有效截面模量。

当实腹式刚架斜梁侧向支承点间的最大距离小于斜梁受压翼缘宽度的 $16\sqrt{235/f_y}$ 倍时,刚架斜梁可不用计算平面内的整体稳定性。

(2)塑性设计。当门式刚架柱采用等截面时,可以采用塑性设计方法进行刚架平面内的整体稳定计算。

$$\frac{N}{\varphi_x A} + \frac{\beta_{mx}M_x}{[1-0.8(N/N_{Ex})]W_{px}} \leq f \quad (5.53)$$

$$N_{Ex0} = \frac{\pi^2 EA}{1.1\lambda_x^2} \quad (5.54)$$

式中 $N$——构件截面轴压力设计值;
$A$——刚架柱有效截面面积;
$M_x$——构件截面的最大弯矩设计值;
$W_{px}$——构件截面对 x 轴的毛截面塑性抵抗矩;
$x$——弯矩作用平面内轴心受压构件稳定系数;
$N_{Ex}$——欧拉临界力;
$\lambda_x$——刚架柱对截面强轴的长细比。

**2.平面外整体稳定计算**

(1)弹性设计。当采用弹性设计方法时,变截面柱在刚架平面外的整体稳定应按支承点分段由下式计算：

$$\frac{N_0}{\varphi_y A_{e0}} + \frac{\beta_t M_1}{\varphi_{b\gamma} W_{e1}} \leq f \tag{5.55}$$

式中  $N_0$——计算构件段小头截面的轴压力设计值；
$A_{e0}$——计算构件段小头截面的有效截面面积；
$M_1$——计算构件段大头截面的弯矩设计值；
$W_{e1}$——计算构件段大头截面的有效截面最大受压纤维的截面模量；
$\beta_t$——等效弯矩系数，对一端弯矩为 0 的区段，$\beta_t = 1.N/N'_{Ex0} + 0.75(N/N'_{Ex0})2$，式中，$N'_{Ex0}$为在刚架平面内以小头截面为准的柱参数，其计算式见式(5.52)；对两端弯曲应力基本相等的区段，$\beta_t = 1.0$；
$\gamma$——刚架柱轴心受压弯矩作用平面外的稳定系数，计算长度取纵向支承点间的距离，计算长细比时，回转半径取小头截面的回转半径；
$b_\gamma$——均匀弯曲楔形受弯构件的整体稳定系数，对双轴对称的工字形截面杆件，可按下式计算：

$$\varphi_{b\gamma} = \frac{4\,320}{\lambda_{y0}^2} \frac{A_0 h_0}{w_{x0}} \sqrt{\left(\frac{\mu_s}{\mu_w}\right)^4 + \left(\frac{\lambda_{y0} t_0}{4.4 h_0}\right)^2} \left(\frac{234}{f_y}\right) \tag{5.56}$$

$$\lambda_{y0} = \mu_s l / i'_{y0} \tag{5.57}$$

$$\mu_s = 1 + 0.023\gamma \sqrt{l h_0 / A_f} \tag{5.58}$$

$$\mu_w = 1 - 0.00385 \sqrt{l / i_{y0}} \tag{5.59}$$

式中  $A_0$、$h_0$、$W_{x0}$、$t_0$——计算构件小头的截面面积、截面高度、截面模量和受压翼缘截面厚度；
$A_f$——受压翼缘截面面积；
$i_{y0}$——受压翼缘与受压区腹板 1/3 高度组成的截面绕 $y$ 轴的回转半径；
$l$——楔形构件计算区段的平面外计算长度，取支承点间的距离。

实腹式刚架斜梁在计算平面外稳定时，按压弯构件考虑。计算长度取侧向支承点间的距离，即隅撑的设置位置(通常为 2 倍的檩条间距)；当斜梁两翼缘侧向支承点间的距离不等时，应取最大受压翼缘侧向支承点间的距离。

(2)塑性设计。当门式刚架柱采用等截面时，可采用塑性设计的方法进行刚架平面外的整体稳定计算。

$$\frac{N}{\varphi_y A} + \frac{\beta_{tx} M_x}{\varphi_b W_{px}} \leq f \tag{5.60}$$

式中 $\varphi_y$——弯矩作用平面外轴心受压构件的稳定系数;
　　　$\varphi_b$——均匀弯曲的受弯构件的整体稳定系数;
　　　$\beta_{tx}$——等效弯矩系数,根据两相邻支承点间构件段内的荷载和内力情况确定:

1)当构件段内无横向荷载作用,仅有端弯矩时,

$$\beta_{tx} = 0.65 + 0.35 M_2/M_1 \tag{5.61}$$

当端弯矩 $M_1$、$M_2$ 使构件产生同向曲率时取同号,产生反向曲率时取异号,且 $|M_1| \geq |M_2|$。

2)当构件段内有端弯矩和横向荷载同时作用时,构件段内端弯矩同号时,$\beta_{tx} = 1.0$;端弯矩异号时,$\beta_{tx} = 0.85$。

3)当构件段内无端弯矩仅有横向荷载时,$\beta_{tx} = 1.0$。

## ◆斜梁设计

当斜梁坡度不超过 1:5 时,因其轴力很小,可不进行平面内的稳定计算,仅按压弯构件在平面内计算强度,在平面外计算稳定。

实腹式刚架斜梁的平面外计算长度应取侧向支承点间的距离;当斜梁两翼缘侧向支承点间的距离不等时,应取最大受压翼缘侧向支承点间的距离。斜梁不需计算整体稳定性的侧向支承点间的最大长度,可取斜梁受压翼缘宽度的倍。

## ◆隅撑设计

当实腹式刚架斜梁的下翼缘或柱的内翼缘受压时,为了保证其平面外稳定,必须在受压翼缘布置隅撑(端部仅设置一道),作为侧向支承。隅撑的一端连在受压翼缘上,另一段直接连接在檩条上,如图 5.18 所示。

当隅撑仅布置一道时,隅撑应视为轴心受压构件,按下式计算:

$$N = \frac{Af}{85\cos\theta}\sqrt{\frac{235}{f_y}} \tag{5.62}$$

式中 $N$——隅撑的轴心压力;
　　　$A$——实腹式斜梁或柱被支撑翼缘的截面面积;
　　　$\theta$——隅撑与檩条轴线的夹角。

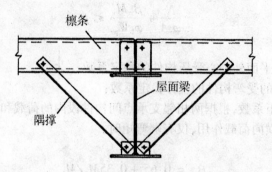

图 5.18　隅撑连接图

当隅撑成对布置时,每根隅撑的计算轴心压力可取式(5.62)计算值的一半。隅撑宜采用单角钢制作,其间距应小于等于受压翼缘宽度的倍。隅撑与刚架构件腹板的夹角宜大于等于45°,其与刚架构件、檩条或墙梁的连接应采用螺栓连接,每端采用单个螺栓,计算时强度设计值应乘以相应的折减系数。

## 5.4　构件的节点设计

### 【基　　础】

◆横梁与柱的连接形式

门式刚架斜梁与柱的连接可采用端板竖放、端板横放和端板斜放三种形式。斜梁拼接时宜使端板与构件外边缘垂直(图5.19)。

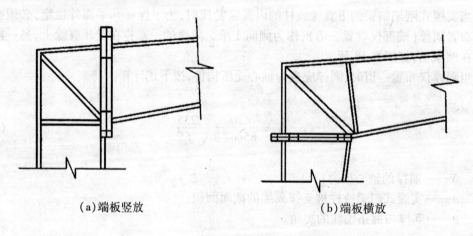

(a)端板竖放　　　　　　　　　　　(b)端板横放

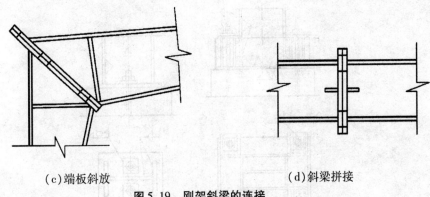

(c)端板斜放　　　　　　　　(d)斜梁拼接

图 5.19　刚架斜梁的连接

## ◆横梁拼接节点形式

门式刚架横梁拼接可采用端板平齐如图 5.20(a)所示和端板外伸如图 5.20(b)两种形式。横梁拼接时宜使端板与构件的外边缘垂直(图 5.21),且宜选择弯矩较小的位置拼接。

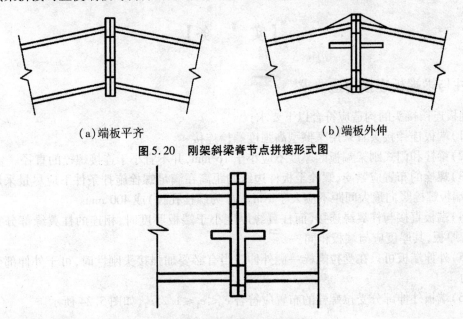

(a)端板平齐　　　　　　　　(b)端板外伸

图 5.20　刚架斜梁脊节点拼接形式图

图 5.21　刚架横(斜)梁拼接

## ◆柱脚连接节点形式

按其受力特点的不同,柱脚的连接节点分为刚接连接节点和铰接连接节点。

(1)柱脚为刚接的刚架,其柱顶的横向水平变位较小,可以节约材料,但由于柱脚与基础连接处需要承受较大的弯矩,柱脚构造较复杂,所需基础较大,如图 5.22 所示。

(2)柱脚为铰接的刚架,虽其柱顶的横向水平变位较大,材料较贵,但柱脚与基础连接处没有弯矩,受力情况好,柱脚构造简单,所需基础尺寸较小,如图 5.23 所示。

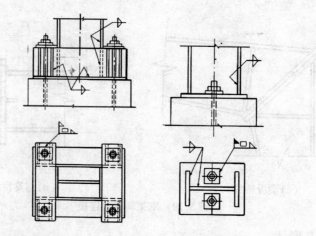

图 5.22 柱脚刚接连接点　　　图 5.23 柱脚铰接连接点

通常当荷载较小,对横向水平变位控制不严时,柱脚锚固连接宜采用铰接连接节点,反之,宜采用刚接连接节点。

## 【实　务】

### ◆梁柱与梁端板连接构造要求

端板连接接头的构造应符合以下要求:

(1)端板连接接头宜采用摩擦型高强度螺栓连接。

(2)梁柱和门式刚架端板的厚度不应小于 16 mm,并不宜小于连接螺栓的直径。

(3)螺栓的布置应紧凑,螺栓至板件边缘的距离在满足螺栓施拧条件下应尽量采用最小间距,端板螺栓竖向最大间距不应大于 $16d_0$($d_0$ 为螺栓孔径)或 400 mm。

(4)端板直接与柱翼缘连接,而柱翼缘厚度小于端板厚度时,相连的柱翼缘部分宜采用局部变厚板,其厚度应与端板相同。

(5)外伸端板可只在受拉螺栓一侧外伸。当有必要加强接头刚性时,可于外伸部分设短加劲肋。

(6)端板外伸部分受拉螺栓的布置应符合 $e_2 \leq e_1 \leq 1.25e_2$,如图 5.24 所示。

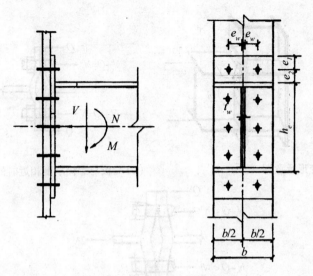

图 5.24 外伸端板连接接头

## ◆外伸端板设计要求

外伸端板连接应按节点所受最大内力设计,其厚度不宜小于 16 mm,且不宜小于连接螺栓的直径。当内力较小时,应满足下式要求:

$$\begin{cases} M_j \geqslant 0.5 M_e \\ V_j \geqslant 0.5 V_e \end{cases} \tag{5.63}$$

式中 $M_j$、$V_j$——端板连接节点的抗弯承载力设计值和抗剪承载力设计值;

$M_e$、$V_e$——较小的被连接截面的抗弯承载力和抗剪承载力。

对同时受拉和受剪的螺栓,应验算螺栓在拉、剪共同作用下的强度。

外伸端板设计可以有两种设计方法:一种是不允许板件出现弯曲变形,即不考虑撬力作用,此时端板设计较厚,刚度较大;另一种方法是设计中允许端板发生一定变形,考虑撬力作用,板件设计较薄,可以增加节点的塑性变形能力。

如图 5.25(a)所示为斜梁与柱通过外伸端板连接,在外力作用下,高强螺栓承受拉力。当连接节点所受拉力较大时,若端板厚度较小、刚度较弱,则端板会发生弯曲变形,此时的高强螺栓受到撬开作用而出现附加撬力 $Q$ 以及弯曲变形现象,如图 5.25(b)、(c)所示。在端板连接的设计中适当考虑端板的部分塑性变形,将撬力的影响计入,可以减小节点连接板的厚度,并提高节点的塑性变形能力。撬力是连接板件之间的一种相互作用,它与连接板的厚度、高强度螺栓的直径、布置及材料性能等多种因素有关。

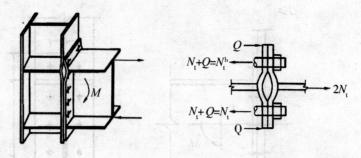
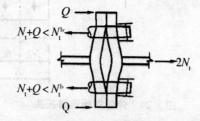

图 5.25 高强度螺栓连接的破坏形式及端板变形示意图

(1)不考虑撬力作用时外伸端板的厚度 $t_c$ 按下式计算：

$$t_c = \sqrt{\frac{8N_t^b e_2}{bf}} \tag{5.64}$$

式中 $N_t^b$——高强度螺栓的抗拉极限承载力；
$e_2$——最外排螺栓到翼缘板的距离，如图 5.24 所示；
$b$——外伸端板的宽度，如图 5.24 所示。

(2)考虑撬力作用时外伸端板的厚度计算 $t_p$ 按以下计算步骤计算，并对高强螺栓在撬力作用下进行强度验算：

$$t_p = \sqrt{\frac{8N_t e_2}{bf\psi}} \tag{5.65}$$

$$\psi = 1 + \alpha' \delta \tag{5.66}$$

式中 $N_t$——最外排一个高强度螺栓所受的最大拉力；
$e_1$、$e_2$——分别为最外排螺栓到端板边缘及翼缘板的距离，如图 5.24 所示；
$f$——钢材的设计强度；
$\psi$——杠杆力影响系数，当不考虑杠杆力作用时，$\psi = 1.0$；
$\delta$——端板截面系数，$\delta = 1.nd_0/b$；
$n$、$d_0$——翼缘板上螺栓的列数及螺栓孔孔径；

$\alpha'$——系数,当 $\beta \geq 0$ 时,$\alpha'$ 取 1.0;当 $\beta \leq 1.0$ 时,$\alpha' = \frac{1}{\delta}(\frac{\beta}{1-\beta})$,并满足 $\alpha' \leq 1.0$,

其中:$\beta$ 为螺栓的承载力影响系数 $\beta = \frac{1}{\rho}(\frac{N_t^b}{N_t} - 1)$,$\rho = \frac{e_2}{e_1}$。

(3)考虑撬力影响时,高强度螺栓的轴向受拉承载力应按以下公式计算:

1)按承载能力极限状态设计时应符合下式的要求:

$$N_t + Q \leq 1.25 N_t^b \tag{5.67}$$

2)按正常使用极限状态设计时应符合下式的要求:

$$N_t + Q \leq N_t^b \tag{5.68}$$

式中 $Q$——撬力,按下式计算:

$$Q = N_t^b [\delta \alpha \rho (\frac{t_p}{t_e})^2] \tag{5.69}$$

$$\alpha = \frac{1}{\delta}[\frac{N_t}{N_t^b}(\frac{t_c}{t_p})^2 - 1] \geq 0 \tag{5.70}$$

## ◆ 梁柱与端板节域点验算

在门式刚架横梁与钢柱相交的节点域,应按下列公式验算节点域柱腹板的剪应力:

$$\tau = \frac{M}{d_{bc} t_c} \leq f_v \tag{5.71}$$

式中 $d_c$、$t_c$——节点域柱腹板的宽度和厚度;

$d_b$——刚架横梁端部高度或节点域高度;

$M$——节点承受的弯矩,对多跨刚架中柱处,应取两侧横梁端弯矩的代数和或柱端弯矩;

$f_v$——节点域柱腹板的抗剪强度设计值。

刚架构件的翼缘与端板的连接应采用全熔透对接焊缝,腹板与端板的连接应采用角焊缝。在端板设置螺栓处,还应按下列公式验算构件腹板的强度:

$$\begin{cases} \frac{0.4P}{e_w t_w} \leq f & N_{t2} \leq 0.4P \\ \frac{N_{t2}}{e_w t_w} \leq f & N_{t2} > 0.4P \end{cases} \tag{5.72}$$

式中 $N_{t2}$——翼缘内第二排一个螺栓的轴向拉力设计值;

$P$——高强度螺栓的预拉力;

$e_w$——螺栓中心至腹板表面的距离,如图 5.24 所示;

$t_w$——腹板厚度;

$f$——腹板钢材的抗拉强度设计值。

当不满足式(5.72)的要求时,可设置腹板加劲肋或局部加厚腹板。

## ◆刚架柱脚节点设计

### 1. 平板柱脚

变截面柱下端的宽度应根据具体情况确定,但不宜小于 200 mm。

柱身与底板可采用角焊缝连接,对重要工程宜采用全熔透焊缝。

柱脚锚栓应采用 Q235 钢或 Q345 钢制作。锚栓的锚固长度应符合现行国家标准《建筑地基基础设计规范》(GB 50007—2002)的规定,锚栓端部应按规定设置弯钩或锚板。锚栓长度不小于锚栓直径的 25 倍(不含弯钩),当埋置深度受到限制时,锚栓应牢固地固定在锚板或锚梁上,以传递锚栓的全部拉力,此时不考虑锚栓与混凝土之间的黏结力。锚栓的直径不宜小于 24 mm,且应采用双螺帽。

计算有柱间支撑的柱脚锚栓在风荷载作用下的上拔力时,应计入柱间支撑产生的最大竖向分力,且不考虑活荷载(或雪荷载)、积灰荷载和附加荷载的影响,恒荷载分项系数应取 1.0。

柱脚锚栓不宜用于传递柱脚底部的水平反力。此水平反力可由底板与混凝土基础间的摩擦力承受(摩擦系数可取 0.4)或设置抗剪键承受。柱底板下的抗剪键多采用槽钢或角钢,如图 5.26 所示。计算柱脚锚栓的受拉承载力时,应采用螺纹处的有效截面面积,也可参考日本的做法,取孔径不大于锚栓直径 5 mm,此时可考虑锚栓抗剪,施工时锚栓群应采用定位支架。

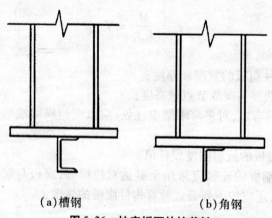

(a)槽钢　　　　　　(b)角钢

图 5.26　柱底板下的抗剪键

### 2. 插入式柱脚

插入式柱脚中,钢柱插入混凝土基础杯口的最小深度 $d_{vn}$ 可按表 5.3 取用,但不宜小于 500 mm,也不宜小于吊装时钢柱长度的 1/20。

表5.3 钢柱插入杯口的最小深度

| 柱截面形式 | 实腹柱 | 双肢格构柱(单杯口或双杯口) |
|---|---|---|
| 最小插入深度 $d_{vn}$ | $1.5h_c$ 或 $1.5d_c$ | $0.5h_c$ 和 $1.5b_c$(或 $d_c$)的较大值 |

注:1. $h_c$ 为柱截面高度(长边尺寸);$b_c$ 为柱截面宽度;$d_c$ 为圆管柱的外径。
    2. 钢柱底端至基础杯口底的距离一般采用 50 mm,当有柱底板时,可采用 200 mm。

### 3. 埋入式柱脚及外包式柱脚

预埋入混凝土构件的埋入式柱脚,其混凝土保护层厚度以及外包式柱脚外包混凝土的厚度均不应小于 180 mm。

钢柱的埋入部分和外包部分均宜在柱的翼缘上设置圆柱头焊钉(栓钉),其直径不得小于 16 mm,水平及竖向中心距不得大于 200 mm。

埋入式柱脚在基础中的埋深可参照表5.3 中的实腹柱,在埋入部分的顶部应设置水平加劲肋或隔板。

## ◆牛腿节点设计

### 1. 牛腿的构造要求

吊车梁与钢柱之间的连接一般是通过牛腿来连接的。牛腿一般为工字形、H形或T形截面,可采用变截面或等截面,如图 5.27 所示,并与柱翼缘对焊。为了加强牛腿的刚度,应在集中力 F 作用处,上盖板表面设置垫板,腹板的两边设置横向加劲肋。为了防止柱翼缘的变形,在牛腿的上、下盖板与柱翼缘同一标高处,应设置钢柱的横向加劲肋,其厚度与牛腿翼缘等厚。

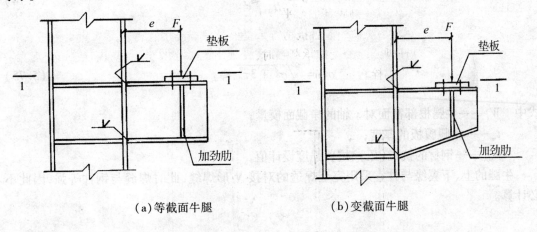

(a)等截面牛腿      (b)变截面牛腿

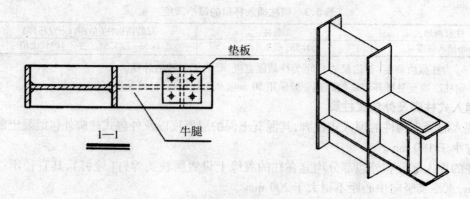

(c)牛腿轴测图

图 5.27 牛腿的构造节点图

## 2. 牛腿的强度计算

牛腿的强度计算按下式计算牛腿截面上的正应力、剪应力及折算应力:

$$\sigma = \frac{M}{W_x} = \frac{F_e}{W_x} \leqslant f \tag{5.73}$$

$$\tau = \frac{VS}{It_w} \leqslant f_v \tag{5.74}$$

$$\sigma_c = \sqrt{\sigma^2 + 3\tau^2} \leqslant f \tag{5.75}$$

式中 $W_x$——牛腿根部截面对 $x$ 轴的净截面模量;
$t_w$——牛腿腹板的厚度;
$f \cdot f_v$——钢材的抗拉(压)、抗剪强度设计值。

牛腿的上、下翼缘与柱宜采用完全焊透的对接 V 形焊缝,此时焊缝与钢柱等强,因此不必计算。

# 【实 例】

## 【例 5.1】

### 1. 设计资料

单层厂房采用单跨双坡门式刚架,厂房横向跨度 21 m,柱高 8 m,共有 12 榀刚架,柱距 6 m,屋面坡度 1/10,柱底铰接,柱网及平面布置如图 5.28 所示。刚架截面形式及几何尺寸初步计算如图 5.29 所示。屋面为单层压型钢板+保温棉,墙面为双层压型钢板+保温棉;檩条为薄壁卷边乙型钢,墙梁为薄壁卷边 C 型钢,刚架采用 Q235 钢,焊条 E43 型。

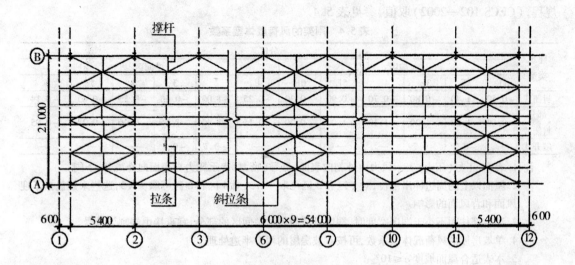

图 5.28 柱网及平面位置图

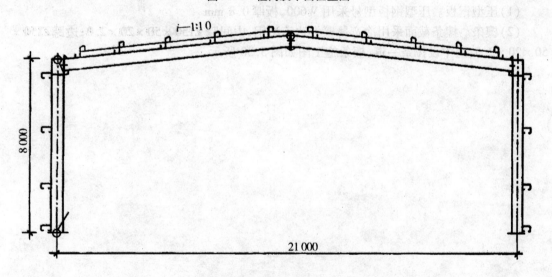

图 5.29 刚架形式及几何尺寸图

**2. 荷载**

(1)永久荷载标准值(按水平投影面)。

压型钢板及保温层 0.25 kN/m²

檩条 0.05 kN/m²

0.3 kN/m²

(2)可变荷载标准值。屋面活荷载 0.5kN/m²,但刚架的受荷面积大于 60 m²,可按 0.3 kN/m² 考虑。活荷载与雪荷载中取较大值 0.3 kN/m²。

(3)风荷载标准值。基本风压值 0.5 kN/m²,地面粗糙度系数按 B 类取值。风荷载高度变化系数按现行国家标准《建筑结构荷载规范》(GB 50009—2001)的规定,当高度小于 10 m 时,按 10 m 高度处的数值采用,$\mu_E = 1.0$,风荷载体型系数按《门式刚架轻型房屋钢结构技术规程》(CECS 102—2002)取值,参见表5.4。

表5.4 刚架的风荷载体型系数

| 建筑类型 | 分区 | | | | | | | | | | | |
|---|---|---|---|---|---|---|---|---|---|---|---|---|
| | 端区 | | | | | | 中间区 | | | | | |
| | 1E | 2E | 3E | 4E | 5E | 6E | 1 | 2 | 3 | 4 | 5 | 6 |
| 封闭式 | +0.50 | -1.40 | -0.80 | -0.70 | +0.90 | -0.30 | +0.25 | -1.00 | -0.65 | -0.55 | +0.65 | -0.14 |
| 部分封闭式 | +0.10 | -1.80 | -1.20 | -1.10 | +1.00 | -0.20 | -0.15 | -1.40 | -1.05 | -0.95 | +0.75 | -0.05 |
| 敞开式 | — | -0.7 | -0.7 | — | — | — | — | -0.7 | -0.7 | — | — | — |

注:1. 表中,正号(压力)表示风力由外朝向表面,负号(吸力)表示风力自表面向外离开,下同。
   2. 屋面以上的周边伸出部位,对1区和5区可取+1.3,对4区和6区可取-1.3,这些系数包括了迎风面和背风面的影响。
   3. 当端部柱距不小于端区宽度时,端区风荷载超过中间区的部分,宜直接由端刚架承受。
   4. 单坡房屋的风荷载体型系数,可按双坡房屋的两个半边处理。
   5. 本表适合屋面坡度 $a \leq 10°$。

### 3. 屋面构件设计

(1)压型钢板。压型钢板型号采用W600,板厚0.8 mm。

(2)檩条。檩条截面采用冷弯薄壁卷边乙型钢,中间跨 Z150×50×20×2.0;边跨Z150×50×20×2.5,跨中设拉条一道,檩条施工图如图5.30所示。

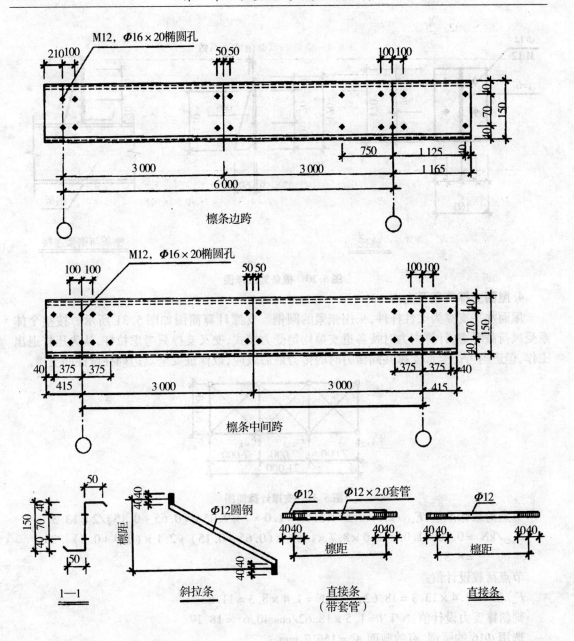

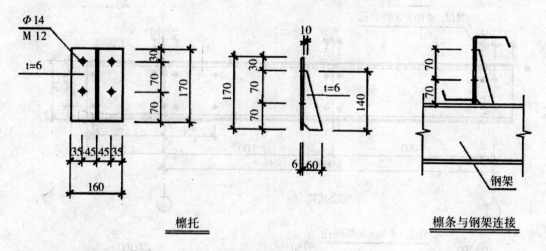

檩托                                    檩条与钢架连接

图 5.30 檩条施工详图

**4. 屋面支撑荷载及内力**

屋面水平支撑为柔性杆件,采用张紧的圆钢。支撑计算简图如图 5.31 所示。按整个体系受风荷载考虑,计算内力时按各道支撑均匀受力模式,交叉支撑只考虑拉杆,认为压杆退出工作,但适当考虑全部支撑共同传力时的传力最后效应,以保证安全。边列柱设柱间支撑。

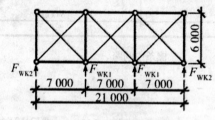

图 5.31 支撑计算简图

节点荷载标准值:$F_{wk1}/kN = 0.50 \times 1.05 \times 1.0 \times 7 \times 9.05 \times (0.65 + 0.15)/2 = 13.3$

$F_{wk2}/kN = 0.50 \times 1.05 \times 1.0 \times 8.7 \times [1.4 \times (0.65 + 0.15) + 2.1 \times (0.9 + 0.3)]/2$
$= 8.3$

节点荷载设计值:

$F_{w1}/kN = 1.4 \times 13.3 = 18.62 ; F_{w2}/kN = 1.4 \times 8.3 = 11.62$

则斜撑反力设计值:$N/kN = 1.5 \times 18.62/\cos 40.6° = 18.17$

选用 $\Phi 16$ 的圆钢,有效截面 $A_e = 156.7 \text{ mm}$

强度校核:$N/A_e = 115.9 \text{ N/mm}^2 < f$

刚度校核:圆钢支撑设置花篮螺栓张紧,不需要考虑长细比的要求。

**5. 柱间支撑荷载及内力。**

(1)柱间支撑布置(图 5.32)。

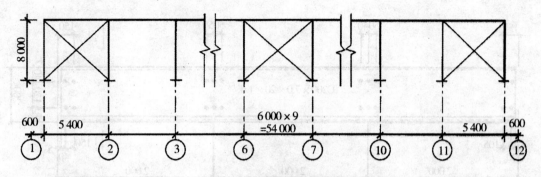

图 5.32 柱间支撑布置简图

(2)柱间支撑荷载及内力。柱间支撑为柔性杆件,采用张紧的圆钢,计算简图如图5.33所示。

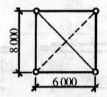

图 5.33 计算简图

按两侧半跨山墙面风荷载的1/3考虑。

节点荷载的设计值:$F_w/\text{kN} = 1/3 \times (18.62 \times 2 + 11.62) = 16.29$

支撑轴力设计值:$N/\text{kN} = F_N/\cos 53.1° = 27.1$

柱间支撑选用 $\Phi 16$ 的圆钢有效截面 $A_e = 156.7 \text{ mm}^2$

强度校核:$N/A_e = 27.1 \times 10^3/156.7 = 172.9 \text{ N/mm}^2 < f$

刚度校核:圆钢支撑设置花篮螺栓张紧,不需考虑长细比的要求。

**6. 墙梁设计**

墙梁可以选用 $C200 \times 70 \times 20 \times 1.6$。在山墙上设置三根抗风柱,高度分别为9.525 m 和 10.05 m。墙梁的连接点如图5.34所示。

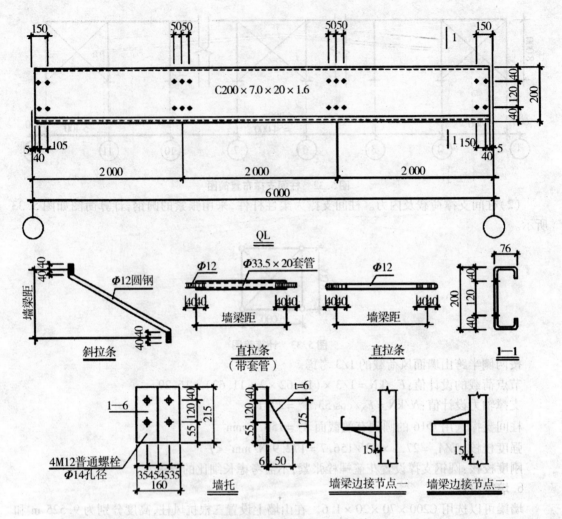

图 5.34 墙梁施工详图

**7. 刚架杆件内力**

杆件内力设计值如图 5.35 所示。

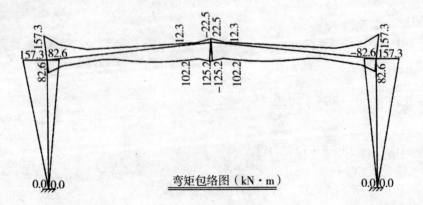

弯矩包络图（kN·m）

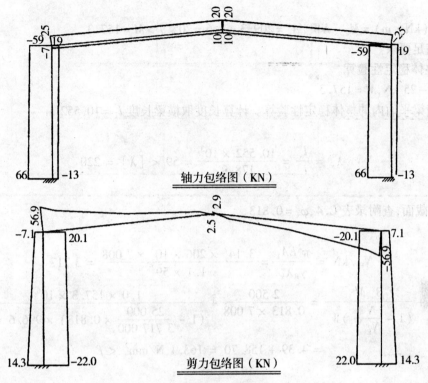

图 5.35　杆件内力设计值

### 8. 构件验算

以下是对软件计算结果按照《门式刚架轻型房屋钢结构技术规程》(CECS 102—2002)进行手工验算(截面和连接)。

(1)构件截面几何参数。梁柱均为高频焊接轻型 H 型钢,截面均为 $450 \times 150 \times 8 \times 12 \times 12$。其截面特性：$A = 70.08$ cm$^2$,$I_x$/cm$^4 = 2.24 \times 10^4$,$I_y = 677$ cm$^4$,$W_x = 996.6$ cm$^3$,$i_x = 17.89$ cm,$i_y = 3.11$ cm,$W_y = 90.24$ cm$^3$

(2)构件宽厚比验算。

1)梁、柱翼缘部分：$b/t = 71/12 = 5.92 < 15$

2)梁、柱腹板部分：$h_w/t_w = 426/8 = 53.25 < 250(300)$

(3)刚架梁的验算。

1)抗剪验算。梁截面的最大剪力 $V_{max} = 56.9$ kN,考虑 $h_w/t_w < 80\sqrt{235/f_y}$,仅设支座加劲肋,按考虑腹板屈曲后强度计算：$B_c = 5.34$。

$$\lambda_w = \frac{h_w/t_w}{37\sqrt{k_c}\sqrt{235/f_y}} = \frac{53.25}{37 \times 2.31} - 0.623 < 0.8$$

$f'_v = f_v = 125$ N/mm$^2$

$V_d$/kN $= h_w t_w f'_v = 426 \times 8 \times 125 = 426$

$V_{max} < V_d$,满足要求。

2)弯剪压共同作用下的验算。取梁端截面进行验算：

$N = -25$ kN,$V = 56.9$ kN,$M = 157.3$ kN·m

因为 $V < 0.5V_d$,故按公式 $M \leqslant M_e^N = M_e - NW_e/A_e$ 进行验算,其中 $M_e = W_x f = 209.3$ kN·m,

则

$$M_e^N/(kN \cdot m) = M_e - NW_e/A_e = 209.3 - 3.6 = 205.7 > M = 157.3$$

故满足要求。

3)整体稳定性验算。

$N = -25$ kN, $M = 157.3$

①横梁平面内的整体稳定性验算。计算长度取横梁长度 $l_x = 10.552$ m

$$\lambda_x = \frac{l_x}{i_x} = \frac{10.552 \times 10^3}{178.9} = 59 < [\lambda] = 220$$

b 类截面,查附录表 C.4, $\varphi_x = 0.813$,

$$N_{E1}/kN = \frac{\pi^2 E A_1}{\gamma_R \lambda_x^2} = \frac{3.14^2 \times 206 \times 10^3 \times 7008}{1.1 \times 59^2} = 3717$$

$$\frac{N}{\varphi_x A} + \frac{\beta_{mx} M}{(1 - \frac{N}{N_{E1}}\varphi_x)W_x} = \frac{2500}{0.813 \times 7008} + \frac{1.0 \times 157.3 \times 10^6}{(1 - \frac{25000}{3717000} \times 0.813) \times 996.6 \times 10^3}$$

$$= 4.39 + 158.70 = 163.1 \text{ N/mm}^2 < f$$

设计满足要求。

②横梁平面外的整体稳定性验算。考虑屋面压型钢板与檩条紧密相连,起到应力蒙皮作用,檩条可作为横梁平面外的支撑点。为安全起见,计算长度按两个檩条间距考虑,即 $l_y = 3016$ mm, $\lambda_y = 3016/31.1 = 97$。

c 类截面,查附表 C.5, $\varphi_y = 0.477$。

$$\varphi_b = 1.07 - \frac{\lambda_y^2}{44000} \cdot \frac{f_y}{235} = 1.07 - \frac{97^2}{44000} = 0.856$$

$$\frac{N}{\varphi_y A} + \eta \frac{\beta_{tx} M_x}{\varphi_b M_{1x}} = \frac{25000}{0.477 \times 7008} + 1.0 \times \frac{1.0 \times 157.3 \times 10^3}{0.858 \times 996.6 \times 10^3}$$

$$= 7.48 + 183.96 = 191.44 < f$$

设计满足要求。

(4)刚架柱的验算。

1)抗剪验算。柱截面的最大剪力 $V_{max} = 20.1$ kN。

考虑仅有支座加劲肋,

$k_\tau = 5.43$

$$\lambda_w = \frac{h_w/t_w}{37\sqrt{k_\tau}\sqrt{235/f_y}} = 0.623 < 0.8$$

$f_v' = f_v = 125$ N/mm²

$V_d/kN = h_w t_w f_v' = 426 \times 8 \times 125 = 426$

$V_{max} < V_d$,设计满足要求。

2)弯剪压共同作用下的验算。取柱上端截面进行验算,

$N = -59$ kN, $V = 20$ kN, $M = 157.3$ kN·m。

因为 $V < 0.5V_d$,故按 $M \le M_e^N = M_e - NW_e/A_e$ 进行验算。

$M_e = W_e f = 209.3$ kN·m

则 $= M_e - NW_e/A_e = 209.3 - 8.14 = 201.2 > M = 157.3$ kN·m

故满足要求。

3)整体稳定性验算。$N = -59$ kN,$M = 157.3$ kN·m

①刚架柱平面内的整体稳定性验算。刚架柱高 $H = 8\,000$ mm,梁长 21.104 m,按《钢结构设计规范》(GB 50017—2003),梁柱线刚度比 = 0.379,查表得柱的计算长度系数 $\mu = 2.826$,则刚架柱的计算长度为 22 608 mm。

$$\lambda_x = \frac{l_x}{i_x} = \frac{22\,608}{178.9} = 126 < [\lambda] = 180$$

b 类截面,查附表 C.4 得 $\varphi_x = 0.457$

$$N_{E1}/kN = \frac{\pi^2 E A_1}{\gamma_R \lambda_x^2} = \frac{3.14^2 \times 2.06 \times 10^5 \times 7008}{1.1 \times 126^2} 815$$

$$\frac{N}{\varphi_x A}/(N \cdot mm^{-2}) = \frac{\beta_{mx} M}{(1 - \frac{N}{N_{E1}} \varphi_x) W_1} = \frac{59\,000}{0.477 \times 7\,008} + \frac{1.0 \times 157.3 \times 10^6}{(1 - \frac{59}{815} \times 0.457) \times 996.6 \times 10^3}$$

$$= 18.4 + 163.2 = 181.6 < f$$

满足要求。

②刚架柱平面外的整体稳定性验算。一考虑压型钢板墙面与墙梁紧密相连,起到应力蒙皮作用,与柱连接的墙梁可作为柱平面外的支承点,但为了安全起见计算长度按两个墙梁间距考虑,即 $l_y = 3\,000$ mm,$\lambda_y = 3\,000/31.1 = 96.5$。

c 类截面,查附表 C.5,得 y = 0.480,

$$\varphi_b = 1.07 - \frac{\lambda_y^2}{44\,000} \cdot \frac{f_y}{235} = 1.07 - \frac{96.5^2}{44\,000} = 0.858$$

$$\frac{N}{\varphi_y A} + \eta \frac{\beta_{tx} M_x}{\varphi_b W_x} = \frac{59\,000}{0.48 \times 7\,008} + \frac{157.6 \times 10^6}{0.858 \times 996.6 \times 10^3}$$

$$= 17.54 + 183.96 = 201.5 \text{ N/mm}^2 < f$$

满足要求。

(5)节点验算(略)。

(6)位移。根据计算结果,风荷载作用下刚架最大相对位移为 1/202 < 1/60,满足要求。

# 第6章 多层钢结构设计

多层和高层钢结构之间并没有严格的界限，一般根据房屋建筑的荷载特点及受力变形性能，特别是对地震作用的反应，将不超过12层或高度不超过40m的钢结构划分为多层钢结构房屋。多层钢结构类型多用于商场、会展中心、厂房、仓库、办公楼、学校以及医院等。

## 6.1 多层钢结构体系

### 【基 础】

◆ **多层钢结构的特点**

**1. 大跨度、大开间，有利于功能、空间的灵活布置**

钢结构住宅采用框架体系，改变了传统砖混和混凝土结构住宅以墙体承重的结构形式，空间通透，可以根据设计和使用要求灵活分隔空间。

**2. 抗震性能好**

钢结构具有良好的延性，在动力荷载作用下具有较好的耗能能力，可降低脆性破坏的危险程度。特别是在高烈度震区，使用钢结构更为有利。

**3. 自重轻，降低基础造价**

多层钢结构的自重通常为混凝土结构自重的1/2~3/5，结构自重的降低，可以减小地震作用，进而降低基础造价，这个优势在软土地区更加明显。

**4. 提高住宅的有效使用率**

钢结构体系的梁、柱截面与其他结构形式相比截面面积较小，可提高建筑物的使用面积。

**5. 质量容易保证**

钢结构构件通常都在专业化工厂加工和制造，构件精度高，质量易于保证，与混凝土结构现场施工相比，更易符合结构设计要求。

**6. 管线布置方便**

钢结构的梁柱等构件可以有许多孔洞与空腔，而且钢梁的腹板也允许穿越小于一定直径的管线，这样使管线的布置较为方便，也增加了建筑净高。

**7. 易拆卸、节能环保**

钢结构房屋的施工采用装配化建造方式，墙体多采用新型轻质复合墙。所以说钢结构房屋比传统结构的拆卸更容易，其钢材回收利用率高、拆除成本低、污染小，可避免混凝土湿作业造成的环境污染，符合建筑节能和环保的要求，属于绿色建筑结构体系。

**8. 施工效率高、速度快**

钢结构房屋具有较大的施工空间和较宽敞的施工作业面，运输和安装工程量小，因此其施工速度快。

## ◆ 多层钢结构的基本体系

多层房屋钢结构必须设置竖向承重体系，而且还应考虑设置一定的抗侧力体系。超过一定高度或在设防烈度较高的地区，水平荷载可能会起控制作用。依据抵抗侧向荷载作用的功效，多层房屋钢结构常见的结构类型如图6.1所示。如果抗侧刚度不满足，还可采用双重抗侧力体系，如图6.2所示。

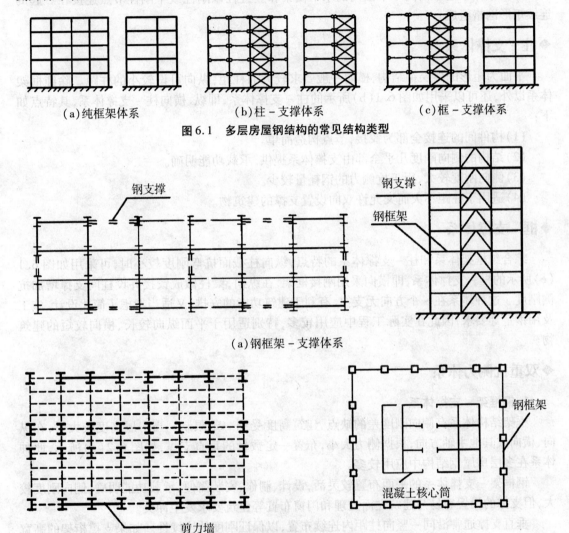

(a)纯框架体系　　　(b)柱-支撑体系　　　(c)框-支撑体系

图6.1　多层房屋钢结构的常见结构类型

(a)钢框架-支撑体系

(b)钢框架-剪力墙体系　　　(c)钢框架-核心筒体系

图6.2　双重抗侧力体系

# 【实　务】

## ◆纯框架体系

纯框架体系通常由同一平面内的水平横梁和竖直柱以刚性或半刚性节点连接在一起的连续矩形网格组成。

## ◆柱-支撑体系

平面为矩形的多层钢结构,横向一般要求较大的柱距,纵向可设较小的柱距。除纯框架体系以外,还可以采用如图 6.1(b)所示的柱-支撑体系,即纵、横向柱-支撑体系,其特点如下:

(1)构件间的连接全部为铰接,节点构造简单。
(2)结构的侧向刚度几乎全部由支撑体系提供,承载功能明确。
(3)侧向刚度较大,用于抗侧力的钢耗量较少。
(4)适用于柱距不大而又允许双向设置支撑的建筑物。

## ◆框-支撑体系

综合纯框架体系和柱-支撑体系的特点,纵向柱截面抗弯刚度较小时,可采用如图 6.1(c)所示的框-支撑体系,即横向采用刚接框架,在纵向,梁柱做成铰接并设柱间支撑增加抗侧刚度。这种体系在一个方向无支撑,有利于建筑功能的安排,又适当考虑了简化设计、施工及用钢量等要求,因此在实际工程中应用较多,特别适用于平面纵向较长、横向较短的建筑物。

## ◆双重抗侧力体系

### 1. 钢框架-支撑体系

框架结构体系有侧向刚度差的缺点,建筑高度受到一定限制。当房屋高度较大时,在纵向、横向或其他主轴方向,根据侧力大小,布置一定数量的垂直支撑,如图 6.2(a)所示,此种体系在多层房屋钢结构中应用较多。

钢框架-支撑体系的平面布置较灵活,设计、制作、安装简便,承载功能明确,侧向刚度较大,但支撑的设置容易与建筑立面处理和门窗布置等建筑要求发生冲突。

垂直支撑通常沿同一竖向柱距内连续布置,以保证刚度的连续性。如果支撑桁架的高宽比过大,为增加支撑桁架的宽度,也可将垂直支撑布置在几个柱间,如图 6.3 所示。

根据杆件在框架梁、柱间布置形式的不同,可将支撑分为中心支撑和偏心支撑两种。

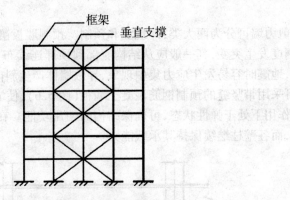

图 6.3 增加支撑桁架宽度的方法

(1)中心支撑。中心支撑是指在支撑桁架节点上,支撑及梁柱杆件的中心线都汇交于一点。其主要形式如图 6.4 所示。其中十字交叉斜杆和单斜杆支撑,当柱压缩变形时会引起次应力,而人字形斜杆支撑基本无次应力产生。

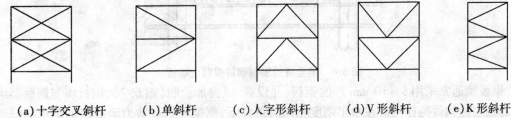

(a)十字交叉斜杆　　(b)单斜杆　　(c)人字形斜杆　　(d)V 形斜杆　　(e)K 形斜杆

图 6.4 中心支撑的形式

(2)偏心支撑。中心支撑刚度较大,但支撑受压会屈曲,这将导致原结构的承载力降低,能量耗散性能减弱。纯框架虽然具有优良的耗能性能,但它的刚度较差。为了同时满足抗震对结构刚度、强度和耗能的要求,于是提出了偏心支撑框架,如图 6.5 所示。

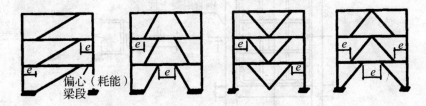

图 6.5 偏心支撑的形式

偏心支撑框架是通过偏心梁段(又称耗能梁段)剪切屈服限制支撑受压屈服,从而保证结构具有稳定的承载能力和良好的耗能性能,而结构抗侧力刚度介于纯框架和中心支撑框架之间。因此偏心支撑框架更适用于高烈度地震区,在轻微和中等侧向力的作用下,可以具有很大的刚度,而在强烈地震时又具有很好的耗能能力。

**2. 钢框架 – 剪力墙(核心筒)体系**

沿框架结构的纵、横两个方向,根据侧向力的大小,配置一定数量的钢筋混凝土剪力墙或钢板剪力墙,即构成钢框架 – 剪力墙体系如图 6.2(b)所示。剪力墙刚度较大,承担大部分水平剪力,使整个结构的侧向刚度大大提高。框架则主要承担竖向荷载,同时也承担少量的水平荷载,因此柱的截面减小。为增强剪力墙抵抗水平荷载的有效性,框架与剪力墙的连接应牢固可靠。

混凝土剪力墙可分为两大类,即现浇和预制。预制墙板镶嵌在钢框架梁柱所形成的框格内,为避免刚度发生突变,其一般应从结构底部到顶部连续布置。由于实心钢筋混凝土墙板的刚度较大,地震时容易发生应力集中现象,导致墙体产生斜向裂缝而发生脆性破坏,为避免这种现象,可采用带竖缝的预制钢筋混凝土墙板(图6.6),使墙体形成许多并列壁柱,在风荷载或小地震作用下处于弹性状态,可确保结构的使用功能。在强震时进入塑性阶段,能大量吸收地震能,而各壁柱继续保持其承载能力。

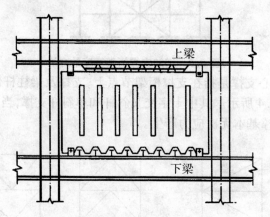

图6.6 带竖缝的预制钢筋混凝土墙板

钢板墙通常采用8~10 mm厚的钢板,并设纵、横向加劲肋(图6.7),钢板墙与钢框架组合,起到刚性构件的作用。在水平刚度相同的条件下,框架-钢板剪力墙的用钢量比纯框架少。

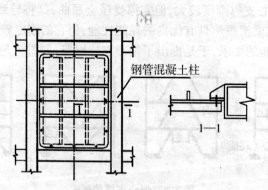

图6.7 钢板剪力墙

混凝土剪力墙通常都做成闭合的筒体,与电梯井功能配合,布置在建筑平面的中心,构成钢框架-核心筒体系如图6.2(c)。框架-剪力墙(核心筒)体系中的剪力墙可视为一悬臂结构,其侧向变形特征与剪力墙的高宽比及开洞大小有关。通常,变形特点与框架-支撑系统相同,以弯曲变形为主,连带部分剪切变形。

◆ 钢结构体系的选择

实际工程中具体选择哪种结构体系,应综合考虑荷载及抗震设防等级、房屋的尺寸和体型、房屋材料、工程造价以及施工条件等多方面因素,尽可能做到技术先进、经济合理、安全适用并确保质量。

**1. 荷载及抗震设防等级的影响**

随着房屋高度的增加、抗震设防等级的提高,需要的抗侧刚度也随之增大。对于层数不多、设防等级不高的房屋,应优先采用框架体系。设防等级较高时,宜优先考虑框架-支撑体系,抗侧效果明显且构造简单。5~6层以下的,可采用纯框架体系或框架-支撑体系,6层以上的可采用框架-支撑体系或框架-混凝土剪力墙(核心筒)体系。剪力墙比钢支撑的延性低,在大震时延性低的地震力大,从抵抗大地震的性能来说,钢支撑比混凝土剪力墙好。

**2. 房屋的尺寸和体型的影响**

建筑平面简单规则时,风荷载体型系数小,水平荷载作用下也不易发生扭转振动,需要的抗侧刚度较低,可采用纯框架体系或框架-支撑体系。建筑立面有突变或结构存在薄弱层时,结构刚度存在突变,不利于抗震,需要调整对应层的抗侧刚度,通常采用钢框架-混凝土剪力墙体系。

**3. 房屋材料的影响**

采用轻质维护体系材料时,房屋质量轻,承重结构用钢量较少,同时,由于地震作用小,需要的抗侧刚度也较低。

**4. 工程造价的影响**

通常结构体系的抗侧刚度越大,工程造价就越高。在地质条件较差的地区,应优先选用纯钢结构体系,如纯框架体系、框架-支撑体系或框架-支撑芯筒体系,以降低基础造价。

**5. 施工条件的影响**

钢构件通常在工厂制造现场安装、施工工期短,而混凝土抗侧结构需要现场浇筑,施工周期长。当施工工期要求较短时,宜采用纯钢结构体系。

## 6.2 多层钢结构的作用效应及内力分析

### 【基　　础】

◆**作用的种类**

**1. 直接作用(荷载)。**

(1)永久荷载

1)建筑物自重。可按结构构件的设计尺寸与材料单位体积的自重计算来确定。

2)楼(屋)盖上工艺设备荷载。楼(屋)盖上工艺设备荷载包括永久性设备荷载及管线等,应按工艺提供的数据取值。永久荷载分项系数根据不同效应组合,按《建筑结构荷载规范》(GB 50009—2001)规定取不同值。

(2)楼面均布活荷载。民用建筑和工业建筑楼面均布活荷载标准值可按《建筑结构荷载规范》(GB 50009—2001)规定取值。其分项系数一般取1.4,但对标准值大于4 kN/m² 的工业房屋楼面结构的活荷载应取1.3。

(3)屋面活荷载。

对不同类别的屋面,其水平投影面上的均布活荷载标准值《建筑结构荷载规范》(GB

50009—2001)有明确规定,且不应与雪荷载同时考虑。

(4)积灰荷载。对于生产中有大量排灰的厂房及其邻近建筑,当具有一定除尘设施和保证清灰制度的各类厂房屋面,其水平投影面上的屋面积灰荷载,可按《建筑结构荷载规范》(GB 50009—2001)规定取值。

(5)雪荷载。

(6)风荷载。

**2. 间接作用**

(1)温度作用。当温度发生变化时,如果构件受到周围与其相连的其他构件或支座的约束,就会在该构件内产生一定的应力,即温度应力。对于多层钢结构中常见的等截面杆件,当杆件截面两侧的温度变化量分别为 $\triangle T_1$ 和 $\triangle T_2$,则构件截面的轴向应变和弯曲曲率分别为:

$$\varepsilon N = \alpha \left( \frac{\triangle T_1 + \triangle T_2}{2} \right) \quad (6.1)$$

$$\varepsilon M = \alpha \left( \frac{\triangle T_2 - \triangle T_1}{h} \right) \quad (6.2)$$

式中 $\alpha$——杆件材料热膨胀系数,钢材 $\alpha = 1.2 \times 10^{-5}$ m/(m·℃),混凝土 $\alpha \approx 1.0 \times 10^{-5}$ m/(m·℃);

$h$——杆件截面高度。

(2)偶然作用。多层建筑钢结构上的偶然作用有地震作用和火灾作用等。

发生地震时,由于楼(屋)盖及构件等本身的质量而对结构产生的地震作用有水平地震作用与竖向地震作用,前者为计算多层框架地震作用时所采用组合内力中主要的作用,后者仅在计算多层框架内的大跨或大悬臂构件时予以考虑。

## ◆内力分析的一般原则

(1)多层建筑钢结构的内力一般采用弹性方法来计算,并考虑各种抗侧力结构的协同工作。

(2)多层钢结构梁、柱节点域剪切变形对结构内力的影响较小,一般在10%以内,因而不需要对结构内力进行修正。

(3)通常情况下,柱间支撑构件可按两端铰接考虑,其端部连接的刚度则可通过支撑杆件的计算长度加以考虑。偏心支撑中的耗能梁段在大震时将首先屈服,由于它的受力性能不同,利用有限元分析,在建模时应将耗能梁段作为独立的梁单元处理。

(4)多层框架钢结构梁、柱构件的长度一般较小,因此,在内力与位移计算中,除应考虑梁、柱的弯曲变形和柱的轴向变形外,还应考虑梁、柱的剪切变形。由于梁的轴力很小,一般可不考虑梁的轴向变形。此外,还应考虑梁柱节点域的剪切变形对侧移的影响。

(5)多层建筑钢结构通常采用现浇组合楼盖。因此,在进行钢框架内力计算时,一般可假定楼面在自身平面内为绝对刚性。相应地在设计中应采取构造措施(加板梁抗剪件、非刚性楼面加设现浇层等)保证楼面的整体刚度。当楼面整体性较差、楼面有大开孔、楼面外伸段较长或相邻层刚度有突变时,应采用楼板在自身平面内的实际刚度,或对按刚性楼面假定所得计算结果进行调整。

(6)由于楼板与钢梁通过抗剪栓钉紧密地连接在一起,共同形成钢-混凝土组合梁,所以在进行结构整体计算时应该考虑现浇钢筋混凝土楼板与钢梁共同工作对结构刚度的影响。在框架弹性分析时,压型钢板组合楼盖中梁的惯性矩对两侧有楼板的梁宜取 $1.5I_b$,对仅一侧有楼板的梁宜取 $1.2I_b$,$I_b$ 为钢梁惯性矩。当按弹塑性分析时,楼板可能严重开裂,故此时可不考虑楼板与梁的共同工作。

(7)除应力蒙皮结构外,结构计算中不应计入非结构构件对结构承载力和刚度的有利作用。

## 【实 务】

### ◆地震作用计算

根据《建筑抗震设计规范》(GB 50011—2010)高度不超过 40 m,以剪切变形为主且质量和刚度沿高度分布均匀的结构,可采用底部剪力法计算地震作用。底部剪力法公式简单,适宜手算。但一般专门设计软件中多采用振型分解反应谱法计算水平地震作用。下面仅介绍底部剪力法的计算公式,振型分解反应谱法可参阅《建筑抗震设计规范》(GB 50011—2010)。

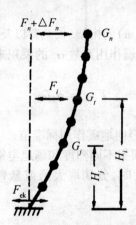

图 6.8 结构水平地震作用计算简图

采用底部剪力法时,各楼层可仅取一个自由度,结构的水平地震作用标准值,应按下列公式确定(图 6.8):

$$F_{Ek} = \alpha_1 G_{eq} \tag{6.3}$$

$$F_i = \frac{G_i H_i}{\sum_{j=1}^{n} G_j H_J} F_{EK}(1 - \delta_n) \quad (i = 1, 2, \cdots, n) \tag{6.4}$$

$$\Delta F_n = \delta_n F_{Ek} \tag{6.5}$$

式中 $F_i$——质点的水平地震作用标准值;

$F_{Ek}$——结构总水平地震作用的标准值;

$\alpha_1$——相应于结构基本自振周期的水平地震影响系数值,按《建筑抗震设计规范》(GB 50011—2001)计算取值,多层砌体房屋、底板框架砌体房屋,宜取水平地震影响系数最大值;

$G_{eq}$——结构等效总重力荷载,单质点应取总重力荷载代表值,多质点可取总重力荷载代表值的85%;

$G_i$、$G_j$——集中于质点$i$、$j$的重力荷载代表值;

$H_i$、$H_j$——质点$i$、$j$的计算高度;

$\delta_n$——顶部附加地震作用系数多层钢筋混凝土和钢结构房屋可按表6.1采用,其他房屋可采用0.0;

$\Delta F_n$——顶部附加水平地震作用。

表6.1 顶部附加地震作用系数

| $T_g(s)$ | $T_1 > 1.4T_g$ | $T_1 \leq 1.4T_g$ |
|---|---|---|
| $T_g \leq 0.35$ | $0.08T_1 + 0.07$ | |
| $0.35 < T_g \leq 0.55$ | $0.08T_1 + 0.01$ | 0.0 |
| $T_g > 0.55$ | $0.08T_1 - 0.02$ | |

注:$T_1$为结构基本自振周期。

当多层框架中有大跨度($l > 24$ m)的桁架、长悬臂以及托柱梁等结构时,其竖向地震作用可采用其重力荷载代表值与竖向地震作用系数$\alpha_v$的乘积来计算,公式如下:

$$F_{Evk} = \alpha_v G_E \tag{6.6}$$

式中 $F_{Evk}$——大跨或悬臂构件的竖向地震作用标准值;

$\alpha_v$——竖向地震作用系数,根据不同烈度和场地类别,按规范规定取不同值;

$G_E$——8度和9度设防烈度时,分别取大跨或悬臂构件重力荷载代表值的10%和20%。

## ◆作用效应的组合计算

多层框架设计时,采用按作用类别分别计算其所产生的作用效应,即结构构件的内力(如弯矩、轴力和剪力)和位移,然后进行组合,求得其最不利效应,依次进行设计。对于在设计基准期内出现概率小、持续时间又短的两个偶然作用(如地震作用与火灾作用)可不考虑组合。由于风的持续时间也较短,因此有时也可以不考虑风载与地震作用或火灾作用的组合。

荷载效应和地震作用效应组合的设计值应按下列公式确定:

**1. 无地震作用时**

应在下列组合值中取最不利值确定。

(1)由可变荷载效应控制的组合。

$$S = \gamma_G S_{Gk} + \gamma_{Q1} S_{Q1k} \qquad (6.7)$$

$$S = \gamma_G S_{Gk} + 0.9 \sum_{i=1}^{n} \gamma_{Qi} S_{Qik} \qquad (6.8)$$

(2)由永久荷载效应控制的组合。

$$S = \gamma_G S_{Gk} + \sum_{i=1}^{n} \gamma_{Qi} S_{Qik} \qquad (6.9)$$

当考虑以竖向的永久荷载效应控制的组合时,参与组合的可变荷载仅限于竖向荷载。

**2. 有地震作用的第一阶段设计时**

$$S = \gamma_G S_{GE} + \gamma_{Eh} S_{Ehk} \qquad (6.10)$$

式(6.7~10)中 $S$——荷载效应组合的设计值;

$\gamma_G$、$\gamma_{Qi}$、$\gamma_{Q1}$、$\gamma_{Eh}$——永久荷载、第 $i$ 个可变荷载和可变荷载 $Q_1$ 及水平地震作用的分项系数,各种情况下取值见表6.2;

$S_{Gk}$——按永久荷载标准值计算的荷载效应值;

$S_{Qik}$——按可变荷载标准值计算的荷载效应值,其中 $S_{Q1k}$ 为各可变荷载效应中起控制作用者;

$S_{GE}$——重力荷载代表值的效应,有吊车时,还应包括悬吊物重力标准值的效应;

$S_{Ehk}$——水平地震作用标准值的效应,还应乘以相应的增大系数或调整系数;

$n$——参与组合的可变荷载数。

表6.2 荷载效应的组合和分项系数

| 组合情况 | 重力荷载 $\gamma_G$ | 活荷载 $\gamma_Q$ | 风荷载 $\gamma_w$ | 水平地震作用 $\gamma_{Eh}$ | 备注 |
| --- | --- | --- | --- | --- | --- |
| 恒荷载和各种可能活荷载 | 1.2<br>1.35 | 1.4 | 1.4 | — | 当永久荷载的效应对结构有利时一般取1.0 |
| 重力荷载和水平地震作用 | 1.2 | 1.2 | 0 | 1.3 | |

上表中给出了多层钢框架结构中各种可能的荷载效应组合情况。在第一阶段抗震设计进行构件承载力验算时,应由表中选择出可能出现的组合情况及相应的荷载和作用分项系数,分别进行内力设计值组合,取各构件的最不利组合进行截面设计。

在进行多层钢框架位移计算时,应取与内力组合相同的情况进行组合;但各荷载和作用的分项系数均取1.0,取结构最不利位移标准值进行位移限值验算。

## ◆ 多层框架结构的内力计算

多层房屋钢结构在结构布置规则、质量及刚度沿高度分布均匀、可以不计扭转效应的情况下,采用平面协同计算模型。此时,若不考虑侧向位移对内力的影响,按一阶弹性分析计算。力法、位移法、弯矩分配法和无剪力分配法均可用来计算框架结构内力和侧移,但是,多层钢结构往往杆件较多,超静定次数高,采用这些方法比较费时,因此实际计算时通常用近似方法分别计算结构在竖向荷载和水平荷载作用下的内力和位移。

### 1. 竖向荷载作用下的近似计算

(1)分层法计算弯矩和剪力。由于在竖向荷载作用下框架的侧移很小,只对受荷的构件和与之相连的构件影响较大,为了简化计算,采用如下假定:。

1)在竖向荷载作用下,框架的侧移忽略不计。
2)每层梁上的荷载对其他各层的梁以及非相邻层的柱的影响忽略不计。

基于上述假定,多层框架在竖向荷载作用下的弯矩和剪力便可分层计算,即采用分层法。分层法适用于节点梁、柱线刚度比不小于3、结构与竖向荷载沿高度分布比较均匀的多、高层框架的内力计算。以图6.9中的3层框架为例,用弯矩分配法对分解后的无侧移刚架分别进行计算。底层柱基础处,可按原结构将其视为固定支座,传递系数为1/2;而非底层的柱,其实际的约束条件并非完全固定,其线刚度应乘以0.9的修正系数,同时其传递系数取1/3。

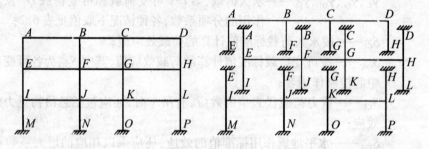

图6.9 分层法示意图

分层法计算所得梁的弯矩即为最后弯矩。而柱同时属于上下两个楼层,因此,柱的弯矩为上下两层计算弯矩之和。叠加后节点处的弯矩可能不平衡,但不平衡弯矩一般很小。若节点不平衡弯矩较大,可以将节点不平衡弯矩再进行一次弯矩分配,但不再传递。

(2)弯矩二次分配法计算弯矩和剪力。弯矩二次分配法是弯矩分配法的一种简化方法,此种方法就是将各节点的不平衡弯矩同时分配和传递,并以二次分配为限。这种方法忽略竖向荷载作用下产生的侧向位移,当框架为少层少跨时,采用弯矩二次分配法的计算精度能够满足工程设计的要求。

(3)轴力的计算。首先将各楼层的竖向总荷载按楼面面积平均为楼面均布荷载,然后近似按各个柱分担的楼面荷载面积计算框架各柱在竖向荷载作用下产生的轴力。如图6.10中柱A和B分别承担其周围的阴影部分的面积。需注意的是,柱的轴力除了其所在楼层的楼面均布荷载外,还包括位于其上的各楼层的由该柱承担的楼面荷载面积。

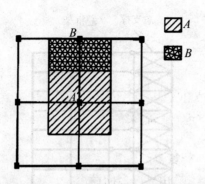

图6.10 框架柱分担的竖向荷载面积

**2. 水平荷载作用下的近似计算**

(1)弯矩和剪力的计算。作用在框架上的水平荷载主要有风荷载和地震作用。它们都可简化为作用在框架节点上的水平集中力。框架在水平集中力作用下,由于无节间荷载,梁柱的弯矩图都是直线形,都有一个反弯点。若能求出各柱反弯点的位置及剪力,则各梁和柱的内力就都可求得。因此,多层钢框架在水平作用下内力分析的关键是:确定各柱反弯点的位置和各柱分配到的剪力。当梁与柱的线刚度之比大于3时,采用反弯点法计算内力可获得较好的精度。

梁与柱的线刚度之比不满足上述条件,且上下横梁的线刚度及层高变化较大时,反弯点法的计算结果误差较大。此时可采用改进的反弯点法,即 D 值法。

(2)轴力的计算。由于楼板的存在,水平荷载所引起的框架梁轴力通常可以近似忽略,柱轴力可利用上述方法求得的梁端剪力算出。

## ◆框架-支撑结构内力计算

**1. 竖向荷载作用下的近似计算**

框架-支撑结构内力计算可以忽略竖向荷载作用下支撑对于框架内力的影响,与框架结构相同,采用分层法计算框架-支撑结构在竖向荷载作用下的内力。

**2. 水平荷载作用下的近似计算**

平面布置规则的框架-支撑结构,在水平荷载的作用下,可以简化为平面抗侧力体系进行分析,将所有的框架合并成总框架,将所有的支撑合并为总支撑,并在各楼层用水平刚性铰接链杆将总框架和总支撑连接起来,进行协同工作分析,如图6.11 所示。总支撑可当作一根弯曲杆件,其等效惯性矩可按下列公式计算:

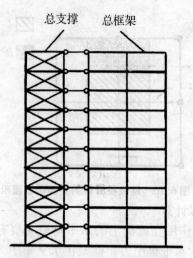

图 6.11 框架-支撑结构协同分析

$$I_{eq} = \mu \sum_{j=1}^{m} \sum_{i=1}^{n} A_{ij} \alpha_{ij}^2 \qquad (6.11)$$

式中 $\mu$——折减系数,对中心支撑可取 0.8~0.9;

$A_{ij}$——第 $j$ 榀竖向支撑第 $i$ 根柱的截面面积;

$a_{ij}$——第 $i$ 根柱至第 $j$ 榀竖向支撑架的形心轴的距离;

$n$——每一榀竖向支撑的柱子数;

$m$——水平荷载作用方向竖向支撑的榀数。

平面布置规则的框架-剪力墙也可将所有剪力墙合并为相当于一根总重力柱的总剪力墙,并在计算结构的 P-△效应时计入荷载的影响。

总剪力墙的等效惯性矩 $I_b$ 可按下式计算:

$$I_b = \sum_{i=1}^{n} I_{bi} \qquad (6.12)$$

式中 $I_b$——总剪力墙的等效惯性矩;

$I_{bi}$——各片剪力墙的等效惯性矩。

## 6.3 多层钢结构梁设计

### 【基　　础】

◆ **多层框架梁的截面形式**

多层框架梁最常用的截面为轧制或焊接的 H 形钢截面如图 6.12(a),当为组合楼盖时,为优化截面，降低钢的耗用量，可采用上下翼缘不对称的焊接工字形截面如图6.12(b)，也可采用蜂窝梁截面如图6.12(c)所示。

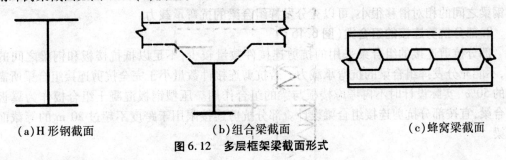

图6.12 多层框架梁截面形式

◆ **组合梁的组成**

组合梁通常由钢筋混凝土翼板、板托、抗剪连接件和钢梁四部分组成，如图6.13所示。

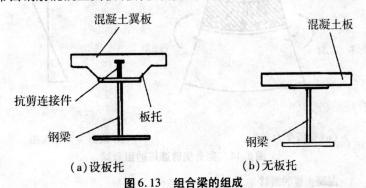

图6.13 组合梁的组成

**1. 钢筋混凝土翼板**

钢筋混凝土翼板可作为组合梁的受压翼缘，同时也可保证梁的整体稳定性。

**2. 板托**

板托根据需要和具体情况可设也可不设。设置板托给支模带来一定的麻烦，但可增加梁高，节约钢材，同时还能改善钢筋混凝土翼板的横向受弯条件。

**3. 抗剪连接件**

抗剪连接件是钢梁与钢筋混凝土翼板共同工作的基础，承受钢梁与钢筋混凝土翼板接触面之间的纵向剪力，避免产生相对剪切滑动，同时承受两者之间的掀起力，防止其分离。根据抗剪连接件的设置数量，将组合梁分为完全抗剪连接组合梁和部分抗剪连接组合梁。部分抗剪连接组合梁中由于抗剪连接件的数量较少，不能保证钢梁与钢筋混凝土翼板的共同受力，组合作用很小，所以实际设计时不再考虑其组合作用。在多高层建筑钢结构中常采用完全抗剪连接组合梁。

**4. 钢梁**

钢梁在组合梁中主要承受拉力和剪力。钢梁上翼缘为钢筋混凝土翼板的支座，固定抗剪连接件，同时还可用作施工翼板时的支承结构。在组合梁受弯时，钢梁上翼缘抵抗弯曲应力的作用远小于钢梁下翼缘，故钢梁可设计成上翼缘窄、下翼缘宽的不对称截面。

◆ **组合梁的形式**

根据抗剪连接件能否保证组合梁发挥作用，可将组合梁分为以下两种：

### 1. 完全抗剪连接的组合梁(图6.14)

完全抗剪连接的组合梁采用较多的抗剪连接件,足以抵抗楼板和钢梁之间的剪力,楼板和钢梁之间的相对滑移很小,可以充分发挥组合梁的抗弯承载力。

### 2. 部分抗剪连接的组合梁(图6.15)

部分抗剪连接的组合梁采用的抗剪连接件数量较少,不足以抵抗楼板和钢梁之间的剪力,不能充分发挥组合梁的抗弯承载力。若抗剪连接件数量小于完全抗剪连接组合梁所需数量的50%,实际设计时不再考虑楼板与梁的组合作用。压型钢板混凝土组合板作为翼板的组合梁,宜按部分抗剪连接组合梁设计。部分抗剪连接限用于跨度不超过 20 m 的等截面组合梁。

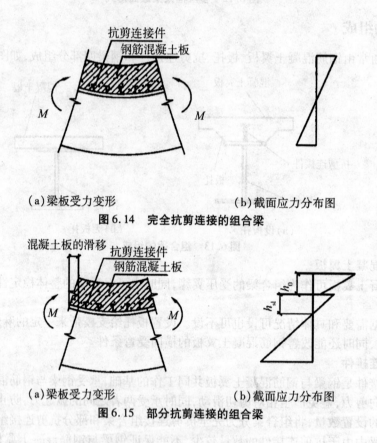

(a)梁板受力变形　　(b)截面应力分布图

图6.14　完全抗剪连接的组合梁

(a)梁板受力变形　　(b)截面应力分布图

图6.15　部分抗剪连接的组合梁

## 【实　　务】

### ◆钢梁的设计

#### 1. 截面初选

截面形式宜选中、窄翼缘 H 型钢,如果无法取得合适规格的 H 型钢,可采用焊接工字形截面或蜂窝梁。

(1)型钢梁截面的初选。利用抗弯强度要求,算得最小截面模量,公式如下:

$$W_{x,\min} = M_{x,\max}/\gamma_x f \tag{6.13}$$

式中 $M_{x,\max}$——梁绕强轴 x 的弯矩设计值;
$\gamma_x$——截面塑性发展系数;
$f$——钢材的抗弯强度设计值。

由上式所求得的 $W_{x,\min}$ 查表确定型钢规格。当梁跨度较大时,还可根据允许挠度值确定最小截面惯性矩 $I_{x,\min}$。

(2)焊接组合截面梁的截面初选

对于截面较大的梁,需要选用由板件焊接组合而成的截面(图 6.16)。

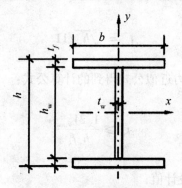

图 6.16 焊接钢梁截面

1)梁截面高度 $h$。从梁截面的容许最大高度 $h_{\max}$、容许最小高度 $h_{\min}$ 和经济高度 $h_e$ 三方面考虑。

梁的截面高度必须满足净空要求,也就是说不能超过建筑设计或工艺设备需要的净空所允许限值。梁截面的容许最大高度 $h_{\max}$ 即以此条件确定。

梁截面的最小高度 $h_{\min}$ 根据刚度条件(允许挠度要求)算得。以均布荷载作用下的斜支梁为例,其最大挠度计算公式为:

$$v = \frac{5ql^4}{384EI} = \frac{5l^2}{48EI} \cdot \frac{ql^2}{8} = \frac{5Ml^2}{48EI} = \frac{5l^2}{48E\frac{h}{2}} \cdot \frac{M}{W} = \frac{10\sigma l^2}{48Eh} \tag{6.14}$$

正常使用极限状态按荷载标准值考虑,当梁的强度得到充分利用时,在上式中应取 $\sigma = f/\gamma_s$,$\gamma_s$ 为荷载分项系数。于是,式(6.14)可写成:

$$v = \frac{10fl^2}{48\gamma_s Eh} \leqslant \lceil v \rceil \tag{6.15}$$

或

$$\frac{h_{\min}}{l} \geqslant \frac{10f}{48\gamma_s E} \cdot \frac{l}{\lceil v \rceil} \tag{6.16}$$

式中 $[v]$——梁的容许挠度。依据$[v]$可以算得容许最小高度$h_{min}$。

此外,经济高度 hs 按用钢量最小原则,采用以下经验公式计算:

$$h_s/\text{cm} = 7\sqrt{W_x} - 30 \tag{6.17}$$

式中 $W_x$——梁所需要的截面模量($cm^3$)。

根据上述三个条件,使实际选择的梁高 h 介于$h_{min}$和$h_{max}$之间,并接近$h_s$。

2) 梁腹板高度$h_w$。取比梁高 h 略小的数值,通常取 50 mm 的倍数。

3) 梁腹板厚度$t_w$。根据梁腹板高度$h_w$,首先采用经验公式:

$$t_w = \sqrt{h_w}/11 \tag{6.18}$$

再采用通过腹板抗剪承载力近似公式得到的计算公式:

$$t_w \geq \frac{1.2V_{max}}{h_w f_v} \tag{6.19}$$

式中 $V_{max}$——梁中最大剪力设计值;

$f_v$——梁腹板钢材的抗剪强度设计值。

两个计算结果中的较大值可作为梁腹板厚度$t_w$的初选值,但应符合钢板厚度的规格。

4) 梁翼缘宽度 b 和厚度$t_f$。翼缘面积$A_f$可采用以下近似公式算得:

$$W_x \approx A_f h + \frac{1}{6}t_w h^2 \text{ 或 } A_f \approx \frac{W_x}{h} - \frac{t_w h}{6} \tag{6.20}$$

翼缘太大则易发生局部失稳,太小不易保证梁的整体稳定,而且翼缘中的正应力分布的不均匀程度较大。因此,翼缘宽度 b 一般可取梁高 h 的 1/5 ~ 1/3。为了防止弹性局部失稳,翼缘厚度$t_f$不应小于$b/(30\sqrt{235/f_y}) \sim b/(26\sqrt{235/f_y})$。

**2. 构件验算**

选定截面尺寸后,进行构件验算。对钢梁需进行抗弯、抗剪和局部承压强度验算。弯矩和剪力都较大的截面还需进行折算应力的验算。构件计算时,应计入构件自重,对需设置加劲肋的构件,通常可将构件自重乘以 1.05 ~ 1.10 的构造系数。不满足《钢结构设计规范》(GB 50017—2003)规定的可以不计算整体稳定的条件时,需采用梁的整体稳定性计算公式进行验算。按照国家标准生产的热轧型钢,能够满足局部稳定性的要求,不必验算局部稳定。对于焊接组合的工字形截面和箱形截面,需要验算板件的局部稳定。

抗震设计时,钢梁在基本烈度和罕遇烈度地震作用下,会出现塑性区段,工字形截面翼缘和腹板的宽厚比限值见表6.3。

## 第6章 多层钢结构设计

**表6.3 工字形梁截面翼缘和腹板宽厚比限值**

| 板件名称 | 设防烈度 | 7度 | 8度 | 9度 |
|---|---|---|---|---|
| 翼缘外伸部分 | | $11\sqrt{235/f_y}$ | $10\sqrt{235/f_y}$ | $9\sqrt{235/f_y}$ |
| 腹板 | $\dfrac{N_b}{Af}<0.37$ | $(85-120\dfrac{N_b}{Af})\sqrt{235/f_y}$ | $(80-110\dfrac{N_b}{Af})\sqrt{235/f_y}$ | $(72-100\dfrac{N_b}{Af})\sqrt{235/f_y}$ |
| | $\dfrac{N_b}{Af}\geq 0.37$ | $40\sqrt{235/f_y}$ | $39\sqrt{235/f_y}$ | $35\sqrt{235/f_y}$ |

注:$N_b$ 为钢梁中的轴力设计值;$A$ 为构件的截面面积;$f$ 为钢材的抗拉、抗压和抗弯强度设计值;$f_y$ 为钢材的屈服点。

### ◆ 蜂窝梁的设计

为了简化计算,可以采用如下近似关系计算蜂窝梁关于强轴的截面惯性矩和截面模量:

蜂窝梁与 H 型钢截面惯性矩之比:$I_2/I_1 \approx (h_2/h_1)^2$   (6.21)

蜂窝梁与 H 型钢截面模量之比:$W_2/W_1 \approx h_2/h_1$   (6.22)

**1. 抗弯强度验算**

以掉头焊接方法为例,需验算无削弱截面 $\alpha-\alpha$ 和有削弱截面 $\beta-\beta$(如图6.17所示)。在开孔最薄弱截面 $\beta-\beta$ 处的正应力验算,采用如下假定:弯矩作用下,应力在上下两个 T 形截面上均匀分布,方向相反,如图6.18(a)所示;截面剪力 V 按上下 T 形截面部分的抗剪刚度进行分配,如图6.18(b)所示。由于蜂窝梁上下 T 形截面一般相同,故剪力 V 上下各分担一半。

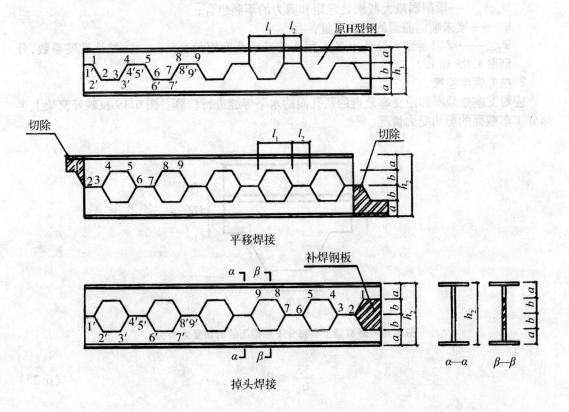

**图6.17 蜂窝梁的制作**

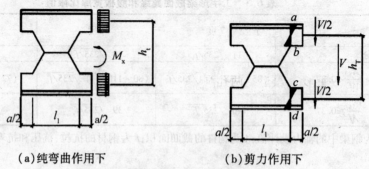

(a)纯弯曲作用下　　　　(b)剪力作用下

图6.18　截面正应力计算假定

按上述假定,削弱截面的最大正应力在如图6.18(b)中的 $b$ 点和 $c$ 点。蜂窝梁的强度验算公式如下:

无削弱截面 $\alpha - \alpha$: $\dfrac{1.1M_{max}}{\gamma_x W_\alpha} \leqslant f$ 　　(6.23)

削弱截面 $\beta - \beta$: $\dfrac{M_\beta}{h_T A_T} + \dfrac{V_\beta \alpha}{4\gamma_{x2} W_{Tmin}} \leqslant f$ 　　(6.24)

式中　$h_T$——梁削弱最大处上下两T形截面形心之间的距离;
　　　$A_T$——梁削弱最大处单个T形截面的面积;
　　　$a$——蜂窝孔口的上下两边的边长;
　　　$M_{max}$——梁的最大弯矩;
　　　$M_\beta$、$V_\beta$——梁削弱最大截面处弯矩和剪力的不利组合;
　　　$W_\alpha$——梁未削弱截面的截面模量;
　　　$W_{Tmin}$——梁削弱最大处单个T形截面的最小截面模量;$\gamma_x$、$\gamma_{x2}$——塑性发展系数,分别取1.05和1.2。

**2. 抗剪强度验算**

应对支座处截面和距支座最近的两孔间的水平焊缝进行验算。图6.19反映蜂窝梁上半部分T形截面的剪切受力情况。

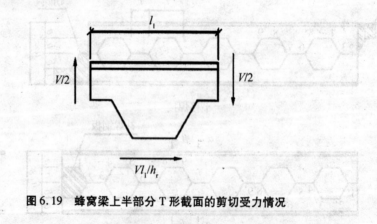

图6.19　蜂窝梁上半部分T形截面的剪切受力情况

$$\dfrac{VS}{It_w} \leqslant f_v^w \quad (6.25)$$

## 第6章 多层钢结构设计

$$\frac{V_1 l_1}{h_\tau t_w \alpha} \leq f_v^w \tag{6.26}$$

式中 $V_1$——距支座最近的两孔洞中间截面的剪力;
$l_1$——距支座最近的两孔洞中心间的距离;
$V$——支座截面的剪力;
$S$——支座截面中和轴上(或下)部分截面关于中和轴的面积矩;
$I$——支座截面关于中和轴的截面惯性矩;
$t_w$——梁腹板厚度;
$f_v^w$——对接焊缝的抗剪设计强度。

**3. 整体稳定性验算**

蜂窝梁的整体稳定性计算方法与通常的实腹式工字形钢梁相同。验算公式如下:

$$\frac{1.1 M_{max}}{\varphi_b W_a} \leq f \tag{6.27}$$

式中 $\varphi_b$——依据未削弱截面计算的梁整体稳定系数。

**4. 局部稳定验算**

蜂窝梁受压翼缘 T 形截面的腹板自由外伸高度与腹板厚度的比值不应大于 $13\sqrt{235/f_y}$;翼缘自由外伸长度与翼缘厚度的比值不应大于 $1513\sqrt{235/f_y}$;蜂窝梁截面高度与腹板厚度的比值不应大于 $8013\sqrt{235/f_y}$。

**5. 挠度验算**

蜂窝梁的腹板开孔造成较大削弱时,需考虑剪切变形的影响。对于削弱程度不大(扩张比 $h_2/h_1 \leq 1.5$)时,可按下列近似公式进行计算:

$$\eta \frac{M_{kmax} l^2}{10 EI} \leq [v] \tag{6.28}$$

式中 $M_{kmax}$——梁跨中最大弯矩标准值;
$\eta$——考虑截面削弱的挠度增大系数,按表 6.4 选取;
$I$——未削弱截面的惯性矩。
$[v]$——挠度允许值。

表 6.4 考虑截面削弱的挠度增大系数 $\eta$

| 高跨比 $h_2/l$ | 1/40 | 1/32 | 1/27 | 1/23 | 1/20 | 1/18 |
|---|---|---|---|---|---|---|
| $\eta$ | 1.1 | 1.15 | 1.2 | 1.25 | 1.35 | 1.5 |

◆ **组合梁的设计**

**1. 组合梁的计算**

组合梁的混凝土翼板有效宽度 $b_e$(图 6.20)按下式计算:

对于边梁:$b_e = b_0 + b_1 + b_2$ (6.29)
对于中间梁:$b_e = b_0 + 2b_2$ (6.30)

式中 $b_0$——钢梁顶部的宽度,当有板托时,取板托顶部的宽度,当板托倾角小于45°时,应按45°计算托板顶部的宽度;

$b_1$——梁外侧的翼板计算宽度,取 $\min\{l/6, 6h_c, s_1\}$,其中,$l$ 为梁跨度,$s_1$ 为翼板实际外伸长度;

$b_2$——梁内侧的翼板计算宽度,取 $\min\{l/6, 6h_c, s_0/2\}$,其中,$l$ 为梁跨度,$s_0$ 为相邻钢梁上翼缘或托板净距;

$h_c$——翼板的计算厚度,采用钢筋混凝土翼板时计算厚度为板原厚;压型钢板组合板作为翼板的计算厚度,取压型钢板顶面以上混凝土厚度 $h_c$。

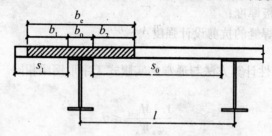

图6.20 混凝土翼板的有效宽度

(1)完全抗剪连接组合梁的强度计算。为了计算组合梁正截面受弯承载力,通常做如下假定:在混凝土翼板的有效宽度内,纵向钢筋和钢梁受拉及受压应力均达到强度设计值;塑性中和轴受拉侧的混凝土强度设计值可忽略不计;塑性中和轴受压侧的混凝土截面均匀受压,并达到抗压强度设计值。

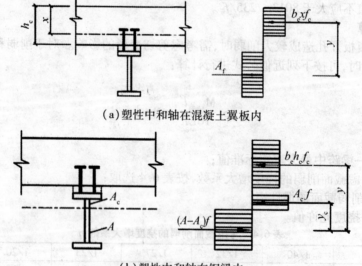

(a)塑性中和轴在混凝土翼板内

(b)塑性中和轴在钢梁内

图6.21 正弯矩时组合梁横截面抗弯承载力计算简图

1)正弯矩作用区段的受弯承载力。

①当塑性中和轴在混凝土翼板内如图6.21(a),即 $A_f \leq b_e h_c \alpha_1 f_c$ 时,组合梁的受弯承载力应满足:

$$M \leq b_e x \alpha_1 f_c y \tag{6.31}$$

式中 $M$——全部荷载产生的弯矩;

$x$——组合梁截面塑性中和轴至混凝土翼板顶面的距离,$x = A_f/b_e\alpha_1 f_c$;

$A$——钢梁截面面积;

$f$——塑性设计时钢梁钢材的强度设计值,抗震设防时还应除以承载力抗震调整系数 $\gamma_{RE}$;

$f_c$——混凝土抗压强度设计值;

$\alpha_1$——受压区混凝土矩形应力图的应力与混凝土轴心抗压强度设计值的比值,混凝土强度等级不超过 C50 时取 1.0;C80 时取 0.94;在 C50~C80 之间时,可按线性插值取值;

$y$——钢梁截面应力合力至混凝土受压区应力合力之间的距离。

②当塑性中和轴在钢梁内(图 6.21b),即 $A_f > b_e h_c \alpha_1 f_c$ 时,组合梁的受弯承载力应满足

$$M \leq b_e h_c \alpha_1 f_c y_1 + A_c f y_2 \tag{6.32}$$

式中 $A_c$——钢梁受压区截面面积,$A_c = 0.5(A - b_e h_c \alpha_1 f_c / f)$;

$y_1$——钢梁受拉区截面形心至混凝土翼板受压区截面形心之间的距离;

$y_2$——钢梁受拉区截面形心至钢梁受压区截面形心之间的距离。

2) 负弯矩作用区段的受弯承载力(图 6.22)。应满足

$$M' = M_s + A_{st} f_{st}(y_3 + y_4/2) \tag{6.33}$$

$$M_s = W_{sp} f \tag{6.34}$$

式中 $M'$——负弯矩设计值;

$W_{sp}$——钢梁截面的塑性截面模点;

$A_{st}$——负弯矩区混凝土翼板有效宽度范围内的纵向钢筋截面面积;

$f_{st}$——钢筋抗拉强度设计值;

$y_3$——纵向钢筋截面形心至组合梁塑性中和轴的距离;

$y_4$——组合梁塑性中和轴至钢梁塑性中和轴的距离,当塑性中和轴在钢梁腹板内时, $y_4 = A_{st} f_{st}/(2 t_w f)$;当塑性中和轴在钢梁翼缘内时,可取 $y_4$ 为钢梁塑性中和轴至腹板上边缘的距离。

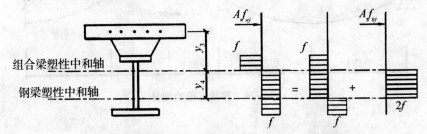

图 6.22 负弯矩时组合梁横截面抗弯承载力计算简图

3) 受剪承载力。假定全部剪力 $V$ 由钢梁腹板承受,按下式计算:

$$V \leq h_w t_w f_v \tag{6.35}$$

式中 $h_w$、$t_w$——分别为钢梁腹板的高度和厚度；
   $f_v$——钢材的抗剪强度设计值。

4)钢梁截面局部稳定。采用塑性设计法进行上述计算需保证截面具备足够的塑性发展能力,尤其要避免因钢梁板件的局部失稳而导致过早丧失抗弯承载力。显然,这一点对于连续组合梁的塑性设计更具有决定性意义。为此,必须对钢梁板件的局部稳定有更严格的要求。组合梁中钢梁截面的板件宽厚比可偏于安全地按塑性设计的规定选取。对于图 6.23 中的翼缘和腹板,其宽厚比限值如下:

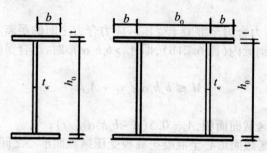

图 6.23 钢梁截面

①翼缘:$b/t \leqslant 9\sqrt{235/f_y}$,$b_0/t \leqslant 30\sqrt{235/f_y}$ (6.36)

②腹板:

钢梁截面上的合力 $N < 0.37A_f$ 时,$h_0/t_w \leqslant (72 - 100\dfrac{N}{A_f})\sqrt{235/f_y}$ (6.37)

$N \geqslant 0.37A_f$ 时,$h_0/t_w \leqslant 35\sqrt{235/f_y}$ (6.38)

式中 $A$——钢梁截面面积;
   $f$——塑性设计时钢梁钢材的强度设计值,抗震设防时还应除以承载力抗震调整系数 $\gamma_{RE}$。

(2)部分抗剪连接组合梁的强度计算。部分抗剪连接组合梁在混凝土翼板上的力取抗剪连接件所能传递的纵向剪力。沿组合梁跨长,以支座点、弯矩极值点和零点为界线,将梁划分为若干剪跨区段(图 6.24),部分抗剪连接组合梁的计算简图如图 6.25 所示。

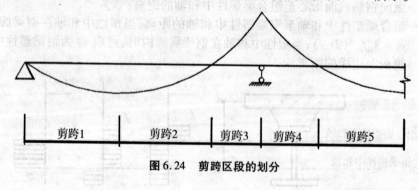

图 6.24 剪跨区段的划分

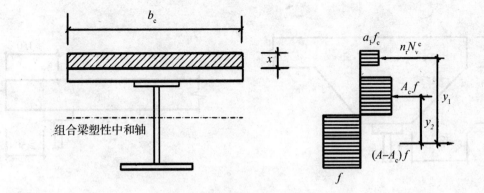

图 6.25 部分抗剪连接组合梁计算简图

1) 正弯矩作用区段的受弯承载力应满足下式:

$$M_{u,r} \leqslant n_r N_v^c y_1 + A_c f y_2 \tag{6.39}$$

$$A_c = 0.5(Af - n_r N_v^c)/f$$
$$x = n_r N_v^c/(b_e a_1 f_c)$$

式中 $M_{u,r}$——全部荷载产生的正弯矩设计值;
$n_r$——部分抗剪连接时,一个剪跨区的抗剪连接件数目;
$N_v^c$——每个抗剪连接件的纵向抗剪承载力;
$A_c$——钢梁受压区截面面积;
$A$——钢梁截面面积;
$y_1$——钢梁受拉区截面形心至混凝土翼板受压区截面形心之间的距离;
$y_2$——钢梁受拉区截面形心至钢梁受压区截面形心之间的距离。

2) 负弯矩作用区段的受弯承载力公式如下:

$$M' = M_s + \min\{A_{st}f_{st}, nrN_v^c\}(y_3 + y_4/2) \tag{6.40}$$

$$M_s = W_{sp}f \tag{6.41}$$

式中变量意义参见式(6.33)和(6.34)。

3) 受剪承载力和钢梁的局部稳定性。部分抗剪连接组合梁的受剪承载力和钢梁截面的局部稳定验算方法同完全抗剪连接组合梁,见式(6.35)~(6.38)。

**2. 组合梁的构造要求**

为保证梁的刚度,组合梁的高跨比 $h/l$ 不宜小于 $1/16 \sim 1/15$;为避免出现钢梁抗剪能力不足的不协调现象,组合梁截面高度不宜超过钢梁截面高度的 2.5 倍;混凝土板托高度 $h_{c2}$ 如图 6.26(a) 不宜超过翼缘板厚度 $h_c$ 的 1.5 倍;托板的顶面宽度不宜小于钢梁上翼缘宽度与 $1.5h_{c2}$ 之和;当组合梁为边梁时,其混凝土翼板的伸出长度要满足图 6.26(b) 的要求。

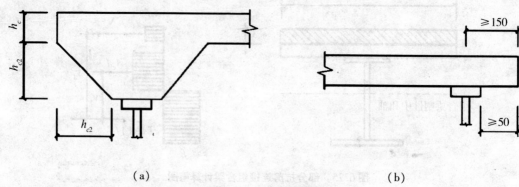

图 6.26 边梁构造图

组合梁抗剪连接件必须与钢梁焊接,其设置应符合下列规定:
(1)抗剪连接件顶面的混凝土保护层厚度不应小于 15 mm。
(2)抗剪连接件的最大间距不应大于混凝土翼板厚度的 4 倍,且不大于 400 mm。
(3)抗剪连接件的外侧边缘与钢梁翼缘边缘之间的距离不应小于 20 mm。
(4)栓钉连接件钉头下表面或槽钢连接件上翼缘下表面宜高出翼板底部钢筋顶面 30 mm。
(5)抗剪连接件的外侧边缘至混凝土翼板边缘之间的距离不应小于 100 mm。

若连接件是栓钉时,还应符合下列规定:
(1)栓钉长度不应小于其杆径的 4 倍。
(2)栓钉沿梁轴线方向的间距不应小于杆径的 6 倍,垂直于梁轴线方向的间距不应小于杆径的 4 倍。
(3)当栓钉位置不正对钢梁腹板时,焊在钢梁受拉翼缘部位的栓钉直径不大于翼缘板厚度的 1.5 倍;焊在无拉应力部位的栓钉直径不大于翼缘板厚度的 2.5 倍。
(4)用压型钢板作底模的组合梁,栓钉杆直径不宜大于 19 mm,混凝土凸肋宽度不应小于栓钉杆直径的 2.5 倍,栓钉高度 $h_d$ 应符合 $(h_e + 30) \leqslant h_d \leqslant (h_e + 75)$ 的要求(其中 $h_e$ 是混凝土凸肋高度)。

## 6.4 多层钢结构柱设计

### 【基 础】

◆ **实腹柱的截面形式**

钢框架实腹柱常用的截面形式如图 6.27 所示。截面形式的选择主要依据弯矩与压力的比值情况、正负弯矩差值以及荷载大小和弯矩作用平面内、外柱的计算长度等因素。焊接 H 型钢和热轧 H 型钢如图 6.27(a)、(b)是常用的柱子截面形式,其优点是翼缘宽且等厚,断面经济合理,方便连接。十字形截面如图 6.27(c)、(d)由角钢和钢板组合而成或由钢板焊接而成,适合做隔墙交叉点的柱子,安装在墙内,不外露。箱形截面柱如图 6.27(e)、(f)由钢板或由两个轧制槽钢焊接而成。截面没有强轴和弱轴之分,适用于双向受弯的柱子。钢管截面如图 6.27(g)从受力来看很有利,各个方向的惯性矩都相等,但制作费用相对较高,节点连接也不如开口截面方便。而由两个工字形截面组合而成的截面如图 6.27(h)特别适合于承受双向弯曲。

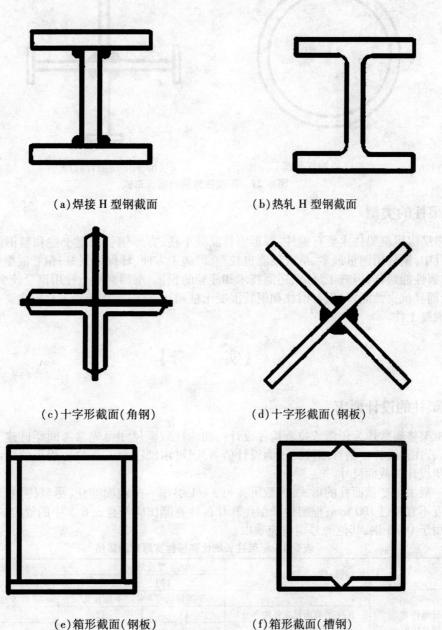

(a)焊接 H 型钢截面　　　　　(b)热轧 H 型钢截面

(c)十字形截面(角钢)　　　　　(d)十字形截面(钢板)

(e)箱形截面(钢板)　　　　　(f)箱形截面(槽钢)

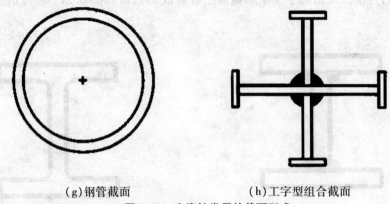

(g)钢管截面　　　　(h)工字型组合截面

图6.27 实腹柱常用的截面形式

## ◆框架柱的类型

多层房屋框架柱主要有钢柱、圆形钢管混凝土柱、方形钢管混凝土柱和型钢混凝土组合柱。其中,钢柱用钢量最多、抗火性能也较差,但施工方便,环保效果好;钢管混凝土柱用钢量少、抗震性能最佳,但施工复杂,还需技术和经验的积累;型钢混凝土柱用钢量较少、施工较为方便,而且抗火性能好,但与钢柱和钢管混凝土柱相比,抗震性能较差。目前主要采用钢柱和钢管混凝土柱。

# 【实　　务】

## ◆框架柱的设计要求

框架柱通常作为压弯或拉弯构件设计。初选柱截面尺寸可先参考同类已建工程的设计资料,若在初设计中估算出柱的轴力设计值 N,则可用轴压力 1.2 N 作用下的轴心受压构件来初步设计柱截面尺寸。

一般采用变截面柱的形式,大致可按每3～4层作一次截面变化,尽量使用较薄的钢板,其厚度不宜超过 100 mm;框架柱长细比和柱板件宽厚比应符合表6.5 中的规定,表中所列数值适用于 Q235 钢,其他牌号钢材应乘以。

表6.5 框架柱长细比和板件宽厚比的限值

| 长细比的限值 | | 6～8度设防 | 9度设防 |
|---|---|---|---|
| | | 120 | 100 |
| | | 7度设防 | 8度设防 | 9度设防 |
| 柱板件宽厚比限值 | 工字形截面翼缘外伸部分 | 13 | 12 | 11 |
| | 箱形截面壁板 | 40 | 36 | 36 |
| | 工字型截面腹板 | 52 | 48 | 44 |

抗震设防的框架柱应满足强柱、弱梁的设计要求,使塑性铰出现在梁端而不是在柱端,在框架的任一节点处,柱截面的塑性抵抗矩和梁截面塑性抵抗矩应满足下式要求:

$$\sum W_{pc}(f_{yc} - N/A_c) \geq \eta \sum W_{pb} f_{yb} \tag{6.42}$$

式中 $W_{pc}$、$W_{pb}$——计算平面内交汇于节点的柱和梁的截面塑性抵抗矩;
$f_{yc}$、$f_{yb}$——柱和梁钢材的屈服强度;
$N$——按多遇地震作用组合得出的柱轴力;
$A_c$——柱的截面面积;
$\eta$——强柱系数,超过6层的钢框架,6度Ⅳ类场地和7度时可取1.0,8度时可取1.05,9度时可取1.15。

采用框筒结构时,通常难以满足式(6.42)。此时可用时程分析法检验框架柱在罕遇地震下出现塑性铰的情况,《高层民用建筑钢结构技术规程》(JGJ99—1998)则允许以下式限制柱的轴压比来代替式(6.42):

$$N \leqslant 0.6A_c f \tag{6.43}$$

工字形截面及箱形截面柱腹板的高厚比不能满足表6.5的要求时,柱腹板上应设置与梁上下翼缘相对应的加劲肋。纵向加劲肋宜在腹板两侧成对配置,其一侧外伸宽度不应小于$10\,t_w$,其厚度不应小于$0.75\,t_w$。不设纵向加劲肋加强的柱在计算构件的强度和稳定时,腹板的有效截面仅考虑计算高度边缘范围内两侧宽度各为$20\,t_w$的部分(图6.28),但计算构件的稳定系数时,仍取腹板的全部截面。在强地震作用下,为了使梁柱连接节点域腹板不致失稳,以利于吸收地震能量,按7度及以上抗震设防时,工字形截面柱和箱形截面柱腹板在节点域范围的稳定性,应符合下列要求:

$$t_{wc} \geqslant (h_{0b} + h_{0c})/90 \tag{6.44}$$

式中 $t_{wc}$——柱在节点域的腹板厚度;
$h_{0b}$、$h_{0c}$——梁腹板高度和柱腹板高度。

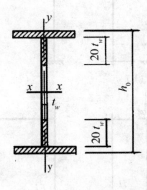

图6.28 腹板的有效截面

### ◆框架柱的计算长度

现行《钢结构设计规范》(GB 50017—2003)采用计算长度法进行钢框架稳定设计。计算长度法实质是将框架整体稳定简化为框架柱稳定。一般而言,框架柱的临界荷载与失稳形式和约束程度有关。

首先对单层单跨刚架的稳定问题进行分析。刚架的可能失稳形式有两种,一种是有支撑刚架如图6.29(a),其失稳形式为无侧移失稳;另一种是无支撑的刚架如图6.29(b),其失稳形式为有侧移失稳。

约束对计算长度的影响由图6.30可知。图6.30(a)和图6.30(c)均为无侧移框架,假定两柱的几何高度相同,截面尺寸也相同,且柱脚均为刚接。根据框架柱端部的约束,可将框架柱的计算简图分别简化为图6.30(b)和图6.30(d),可知两种框架柱的计算长度分别为 $0.5H$ 和 $0.7H$。图6.30(e)和图6.30(g)与前两个框架的不同之处仅在于无水平支承变成有侧移框架,计算简图如图6.30(f)和图6.30(h)所示,可知两种框架柱的计算长度分别为 $H$ 和 $2H$。

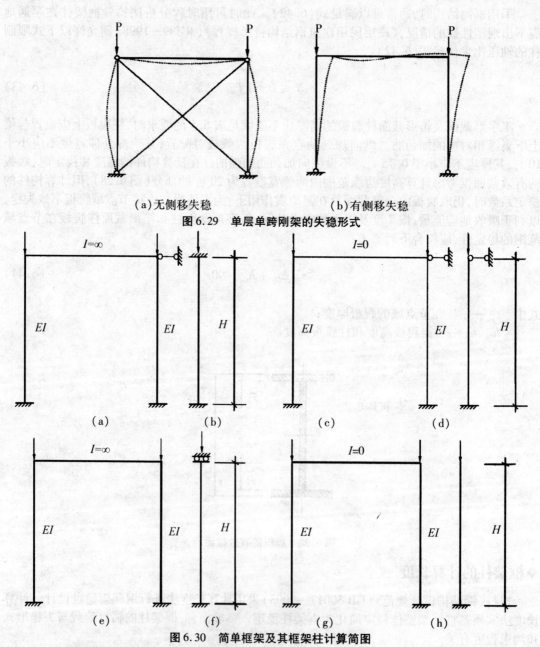

(a)无侧移失稳　　　　　　(b)有侧移失稳

图6.29　单层单跨刚架的失稳形式

(a)　　(b)　　(c)　　(d)

(e)　　(f)　　(g)　　(h)

图6.30　简单框架及其框架柱计算简图

上述单层框架是横梁刚度为无限大或为零的两个极端例子。横梁对柱的约束作用取决于横梁的线刚度 $I_b/L$ 和柱的线刚度 $I_c/H$ 的比值 $K_0$。有侧移或无侧移单层框架可以采用相应的近似公式算得,或查表得到对应于 $K_0$ 的框架柱计算长度系数 $\mu$。

同理,多层多跨框架的失稳形式也有无侧移失稳和有侧移失稳两种。柱的计算长度系数 $\mu$ 取决于柱上端节点处相交的横梁线刚度之和与柱线刚度之和的比值 $K_1$,同时还取决于该柱下端节点处相交的横梁线刚度之和与柱线刚度之和的比值 $K_2$。

在竖向荷载作用下,纯框架柱和弱支撑框架柱的计算长度系数应按有侧移情形查表(附表 D.2)或计算确定。强支撑(或剪力墙)框架,柱的计算长度系数应按无侧移情形查表(附表 D.1)或计算确定。计算时采用以下公式:

有侧移情形:$\mu = \sqrt{\dfrac{1.6 + 4(K_1 + K_2) + 7.5K_1K_2}{K_1 + K_2 + 7.5K_1K_2}}$ (6.45)

无侧移情形:$\mu = \dfrac{3 + 1.4(K_1 + K_2) + 0.64K_1K_2}{3 + 2(K_1 + K_2) + 1.28K_1K_2}$ (6.46)

纯框架和有支撑框架根据侧向约束情况划分而来,强支撑框架和弱支撑框架根据支撑结构的侧移刚度(产生单位倾角的水平力)$S_b$ 的大小来判断,公式如下:

强支撑框架:$S_b \geq 3(1.2 \sum N_{bi} - \sum N_{0i})$ (6.47)

弱支撑框架:$S_b < 3(1.2 \sum N_{bi} - \sum N_{0i})$ (6.48)

式中 $\sum N_{bi}$、$\sum N_{0i}$——第 $i$ 层所有框架柱用无侧移框架、有侧移框架计算长度系数算得的轴心压杆稳定承载力之和。

利用上述方法确定有侧移失稳柱的计算长度系数,适用于一阶弹性分析法计算内力的情况,对于层数不多、侧移刚度较大的钢框架比较合适,可不计竖向荷载作用下的 $P-\triangle$ 效应。采用二阶弹性分析法计算内力,且在每层柱顶附加上考虑结构和构件的各种缺陷(如结构印初倾斜、初偏心和残余应力等)对内力影响的假想水平力时,计算长度系数取 1.0。

弱支撑框架柱的轴心压杆稳定系数按下式计算:

$$\varphi = \varphi_0 + (\varphi_1 - \varphi_0) \dfrac{S_b}{3(1.2 \sum N_{bi} - \sum N_{0i})}$$ (6.49)

式中 $\varphi_0$——框架柱用有侧移框架柱计算长度系数求得的轴心压杆稳定系数;
$\varphi_1$——框架柱用无侧移框架柱计算长度系数求得的轴心压杆稳定系数。

◆ **实腹柱的截面设计**

**1. 截面选择**

因为框架柱为压弯构件,同时受有弯矩 $M$、剪力 $V$ 和轴力 $N$ 的作用,计算也相对复杂,很难如梁一样用理论和经验公式就较准确地估计出所需截面尺寸。故在选定框架柱截面形式,并确定了其长细比之后,可根据内力分析结果,参考已有的类似设计,并做必要的估算。

当没有类似设计可供参考时,也可采用一些简单公式,大致估算截面尺寸。一种简单估算方法是将框架柱中轴力放大 1.2 倍,然后按轴心受压轴来估算截面,作为初选的框架柱截面。另一种方法稍复杂些,可遵循以下步骤:

(1)先假定长细比 $\lambda_x$,通常在 60~100 之间取值。
(2)由 $\lambda_x$ 计算回转半径 $i_x$。
(3)由 $i_x$ 计算截面高度 $h$。
(4)计算 $A/W_{1x}$,公式如下:

$$\frac{A}{W_{1x}} = \frac{A}{I_x} y_1 = \frac{y_1}{i_x^2} \tag{6.50}$$

(5) 根据平面内整体稳定公式近似估计所需截面面积 $A$，公式如下：

$$A = \frac{N}{f}\left[\frac{1}{\varphi_x} + \frac{M_x}{N} \cdot \frac{A}{W_{1x}} \cdot \frac{\beta_{mx}}{\gamma_x(1 - 0.8\frac{N}{BN_{Er}})}\right] \tag{6.51}$$

(6) 计算所需的弯矩作用平面内最大受压纤维的毛截面抵抗矩 $W_{1x}$，公式如下：

$$W_{1x} = \frac{Ai_x^2}{y_1} \tag{6.52}$$

(7) 计算平面外整体稳定系数，公式如下：

$$\varphi_y = \frac{N}{A} \cdot \frac{1}{f - \frac{\beta_{tx}M_x}{\varphi_b W_{1x}}} \tag{6.53}$$

(8) 由相关表格查出长细比 $\lambda_y$，并由此计算回转半径 $i_y$，再估算截面宽度 $b$。

(9) 根据截面面积 $A$ 和截面高度 $h$、宽度 $b$ 选定截面。

在上述估算步骤中，有些公式中的参数仍为未知量，可近似估计。因此选出的截面也只是估计值。另外，设计的截面还应使构造简单、便于施工、易于与其他构件连接，所采用的钢材和规格应是容易得到的。

**2. 截面验算**

从上述框架柱截面选择的过程可以看出，作为压弯构件的框架柱的截面初选比较粗糙，第一次选择的截面往往需要再次调整，经过多次反复验算直至满意为止。

框架柱的截面验算包括强度验算、刚度验算（长细比验算）、弯矩作用平面内整体稳定验算、弯矩作用平面外整体稳定验算及局部稳定验算。

◆**实腹柱的构造要求**

实腹柱当腹板的 $h_0/t_w > 80$ 时，为防止腹板在施工和运输中发生变形，防止在剪力较大时腹板发生屈曲，应设置横向加劲肋予以加强，其间距不大于 $3h_0$。当腹板设置纵向加劲肋时，不论 $h_0/t_w$ 大小如何均应设置横向加劲肋作为纵向加劲肋的支承。有关尺寸要求如图 6.31、图 6.32 所示。

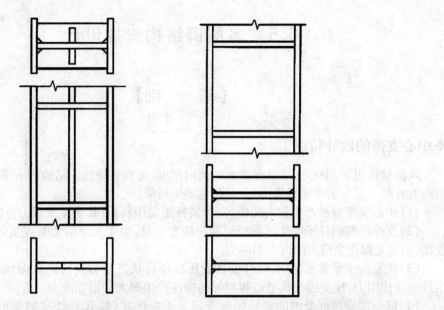

图 6.31 纵向加劲肋加强腹板和腹板有效面积　　图 6.32 实腹式构件的横向加劲肋和横隔

对较大实腹框架柱应在承受较大横向力处和每个运送单元的两端设置横隔(图6.32)。构件较长时并应设置中间横隔,其间距不大于构件截面较大宽度的 9 倍和 8 m,其作用是保持截面形状不变,提高构件的抗扭刚度,防止在施工和运输过程中变形。

在设置构件的侧向支承点时,对截面高度较小的构件,可仅在腹板(加肋或隔)中央部位支撑;对截面高度较大或受力较大的构件,则应在两个翼缘面内同时支承,如框架柱间支撑应在两个翼缘平面内各设一肢,用缀条或缀板互相联系。

# 6.5 多层钢结构支撑设计

## 【基　　础】

### ◆中心支撑的设计特点

风荷载作用下,中心支撑具有较大的侧向刚度,可有效地减小结构的水平位移、改善结构的内力分布。但在水平地震作用下,会产生如下后果。

(1)中心支撑容易产生侧向屈曲,支撑斜杆重复压屈后,其受压承载力急剧下降。

(2)支撑的两侧柱子产生压缩变形和拉伸变形时,由于支撑的端节点实际构造做法并非铰接,引发支撑产生很大的内力和应力。

(3)往复的水平地震作用,斜杆会从受压的压屈状态变为受拉的拉伸状态,将对结构产生冲击性作用力,使支撑及其节点和相邻的构件产生很大的附加应力。

(4)同一层支撑框架内的斜杆轮流压屈又不能恢复(拉直),楼层的受剪承载力迅速降低。

### ◆偏心支撑的基本性能

偏心支撑框架的支撑斜杆至少有一端偏离梁柱节点,或偏离另一方向的支撑与梁构成的节点。支撑与柱或支撑与支撑之间的一段梁称为耗能梁段。这种具有耗能梁段的偏心支撑框架兼有抗弯框架和中心支撑框架的优点。

偏心支撑框架在多遇地震作用下,结构为弹性,在罕遇地震作用下,梁段剪切屈服,非线性剪切变形耗能。支撑、柱和除耗能梁段以外的梁在相应梁段1.6倍设计抗剪承载力的荷载作用下,仍为弹性,这使得耗能梁段成为结构体系中最薄弱的部位,即偏心支撑框架中的保险丝,防止了支撑受压屈曲之类的破坏。

## 【实　　务】

### ◆中心支撑杆件长细比限值

支撑杆件的滞回性能与杆件的长细比、端部支承条件、截面形状、板件宽厚比、杆件初始缺陷和钢材性能等因素有关。支撑杆件在轴向往复荷载作用下,其抗拉和抗压承载力均有不同程度的降低,在弹塑性屈曲后,支撑杆的抗压承载能力退化更为严重。支撑杆件的长细比是影响其性能的重要因素。小长细比杆件滞回曲线更丰满,耗能性能更好,大长细比杆件则相反。

试验研究表明,在反复拉压作用下,长细比大于 $40\sqrt{235/f_y}$ 的支撑承载力将显著降低。多层钢结构中的支撑杆件长细比不宜大于表6.6中的限值。

### 表6.6 中心支撑杆件长细比限值

| 杆件性质 | 抗震设防烈度<br>非抗震设防结构 | 抗震设防 6~7度 | 抗震设防 8~9度 |
|---|---|---|---|
| 按压杆设计 | 150 | 150 | 120 |
| 按拉杆设计 | 300 | 200 | 150 |

注:表中所列数值适用于 Q235 钢,采用其他牌号钢材应乘以 $\sqrt{235/f_y}$。

支撑斜杆应尽可能采用双轴对称截面。当采用单轴对称截面(如双角钢组成的T形截面)时,应采取防止绕对称轴屈曲的构造措施。试验结果表明,由双角钢组成的T形截面支撑斜杆,绕截面对称轴失稳时,其滞回性能和耗能容量将因杆件弯扭屈曲及单肢屈曲而急剧下降。因此,双角钢组合的T形截面不宜用于设防烈度为7°及以上的中心支撑杆件。按7°及以上抗震设防的结构,当支撑填板连接的双肢组合构件时,肢件在填板间的长细比不应大于构件最大长细比的1/2,且不应大于40。

### ◆中心支撑的杆件宽厚比限值

影响局部稳定的重要因素为板件的宽厚比,它直接影响支撑杆件的承载能力和耗能能力。在往复荷载作用下比单向静力荷载作用下更易失稳。一般满足静力荷载下充分发生塑性变形能力的宽厚比限值,不能满足往复荷载作用下发生塑性变形能力的要求,应该更小一些,以利于抗震。板件宽厚比应与支撑杆件长细比相匹配,对于小长细比支撑杆件,宽厚比应更严一些,对于大长细比的支撑杆件,宽厚比可放宽。6度抗震设防和非抗震设防时,板件宽厚比可按现行《钢结构设计规范》(GB 50017—2003)的规定采用。多层抗震设防结构中的支撑杆件板件的宽厚比不宜大于表6.7 中的限值。

### 表6.7 中心支撑杆件板件宽厚比限值

| 板件名称 | 7度 | 8度 | 9度 |
|---|---|---|---|
| 翼缘外伸部分 | 13 | 11 | 9 |
| 工字形截面腹板 | 33 | 30 | 27 |
| 箱形截面腹板 | 31 | 28 | 25 |

注:表中所列数值适用于 Q235 钢,采用其他牌号钢材应乘以 $\sqrt{235/f_y}$。

### ◆中心支撑的杆件受压承载力验算

在往复荷载作用下,支撑斜杆反复受压、受拉,且受压屈服后的变形增长很大,转而受拉时不能完全拉直,这样就造成受压承载力再次降低,即出现弹塑性屈曲后承载力退化的现象。支撑杆件屈曲后,最大受压承载力的降低是明显的,长细比越大,退化程度越严重,在计算支撑斜杆时应考虑这种情况。在多遇地震作用效应组合下,支撑斜杆受压承载力验算按下式进行:

$$\frac{N}{\varphi A_{\mathrm{br}}} \leqslant \eta f \tag{6.54}$$

式中 $\eta$——强度降低系数,可由下式计算:

$$\eta = \frac{1}{1 + 0.35\lambda_n} \tag{6.55}$$

$\lambda_n$——支撑杆件的正则化长细比,;

$f$——钢材强度设计值,因为考虑了地震,因此还应除以抗震承载力调整系数$\gamma_{RE}$。

## ◆偏心支撑耗能梁段的设计

偏心支撑框架设计的基本概念是使耗能梁段进入塑性状态,而其他构件仍处于弹性状态。设计良好的偏心支撑框架,除柱脚有可能出现塑性铰外,其他塑性铰均出现在梁段上。

### 1. 耗能梁段的承载力

耗能梁段可分为剪切屈服型和弯曲屈服型两种。剪切屈服型梁段短,梁端弯矩小,主要是由剪力使梁段屈服。弯曲屈服型梁段长,梁端弯矩大,容易形成弯曲塑性铰。耗能梁段的净长$e$符合下式条件的为剪切屈服型,反之为弯曲屈服型。

$$e \leq 1.6 M_p / V_p \tag{6.56}$$

式中 $M_p$——耗能梁段的塑性抗弯承载力;
  $V_p$——耗能梁段的塑性抗剪承载力。

取材料的屈服剪力$\tau_y$为弯曲屈服应力$f_y$的$1/\sqrt{3}$,即

$$\tau_y = f_y / \sqrt{3} = 0.58 f_y \tag{6.57}$$

假设梁段为理想的塑性状态,截面塑性抗剪承载力$V_p$和塑性抗弯承载力$M_p$分别按下式计算:

$$V_p = 0.58 f_y h_0 t_w \tag{6.58}$$

$$M_p = W_p f_y \tag{6.59}$$

式中 $h_0$——梁段腹板计算高度;
  $t_w$——梁段腹板厚度;
  $W_p$——梁段截面塑性抵抗矩。

梁段中作用轴力时,应考虑轴力对抗弯承载力的降低,其折减的塑性抗弯承载力为:

$$M_{pc} = W_p (f_y - \sigma_N) \tag{6.60}$$

式中 $\sigma_N$——由轴力在梁段翼缘产生的平均正应力,并按下式计算。

耗能梁段净长$e < 2.2 M_p / V_p$时,$\sigma_N = \dfrac{V_p}{V_{lb}} \cdot \dfrac{N_{lb}}{2 b_f t_f}$ (6.61)

耗能梁段净长$e \geq 2.2 M_p / V_p$时,$\sigma_N = \dfrac{N_{lb}}{A_{lb}}$ (6.62)

当$\sigma_N < 0.15 f_y$时,取$\sigma_N = 0$。

式中 $V_{lb}$、$N_{lb}$——梁段的剪力设计值和轴力设计值;
  $b_f$——梁段翼缘宽度;

$t_\mathrm{f}$——梁段翼缘厚度;
$A_\mathrm{lb}$——梁段截面面积。

耗能梁段为剪切屈服时,梁段中的计算轴力都很小,可忽略其对塑性抗弯强度的影响。

耗能梁段宜采用剪切屈服型,剪切屈服型连梁的耗能性能优于弯曲屈服型。试验证明,剪切屈服型耗能梁段,对偏心支撑框架抵抗大震特别有利。与柱相连的梁段也不应设计成弯曲屈服型连梁,弯曲屈服会导致翼缘压曲和水平扭转屈曲。试验发现,长梁段的翼缘在靠近柱的位置处出现裂缝,梁端与柱连接处有很大的应力集中,受力性能很差。而剪切屈服时,在腹板上形成拉力场,仍能使梁保持其强度和刚度。

梁段的长短是设计的关键,短的梁段能使框架的弹性刚度增大,不过,梁段越短,塑性变形越大,可能导致过早地塑性破坏。当梁段长 $e = 1 \sim 1.3 M_\mathrm{p}/V_\mathrm{p}$ 时,该梁段对偏心支撑框架的承载力、刚度和耗能特别有效。

剪切屈服型梁段,剪力完全由腹板承担,设计剪力不超过腹板抗剪承载力的80%,使其在多遇地震作用下仍保持弹性。弯矩和轴力由翼缘承担。腹板和翼缘的承载力分别按下式计算:

$$\frac{V_\mathrm{lb}}{0.8 \times 0.58 h_0 t_\mathrm{w}} \leqslant f \tag{6.63}$$

$$\left(\frac{M_\mathrm{lb}}{h - t_\mathrm{f}} + \frac{N_\mathrm{lb}}{2}\right) \frac{1}{b_\mathrm{f} t_\mathrm{f}} \leqslant f \tag{6.64}$$

式中 $h$——梁段的截面高度;
$M_\mathrm{lb}$——梁段的弯矩设计值;
$N_\mathrm{lb}$——梁段的轴力设计值。

弯曲屈服型梁段,剪力由腹板承担,腹板承载力仍由上式计算,弯矩和轴力由腹板和翼缘共同承担。翼缘承载力按下式计算:

$$\frac{M_\mathrm{lb}}{W} + \frac{N_\mathrm{lb}}{A_\mathrm{lb}} \leqslant f \tag{6.65}$$

式中 $W$——梁段截面抵抗矩;
$f$——钢材强度设计值,有地震组合时应考虑抗震承载力调整系数。

一般梁段只需作抗剪承载力验算,即使梁段的一端为柱时,虽然梁端弯矩较大,但由于弹性弯矩向梁段的另一端重分布,在剪力到达抗剪承载力之前,不会发生严重弯矩屈曲。

**2. 耗能梁段的板件宽厚比**

耗能梁段板件宽厚比的要求比一般框架梁略微严格。翼缘板自由外伸宽度 $b_\mathrm{f}$ 与其厚度 $t_\mathrm{f}$ 之比应符合下式要求:

$$b_\mathrm{f}/t_\mathrm{f} \leqslant 8\sqrt{235/f_\mathrm{y}} \tag{6.66}$$

腹板的计算高度 $h_0$ 与其厚度之比,应符合下式要求:

$$h_0/t_w \leqslant \left(72 - 100\frac{N_{lb}}{A_{lb}f}\right)\sqrt{235/f_y} \qquad (6.67)$$

耗能梁段的腹板不得加焊贴板以提高其强度。试验表明,焊在梁段腹板上的贴板并不能充分发挥作用,并且有违背其剪切屈服的原意。梁段腹板上也不得开洞,否则,将使耗能梁段的性能复杂化,导致偏心支撑框架性能的不好预测。

### ◆偏心支撑杆件的设计

偏心支撑框架的设计要求是在足够大的地震效应作用下,耗能梁段屈服而支撑不屈服。为了满足这一要求,支撑的设计抗压承载力至少应为梁段屈服时支撑轴力的 1.6 倍,才能保证梁段进入非弹性变形而支撑不屈曲。偏心支撑的轴向力设计值 $N_{br}$ 取式(6.68)和(6.69)中的较小者。

$$N_{br} = 1.6\frac{V_p}{V_{lb}}N_{br,com} \qquad (6.68)$$

$$N_{br} = 1.6\frac{M_{pc}}{M_{lb}}N_{br,com} \qquad (6.69)$$

式中 $N_{br,com}$ ——在竖向荷载和水平荷载最不利组合作用下的支撑轴心压力。

以上支撑轴心压力的设计值适用于各种类型偏心支撑,对人字形和 V 形支撑不应再像中心支撑一样乘以 1.5 倍的增大系数。

偏心支撑斜杆的强度按下式计算:

$$\frac{N_{br}}{\varphi A_{br}} \leqslant f \qquad (6.70)$$

式中 $A_{br}$ ——支撑的截面面积;
$\varphi$ ——由支撑长细比确定的轴心受压杆件稳定系数;
$f$ ——钢材强度设计值,有地震组合时应考虑抗震承载力调整系数。

耗能梁段适当增设加劲肋后,其极限抗剪承载力超过 $0.9f_y h_0 t_w$,为设计用抗剪承载力 $0.58f h_0 t_w$ 的 1.63 倍,式(6.68)和(6.69)采用的系数 1.6 为最小值,设计时可将支撑截面适当加大。

## 6.6 多层钢结构的节点设计

### 【基  础】

◆ **多层钢结构节点的构造**

在节点设计中,节点的构造应避免采用约束度大和易产生层状撕裂的连接形式,如T形接头、十字接头和角部接头等(图6.33),这些地方的约束程度使得母材在厚度方向引起应变,由于延性有限而无法调整,应采用合理的连接构造,如图6.34所示。

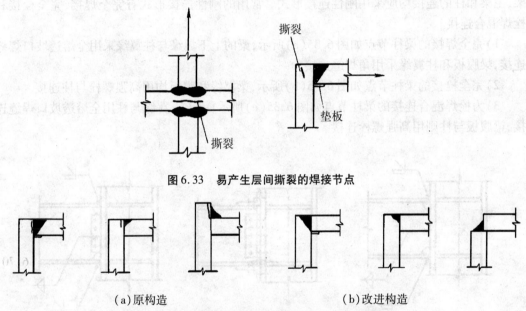

图6.33 易产生层间撕裂的焊接节点

(a)原构造　　　　　　　　　　(b)改进构造

图6.34 易产生层间撕裂的焊接节点及相应的改进措施

◆ **多层钢结构节点设计基本原则**

多层钢结构中的基本构件是梁、柱和支撑,因此结构体系中包括的主要节点类型有梁柱连接节点、柱与基础连接节点(柱脚)、主梁与次梁连接节点、梁-梁拼接节点、柱-柱拼接节点以及支撑与梁柱连接节点等。

多层框架结构中各类节点设计时,一般应遵循以下原则:

(1)节点受力应力求传力简捷、明确,使计算分析与节点的实际受力情况相一致。

(2)保证节点连接有足够的强度,使结构不致因连接弱而引起破坏。

(3)节点连接应具有良好的延性。建筑结构钢材本身具有很好的延性,对抗震设计十分重要,但这种延性在结构中不一定能体现出来,这主要是由于节点的局部压曲和脆性破坏而造成的,因此在设计中应采用合理的细部构造,避免采用刚度大和易产生层状撕裂的连接形式。

(4)构件的拼接一般应按等强度原则设计,也即拼接件和连接强度应能传递断开截面的最大承载力。

(5)为便于加工和安装时容易就位及调整,应尽量简化节点构造。

# 【实　务】

## ◆梁与柱的连接节点设计

### 1. 刚性连接

(1)梁柱刚性连接节点的构造。梁柱刚性连接应具有足够刚度,可以承受设计要求的弯矩,在达到承载能力之前,所连接的梁柱之间不发生相对转动。对于需要抵抗水平荷载的框架,主梁和柱的连接均应采用刚性连接形式。常用的刚性连接形式有完全焊接、完全栓接和栓焊混合连接。

1)完全焊接的梁柱节点如图6.35(a)所示,梁的上下翼缘与柱翼缘采用全熔透坡口焊缝连接,梁腹板和柱翼缘采用角焊缝连接。

2)完全栓接的梁柱节点如图6.35(b)所示,梁翼缘和腹板均用高强螺栓与柱连接。

3)为栓焊混合连接的梁柱节点如图6.35(c)所示,梁上下翼缘与柱用全熔透坡口焊缝连接,梁腹板与柱则用高强螺栓连接。

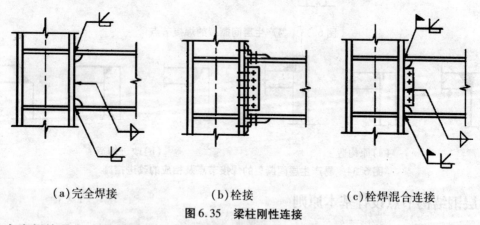

(a)完全焊接　　　　　(b)栓接　　　　　(c)栓焊混合连接

图6.35　梁柱刚性连接

完全焊接节点一般在工厂加工时采用,而栓焊混合节点和完全栓接节点通常用于现场安装。

对于梁柱节点处有支撑的连接可采用如图6.36所示的构造,其特点为:梁翼缘端部放宽,以便和柱翼缘及腹板都能焊接相连;工地连接均为高强螺栓连接,柱出厂时带有短梁段。

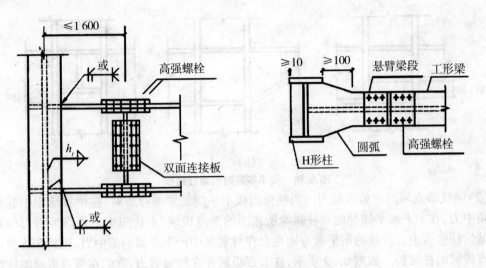

图 6.36　梁柱节点处有支撑的连接

H 型钢梁与钢管混凝土柱的刚性连接通常采用外连式水平加劲板进行连接,如图 6.37 所示,加劲板与钢管柱在工厂焊接好后,在工地上与钢梁腹板用高强螺栓连接,与梁翼缘采用熔透的对接焊缝连接是一种栓焊混合连接。

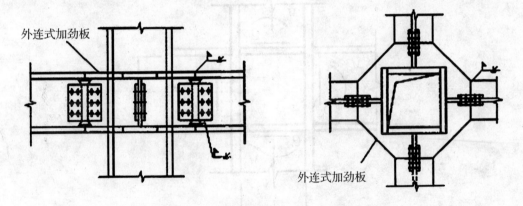

图 6.37　H 型钢梁与钢管混凝土柱的刚性连接

梁翼缘与柱焊接时,由于翼缘传递的弯矩很大,应采用全熔透坡口焊缝,坡口角度宜为 30～35°,施焊时焊条保持适当的角度,被连接件应留 6～10 mm 的焊根开口,使焊条能伸到连接构件的底部。为了保证焊缝全长有效,在梁上下翼缘底面设置钢衬板,钢衬板应比梁翼缘宽,伸出长度不小于 2 $t$ ($t$ 为梁翼缘厚度),且不小于 30 mm,钢衬板厚度约为 8～10 mm。为了方便梁翼缘处的施焊,梁腹板两端应切割成弧形切角,切角半径通常采用 35 mm。弧形切角端部与梁翼缘的连接处,应以 10 mm 半径的圆弧光滑过渡。

两侧梁高不等时的连接形式如图 6.38 所示。柱腹板在每个梁的翼缘处均应设置水平加劲肋,加劲肋的间距不应小于 150 mm,且不应小于水平加劲肋的宽度。当不满足此要求时,应调整梁的端部高度(图 6.38),腋部的坡度不得大于 1∶3。

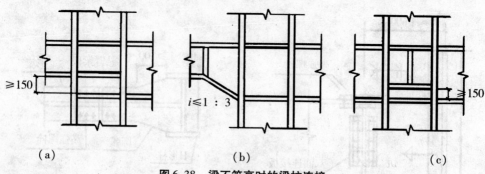

图 6.38 梁不等高时的梁柱连接

（2）梁柱节点域的抗剪承载力。当柱受到极不平衡的梁端弯矩时，在梁翼缘中引起相当大的集中力，在上下水平加劲肋和柱翼缘所包围的节点板域，上述集中力将作为剪力传到节点板域的柱腹板上。柱端的不平衡弯矩也会在柱翼缘中产生类似的集中力，也将作为剪力传给节点板域的柱腹板。如图 6.39 所示，在节点板域存在两对剪力，它们在节点板域的柱腹板上引起对角方向的压力，若柱腹板厚度不够，板域可能先于节点连接屈曲，这对框架的整体性能影响较大，这也是节点设计中的一个薄弱环节，应予以充分重视。

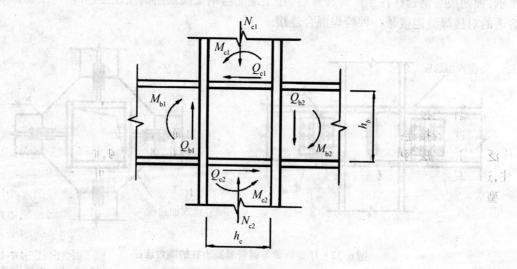

图 6.39 梁柱节点域的剪力和弯矩

1）强度计算。工程设计通常采用如下简化计算公式：

$$\tau = \frac{M_{b1} + M_{b2}}{V_p} \leq \frac{4}{3} f_v \tag{6.71}$$

式中 $M_{b1}$、$M_{b2}$——节点两侧梁端弯矩设计值；

$V_p$——节点板域腹板的体积：对 H 形截面柱 $V_p = h_b h_c t_p$，对箱形截面柱 $V_p = 1.8 h_b h_c t_p$；

$t_p$——节点域板的厚度；

$h_b$、$h_c$——梁、柱腹板高度；

$f_v$——节点域钢板的抗剪强度设计值,抗震设计时,应除以抗震调整系数 $\gamma_{RE}$。

当柱腹板节点域不满足上式时,则需要柱腹板局部加厚或在节点域设斜向加劲肋。

2)稳定性计算。节点域板厚应满足下式:

$$t_p \geq \frac{h_{wc} + h_{wh}}{90} \tag{6.72}$$

式中  $h_{wb}$、$h_{wc}$——梁、柱腹板的高度。

3)7度及以上抗震设防结构的计算。为了不使节点板域厚度太大,影响地震能量吸收,还应验算受剪屈服应力,公式如下:

$$\tau = \frac{\alpha(M_{pb1} + M_{pb2})}{V_p} \leq \frac{4}{3}f_v \tag{6.73}$$

式中  $M_{pb1}$、$M_{pb2}$——节点两侧梁端截面全塑性受弯承载力;

$\alpha$——系数,6度设防Ⅳ类场地和7度设防时取0.6,8、9度设防时可取0.7。

另外,8、9度设防时,为确保大震时节点域的稳定性,节点域板的厚度应符合下式:

$$t_p \geq \frac{h_{wc} + h_{wh}}{70} \tag{6.74}$$

**2. 柔性连接**

梁柱的铰接连接(又称为柔性连接)构造简单、传力简捷、施工方便,在实际工程中也被广泛应用。多层钢框架中可由部分梁和柱刚性连接组成抗侧力结构,而另一部分梁铰接于柱,这柱只承受竖向荷载。设有足够支撑的非地震区多层框架原则上可全部采用柔性连接,典型的柔性连接(图6.40)包括用连接角钢、端板和支托三种方式。连接角钢和图6.40(c)的端板都只把梁的腹板和柱相连,连接角钢也可用焊在柱上的板代替。连接角钢和端板或是放在梁高度中央如图6.40(a),或是偏上放置如图6.40(b)、(c)。偏上的好处是梁端转动时上翼缘处变形小,对梁上面的铺板影响小。当梁用承托连于柱腹板时,宜用厚板作为承托构件如图6.40(d),以免柱腹板承受较大弯矩。在需要用小牛腿时,则应如图6.40(e)所示做成工字形截面,并把它的两块翼缘都焊于柱翼缘,使偏心力矩 $M = R \cdot e$ 以力偶的形式传给柱翼缘。

对图6.40(a)中的铰接节点进行设计时,将连接角钢与梁腹板相连接的螺栓群 $B$,在梁端传递剪力 $R$ 和偏心弯矩 $M = R \cdot e$ 共同作用下,若采用摩擦型高强螺栓且为单角钢连接,远端受力最大的一个高强螺栓应满足下式:

$$\frac{N_v}{N_v^b} + \frac{N_t}{N_t^b} \tag{6.75}$$

$$N_v = \frac{R}{n}, N_t = N_t^M = \frac{M_{y1}}{\sum y_1^2} \qquad (6.76)$$

式中 $N_v$、$N_t$——受力最大螺栓承受的剪力和拉力；

$N_v^b$、$N_t^b$——单个高强螺栓的受剪、受拉承载力设计值；

$y_i$——各螺栓到螺栓群中心的 $y$ 方向距离；

$y_1$——最外侧螺栓至螺栓群中心的 $y$ 方向距离。

将连接角钢与柱腹板相连接的螺栓群 $A$，在梁端剪力作用下应满足下式：

$$N_v = \frac{R}{n} \leqslant N_v^b \qquad (6.77)$$

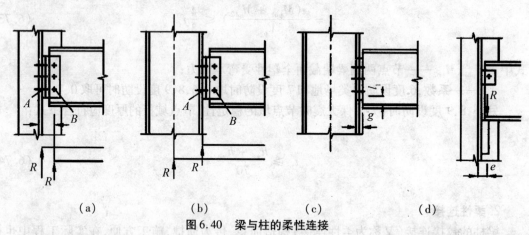

图 6.40 梁与柱的柔性连接

### 3. 半刚性连接

多层框架靠梁柱组成的刚架体系来提供抗侧刚度较为经济。层数不多或水平力不大的建筑，梁与柱可以做成半刚性连接。半刚性连接节点在梁、柱端弯矩作用下，梁与柱在节点处的夹角会产生改变。这种连接在水平荷载作用下起刚性节点的作用，而在竖向荷载作用下可以看作梁简支于柱。显然，半刚性连接必须有抵抗弯矩的能力，但无需像刚性连接那么大。这类节点多采用高强螺栓连接，图 6.41 为典型的半刚性连接。图 6.41(a) 为梁上下翼缘处采用角钢连接，刚度较弱；图 6.41(b)、(c) 采用端板将梁柱连接，图 6.41(c) 中的端板上下伸出梁高，刚度较大，如端板厚度足够大，这种连接可以成为刚性连接。图 6.41(d) 为梁的上下翼缘、腹板均采用角钢与柱连接，通常这种连接的刚度较好。

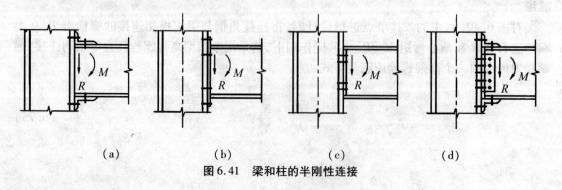

图 6.41 梁和柱的半刚性连接

## ◆柱与柱的拼接设计

### 1. 等截面柱的拼接

框架柱的拼接点应设在弯矩较小的位置,宜位于框架梁上方1.3 m处左右。在抗震设防区,应使框架柱的拼接与柱自身等强,一般采用全熔透对接坡口焊缝,也可采用摩擦型高强螺栓连接(图6.42)。在非抗震设防区,当框架柱的拼接不产生拉力时,可不按等强连接设计。焊缝连接可采用坡口部分熔透焊缝。

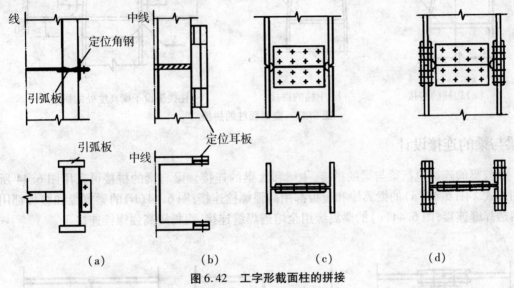

图6.42 工字形截面柱的拼接

等强拼接构造可采用以下两种定位方法:

(1)采用定位角钢和安装螺栓定位的方法如图6.42(a),即定位后施焊,然后割去引弧板和定位角钢,再补焊焊缝。

(2)采用定位耳板和安装螺栓定位的方法如图6.40(b),采用这种定位方式,焊缝可一次施焊完成。

### 2. 变截面柱的拼接

柱截面变化时,宜保持截面高度不变,而改变其板件厚度,此时柱拼接构造与等截面时相同。当柱截面高度改变时,可采用如图6.43所示的拼接构造。

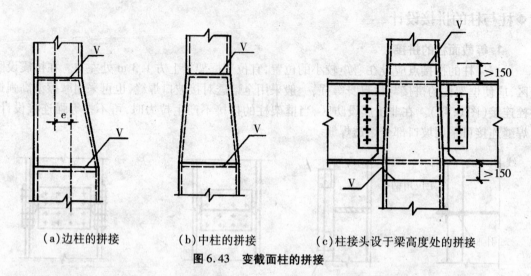

图 6.43 变截面柱的拼接

◆ 梁与梁的连接设计

梁与梁的连接包括梁与梁的拼接、主梁和次梁的连接。梁与梁的拼接可采用图 6.44 所示的形式。图 6.44(a)的梁翼缘和腹板都用高强螺栓连接;图 6.44(b)的梁翼缘和腹板都用全熔透焊缝连接;图 6.44(c)的梁翼缘用全熔透焊缝连接,腹板用高强螺栓连接。

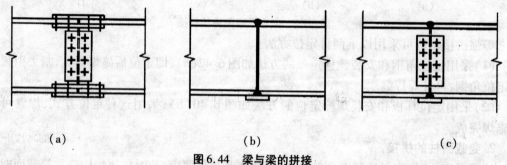

图 6.44 梁与梁的拼接

次梁与主梁的连接应将主梁作为次梁的支点,可有两种做法,即简支连接和刚性连接。实际工程中主次梁节点一般采用简支连接,常用形式如图 6.45 所示。从图 6.46 所示的主次梁刚接形式可知,连接构造和制作上比较复杂,需要把次梁作为连续梁时才采用刚性连接,这样可以节约钢材并可减小次梁的挠度。

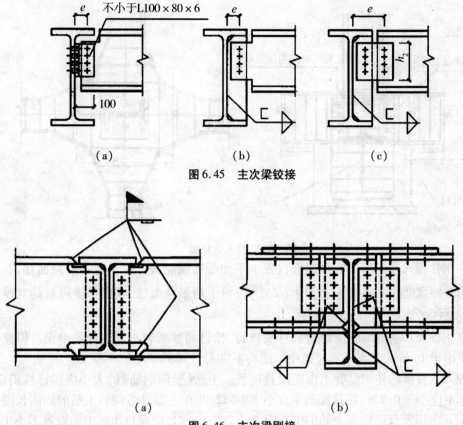

图 6.45 主次梁铰接

图 6.46 主次梁刚接

## ◆钢柱脚连接设计

(1)埋入式柱脚。将钢柱底端直接插入混凝土基础或基础梁中,然后浇筑混凝土形成刚性固定基础。

1)埋入式柱脚(如图 6.47 所示)的埋深对轻型工字形柱,不得小于钢柱截面高度的 2 倍;对于大截面工字形和箱形柱,不得小于钢柱截面高度的 3 倍。

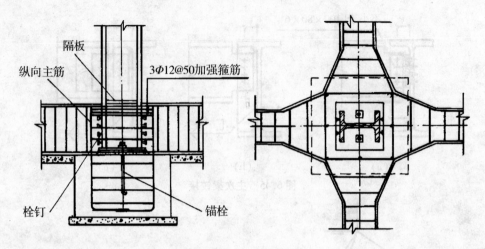

图 6.47 埋入式柱脚

2)在钢柱埋入基础部分的顶部应设置水平加劲肋或隔板。对于工字形截面柱,其水平加劲肋的外伸宽度的宽厚比不大于 $9\sqrt{235/f_y}$;对于箱形截面柱,其内部横隔板的宽厚比不大于 $30\sqrt{235/f_y}$。

3)在钢柱埋入基础部分应设置圆柱头栓钉,栓钉的数量和布置按计算确定。但栓钉的直径不应小于 16 mm,其水平和竖向中心距均不应大于 200 mm。

4)埋入式柱脚的外围混凝土内应配置钢筋。主筋(竖向钢筋)的大小应按计算确定,但其配筋率不应小于 0.2%,且其配筋不宜小于 $4\Phi22$,并在上部设弯钩。主筋的锚固长度不应小于 $35d$($d$ 为钢筋直径),当主筋的中心距大于 200 mm 时,应在每边的中间设置不小于 $\Phi16$ 的架立筋。箍筋为 $\Phi10@100$,在埋入部分的顶部增设 $3\Phi12@50$ 的三道加强箍筋。

埋入式柱脚的外围混凝土内主筋(竖向钢筋)的截面面积应按下式计算:

$$A_s = \frac{M}{d_0 f_{sy}} \tag{6.78}$$

$$M = M_0 + V_d \tag{6.79}$$

式中 $M$——作用于钢柱柱脚底部的弯矩;
$M_0$——柱脚弯矩设计值;
$V$——柱脚剪力设计值;
$d$——钢柱埋深;
$d_0$——受拉侧与受压侧纵向主筋合力点间的距离;
$f_{sy}$——钢筋抗拉强度设计值。

5)埋入式柱脚钢柱翼缘的混凝土保护层厚度,对于中柱不得小于 180 mm 如图 6.48(a),对边柱和角柱不得小于 250 mm 如图 6.48(b)、(c)。

# 第6章 多层钢结构设计

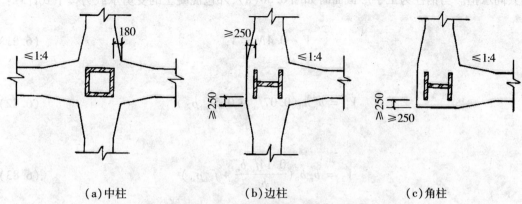

(a)中柱　　　　　　　(b)边柱　　　　　　　(c)角柱

图6.48　埋入式柱脚的保护层厚度

(2)外包式柱脚。将钢柱柱脚底板搁置在混凝土基础顶面,再由基础伸出钢筋混凝土短柱将钢柱柱脚包住,如图6.49所示。钢筋混凝土短柱的高度与埋入式柱脚的埋入深度要求相同,短柱内主筋、箍筋、加强箍筋及栓钉的设置与埋入式柱脚相同。

外包式柱脚的内力传递按以下原则进行计算:

1)轴心压力由钢柱柱脚底板直接传给钢筋混凝土基础或基础梁。

2)弯矩由焊于钢柱翼缘的抗剪栓钉先传给包脚部分的钢筋混凝土,然后再传给基础或基础梁。所以,外包钢筋混凝土(短柱)的抗弯承载力应按下式验算:

$$M \leqslant nA_s f_{sy} d_0 \tag{6.80}$$

式中　$M$——外包式柱脚底部的弯矩设计值;

　　　$A_s$——一根受拉主筋截面面积;

　　　$n$——受拉主筋的根数;

　　　$f_{sy}$——受拉主筋的抗拉强度设计值;

　　　$d_0$——受拉主筋重心至受压区主筋重心间的距离。

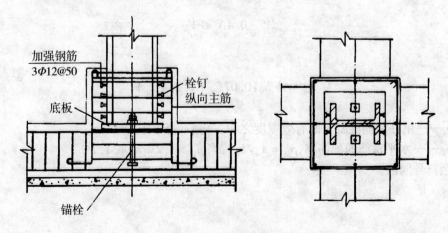

图6.49　外包式柱脚

3)水平剪力由底板和混凝土基础间的摩擦力抵消一部分,其余由包脚混凝土和水平箍

筋共同承担。当钢柱为工字形截面时如图 6.50(a),外包混凝土的受剪承载力按下式计算:

$$V - 0.4N \leqslant V_{rc} \tag{6.81}$$

$$V_1 = b_{rc}h_0(0.07f_{cc} + 0.5f_{ysh}\rho_{sh}) \tag{6.82}$$

$$V_2 = b_{rc}h_0\left(\frac{0.14f_{cc}b_e}{b_{rc}} + f_{ysh}\rho_{sh}\right) \tag{6.83}$$

$$V_{rc} = \min\{V_1, V_2\} \tag{6.84}$$

式中 $V$——柱脚剪力设计值;
$\quad N$——柱最小轴力设计值;
$\quad V_{rc}$——外包混凝土所分配到的受剪承载力;
$\quad b_{rc}$——外包钢筋混凝土总厚度;
$\quad b_e$——外包钢筋混凝土的有效宽度,$b_e = b_{e1} + b_{e2}$;
$\quad f_{cc}$——混凝土轴心抗压强度设计值;
$\quad f_{ysh}$——水平箍筋抗拉强度设计值;
$\quad \rho_{sh}$——水平箍筋的配筋率,$\rho_{sh} = A_{sh}/b_{rc}s$,当 $\rho_{sh} > 0.6\%$ 时取 $0.6\%$;
$\quad A_{sh}$——一支水平箍筋的截面面积;
$\quad s$——箍筋间距;
$\quad h_0$——混凝土受压区边缘至受拉钢筋重心的距离。

当钢柱为箱形截面时如图 6.50(b),外包混凝土受剪承载力为:

$$V - 0.4N \leqslant V_{rc} \tag{6.85}$$

$$V_{rc} = b_e h_0(0.07f_{cc} + 0.5f_{ysh}\rho_{sh}) \tag{6.86}$$

式中 $b_e$——钢柱两侧混凝土的有效宽度之和,每侧不得小于 180 mm;
$\quad \rho_{sh}$——水平箍筋的配筋率,$\rho_{sh} = A_{sh}/b_{rc}s$,当 $\rho_{sh} > 1.2\%$ 时取 $1.2\%$;
其余符号同前。

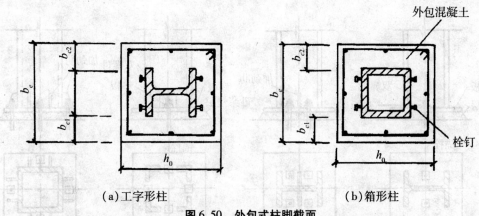

(a)工字形柱　　　　　　　　　(b)箱形柱

**图 6.50　外包式柱脚截面**

4)柱脚的栓钉起重要的传力作用。钢柱底端在弯矩作用下,柱截面的正应力使柱翼缘产生轴向力,此轴向力需通过翼缘栓钉的抗剪强度传给外包混凝土。所以,在计算平面内,钢柱一侧翼缘上的圆柱头栓钉数量 $n$ 宜按下式确定:

$$n = \frac{N_f}{N_v^s} \tag{6.87}$$

$$N_f = \frac{M}{h_c - t_f} \tag{6.88}$$

式中　$N_f$——钢柱一侧抗剪栓钉传递的翼缘轴力;

$N_v^s$——一个圆柱头栓钉的受剪承载力设计值,栓钉直径不得小于 16 mm;

$M$——外包混凝土顶部箍筋处的钢柱弯矩设计值;

$h_c$——钢柱截面高度;

$t_f$——钢柱翼缘厚度。

(3)外露式柱脚。由柱脚锚栓固定的外露式柱脚作为铰接柱脚常用在多高层建筑中有地下室的钢结构建筑,其构造简单、安装方便。铰接柱脚仅承受轴心压力和水平剪力。如图 6.51 所示为常用的铰接柱脚连接方式,其设计应符合下列规定:

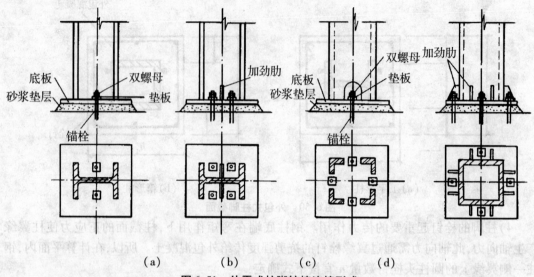

图6.51 外露式柱脚铰接连接形式

1)锚栓和支承托座应连接牢固,后者应能承受锚栓的拉力。

2)锚栓的内力应由其与混凝土之间的黏结力传递,所以锚栓深入支座内的锚固长度不应小于$25d$($d$为锚栓直径)。为防止螺栓松动,锚栓上端应设置双螺帽,锚栓下端应设弯钩,当埋设深度受到限制时,锚栓应固定在锚板或锚梁上。

3)当钢柱底板压应力出现负值时,应由锚栓来承受拉力。锚栓应采用屈服强度较低的材料,使柱脚在转动时具有足够的变形能力,所以宜采用Q235钢。锚栓直径应不小于20 mm,当锚栓直径大于60 mm时,可按钢筋混凝土压弯构件中计算钢筋的方法确定锚栓的直径。

4)钢柱底板尺寸应根据基础混凝土的抗压强度设计值确定。

5)柱脚底板的水平反力,由底板和基础混凝土间的摩擦力传递,摩擦系数取0.4。当水平反力超过摩擦力时,应在底板下部焊接抗剪键(图6.52)或外包钢筋混凝土,抗剪键的截面及埋深根据计算确定。

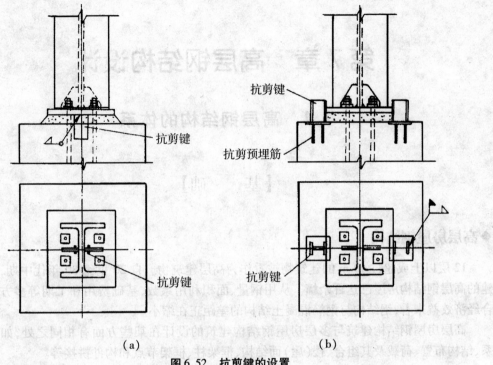

图 6.52 抗剪键的设置

# 第7章 高层钢结构设计

## 7.1 高层钢结构的体系

### 【基 础】

#### ◆ 高层房屋钢结构

12层以上或超过40 m的建筑物被看作为高层建筑物。自20世纪80年代中期,我国兴建的高层钢结构房屋已达百余幢。从用钢量、面积利用系数、基础费用和工期等多方面的综合经济效益来看,钢结构与钢筋混凝土结构的差距正在缩小。

高层房屋钢结构建筑与多层房屋钢结构建筑的设计在某些方面有相同之处,如结构体系、结构布置、荷载及其组合、楼(屋)面结构、框架柱、框架节点和构件拼接等。

#### ◆ 高层钢结构的基本体系

高层房屋钢结构的结构体系可分为框架体系、双重抗侧力体系、筒体结构体系和巨型框架体系四种类型。双重抗侧力体系主要包括框架-支撑体系、框架-剪力墙(筒体)体系和加劲的框架-核心筒体系。框架体系对于30层以上的房屋经济性欠佳,当房屋高度较大时,可采用框架和支撑或剪力墙共同抵抗侧向力作用,形成双重抗侧力体系。随着房屋层数的增加,倾覆力矩很大时,宜采用立体构件为主的结构体系。

#### ◆ 结构体系特点

根据高层结构的荷载特点,其结构体系必须包括两个抗力体系,即抗重力体系和抗水平侧力体系。后者可按结构高度、建筑形式及水平荷载大小等分别选用框架、框架-抗剪结构(支撑、抗剪墙和筒体等)各类结构体系。其中剪力墙或筒体也可采用钢筋混凝土结构,其技术经济效果更好。

为了可靠地协调结构整体工作,在构造上需设置各楼层的水平刚性楼板(一般为压型钢板与现浇混凝土的组合楼板)以及帽带、腰带水平桁架。在柱的下段需将其可靠且方便地嵌固在地下室或箱基墙中,通常将地下部分及地上若干层做成型钢混凝土结构,也称SRC结构。

#### ◆ 剪力滞后现象

框筒结构可分为单筒和束筒,单筒是梁柱在平台内侧形成的闭合体,束筒是在平台内侧形成的多个闭合体。无论单筒还是束筒,腹板框架承担绝大部分剪力而翼缘框架承担绝大部分弯矩,它们之间通过框筒束联系,如果角柱很弱,则达不到上述效果。由于梁的弹性变形,在侧向荷载的作用下,截面并不保持为平面,角柱处轴向变形为最大,离角柱越远的各柱轴向变形为最小,这种现象称为剪力滞后。

# 【实  务】

## ◆加劲的框架-支撑体系

### 1. 体系特征

在框架-支撑体系中,竖向支撑为"RF弯曲型"构件,其水平承载能力和抗弯刚度的大小与支撑的高宽比成反比。房屋很高时,由于支撑的高宽比较大,抗侧力效果显著降低,可采用加强和改进的措施为:沿竖向支撑所在平面,在房屋顶层以及每隔若干层(一般12层左右),沿房屋纵向、横向,设置一层楼高的伸臂桁架和周边桁架,将内部支撑与外圈框架柱连为一整体弯曲构件,共同抵抗水平荷载引起的倾覆力矩,这种体系即为加劲的框架-支撑体系,如图7.1所示。其效果相当于加大垂直支撑系统的有效宽度,可以提高整个结构的抗弯性能及框架-支撑体系的适用高度。

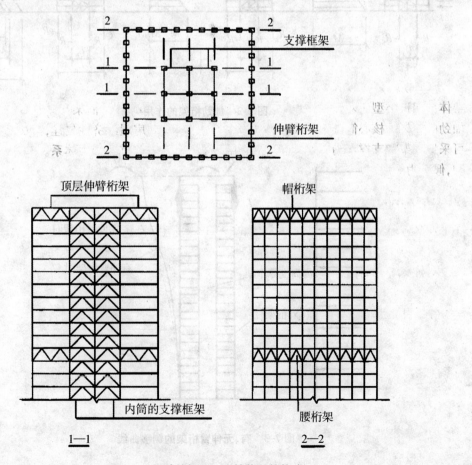

图 7.1　加劲的框架-支撑体系的构成

**2. 受力特性**

加劲的框架-支撑体系在水平荷载作用下,一侧外柱受压,另一侧外柱受拉,形成与倾覆力矩方向相反的力偶,从而减小了支撑所受的倾覆力矩(图7.2)。同时,由于伸臂桁架的强大竖向刚度和外柱的较大轴向刚度,使框架-支撑体系整体弯曲所产生的侧移也大幅度减小(图7.3)。

腰桁架具有很大的抗弯刚度及剪切刚度,可使未与伸臂桁架直接相连的外框架柱的轴向变形及相应的轴力几乎等同于与伸臂桁架相连的外框架柱,从而参与整体抗弯作用,扩大了伸臂桁架的作用和效果。

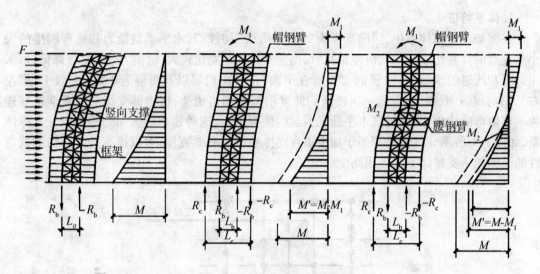

图7.2 加劲桁架的作用

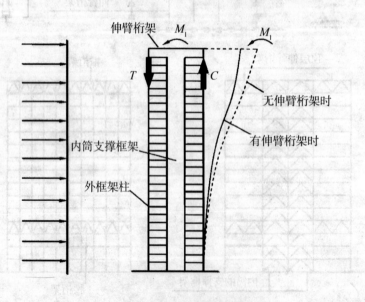

图7.3 有、无伸臂桁架的侧移曲线

### ◆ 框筒结构体系

框筒体系由外部框筒和内部承重框架组成(图 7.4)。当房屋高度超过 60 层后,结构体系必须具备更强的抗侧能力,宜把外圈柱网做成密柱深梁的框筒结构,使其能够承担水平荷载引起的水平剪力和倾覆力矩。此外,内部承重柱和各层梁也常以框架形式出现,形成承重框架,主要承担重力荷载。

框筒在水平荷载作用下发生整体弯曲时,若框筒能作为一整体并按单纯的悬臂实壁构件受弯,则框筒柱的轴力按直线分布(符合平截面假定)。但由于存在框架横梁(窗裙梁)的竖向弯剪变形,使框筒中柱的轴力不再符合平截面假定的直线分布规律,而呈非线性分布,出现"RF 剪力滞后"现象(图 7.5)。剪力滞后会降低结构的抗侧刚度,削弱框筒结构的筒体性能。通常框筒结构的柱距越大,剪力滞后效应越大。

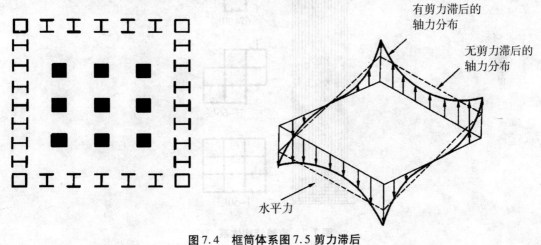

图 7.4 框筒体系图 7.5 剪力滞后

### ◆ 筒中筒结构体系

加强外筒式结构体系的方法是在内部设置强劲的剪力墙式的内筒(核心筒),从而发展成筒中筒结构体系。楼盖结构把外筒和内筒联在一起成为一整体,共同承受水平荷载和竖直荷载(常不设其他内柱)。如图 7.6 所示为筒中筒结构体系。筒中筒结构体系的高度也可以用到 100 层左右。

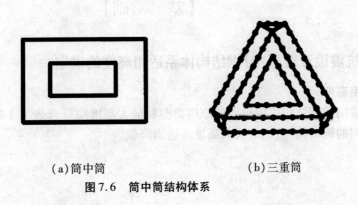

(a)筒中筒　　　　　　　　　(b)三重筒

图 7.6 筒中筒结构体系

## ◆ 束筒结构体系

筒式结构是从单筒发展到筒中筒,进而把许多个筒体排列成束筒结构体系的发展过程(图7.7)。束筒结构在承受水平荷载引起的弯矩时,改善了剪力滞后所引起的外筒式结构中各柱内力分布不均匀的缺点。

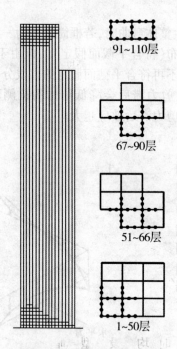

图 7.7　束筒结构体系

束筒结构体系的合适高度为 110~120 层。若采用桁架式束筒结构体系,还有可能把有效高度提高到 140 层以上。

## 7.2　高层钢结构的布置

## 【基　础】

### ◆《建筑抗震设计规范》对钢结构体系适用高度的确定

**1. 适用高度**

本节适用的钢结构民用房屋的结构类型和最大高度应符合表7.1中的规定。平面和竖向均不规则的钢结构,适用的最大高度应适当降低。

# 第7章 高层钢结构设计

表7.1 钢结构房屋适用的最大高度 单位:m

| 结构类型 | 6、7度(0.10g) | 7度(0.15) | 8度(0.20g) | 8度(0.30g) | 9度(0.40g) |
|---|---|---|---|---|---|
| 框架 | 110 | 90 | 90 | 70 | 50 |
| 框架-中心支撑 | 220 | 200 | 180 | 150 | 120 |
| 框架-偏心支撑(延性墙板) | 240 | 220 | 200 | 180 | 160 |
| 筒体(框筒,筒中筒,桁架筒,束筒)和巨型框架 | 300 | 280 | 260 | 240 | 180 |

注:1. 房屋高度指室外地面到主要屋面板板顶的高度(不包括局部突出屋顶部分)。
2. 超过表内高度的房屋,应进行专门研究和论证,采取有效地加强措施。
3. 表内的筒体不包括混凝土筒。

### 2. 建筑高宽比限值

本节适用的钢结构民用房屋的最大高宽比不宜超过表7.2中的规定。

表7.2 钢结构民用房屋适用的最大高宽比

| 烈度/度 | 6、7 | 8 | 9 |
|---|---|---|---|
| 最大高宽比 | 6.5 | 6.0 | 5.5 |

注:塔形建筑的底部有大底盘时,高宽比可按大底盘以上计算。

## ◆《高层建筑混凝土结构技术规程》对钢结构体系适用高度的确定

《高层建筑混凝土结构技术规程》对钢框架-混凝土筒体及型钢混凝土框架-混凝土筒体统称为混合结构体系。两种结构体系中的混凝土筒体,它的四角处及与钢梁或钢骨混凝土梁交接处,当设防烈度为7~9°时,均需设置型钢暗柱,因此,具有钢骨混凝土筒体的受力特性。型钢混凝土框架是指框架柱为钢骨混凝土柱,框架梁为钢梁或钢骨混凝土梁的框架。

### 1. 适用高度

钢-混凝土混合结构房屋适用的最大高度值见表7.3,其值略高于该规程的B级最大适用高度。

表7.3 钢-混凝土混合结构房屋适用的最大高度 单位:m

| 结构体系 | 非抗震设计 | 抗震设计 | | | |
|---|---|---|---|---|---|
| | | 6度 | 7度 | 8度 | 9度 |
| 钢框架-混凝土筒体 | 210 | 200 | 160 | 120 | 70 |
| 型钢混凝土框架-混凝土筒体 | 240 | 220 | 190 | 150 | 70 |

### 2. 建筑高宽比限值

钢-混凝土混合结构的建筑高宽比限值见表7.4。

表7.4 钢-混凝土混合结构的建筑高宽比限值

| 结构体系 | 非抗震设计 | 抗震设计 | | |
|---|---|---|---|---|
| | | 6、7度 | 8度 | 9度 |
| 钢框架-混凝土筒体 | 7 | 7 | 6 | 4 |
| 型钢混凝土框架-混凝土筒体 | 8 | 7 | 6 | 4 |

## 【实　务】

### ◆结构平面布置要求

为减少风压作用,结构平面布置应首选由光滑曲线构成的平面形式。圆形和椭圆形等流线型平面与矩形平面比较,风荷载体型系数大约减少30%。

尽可能地采用中心对称或双轴对称的平面形式,以减小或避免在风荷载作用下的扭转振动。常用截面形式有方形、圆形、椭圆形、矩形和正多边形。

平面尺寸的限值应符合表7.5中的要求,表中相应尺寸的示意图如图7.8所示。

表7.5　平面尺寸的限值

| 平面的长宽比 | | 凹凸部分的长宽比 | | 大洞口宽度比 |
| --- | --- | --- | --- | --- |
| $L/B$ | $L/B_{max}$ | $l/b$ | $l'/B_{max}$ | $B'/B_{max}$ |
| ≤5 | ≤4 | ≤1.5 | ≥1 | ≤0.5 |

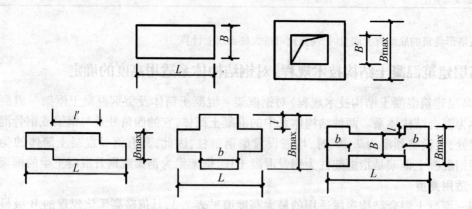

图7.8　表7.5中相应尺寸的示意图

进行平面设计时,应尽量避免平面不规则结构。

建筑形体及其构件布置的平面不规则性,应按下列要求划分:

(1)混凝土房屋、钢结构房屋和钢-混凝土混合结构房屋存在表7.6中所列举的某项平面不规则类型以及类似的不规则类型应属于不规则的建筑。

表7.6　平面不规则的主要类型

| 不规则类型 | 定义和参考指标 |
| --- | --- |
| 扭转不规则 | 在规定的水平力作用下,楼层的最大弹性水平位移或(层间位移),大于该楼层两端弹性水平位移(或层间位移)平均值的1.2倍 |
| 凹凸不规则 | 平面凹进的尺寸,大于相应投影方向总尺寸的30% |
| 楼板局部不连续 | 楼板的尺寸和平面刚度急剧变化,例如,有效楼板宽度小于该层楼板典型宽度的50%,或开洞面积大于该层楼面面积的30%,或较大的楼层错层 |

(2)砌体房屋、单层工业厂房、单层空旷房屋、大跨屋盖建筑和地下建筑的平面不规则性的划分应符合《建筑抗震设计规范》(GB 50011—2010)的相关规定。

(3)当存在多项不规则或某项不规则超过规定的参考指标较多时,应属于特别不规则的建筑。

## ◆结构竖向布置要求

使结构各层的抗侧力刚度中心与水平合力中心接近重合,各层的刚度中心应接近在同一竖直线上。

要强调建筑开间、进深的尽量统一,尽量避免以下竖向不规则结构。

建筑形体及其构件布置的竖向不规则性,应按下列要求划分:

(1)混凝土房屋、钢结构房屋和钢-混凝土混合结构房屋存在表7.7中所列举的某项竖向不规则类型以及类似的不规则类型应属于不规则的建筑。

表7.7 竖向不规则的主要类型

| 不规则类型 | 定义和参考指标 |
| --- | --- |
| 侧向刚度不规则 | 该层的侧向刚度小于相邻上一层的70%,或小于其上相邻三个楼层侧向刚度平均值的80%;除顶层或出屋面小建筑外,局部收进的水平向尺寸大于相邻下一层的25% |
| 竖向抗侧力构件不连续 | 竖向抗侧力构件(柱、抗震墙、抗震支撑)的内力由水平转换构件(梁、桁架等)向下传递 |
| 楼层承载力突变 | 抗侧力结构的层间受剪承载力小于相邻上一楼层的80% |

(2)砌体房屋、单层工业厂房、单层空旷房屋、大跨屋盖建筑和地下建筑的竖向不规则性的划分应符合《建筑抗震设计规范》(GB 50011—2010)的相关规定。

(3)当存在多项不规则或某项不规则超过规定的参考指标较多时,应属于特别不规则的建筑。

## ◆对不规则结构的设计措施及限值

建筑形体及其构件布置不规则时,应按下列要求进行地震作用计算和内力调整,并应对薄弱部位采取有效的抗震构造措施。

**1. 平面不规则而竖向规则的结构**

平面不规则而竖向规则的建筑应采用空间结构计算模型,并应符合下列要求。

(1)扭转不规则时,应计入扭转影响,且楼层竖向构件最大的弹性水平位移和层间位移分别不宜大于楼层两端弹性水平位移和层间位移平均值的1.5倍,当最大层间位移远小于规范限值时,可适当放宽。

(2)凹凸不规则或楼板局部不连续时,应采用符合楼板平面内实际刚度变化的计算模型;高烈度或不规则程度较大时,宜计入楼板局部变形的影响。

(3)平面不对称且凹凸不规则或局部不连续,可根据实际情况分块计算扭转位移比,对扭转较大的部位应采用局部的内力增大系数。

**2. 平面规则而竖向不规则的结构**

平面规则而竖向不规则的建筑,应采用空间结构计算模型,刚度小的楼层的地震剪力应乘以不小于1.15的增大系数,其薄弱层应按《建筑抗震设计规范》(GB 50011—2010)的相关规定进行弹塑性变形分析,并应符合下列要求:

(1)竖向抗侧力构件不连续时,该构件传递给水平转换构件的地震内力应根据烈度高低和水平转换构件的类型、受力情况、几何尺寸等,乘以1.25~2.0的增大系数。

(2)侧向刚度不规则时,相邻层的侧向刚度比应依据其结构类型符合《建筑抗震设计规范》(GB 50011—2010)的相关规定。

(3)楼层承载力突变时,薄弱层抗侧力结构的受剪承载力不应小于相邻上一楼层的65%。

**3. 平面不规则且竖向不规则的结构**

平面不规则且竖向不规则的建筑应根据不规则类型的数量和程度,有针对性地采取不低于1、2条要求的各项抗震措施。特别不规则的建筑,应经专门研究,采取更有效的加强措施或对薄弱部位采用相应的抗震性能化设计方法。

## ◆刚通体结构体系的布置要求:

**1. 钢框筒体系的布置原则**

(1)为了更好地发挥框筒的立体作用,框筒结构高宽比不宜小于3。

(2)框筒平面宜接近正方形、圆形或正三角形,框筒的平面边长不宜大于45 m,否则剪力滞后现象会较严重。

(3)框筒柱距一般为1.0~3.0 m,且不宜超过4.5 m和层高。

(4)角柱应采用方箱形柱,控制角柱截面积为非角柱的1.5倍左右。

(5)框筒为方形、矩形平面时,宜将其做成切角方形和矩形,以减少角柱受力和剪力滞后现象。

**2. 钢筒中筒体系的布置原则**

外筒的布置同框筒体系的(1)、(2)条。外筒可采用钢框筒或钢支撑框筒,内筒采用钢支撑框筒。

(1)内外筒之间的进深一般控制在10~16 m之间,内筒的边长不宜小于相应外框筒边长的1/3。

(2)内筒高宽比大约在12左右,不宜超过15。

(3)内筒也为框筒时,其柱距宜与外框筒柱距相同,且在每层楼盖处都设置钢梁使相应内外柱相连接。

(4)为提高内外筒的整体性能以及缓解剪力滞后,可设置帽桁架和腰桁架。腰桁架一般布置在设备层,帽桁架和腰桁架一般是由相互正交的两组桁架构成,等距满布于建筑物的横(纵)向。

## ◆结构布置的连续性

**1. 防震缝及伸缩缝的设置**

(1)高层建筑钢结构不宜设置防震缝。如因不设防震缝出现薄弱部位时,应采取措施提高抗震能力。

(2)高层建筑钢结构不宜设置伸缩缝。当必须设置时,抗震设防的结构伸缩缝宽度应符合抗震缝的要求。

**2. 竖向支撑布置的连续性**

(1)抗震设防的框架-支撑体系的结构,竖向支撑(包括剪力墙墙板)宜沿竖向连续布置。除底部楼层和设置伸臂桁架所在的楼层外,竖向支撑的形式和布置在竖向宜一致。

(2)在框架-支撑体系中,竖向连续布置的支撑桁架应以剪力墙形式延伸至基础。

### 3. 加强转换层及大中庭上端楼层的水平刚度

(1)对应设置转换大梁或转换桁架的转换层,以及设备、管道孔口较多的楼层,应加强该楼层楼板的水平刚度,若采用增厚的现浇混凝土板,或设置水平刚性支撑,以使上层的水平剪力能可靠地传递到下层抗侧力结构。

(2)高层建筑上部为旅馆或公寓且有较大的中庭(敞口的天庭)时,可在中庭的上端楼层用水平桁架将中庭的开口进行连接,或采取其他增强结构抗扭刚度的有效措施。

### 4. 两种结构类型之间设置过渡层

高层建筑钢结构与下部钢筋混凝土基础或下部地下室的钢筋混凝土结构层之间,宜设置钢骨混凝土结构层作为上下两种结构类型之间的过渡层。

有关竖向侧力构件的不连续示例如图 7.9 所示,竖向抗侧力结构受剪承载力的非均匀化(有薄弱层)如图 7.10 所示。

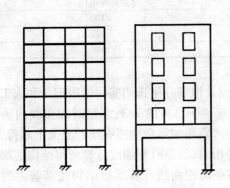
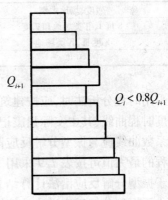

图 7.9 竖向抗侧力构件不连续示例图　　7.10 竖向抗侧力结构受剪承载力非均匀化

## 7.3 高层钢结构的荷载及组合

### 【基　础】

◆ **地震作用计算一般原则**

各类建筑结构的地震作用,应符合下列规定。

(1)一般情况下,应至少在建筑结构的两个主轴方向分别计算水平地震作用,各方向的水平地震作用应由该方向抗侧力构件承担。

(2)有斜交抗侧力构件的结构,当相交角度大于 15°时,应分别计算各抗侧力构件方向的水平地震作用。

(3)质量和刚度分布明显不对称的结构,应计入双向水平地震作用下的扭转影响;其他情况,应允许采用调整地震作用效应的方法计入扭转影响。

(4)8、9度时的大跨度和长悬臂结构及9度时的高层建筑,应计算竖向地震作用。8、9度时采用隔震设计的建筑结构,应按有关规定计算竖向地震作用。

## ◆地震作用计算的方法及选用

各类建筑结构的抗震计算,应采用下列方法:

(1)高度不超过40 m、以剪切变形为主且质量和刚度沿高度分布比较均匀的结构,以及近似于单质点体系的结构,可采用底部剪力法等简化方法。

(2)除(1)款外的建筑结构,宜采用振型分解反应谱法。

(3)特别不规则的建筑、甲类建筑和表7.8中所列高度范围的高层建筑,应采用时程分析法进行多遇地震下的补充计算;当取三组加速度时程曲线输入时,计算结果宜取时程法的包络值和振型分解反应谱法的较大值;当取七组及七组以上的时程曲线时,计算结果可取时程法的平均值和振型分解反应谱法的较大值。

表7.8 采用时程分析的房屋高度范围

| 烈度、场地类别 | 房屋高度范围/m |
|---|---|
| 8度Ⅰ、Ⅱ类场地和7度 | >100 |
| 8度Ⅲ、Ⅳ类场地 | >80 |
| 9度 | >60 |

采用时程分析法时,应按建筑场地类别和设计地震分组选用实际强震记录和人工模拟的加速度时程曲线,其中实际强震记录的数量不应少于总数的2/3,多组时程曲线的平均地震影响系数曲线应与振型分解反应谱法所采用的地震影响系数曲线在统计意义上相符,其加速度时程的最大值可按表7.9采用。弹性时程分析时,每条时程曲线计算所得结构底部剪力不应小于振型分解反应谱法计算结果的65%,多条时程曲线计算所得结构底部剪力的平均值不应小于振型分解反应谱法计算结果的80%。

表7.9 时程分析所用地震加速度时程的最大值       单位:cm/s²

| 地震影响 | 6度 | 7度 | 8度 | 9度 |
|---|---|---|---|---|
| 多遇地震 | 18 | 35(55) | 70(110) | 140 |
| 罕遇地震 | 125 | 220(310) | 400(510) | 620 |

注:括号内数值分别用于设计基本地震加速度为0.15 g和0.30 g的地区。

(4)计算罕遇地震下结构的变形,应按《建筑抗震设计规范》(GB 50011—2010)的相关规定,采用简化的弹塑性分析方法或弹塑性时程分析法。

(5)平面投影尺度很大的空间结构,应根据结构形式和支承条件,分别按单点一致、多点、多向单点或多向多点输入进行抗震计算。按多点输入计算时,应考虑地震行波效应和局部场地效应。6度和7度Ⅰ、Ⅱ类场地的支撑结构、上部结构和基础的抗震验算可采用简化方法,根据结构跨度、长度不同,其短边构件可乘以附加地震作用效应系数1.15~1.30;7度Ⅲ、Ⅳ类场地和8、9度时,应采用时程分析方法进行抗震验算。

# 【实 务】

## ◆竖向荷载

高层房屋钢结构的竖向荷载与多层房屋钢结构的竖向荷载相比有以下不同点:

(1)高层钢结构对未作具体规定的屋面或楼面活荷载,如直升机平台的活荷载等,应根据《高层民用建筑钢结构技术规程》(JGJ 99—1998)以及其他规定采用。

(2)高层房屋钢结构中,活荷载值与永久荷载值相差不大,在计算楼面及屋面活荷载的作用时,可不考虑活荷载的最不利分布,而按各跨满载简化计算。但当活荷载较大时,需将简化算得的框架梁的跨中弯矩计算值乘以 1.1~1.2 的系数,梁端弯矩值乘以 1.05~1.1 的系数予以提高。

(3)当计算侧向水平荷载与竖向荷载共同作用下结构产生的内力时,竖向荷载应按现行《建筑结构荷载规范》(GB 50009—2001)的规定折减,但在抗震计算时需另行考虑。

(4)擦窗机等清洗设备应按实际情况确定其自重和作用位置。

(5)施工中采用附墙塔和爬塔等施工设备时,应根据具体情况确定施工荷载,并进行施工阶段验算。

(6)旋转餐厅轨道和驱动设备的自重应按实际情况确定。

## ◆风荷载

(1)作用在高层建筑任意高度处的风荷载 $\omega k(kN/m^2)$ 应按下式计算:

$$\omega_k = \beta_z \mu_s \mu_z \omega_0 \tag{7.1}$$

式中 $\omega_k$——任意高度处的风荷载标准值($kN/m^2$);

$\omega_0$——高层建筑基本风压($kN/m^2$);

$\mu_s$——载体型系数;

$\mu_z$——风压高度变化系数;

$\beta_z$——顺风向高度二处的风振系数。

(2)用于高层建筑的基本风压值,应按《建筑结构荷载规范》(GB 50009—2001)规定的基本风压 $\omega_0$ 值乘以系数 1.1。对于特别重要和有特殊要求的高层建筑则乘以系数 1.2。

(3)风压高度变化系数的取值按《建筑结构荷载规范》(GB 50009—2001)的规定采用。

(4)高层建筑风载体型系数可按下列规定采用:

1)单个高层建筑的风载体型系数可按特殊规定采用。

2)在城市新建高层建筑(其高度为 $H$)中,当邻近已有一些高层建筑(其高度为 $H_0$)且 $H_0 \leq H/2$ 时,应根据新旧高层建筑距离 $d$ 的大小,考虑对高层建筑体型系数 $\mu_s$ 的增大影响,即:当 $d \leq H_0$ 时增大系数取 1.3;当 $d \geq 2H_0$ 时增大系数取 1.0。$d$ 为中间值时,增大系数按线性内插法计算。

对于特别重要或不规则的高层建筑,增大系数宜按建筑群模拟风洞试验确定。

3)周围环境复杂、外形极不规则的高层建筑体型系数也应按风洞试验确定。进行墙面、墙面构件、玻璃幕墙及其连接的局部验算时,对于负压区应采用局部体型系数,此时不再采用上述2)项中的增大系数。

(5)沿高度为等截面的高层钢结构,顺风向风振系数可按相关规定采用。

(6)当高层建筑顶部有小体型的突出部分(如电梯井伸出屋顶和屋顶瞭望塔建筑等)时,设计应考虑鞭梢效应。

(7)在风荷载作用下圆筒形高层建筑钢结构有时会发生横风向的涡流共振现象,为了避免发生横风向共振,设计圆筒形高层建筑钢结构时,应满足以下控制条件。

$$V_H < V_{cr} \tag{7.2}$$

式中 $V_H$——高层建筑顶部风速,$V_H = 40$;

$V_{cr}$——临界风速,$V_{cr} = 5D/T_1$。其中,$D$ 为高层建筑的直径;$T_1$ 为高层建筑的基本周期。

当不能满足这一控制条件时,一般可增加刚度,使自振周期减小来提高临界风速或进行横风向涡流脱落共振试验。

## ◆地震作用

高层建筑钢结构的地震作用计算方法有底部剪力法、振型分解反应谱法和时程分析法。高层建筑钢结构应根据不同情况,分别采用不同的地震作用计算方法。

**1. 底部剪力法**

高层建筑钢结构地震作用的底部剪力法计算同多层建筑钢结构。

**2. 振型分解反应谱法**

采用振型分解反应谱法时,不进行扭转耦联计算的结构,应按下列规定计算其地震作用和作用效应:

(1)结构 $j$ 振型 $i$ 质点的水平地震作用标准值,应按下列公式计算:

$$F_{ij} = \alpha_j \gamma_j x_{ji} G_i \quad (i = 1,2,\cdots,n; j = 1,2,\cdots,m) \tag{7.3}$$

$$\gamma_j = \frac{\sum_{i=1}^{n} X_{ji} G_i}{\sum_{i=1}^{n} X_{ji}^2 G_i} \tag{7.4}$$

式中 $F_{ji}$——$j$ 振型 $i$ 质点的水平地震作用标准值;

$\alpha_j$——相应于 $j$ 振型计算周期 $T_j$ 的地震影响系数;

$\gamma_j$——$j$ 振型的参与系数;

$X_{ji}$——$j$ 振型 $i$ 质点的水平相对位移。

(2)水平地震作用效应(弯矩、剪力、轴向力和变形),当相邻振型的周期比小于 0.85 时,可按下式确定:

$$S = \sqrt{\sum S_j^2} \tag{7.5}$$

式中　$S$——水平地震作用标准值的效应;

　　　$S_j$——$j$ 振型水平地震作用产生的效应,可只取前 2~3 个振型,当基本自振周期大于 1.5S 或房屋高宽比大于 5 时,振型个数可适当增加。

**3. 弹性时程分析法**

(1) 地震波的选用

1) 地震波的最少组数。作弹性时程分析时,所选用的地震波组数不少于二组实际强震记录和一组人工模拟的加速度时程曲线。

2) 采用适用的地震波。适用的地震波应符合下列要求。

①应按建筑物的场地类型(Ⅰ~Ⅳ类)和设计特征周期分组的组号(一~三组)选用特性基本相符的地震波。由于时程分析程序中常提供各组地震波的场地类别,故实际工程中常以此作判别。

②对上述不少于 3 条波的计算进行数值核查。数值核查有两个方面,一是这些波的平均地震影响系数曲线应与振型分解反应谱法所采用的地震影响系数曲线在统计意义上相符;统计意义上相符是指对这两条曲线作数值比较,核查在各周期点上的地震影响系数值相差不大于 20%;另一方面是指每条时程曲线计算所得的结构底部剪力不应小于振型分解反应谱法计算结果的 65%,多条时程曲线计算所得的结构底部剪力的平均值不应小于振型分解反应谱法计算结果的 80%。

③时程曲线的持续时间一般宜为结构基本周期的 5~10 倍,《高层建筑混凝土结构技术规程》(JGJ 3—2002)规定不宜小于 3~4 倍,也不宜少于 12s,数值化时距为 $0.01s$ 或 $0.02s$。

(2) 地震加速度最大值。

时程分析法采用的地震加速度最大值应符合表 7.9 中规定的数值。对于实际强震记录和人工模拟波的最大加速度值大于表中数值时,需作相应调整。

(3) 时程分析法计算结果的取用。

采用时程分析进行计算时,可取多条时程曲线计算结果的平均值与振型分解反应谱法计算结果的较大值。时程分析法输出结果,主要有水平位移、层间位移、倾覆力矩和水平剪力等四种包络图,其中以层间位移和水平剪力包络图更具有比较意义,也便于应用。从层间位移包络图中,常可查找有无刚度突变部位和薄弱层部位,相应的可确定需要采取加强措施的部位。从水平剪力包络图中,可对三条地震波的水平剪力平均值曲线与振型分解反应谱法的水平剪力值曲线进行对比,如前者的某些楼层部位的剪力值大于后者,则宜对后者的剪力值做相应增大,否则可不予调整。

## ◆ 荷载组合

**1. 承载能力极限状态设计**

荷载组合按基本组合,直接表达式见表 7.10 和表 7.11。

**表7.10 不考虑地震作用效应的组合表达式**

| 荷载组合类别 | 组合表达式 | 注 |
|---|---|---|
| 楼面活荷载 | $1.2D + 1.4L_i + 1.4\max(S,L_r) + 1.4 \times 0.6W$ | 楼面活荷载起控制作用 |
| 风荷载 | $1.2D + 1.4W + 1.4 \times 0.7L_i + 1.4 \times 0.7\max(S,L_r)$ | 风荷载起控制作用 |
| 永久荷载 | $1.35D + 1.4 \times 0.7L_i + 1.4 \times 0.7\max(S,L_r) + 1.4 \times 0.6W$ | 永久荷载效应起控制作用 |

注:$D$——恒荷载标准值;$L_f$——楼面活荷载标准值;$L_r$——屋面活荷载标准值;$W$——风荷载标准值;$S$——雪荷载标准值。

**表7.11 考虑地震作用效应的组合表达式**

| 荷载组合类别 | 组合表达式 | 注 |
|---|---|---|
| 重力荷载 + 水平地震作用(不计风载,不考虑竖向地震作用效应) | $1.2(D + 0.5L_i + 0.5L_r) + 1.3(E_{hx} + 0.85E_{hy}) + 1.4 \times 0.2W$ | 按多遇地震作用计算 |
| | $1.2(d + 0.5L_i + 0.5L_r) + 1.3(0.85E_{hx} + E_{hy}) + 1.4 \times 0.2W$ | |
| | $D + 0.5L_i + 0.5L_r + E_{hx} + 0.85E_{hy}$ | 按罕遇地震作用计算 |
| | $D + 0.5L_i + 0.5L_r + 0.85E_{hy} + E_{hx}$ | |

注:$E_{hx}$、$E_{hy}$分别为$x$方向、$y$方向水平地震作用。

**2. 正常使用极限状态设计**

荷载组合按标准组合,直接表达式见表7.12和表7.13。考虑地震作用效应时,应进行多遇地震作用下的抗震变形验算。

**表7.12 不考虑地震作用效应的组合的组合表达式**

| 荷载组合类别 | 组合表达式 | 注 |
|---|---|---|
| 楼面活荷载 | $1.0D + 1.0L_i + 1.4\max(S,L_r) + 0.6W$ | 楼面活荷载起控制作用 |
| 风荷载 | $1.0D + 1.0W + 0.7L_i + 1.4 \times 0.7\max(S,L_r)$ | 风荷载起控制作用 |

注:风荷载起控制作用时,若楼面活荷载$Lr$为书库、档案库、储藏室、密集柜书库、通风机房、电梯机房等,式中组合系数0.7应改为0.9。

**表7.13 考虑地震作用效应的组合表达式**

| 荷载组合类别 | 组合表达式 |
|---|---|
| 重力荷载 + 水平地震作用 | $D + 0.5L_i + 0.5L_r + E_{hx} + 0.85E_{hy}$ |
| | $D + 0.5L_i + 0.5L_r + 0.85E_{hy} + E_{hx}$ |

# 7.4 偏心支撑框架设计

## 【基  础】

◆**设计思想**

在罕遇地震作用下通过消能梁段的屈服消耗地震能量,从而达到保护其他结构构件不破坏、防止结构整体倒塌的目的。因此,偏心支撑框架的设计原则是强柱、强支撑和弱消能梁段。

# 第7章 高层钢结构设计

## 【实 务】

### ◆设计一般规定

偏心支撑框架设计应符合下列有关规定：

(1)由于高层钢结构顶层的地震力较小,满足强度要求时支撑一般不会屈曲,因此顶层可不设消能梁段。在设置偏心支撑的框架跨,当首层的弹性承载力为其余各层承载力的1.5倍以上时,首层可采用中心支撑。

(2)消能梁段应有可靠的延性和消能能力,消能梁段以及与它同一跨内的非消能梁段的钢材屈服强度不应大于345 MPa,其截面板件的宽厚比不应大于表7.14中规定的限值。

表7.14 偏心支撑消能梁段截面板件宽厚比限值

| 板件名称 | | 宽厚比限值 |
|---|---|---|
| 翼缘外伸部位 | | $\sqrt{\dfrac{235}{f_y}}$ |
| 腹板 | 当 $\dfrac{N}{Af} \leq 0.14$ 时 | $90(1-1.65\dfrac{N}{Af})\sqrt{\dfrac{235}{f_y}}$ |
| | 当 $\dfrac{N}{Af} > 0.14$ 时 | $33(2.3-\dfrac{N}{Af})\sqrt{\dfrac{235}{f_y}}$ |

注:表中 $N$ 为消能梁段的轴力设计值; $A$ 为消能梁段的截面面积; $f$、$f_y$ 为消能梁段钢材的抗拉强度设计值和屈服强度。

(3)偏心支撑框架构件的内力设计值应按消能梁段达到受剪承载力时构件的内力乘以增大系数取用,增大系数值见表7.15。

表7.15 偏心支撑框架构件内力增大系数

| 构件名称 | 设防烈度 | |
|---|---|---|
| | 8度及以下 | 9度 |
| 支撑斜杆 | 1.4 | 1.5 |
| 消能梁段 | 1.5 | 1.6 |
| 框架柱 | 1.5 | 1.6 |

### ◆消能梁段的受剪承载力验算

消能梁段的受剪承载力应符合下列要求:

当 $N \leq 0.15Af$ 时, $V \leq \Phi V_l / \gamma_{RE}$ (7.6)

$V_l = 0.58A_w f_{ay}$ 或 $V_l = 2M_{lp}/a$,取较小值。

$$A_w = (h-2t_f)t_w$$

$$M_{lp} = fW_p$$

当 $N > 0.15Af$ 时,$V \leq \Phi V_{lc}/\gamma_{RE}$ (7.7)

$V_{lc} = 0.58 A_w f_{ay} \sqrt{1 - [N/(Af)]^2}$ 或 $V_{lc} = 2.4 M_{lp}[1 - N/(Af)]/a$,取较小值。

式中 $N$、$V$——分别为消能梁段的轴力设计值和剪力设计值;
$V_l$、$V_{lc}$——分别为消能梁段的受剪承载力和计入轴力影响的受剪承载力;
$M_{lp}$——消能梁段截面的全塑性受弯承载力;
$A$、$A_w$——分别为消能梁段的截面面积和腹板截面面积;
$W_p$——消能梁段截面的塑性截面模量;
$a$、$h$——分别为消能梁段的净长和截面高度;
$t_w$、$t_f$——分别为消能梁段的腹板厚度和翼缘厚度;
$f$、$f_{ay}$——消能梁段钢材的抗拉强度设计值和屈服强度;
$\Phi$——系数,可取 0.9;
$\gamma_{RE}$——消能梁段承载力抗震调整系数,取 0.75。

◆ **消能梁段的受弯承载力验算**

在多遇地震作用下,消能梁段的受弯承载力应按下式验算:

当 $N \leq 0.15Af$ 时,$\dfrac{M}{W} + \dfrac{N}{A} \leq f/\gamma_{RE}$ (7.8)

当 $N > 0.15Af$ 时,$\left(\dfrac{M}{h} + \dfrac{N}{2}\right)\dfrac{1}{b_f t_f} \leq f/\gamma_{RE}$ (7.9)

式中 $M$——消能梁段的弯矩设计值;
$W$——消能梁段的截面模量;
$h$——消能梁段的截面高度;
$b_f$、$t_f$——消能梁段截面的翼缘宽度和厚度。

◆ **消能梁段的构造要求**

偏心支撑的构造如图 7.11 所示。为使消能梁段在反复荷载作用下具有良好的滞回性能,发挥预期的消能作用,消能梁段应符合下列构造规定:

(1) 消能梁段净长 $a \leq 1.6 M_{lp}/V_l$ 时,称为短梁段,其塑性变形主要为剪切变形,属剪切屈服型;净长 $a > 1.6 M_{lp}/V_l$ 时,称为长梁段,其塑性变形主要为弯曲变形,属弯曲屈服型。试验研究表明,剪切屈服型消能梁段对偏心支撑框架抵抗大震特别有利。

当 $N > 0.16 A f$ 时,应设计成剪切屈服型,并符合下列规定:

当 $\dfrac{N}{V} \cdot \dfrac{A_w}{A} < 0.3$ 时,$\alpha < 1.6 \dfrac{M_{lp}}{V_l}$ (7.10)

当 $\dfrac{N}{V} \cdot \dfrac{A_w}{A} \geq 0.3$ 时,$\alpha < \left(1.15 - 0.5 \dfrac{N}{V} \cdot \dfrac{A_w}{A}\right) \cdot \dfrac{1.6 M_{lp}}{V_l}$ (7.11)

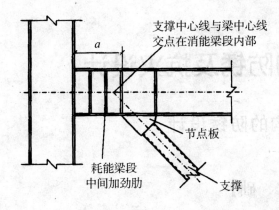 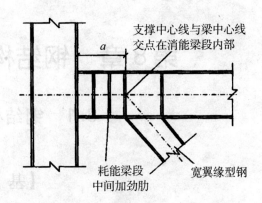

(a) 交点在消能梁段内部　　　　　　(b) 交点在消能梁段端部

**图 7.11　偏心支撑构造**

(2) 由于腹板上贴焊的补强板不能进入弹塑性状态,腹板上开洞也会影响消能梁段的腹板的弹塑性变形能力,因此腹板不得开洞和贴焊补强板,并应按下列规定设置中间加劲肋:

1) 当 $a \leqslant 1.6 M_{lp}/V_l$ 时,加劲肋间距不大于 $30t_w - h/5$。

2) 当 $2.6 M_{lp}/V_l < a \leqslant 5 M_{lp}/V_l$ 时,应在距消能梁段端部 $1.5 b_f$ 处配置中间加劲肋,且加劲肋间距不应大于 $52 t_w - h/5$。

3) 当 $1.6 M_{lp}/V_l < a \leqslant 2.6 M_{lp}/V_l$ 时,中间加劲肋的间距可在上述二者间线性插入。

4) 当 $a > 5 M_{lp}/V_l$ 时,可不配置中间加劲肋。

加劲肋应与消能梁段腹板等高,当消能梁段截面高度不大于 640 mm 时,可配置单侧加劲肋;消能梁段截面高度大于 640 mm 时,应在两侧配置加劲肋。一侧加劲肋的宽度不应小于消能梁段翼缘的外伸宽度,厚度不应小于 $t_w$ 或 10 mm。加劲肋应采用角焊缝与消能梁段腹板和翼缘焊接。

(3) 消能梁段与支撑连接处应在其腹板两侧配置加劲肋,加劲肋的高度应为梁腹板高度,一侧加劲肋的宽度不应小于消能梁段翼缘的外伸宽度,厚度不应小于 $0.75 t_w$ 或 10 mm。

(4) 消能梁段两端上下翼缘应设置侧向支撑,支撑的轴力设计值不得小于消能梁段翼缘轴向承载力设计值的 6%,即 $0.06 b f f_f$。

(5) 偏心支撑的斜杆中心线与梁中心线的交点,一般都在消能梁段的端部如图 7.11 (b),也允许在消能梁段的内部如图 7.11(a),此时将产生与消能梁段端部弯矩方向相反的附加弯矩,从而减少消能梁段和支撑杆的弯矩,有利于抗震,但交点不应在消能梁段以外。

(6) 与梁柱连接的消能梁段应符合下列要求:

1) 消能梁段的长度不得大于 $1.6 M_{lp}/V_l$。

2) 消能梁段翼缘与柱翼缘之间应采用坡口全熔透对接焊缝连接,消能梁段腹板与柱之间应采用角焊缝连接。角焊缝的承载力不得小于消能梁段腹板的轴向承载力、受剪承载力和受弯承载力。

# 第8章 钢结构防锈及抗火设计

## 8.1 钢结构的防锈设计

### 【基　　础】

◆ **钢材锈蚀等级**

钢材表面的四个锈蚀等级分别用字母 A、B、C 和 D 表示,其文字叙述如下：
A：全面地覆盖着氧化皮而几乎没有铁锈的钢材表面。
B：已经发生锈蚀,且部分氧化皮已经剥落的钢材表面。
C：氧化皮已因锈蚀而剥落,或者可以刮除,并且有少量点蚀的钢材表面。
D：氧化皮已因锈蚀而全面剥离,并且已普遍发生点蚀的钢材表面。

◆ **钢材表面除锈等级**

钢材表面除锈前,应清除厚的锈层、油脂和污垢,除锈后应清除钢材表面上的浮灰和碎屑。

**1. 手工和动力工具除锈等级**

手工和动力工具除锈可以采用铲刀、手锤或动力钢丝刷、动力砂纸盘、砂轮等工具除锈,以字母"RFSt"表示。手工和动力工具除锈等级的文字部分叙述如下。

St2——彻底的手工和动力工具除锈。

钢材表面应没有可见的油脂和污垢,并且没有附着不牢的氧化皮、铁锈和油漆涂层等附着物。

St3——非常彻底的手工和动力工具除锈。

钢材表面应没有可见的油脂和污垢,并且没有附着不牢的氧化皮、铁锈和油漆涂层等附着物。除锈比 St2 更彻底,底材显露部分的表面应具有金属光泽。

**2. 喷射或抛射除锈等级**

喷射或抛射除锈分四个等级,除文字叙述外,还有 14 张除锈等级标准照片,以共同确定除锈等级;除锈等级以字母"RFSa"表示,喷射或抛射除锈等级的文字部分叙述如下：

Sa1——轻度的喷射或抛射除锈。

钢材表面应没有可见的油脂或污垢,并且没有附着不牢的氧化皮、铁锈和油漆涂层等附着物。附着不牢是指氧化皮、铁锈和油漆除层等能用金属腻子刀从钢材表面剥离掉,即可视为附着不牢。附着物是指焊渣、焊接飞溅物和可溶性盐等。

Sa2——彻底的喷射或抛射除锈。

钢材表面没有可见的油脂和污垢,并且氧化皮和铁锈等附着物都已基本清除,其残留物应是附着牢固的。

Sa2.5——非常彻底地喷射或抛射除锈。

钢材表面没有可见的油脂、污垢、氧化皮、铁锈和油漆涂层等附着物,任何残留的痕迹应仅是点状或条纹状的轻微色斑。

Sa3——使钢材表观洁净的喷射或抛射除锈。

钢材表面应没有可见的油脂、污垢、氧化皮、铁锈和油漆涂层等附着物,该表面应显示均匀的金属光泽。

**3. 火焰除锈等级**

钢材表面除锈前,应清除厚的锈层。火焰除锈应包括在火焰加热作业后,以动力钢丝刷清除加热后附着在钢材表面的产物。火焰除锈以字母"RFF1"表示,火焰除锈等级的文字叙述如下:

F1——火焰除锈。

钢材表面应没有氧化皮、铁锈和油漆涂层等附着物,任何残留的痕迹应仅为表面变色(不同颜色的暗影)。

## 【实 务】

### ◆设计时应考虑的因素

(1)全面考虑结构的整体布置,隔离有腐蚀介质区域或限制腐蚀介质的来源,部分或全部消除有害因素。采用利于自然通风的结构布置方案,以降低有害物的含量。

(2)尽可能选用耐腐蚀性较高的低合金钢材(如16MnCu),一般含铜钢,具有良好的耐腐蚀性能。

(3)结构宜采用不易受腐蚀的合理方案,节点的构造要简单,应尽量避免采用易于积灰、积水及难于检查、清除和涂漆的截面,杆件为开口截面时,开口应向下等。

(4)尽可能采用表面面积最小的圆管和方管的管形截面。封闭的方管即便有小气孔,其内壁也不会锈蚀,故管材内壁一般可不涂刷油漆。

(5)将构件彻底除锈,并选用防锈性能良好的涂料。

(6)在加工制造中保证焊接质量。焊缝内的夹渣,易引起腐蚀。对于薄壁闭口截面,要求节点处焊接密封,以免水汽浸入。

(7)为防止破坏漆膜的完整性,应尽量避免或减少涂刷油漆后进行焊接,对施工中破坏的漆膜,应及时补涂油漆。

(8)对原材料和加工好的构件要加强管理,妥善堆放,避免生锈。

(9)设计时应对构件的基材种类、表面除锈等级、涂层结构、涂层厚度、涂装方法和使用状况以及预期耐蚀寿命等综合考虑后,提出合理的除锈方法和涂装要求。

1)除锈等级应根据钢材表面的原始状态、选用的底漆、可能采用的防锈方法以及工程造价等因素确定。

2)当采用手工除锈时,除锈质量等级应不低于现行国家标准《涂装前钢材表面锈蚀等级和除锈等级》(GB 8923—1988)的 St2 级。

3) 当采用喷射或抛射除锈时,除为轻度防锈外,除锈等级应不低于 Sa2 级。

## ◆钢材表面除锈等级确定

钢材表面处理除锈等级的确定是涂装设计的重要内容。由于钢材表面处理是影响涂层质量的主要因素,所以合理的、正确的确定除锈等级,对保证涂层质量具有非常重要的作用。

除锈等级应根据构件的使用条件确定,等级定得过高会造成人力和财力的浪费,过低又会降低涂装质量。通常情况下,对于有抗滑移系数要求的以及采用特殊涂装品种的钢构件应按 Sa2.5 等级处理,对于普通轻钢类普通防锈涂装的钢构件可按 Sa2 级处理。值得注意的是轻钢类构件经喷射处理后易产生较大的板件变形。

一般应根据以下因素确定除锈等级:
(1) 钢材表面的原始状态。
(2) 可能适用的底漆。
(3) 可能采用的除锈方法。
(4) 工程价值与要求的涂装维护周期。
(5) 经济上的权衡。

## ◆钢结构的除锈方法

钢结构构件的防腐、防锈的主要措施有涂装油漆或镀锌,对于较大的焊接类构件适宜采用涂装油漆的方法;对于小型的冷弯薄壁型钢构件可以涂装油漆,也可以用镀锌防锈。影响涂装质量的主要因素是涂装之前的钢材表面处理,有时甚至比涂料本身品种性能差异的影响更大,必须给予重视。

### 1. 常用除锈方法

轻型钢结构常用的表面除锈方法见表 8.1。

表 8.1 轻型钢结构常用的表面除锈方法

| 类别 | 工艺 | 效果 |
| --- | --- | --- |
| 手工除锈 | 手工作业法,主要工具有铲刀、钢丝刷和砂质等 | 保留了没有锈的轧制氧化皮,能基本清除浮锈和其他黏着物 |
| 机动钢丝轮除锈 | 用固定在台座上的成对钢丝轮除锈,钢丝轮中心距离可以调节 | 除锈比较彻底,可见灰白色金属光泽,适用于圆管除锈 |
| 喷砂、喷丸处理 | 用压缩空气把砂粒或钢丸"RF 吹"到钢材表面 | 除锈,去除氧化皮很彻底,可干净到露出灰白金属本色,能得到良好的表面状态,但处于喷射死角部分的钢材表面不易清理 |
| 酸洗处理 | 浸泡在硫酸、盐酸的水溶液中除锈 | 清除锈层、去除氧化皮很彻底,可干净到露出灰白色金属光泽,对复杂的构造细部也能清理;如不用缓蚀剂,会损伤母材,且需要在处理后彻底用中和液清洗 |

续表8.1

| 类别 | 工艺 | 效果 |
|---|---|---|
| 磷化处理 | 用酸洗或喷砂(丸)处理等方法,清除红锈及氧化皮后,将工件浸泡在磷酸盐溶液中,使工件表面形成磷化膜后,再进行铬酸处理 | 此法在形成良好漆膜底层的同时,兼具防锈功能,宜用于腐蚀介质较为严重的环境 |
| 镀锌 | 在完全清除锈蚀的钢材表面后镀上锌膜,有电镀和热浸镀两种。电镀时一般均进行磷化处理 | 通常热浸镀锌的新表面上不易立即涂装,可经数月自然风化后再涂油漆或磷化底漆;也可在去除表面油污后涂附着力较强的改性M树脂底漆 |

#### 2. 除锈方法的选择

选择除锈方法时,除要根据各种方法的特点和防护效果外,还要根据涂装的对象目的、钢材表面的原始状态、要求的除锈等级、现有的施工设备和条件以及施工费用等,进行综合考虑和比较,最后才能确定。

对于冷弯薄壁型钢构件,经喷射方法去除氧化皮,会有很大的畸变形,但不去除氧化皮,油漆附着效果不好,因此,宜采用热镀锌卷材来制作,其长期综合效益好。

对于钢结构涂装,由于工程量大、工期紧,钢材的原始表面状态复杂,又要求有较高的除锈质量,通常采用酸洗法可以满足工期和质量的要求,而且成本费用低。

### ◆常用的除锈底漆

底漆中含粉料多、基料少、成膜粗糙、与钢材表面的黏结附着力强、并与面漆结合性好,主要功能是防锈,故称防锈底漆,钢结构常用的防锈底漆见表8.2。

表8.2 钢结构常用的防锈底漆

| 名称 | 型号 | 性能、用途及配套要求 |
|---|---|---|
| 红丹油性防锈漆<br>红丹本分醛防锈漆<br>红丹醇酸防锈漆 | Y53-31<br>F53-31<br>C53-31 | 防锈能力强,耐候性好,漆膜坚韧,附着力较好<br>含铅,有毒<br>红丹油性防锈漆干燥慢<br>适用于室内外钢结构表面防锈打底用,但不能用于有色金属铝、锌等表面,因它能加速铝的腐蚀,与锌结合力差,涂覆后发生卷皮和脱层<br>与油性磁漆,酚醛磁漆和醇酸磁漆配套使用<br>不能与过氯乙烯漆配套<br>C53-1与磷化底漆配套,防锈性能更好<br>稀释剂可用200号溶剂油或松节油调整黏度<br>F53-31不能单独使用(耐候性不好),要与其他面漆配套,配套面漆为酚醛磁漆、醇酸磁漆等<br>C53-31采用X-6醇酸稀释剂 |

续表 8.2

| 名称 | 型号 | 性能、用途及配套要求 |
| --- | --- | --- |
| 硼钡酚醛防锈漆 | F53—39 | 具有良好的防锈性能，附着力强，抗大气性能好，干燥快，施工方便<br>由松香改性酚醛树脂、多元醇松香脂、干性植物油、防锈颜料偏硼酸钡和其他颜料、催干剂、200号溶剂油或松节油调制而成的长油度防锈漆<br>用于桥梁、火车车轫、船壳、大型建筑钢铁构件、钢铁器材表面，作为防锈打底之用<br>用200号溶剂油或松节油作稀释剂<br>最好不单独使用，可与酚醛磁漆配套用 |
| 铁红醇酸底漆 | C06—1 | 由干性植物油改性醇酸树脂（中油或长油度）与铁红、防锈颜料、体质颜料等研磨后，加入催干剂并以200号溶剂油及二甲苯调成<br>漆膜具有良好的附着力和一定的防锈性能，与硝基、醇酸等面漆结合力好，在一般气候下耐久性好，湿热条件下耐久性差。<br>用于黑色金属表面打底防锈<br>用X-6醇酸漆作稀释剂<br>配套面漆为：醇酸磁漆、氨基烘漆、沥青漆、过氯乙烯漆等 |
| 铁红环氧底漆 | H06—2 | 漆膜坚韧耐久，附着力好，防锈、耐水和防潮性能比一般油性和醇酸底漆好，如与磷化底漆配套使用时，可提高漆膜的防潮、防盐雾及防锈性能<br>铁红、铁黑环氧酯底漆，适用于涂覆黑色金属表面，锌黄环氧酯底漆适用于涂覆轻金属表面。它们还适用于沿海地区和湿热带气候的金属材料表面打底<br>可用二甲苯和丁醇混合溶剂稀释 |
| 云铁环氧酯防锈漆（云铁环氧防锈漆） | H53—30 | 自干，漆膜附着力好，耐水和防锈性良好<br>适用桥梁、铁塔、船壳、农机、车辆、管道以及露天储罐等防锈打底<br>可用X-7稀释剂调整施工黏度 |
| 红丹环氧酯防锈漆（H53—1） | H53—31 | 附着力、防锈性好<br>供防锈要求较高的桥梁、船壳、工矿车辆等打底<br>可用X-7稀释剂调整施工黏度 |
| 铁红过氯乙烯底漆 | G06—4 | 耐化学性、防锈性比铁红醇酸底漆好，能耐海洋性及湿热带的气候，并具育防霉性<br>具有一定防锈性及耐化学性能，但附着力不好，如在60~65℃烘烤可增加附着力及其他各种性能<br>铁红、过氯乙烯底漆适用于车辆、机床及各种钢铁和木材表面打底，锌黄过氯乙烯漆用于轻金属表面<br>用X-3过氯乙烯漆稀释剂调整黏度，如湿度大于70%的场合，需加适量F-2过氯乙烯漆防潮剂，以防漆膜变白 |

续表 8.2

| 名称 | 型号 | 性能、用途及配套要求 |
|---|---|---|
| 铁红油性防锈漆<br>铁红酚醛防锈漆 | Y53-32<br>F53—33 | 附着力强,防锈性能次于红丹防锈漆,耐磨性差<br>适用于防锈性要求不高的场合,作防锈打底用<br>用200号溶剂油或松节油作稀释剂<br>配套面漆为酚醛磁漆和醇酸磁漆等 |
| 铁红、锌黄环氧酯底漆 | H06—19 | 漆膜坚硬,耐久,附着力良好,若与乙烯磷化底漆配套使用,可提高漆膜的耐潮、耐盐雾和防锈性能<br>铁红适用于钢铁表面,锌黄适用于铝及铝镁合金表面<br>以二甲苯稀释黏度<br>配套漆为乙烯磷化底漆,环氧烘漆或氨基烘漆 |
| 环氧富锌底漆(分装) | H06—4 | 漆膜防锈力很强,具有阴极保护和能渗入焊接处,能耐溶剂;在阳光下耐候性稳定,但易产生沉淀,施工工艺要求较高<br>适用于造船工业水下金属表面涂装及化工设备防腐蚀打底<br>可用X—7稀释剂调整施工黏度<br>施工过程中要经常搅拌 |
| 环氧沥青底漆(分装)(SQH06—5 环氧沥青管道底漆) | H06—13 | 干燥快,漆膜有良好的附着力和防腐性<br>适用管道等黑色金属防锈打底;可与H04—10配套使用<br>可用X—7稀释剂调整施工黏度 |
| 环氧清漆(分装)(668环氧加成物清漆) | H01—1 | 具有良好的附着力,和较好的耐水、抗潮性能<br>主要用于铝镁等金属打底<br>可用X—7稀释剂调整施工黏度 |
| 锶黄丙烯酸底漆(HB06—2 黄丙烯酸酯底漆,A-10C 丙烯酸底漆) | B06—2 | 具有良好的耐腐蚀、防霉、耐热和耐久性,并能在常温下干燥<br>用于不能高温干燥的金属设备及轻金属零件的打底<br>芦HX—5丙烯胶漆稀释剂稀释<br>若对漆膜有特别高的要求时,可先涂X06—1乙烯磷化底漆再涂该漆,然后涂丙烯酸磁漆 |
| 锌黄酚醛防锈漆(锌黄防锈漆,725锌黄防锈漆F53—4) | F53—34 | 妻有良好的防锈性能<br>用于轻金属表面作为防锈打底之用<br>用200号溶剂油或松节油作稀释剂<br>使用时要充分搅拌均匀 |
| 锌黄,铁红,纯酚醛底漆 | F06—9 | 具有一定防锈能力,耐水性好<br>锌黄纯酚醛底漆用于涂复铝合金表面,铁红纯酚醛底漆用于涂覆钢铁表面<br>用二甲苯、松节油作稀释剂<br>配套面漆为醇酸磁漆、氨基烘漆、纯酚醛磁漆 |
| 铁红、灰酯胶底漆(头道底漆,红灰,白灰酯胶底漆,绿灰底漆等) | T06—5 | 漆膜较硬,易打磨,并有较好的附着力<br>主要用于要求不高的钢铁、木质表面的庶漆<br>喷涂、刷涂均可,可用200号溶剂油或松节油稀释<br>配套面漆、可用调和漆、酚醛磁漆、酚酸磁漆或硝基磁漆等 |

续表 8.2

| 名称 | 型号 | 性能、用途及配套要求 |
|---|---|---|
| 各色厚漆（甲、乙级各色厚漆） | Y02—1 | 容易涂刷,价格便宜,但漆膜柔软,干燥慢,耐久性差<br>用于一般要求不高的建筑物或水管接头处的涂覆,也可作木质件打底用<br>使用前应调入清油,调匀后涂覆<br>漆中如有粗粒,应先过滤,然后施工 |
| 乙烯磷化底漆（分装） | X06—1 | 作为有色及黑色金属底层的表面处理剂,能起磷化作用,可增加有机涂层和表面的附着力<br>该漆亦称洗涤底漆,适用于涂覆各种船舶、浮筒、桥梁、仪表以及其他各种金属构件和器材表面<br>搅拌均匀的底漆放入非金属容器内,边搅拌边缓慢加入比例量的磷化液,放置 15~30min 后使用,须在 12h 内用完,否则易于胶凝<br>采用两包装,使用前将两部分混合均匀,比例为每 4 份底漆加 1 份磷化液 |
| 醇酸二道底漆（醇酸二道浆二道底漆 175、185） | C06—10 | 适用于烘干,也可在常温干燥,容易打磨,与腻子层及面漆结合力好<br>涂在已打磨的腻子层上,以填平腻子层的砂孔、纹道<br>用松节油作稀释剂。喷涂用二甲苯作稀释剂<br>配套面漆为醇酸磁漆、氨基烘漆、沥青漆等 |
| 锌黄、铁红、灰酚醛底漆（1515） | F06—8 | 漆膜具有较好的附着力和防锈性能<br>锌黄色用于铝合金等轻金属表面,铁红和灰色用于钢铁金属表面<br>采用 200 号溶油油、二甲苯、松节油作稀释剂<br>配套漆为调和漆、醇酸磁漆、氨基烘漆、纯酚醛磁漆等 |
| 有机硅富锌底漆（分装） | WR—1 企标 | 具有良好的耐热性、温变性、防锈性和阴极保护作用;可长期在 400℃ 高温下使用<br>与 W61—901 有机硅高炉与热风炉高温防腐漆配套使用<br>钢材表面处理除锈等级必须达到 Sa2.5 级 |
| 各色高氯化聚乙烯磁漆 | X53—11 企标 | 具有优良的耐候性、耐化工大气、保光保色性好<br>适用于重工业大气和化工大气及化工介质的防腐蚀<br>使用专用稀释剂<br>应与高氯化聚乙烯底、中漆配套使用 |

## ◆钢结构防腐图层的厚度

钢结构防腐涂层的厚度应根据涂料的各种使用环境、钢材表面处理情况、预想维护周期和维护条件等因素综合考虑,通常大约为 120μm。过厚虽可增强防腐力,但附着力和机械性能会下降,过薄易产生肉眼看不到的针孔和其他缺陷,防腐能力不够。

**1. 影响涂层厚度的因素**

在确定涂层厚度时,应充分考虑以下因素。

(1)选用的涂料品种。

(2) 钢结构使用环境对涂料的腐蚀程度。
(3) 钢材表面原始状况。
(4) 钢材除锈后的表面粗糙度。
(5) 预想的维护周期和涂装维护的条件。

**2. 防腐涂层的结构形式**

轻型钢结构防腐涂层的结构形式主要有以下几种。

(1) 底漆-中间漆-面漆,其特点为:底漆附着力强、防锈性能好;中间漆兼有底漆和面漆的性能是理想的过渡漆,特别是厚浆型的中间漆,可增加涂层厚度;面漆防腐、耐候性好。底、中、面结构形式既发挥了各层的作用,又增强了综合作用,这种形式为目前国内、外采用较多的涂层结构形式,如红丹醇酸防锈漆-云铁醇酸中间漆-醇酸磁漆。

(2) 底漆-面漆只发挥了底漆和面漆的作用,明显不如底漆-中间漆-面漆。我国以前常采用这种形式,如铁红酚醛底漆-酚醛磁漆。

(3) 低漆和面漆是一种漆,其特点为:有机硅漆多用于高温环境,因没有有机硅底漆,只好把面漆用作底漆,如有机硅漆。

**3. 钢结构涂层的配套性**

(1) 在进行涂装设计时,必须考虑各层作用的配套性。由于底漆、中间漆和面漆的性能不同,在整个涂层中的作用也不同。底漆主要起附着和防锈的作用,面漆主要起防腐蚀作用,中间漆的作用介于两者之间。所以底漆、中间漆和面漆都不能单独使用,只有配套使用才能发挥其最好的作用及获得最好的效果。

(2) 要考虑各层涂料性能的配套性。由于各种涂料的溶剂不相同,选用各层涂料时,如配套不当,就容易发生互溶或"RF 咬底"的现象。如选用油基性的底漆,配用含有强溶剂的中间漆或面漆,就有可能产生渗色或咬起底漆现象。

(3) 注意各层涂料硬度的配套性。面漆的硬度应与底漆基本一致或略低些,若硬度较高的短油度合成树脂面漆涂在硬度较低的油性底漆上,则容易引起面漆的早期裂开。

(4) 注意各层烘干方式的配套,在涂装烘干型涂料时,底漆的烘干温度(或耐温性)应高于或接近面漆的烘干温度,否则易产生涂层过烘干现象。

**4. 钢结构防腐涂层厚度的确定**

一般室内钢结构在自然大气介质的作用下,要求总厚度在 $100\mu m$ 左右(即底漆和面漆各两道)。露天钢结构或在工业大气介质作用下的钢结构,要求涂层总厚度在 $150\sim200\mu m$ 之间,或大于 $200\mu m$。

## 8.2 钢结构的抗火设计

### 【基　　础】

◆ **火灾对钢结构的危害**

钢材虽为非燃烧材料,但钢不耐火,温度为 500 ℃时,钢材的屈服强度将降至室温下强度的一半,温度达到 600 ℃时,钢材将丧失大部分强度和刚度。因此,钢结构建筑一旦发生火灾,很容易遭到破坏甚至倒塌。如 1996 年我国江苏省昆山市的一轻钢结构厂房发生火灾,4 320 m² 的厂房烧塌;1998 年北京某家具城发生火灾,造成该建筑(钢结构)整体倒塌。

火灾即使不引起钢结构建筑整体倒塌,也有可能造成结构严重破坏。如 2001 年台北东方科学园区一幢高层钢结构建筑发生火灾,造成钢结构严重破坏,包括梁柱连接断裂、梁局部屈曲变形、梁整体挠曲变形以及楼板大挠曲变形。

### ◆钢结构的耐火极限

随着温度的升高,钢材的机械力学性能(如屈服点、抗压强度、弹生模量及承载能力等)将会降低,实践证明,在 538 ℃左右,钢材开始逐渐失去强度。若将钢构件较长时间暴露在火焰下,将大大削弱钢结构的承载能力,尤其对于那些使用弹塑性理论设计的钢结构体系,将产生破坏性的结果。

(1)钢构件的耐火等级及耐火极限见表 8.3。

表 8.3　钢构件的耐火等级及耐火极限

| 耐火极限/h<br>耐火等级 | 范围<br>构件名称 | 一般工业与民用建筑 | | | | |
|---|---|---|---|---|---|---|
| | | 支撑多层的柱 | 支撑单层的柱 | 梁 | 楼板 | 屋顶承重物件 |
| 一级 | | 3.00 | 2.50 | 2.00 | 1.50 | 1.50 |
| 二级 | | 2.50 | 2.00 | 1.50 | 1.00 | 0.50 |

(2)建筑钢结构柱和梁的耐火极限见表 8.4。

表 8.4　钢结构柱和梁的耐火极限

| | 构件名称 | 耐火极限/h |
|---|---|---|
| 钢柱 | 无保护层 | 0.25 |
| | 用金属抹灰或以混凝土作保护层,其厚度为:2.5 cm | 0.70 |
| | 5.0 cm | 2.00 |
| | 用普通黏土砖做保护层,其厚度为:6 cm | 2.00 |
| | 12 cm | 5.00 |
| | 用黏土空心砖作保护层,其厚度为:3 cm | 1.20 |
| | 6 cm | 2.80 |
| | 用陶粒混凝土板作保护层,其厚度为:4 cm | 1.10 |
| | 5 cm | 1.50 |
| | 7 cm | 2.00 |
| | 8 cm | 2.50 |
| | 10 cm | 3.00 |
| 钢梁 | 无保护钢梁、钢桁架 | 0.25 |
| | 钢梁有混凝土或钢丝网抹灰粉刷保护层,保护层厚度为:1 cm | 0.75 |
| | 2 cm | 2.00 |
| | 3 cm | 3.00 |

## 【实　务】

### ◆火灾下结构的极限状态

结构的基本功能是承受荷载。当火灾发生时,随着结构内部温度的升高,结构的承载能力下降,当结构的承载能力下降到与外荷载(包括温度作用)产生的组合效应相等时,则结构达到受火承载力极限状态。

火灾下,结构的承载力极限状态可分为构件和结构两个层次,分别对应局部构件破坏和整体结构倒塌。

火灾下,结构构件承载力极限状态的判别标准如下。

(1)构件丧失稳定承载力。

(2)构件的变形速率成为无限大。试验发现,实际上结构构件的特征变形速率超过下式确定的数值后,构件将迅速破坏。

$$\frac{d\delta}{dt} \geq \frac{l^2}{15h} \tag{8.1}$$

式中　$\delta$——构件的最大挠度(图8.1)(mm);
　　　$l$——构件的长度(mm);
　　　$h$——构件的截面高度(mm);
　　　$t$——时间(h)。

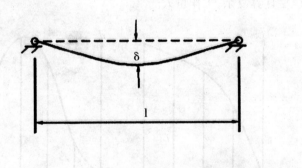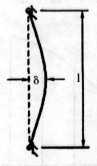

图8.1　构件的特征变形

(3)构件达到不适于继续承载的变形。具体采用的特征变形可表达为:

$$\delta \geq \frac{l}{20} \tag{8.2}$$

火灾下,结构整体承载力极限状态的判别标准如下所示:

(1)结构丧失整体稳定。

(2)结构达到不适于继续承载的整体变形,其界限值可取为(图8.2):

$$\frac{\delta}{l} \geqslant \frac{l}{30} \tag{8.3}$$

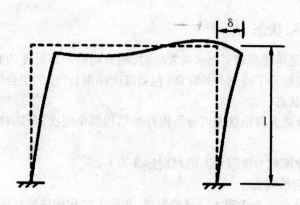

图 8.2 结构整体变形

◆ **结构抗火计算模型**

结构抗火计算模型与火灾升温模型和结构分析模型有关。

火灾升温模型可采用标准升温模型($H_1$)、等效标准升温模型($H_2$)和模拟分析升温模型($H_3$),如图 8.3 所示。标准升温模型简单,但与实际火灾升温有时差别较大。而等效标准升温模型则利用标准升温模型,通过等效曝火时间概念,近似考虑室内火灾荷载、通风参数和建筑热工参数等对火灾升温的影响。模拟分析升温模型可考虑很多影响火灾实际升温的因素来模拟火灾实际升温,但这种模型计算复杂,工作量大。

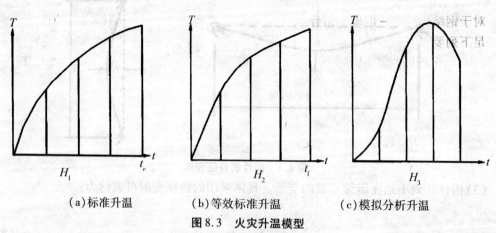

(a)标准升温　　　(b)等效标准升温　　　(c)模拟分析升温

图 8.3 火灾升温模型

结构分析模型可采用构件模型($S_1$)、子结构模型($S_2$)和整体结构模型($S_3$),如图 8.4 所示。构件模型简单,但准确模拟构件边界约束较难,而子结构模型则可解决这一问题,但计算比构件模型要复杂。构件模型和子结构模型均可用于火灾下构件层次的结构承载力极限状态分析。而整体结构模型主要用于火灾下整体结构层次的结构承载力极限状态分析,但计算工作量较大。

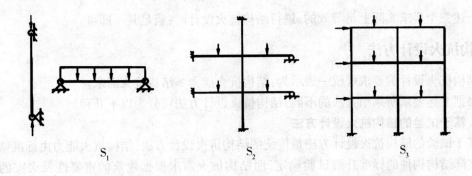

(a) 构件模型　　　　(b) 子结构模型　　　　(c) 整体结构模型

图 8.4　结构分析模型

综上所述,结构抗火计算模型有九种组合,见表 8.5。对于一般建筑结构,可采用模型 $S_1$ 或 $S_2$ 进行结构抗火计算和设计;对于重要建筑结构,宜采用模型 $S_3$ 进行结构抗火计算与设计。此外,对于一般建筑室内火灾可采用模型 $H_1$ 模拟火灾升温,而对于重要建筑或高大空间建筑,应采用 $H_2$ 或 $H_3$ 模拟火灾升温。

表 8.5　结构抗火计算模型组合及计算量大小

| 结构分析模型<br>火灾升温模型 | $S_1$ | $S_2$ | $S_3$ |
|---|---|---|---|
| $H_1$ | 小 | 较小 | 较大 |
| $H_2$ | 小 | 较小 | 较大 |
| $H_3$ | 较大 | 大 | 很大 |

◆ 结构抗火计算模型

对于钢结构和钢-混凝土组合结构,无论是构件层次还是整体结构层次的抗火设计,均应满足下列要求。

(1) 在规定的结构耐火极限时间内,结构的承载力 $R_d$ 应不小于各种作用所产生的组合效应 $S_m$,即

$$R_d \geqslant S_m \tag{8.4}$$

(2) 在各种荷载效应组合下,结构的耐火时间 $t_d$ 应不小于规定的结构耐火极限 $t_m$,即

$$t_d \geqslant t_m \tag{8.5}$$

(3) 火灾下,当结构内部温度分布一定时,若记结构达到承载力极限状态时的内部某特征点的温度为临界温度 $T_d$,则 $T_d$ 应不小于在耐火极限时间内结构在该特征点处的最高温度 $T_m$,即

$$T_d \geqslant T_m \tag{8.6}$$

上述三个要求实际上是等效的,进行结构抗火设计时,满足其一即可。

## ◆结构抗火设计方法

结构抗火设计的要求可统一表示为:结构抗火能力≥结构抗火需求。

根据上述要求所采用方法的不同,结构抗火设计方法可分为以下几种。

**1. 基于试验的结构抗火设计方法**

基于试验的结构抗火设计方法是传统的结构抗火设计方法,结构抗火能力由标准结构构件或实际结构构件的标准升温试验确定,而结构抗火需求根据建筑的重要性及火灾的危险性,同时考虑构件的重要性,按构件以"RF菜单"的方式或以耐火时间的形式在规范中给出。

基于构件试验的结构抗火设计方法以试验为设计依据,通过进行不同类型构件(梁口柱)在规定荷载分布与标准升温条件下的耐火试验,确定在采取不同防火措施后构件的耐火时间。通过进行一系列的试验可确定各种防火措施(包括同种防火措施不同防护程度)相应的构件耐火时间。进行结构抗火设计时,可根据构件的耐火时间要求,直接选取对应的防火保护措施。

基于构件试验的结构抗火设计方法简单、直观、应用方便。最初各国钢结构的抗火设计均采用此方法。然而,基于试验的构件抗火设计方法也存在严重的缺陷,这种缺陷源于很难考虑对下列因素的影响:

(1)荷载分布与大小的影响。如在荷载大小相同的条件下,无偏心的轴压柱的耐火时间将比偏心受压柱的耐火时间长,荷载分布集中于跨中的梁,将比荷载分布集中于支座附近的梁的耐火时间长,而在荷载分布相同的条件下,显然荷载越大,构件耐火时间越短。由于实际结构的构件所受的荷载分布与大小千变万化,结构各构件的实际受载状态与试验的标准受载状态很难完全一致。

(2)构件的端部约束状态的影响。构件在结构中受相邻其他构件的约束,构件的端部约束状态不同,构件的承载力及火灾升温所产生的构件温度内力也不同,而这两方面对构件的耐火时间均有重要的影响。结构中构件的端部约束状态同样千变万化,试验很难准确和全面的加以模拟。

**2. 基于计算的结构抗火设计方法**

基于计算的结构抗火设计方法关于结构抗火需求的确定与基于试验的结构抗火设计方法的相同,但对结构抗火能力的确定进行了改进。

为考虑荷载的分布与大小及构件的端部约束状态对构件耐火时间的影响,可按所设计结构的实际情况进行一系列构件的耐火试验,但这样做的费用极高,有时试验还不一定成功。为解决基于试验的结构抗火设计方法存在的问题,可利用热传导理论和结构分析理论,考虑构件的受力大小与受力形式、构件的截面尺寸及构件的约束形式对构件抗火能力的影响,通过计算确定构件的抗火能力,这将更符合客观实际。

**3. 性能化结构抗火设计方法**

性能化结构抗火设计方法对结构抗火需求进行了改进,根据具体结构对象,直接以人员安全和火灾经济损失最小为目标,确定结构抗火需求。此外还考虑实际火灾为温及结构整体性能对结构抗火能力的影响。由于性能化方法以结构抗火需求为目标,最大程度的模拟结构的实际抗火能力,因此性能化结构抗火设计方法是一种先进的抗火设计方法。

## ◆提高钢结构抗火性能的主要方法

一般不加保护的钢构件耐火极限仅为10~20分钟。为提高钢结构的抗火性能,一般情况下,需采取防火保护措施,使钢构件达到规定的耐火极限要求。

提高钢结构抗火性能的主要方法如下。

### 1. 水冷却法

美国匹兹堡64层的美国钢铁公司大厦在呈空心截面的钢柱内充水,并与设在顶部的水箱相连,形成封闭冷却系统,如图8.5所示。如发生火灾,钢柱内的水被加热而上升,水箱冷水流下而产生循环,以水的循环将火灾产生的热量带走,以保证钢柱不会升温过高,而丧失承载能力。为了防止钢结构生锈,需在水中掺入专门的防锈外加剂,冬天如需防冻,还要加入防冻剂。由于这种方法对结构设计有专门要求,因此,目前实际应用很少。

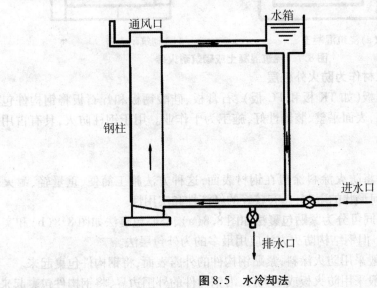

图8.5 水冷却法

### 2. 单面屏蔽法

在钢构件的迎火面设置阻火屏障,将构件与火焰隔开(图8.6),如钢梁下面吊装防火平顶,以及钢外柱内侧设置有一定宽度的防火板等。如果建筑内部发生火灾,火焰也烧不到钢构件。这种在特殊部位设置防火屏障的措施是一种比较经济的钢构件防火方法。

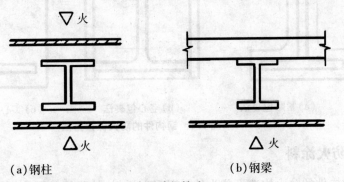

(a)钢柱　　　　　　　　　　(b)钢梁

图8.6 防火屏障保护法

### 3.浇筑混凝土或砌筑耐火砖

采用混凝土或耐火砖完全封闭钢构件(图8.7)。美国的纽约宾馆、英国的伦敦保险公司办公楼,直到上海浦东世界金融大厦的钢结构均采用这种方法。以前国内石化工业钢结构厂房也大多采用砌砖方法加以保护。这种方法强度高、耐冲击,但占用空间大,如用C20混凝土保护钢柱,其厚度为5~10 cm才能达到1.5~3 h的耐火极限。此外,施工也较麻烦,特别是在钢梁、斜撑上施工。

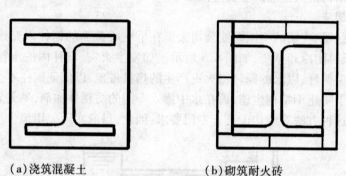

(a)浇筑混凝土　　　　　　(b)砌筑耐火砖

图8.7　浇筑混凝土或砌筑耐火砖

### 4.采用耐火轻质板材作为防火外包层

采用纤维增强水泥板(如TK板和FC板)、石膏板、硅酸钙板和蛭石板将钢构件包覆起来。防火板由工厂加工,表面平整、装饰性好,施工为干作业。用于钢柱防火,具有占用空间少、综合造价低的优点。

### 5.涂抹防火涂料

涂抹防火涂料就是将防火涂料涂覆在钢材表面,这种方法施工简便、重量轻、耐火时间长,而且不受钢构件几何形状的限制,具有较好的经济性和实用性。

按照构造形式的不同可分为紧贴包裹法如图8.8(a)、空心包裹法如图8.8(b)和实心包裹法如图8.8(c)三种。但钢结构防火方法应用最多的为外包层法。

(1)紧贴包裹法一般采用防火涂料,紧贴钢构件的外露表面,将钢构件包裹起来。

(2)空心包裹法一般采用防火板或耐火砖,沿钢构件的外围边界,将钢构件包裹起来。

(3)实心包裹法一般采用混凝土,将钢构件浇筑在其中。

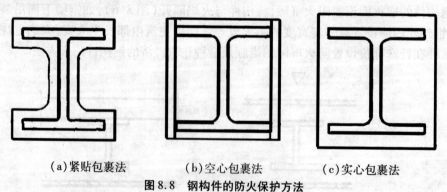

(a)紧贴包裹法　　　　(b)空心包裹法　　　　(c)实心包裹法

图8.8　钢构件的防火保护方法

## ◆钢结构防火涂料

钢结构构件的防火构造可分为外包混凝土材料、外包钢丝网水泥砂浆、外包防火板材和外涂防火涂料等几种构造形式。外涂防火涂料是指通过在建筑物及构筑物钢结构外表面涂刷防火涂料,形成耐火隔热保护层,以提高钢结构耐火极限。喷涂钢结构防火涂料防火与其他构造方式相比较具有施工方便、不过多增加结构重及技术先进等优点,目前被广泛应用于钢结构防火工程。

**1. 防火涂料的类型**

用于保护钢结构的防火涂料可分为薄涂型和厚涂型两类,其产品均应通过国家检测机构检测合格后才能选用。

(1)薄涂型钢结构防火涂料,又称为钢结构膨胀防火涂料,其涂层厚度一般为2~7 mm,有一定装饰效果,高温时膨胀增厚耐火隔热,耐火极限可达0.5~1.5 h。

(2)厚涂型钢结构防火涂料,又称钢结构防火隔热涂料,其涂层厚度一般为8~50 mm,粒状表面,密度较小,热导率低,耐火极限可达0.5~3.0 h。

**2. 防火涂料的技术要求**

(1)一般要求。

1)用于制造防火涂料的原料不允许使用石棉材料和苯类溶剂。

2)防火涂料可用喷涂、抹涂、辊涂或刷涂等方法中的任何一种或多种方法方便地施工,并能在通常的自然环境条件下干燥固化。

3)防火涂料应呈碱性或偏碱性,复层涂料应相互配套。底层涂料应能同防锈漆或钢板相协调。

4)涂层实干后不应有刺激性气味,燃烧时不产生浓烟和有害人体健康的气味。

(2)性能指标。

1)薄涂型钢结构防火涂料的主要技术性能按有关方法试验,其技术指标应符合表8.6中的规定。

表8.6 薄涂型钢结构防火涂料性能

| 项目 | | 指标 | | |
| --- | --- | --- | --- | --- |
| 黏性强度/MPa | | ≥0.15 | | |
| 抗弯性 | | 挠曲L/100,涂层不起层、脱落 | | |
| 抗震性 | | 挠曲L/200,涂层不起层、脱落 | | |
| 耐水性/h | | ≥24 | | |
| 耐冻融循环性/次 | | ≥15 | | |
| 耐火极限 | 涂层厚度/mm | 3 | 5.5 | 7 |
| | 耐火时间不低于/h | 0.5 | 1.0 | 1.5 |

2)厚涂型钢结构防火涂料的主要技术性能按有关方法试验,其技术指标应符合表8.7中的规定。

表8.7 厚涂型钢结构防火涂料性能

| 项目 | 指标 |
| --- | --- |
| 黏结强度/MPa | ≥0.04 |
| 抗压强度/MPa | ≥0.3 |
| 干密度/(kg·m$^{-3}$) | ≤500 |
| 热导率/[W·m$^{-1}$·K$^{-1}$] | ≤0.1160 |
| 耐水性/h | ≥24 |
| 耐冻融循环性/次 | ≥15 |

续表 8.7

| 项目 | | 指标 |
|---|---|---|
| 耐火极限 | 涂层厚度/mm | 15、20、30、40、50 |
| | 耐火时间不低于/h | 1.0、1.5、2.0、2.5、3.0 |

### 3. 防火涂料的选用

选用钢结构防火涂料时,应考虑结构类型、耐火极限要求和工作环境等,选用原则如下。

(1)当规定其耐火极限在1.5 h以上时,高层建筑钢结构,单、多层钢结构的室内隐蔽构件应选用非膨胀型钢结构防火涂料。

(2)当规定其耐火极限在1.5 h以下时,室内裸露钢结构、轻型屋盖钢结构及有装饰要求的钢结构可选用膨胀型钢结构防火涂料。

(3)钢结构耐火极限要求在1.5 h及以上,以及室外钢结构工程不宜选用膨胀型防火涂料。

(4)装饰要求较高的室内裸露钢结构,特别是钢结构住宅、设备的承重钢框架、支架和裙座等易被碰撞的部位,规定耐火极限要求在1.5 h以上时,宜选用钢结构防火板材。

(5)露天钢结构应选用适合室外用的钢结构防火涂料,且至少应有一年以上空外钢结构工程应用验证,且涂层性能无明显变化。

(6)复层涂料应相互配套,底层涂料应能同普通的防锈漆配合使用,或者底层涂料自身具有防锈性能。

(7)在选用特殊性能的防火涂料时,必须符合要求。

选用钢结构防火涂料时,还应注意下列问题:

(1)不要把饰面型防火涂料用于保护钢结构,饰面型防火涂料用于木结构和可燃基材,一级厚度小于1 mm,薄薄的涂膜对于可燃材料能起到有效的阻燃和防止火焰蔓延的作用。但其隔热性能通常达不到大幅度提高钢结构耐火极限的目的。

(2)不应把薄涂型钢结构膨胀防火涂料用于保护2 h以上的钢结构。

(3)不允许将室内钢结构防火涂料,未加改进和采取有效的防水措施,直接用于喷涂保护室外的钢结构。室外钢结构防火涂料应选用耐水、耐老化及强度高的防火涂料。

(4)半露天或某些潮湿环境的钢结构宜选用室外钢结构防火涂料保护。

### 4. 钢结构防火涂料构造

钢结构采用防火涂料的保护方式宜按图8.9选用。对于采用厚型防火涂料进行保护的,在下列情况下应在涂层内设置与钢构件相连接的钢丝网作为加固措施:

(1)腹板高度超过500 mm的梁。

(2)涂层厚度大于等于30 mm的梁。

(3)承受冲击、振动荷载的梁。

(4)黏结强度小于等于0.05 MPa的钢结构防火涂料。

(5)涂层长期暴露在室外,幅面又较大(腹极高度超过300 mm)的梁柱。

# 第8章 钢结构防锈及抗火设计

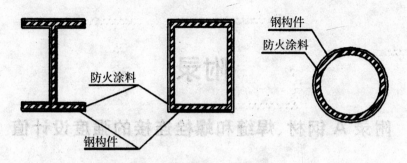

(a) 不加网的防火涂料保护

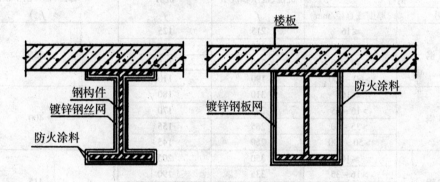

(b) 加网的防火涂料保护

**图 8.9 钢结构防火涂料构造方式**

# 附录

## 附录 A 钢材、焊缝和螺栓连接的强度设计值

附表 A.1 热轧钢材的强度设计值　　　　　　　　　　单位：N/mm²

| 钢材 | | 抗拉、抗压和抗弯 $f$ | 抗剪 $f_v$ | 端表承压（刨平顶紧 $f_{ce}$） |
|---|---|---|---|---|
| 牌号 | 厚度或直径/mm | | | |
| Q235 钢 | ≤16 | 215 | 125 | 325 |
| | >16～40 | 205 | 120 | |
| | >40～60 | 200 | 115 | |
| | >60～100 | 190 | 110 | |
| Q345 钢 | ≤16 | 310 | 180 | 400 |
| | >16～35 | 295 | 170 | |
| | >35～50 | 265 | 155 | |
| | >50～100 | 250 | 145 | |
| Q390 钢 | ≤16 | 350 | 205 | 415 |
| | >16～35 | 335 | 190 | |
| | >35～50 | 315 | 180 | |
| | >50～100 | 295 | 170 | |
| Q420 钢 | ≤16 | 380 | 220 | 440 |
| | >16～35 | 360 | 210 | |
| | >35～50 | 340 | 195 | |
| | >50～100 | 325 | 185 | |

注：表中厚度是指计算点的钢材厚度，对轴心受拉和轴心受压构件系指截面中较厚板件的厚度。

附表 A.2 冷弯薄壁型钢的强度设计值　　　　　　　　单位：N/mm²

| 钢材牌号 | 抗拉、抗压和抗弯 $f$ | 抗剪 $f_v$ | 端面承压（刨平顶紧）$f_{ce}$ |
|---|---|---|---|
| Q235 钢 | 205 | 120 | 310 |
| Q345 钢 | 300 | 175 | 400 |

附表 A.3 用于热轧钢材钢结构的焊缝强度设计值　　　　单位:N/mm²

| 焊接方法和焊条型号 | 构件钢材 | | 对接焊缝 | | | | 角焊缝 |
|---|---|---|---|---|---|---|---|
| | 牌号 | 厚度或直径/mm | 抗压 $f_c^w$ | 焊缝质量为下列等级时,抗拉 $f_t^w$ | | 剪 $f_v^w$ | 抗拉、抗压和抗剪 $f_f^w$ |
| | | | | 一级、二级 | 三级 | | |
| 自动焊、半自动焊和 E43 型焊条的手工焊 | Q235 钢 | ≤16 | 215 | 215 | 185 | 125 | 160 |
| | | >16~40 | 205 | 205 | 175 | 120 | |
| | | >40~60 | 200 | 200 | 170 | 115 | |
| | | >60~100 | 190 | 190 | 160 | 110 | |
| 自动焊、半自动焊和 E50 型焊条的手工焊 | Q345 钢 | ≤16 | 310 | 310 | 265 | 180 | 200 |
| | | >16~35 | 295 | 295 | 250 | 170 | |
| | | >35~50 | 265 | 265 | 225 | 155 | |
| | | >50~100 | 250 | 250 | 210 | 145 | |
| 自动焊、半自动焊和 E55 型焊条的手工焊 | Q345 钢 | ≤16 | 350 | 350 | 300 | 205 | 220 |
| | | >16~35 | 335 | 335 | 285 | 190 | |
| | | >35~50 | 315 | 315 | 270 | 180 | |
| | | >50~100 | 295 | 295 | 250 | 170 | |
| | Q420 钢 | ≤16 | 380 | 380 | 320 | 220 | 220 |
| | | >16~35 | 360 | 360 | 305 | 210 | |
| | | >35~50 | 340 | 340 | 290 | 195 | |
| | | >50~100 | 325 | 325 | 275 | 185 | |

注:1. 自动焊和半自动焊所采用的焊丝和焊剂,应保证其熔敷金属的力学性能不低于现行国家标准《埋弧焊用碳钢焊丝和焊剂》(GB/T 5293—1999)和《低合金钢埋弧焊用焊剂》(GB/T 12470—2003)中相关的规定。
2. 焊缝质量等级应符合现行国家标准《钢结构工程施工质量验收规范》(GB 50205—2001)的规定,其中厚度小于 8 mm 钢材的对接焊缝,不应采用超声波探伤确定焊缝质量等级。
3. 对接焊缝在受压区的抗弯强度设计值取 $f_c^w$,在受拉区的抗弯强度设计值取 $f_t^w$。
4. 表中厚度是指计算点的钢材厚度,对轴心受拉和轴心受压构件系指截面中较厚板件的厚度。

附表 A.4　用于热轧钢材钢结构的螺栓连接的强度设计值　　　　单位：N/mm²

| 螺栓的性能等级，锚栓和构件钢材的牌号 | | 普通螺栓 | | | | | | 锚栓 | 承压型连接高强度螺栓 | | |
|---|---|---|---|---|---|---|---|---|---|---|---|
| | | C级螺栓 | | | A级、B级螺栓 | | | | | | |
| | | 抗拉 $f_t^b$ | 抗剪 $f_v^b$ | 承压 $f_c^b$ | 抗拉 $f_t^b$ | 抗剪 $f_v^b$ | 承压 $f_c^b$ | 抗拉 $f_t^a$ | 抗拉 $f_t^b$ | 抗剪 $f_v^b$ | 承压 $f_c^b$ |
| 普通螺栓 | 4.6级,4.8级 | 170 | 140 | — | — | — | — | — | — | — | — |
| | 5.6级 | — | — | — | 210 | 190 | — | — | — | — | — |
| | 8.8级 | — | — | — | 400 | 320 | — | — | — | — | — |
| 锚栓 | Q235钢 | — | — | — | — | — | — | 140 | — | — | — |
| | Q345钢 | — | — | — | — | — | — | 180 | — | — | — |
| 承压型连接高强度螺栓 | 8.8级 | — | — | — | — | — | — | — | 400 | 250 | — |
| | 10.9级 | — | — | — | — | — | — | — | 500 | 310 | — |
| 构件 | Q235钢 | — | — | 305 | — | — | 405 | — | — | — | 470 |
| | Q345钢 | — | — | 385 | — | — | 510 | — | — | — | 590 |
| | Q390钢 | — | — | 400 | — | — | 530 | — | — | — | 615 |
| | Q420钢 | — | — | 425 | — | — | 560 | — | — | — | 655 |

注：1. A级螺栓用于 $d \leq 24$ m 或 $l \leq 10d$ 或 $l \leq 150$ m（按较小值）的螺栓；B级螺栓用于 $d > 24$ mm 或 $l > 10d$ 或 $l > 150$ mm（按较小值）的螺栓。$d$ 为公称直径，$l$ 为螺杆公称长度。

2. A、B 级螺栓孔的精度和孔壁表面粗糙度，C级螺栓孔的允许偏差和孔壁表面粗糙度，均应符合现行国家标准《钢结构工程施工质量验收规范》(GB 50205—2001)的要求。

附表 A.5　用于冷弯薄壁型钢结构的焊缝的强度设计值　　　　单位：N/mm²

| 构件钢材牌号 | 对接焊缝 | | | 角焊缝 |
|---|---|---|---|---|
| | 抗压 $f_c^w$ | 抗拉 $f_t^w$ | 抗剪 $f_v^w$ | 抗拉、抗压和抗剪 $f_f^w$ |
| Q235钢 | 205 | 175 | 120 | 140 |
| Q345钢 | 300 | 255 | 175 | 195 |

注：1. 当 Q235 钢与 Q345 钢对接焊接时，焊缝的强度设计值按表中 Q235 钢栏中的数值采用。

2. 经 X 射线检查符合一、二级焊缝标准质量的对接焊缝的抗拉强度设计值应采用抗压强度设计值。

附表 A.6　用于冷弯薄壁型钢结构的C级普通螺栓连接的强度设计值　单位：N·mm²

| 受力类别 | 性能等级 | 构件钢材的牌号 | |
|---|---|---|---|
| | 4.6级,4.8级 | Q235钢 | Q345钢 |
| 抗拉 $f_t^b$ | 165 | — | — |
| 抗剪 $f_v^b$ | 125 | — | — |
| 承压 $f_c^b$ | — | 290 | 370 |

# 附录 B 梁的整体稳定系数

## 1. 等截面焊接工字型和轧制 H 型钢简支梁

等截面焊接工字型和轧制 H 型钢(如图 B.1)简支梁的整体稳定系数 $\varphi_b$ 应按下式计算:

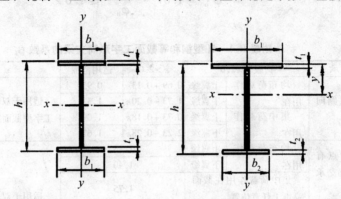

(a)双轴对称焊接工字型截面　(b)加强受压翼缘的单轴对称焊接工字型截面

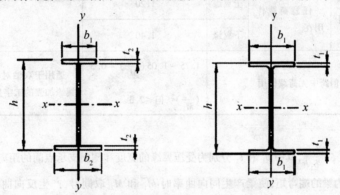

(c)加强受拉翼缘的单轴对称焊接工字型截面　(d)轧制 H 型钢截面

图 B.1　焊接工字型和轧制 H 型钢截面

$$\varphi_b = \beta_b \frac{4\,320}{\lambda_y^2} \cdot \frac{Ah}{W_x} \left[ \sqrt{1+\left(\frac{\lambda_y t_1}{44h}\right)^2} + \eta_b \right] \frac{235}{f_y} \tag{B.1}$$

式中　$\beta_b$——梁整体稳定的等效临界弯矩系数,按附表 B.1 采用;

$\lambda_y$——梁在侧向支承点间对截面弱轴 $y-y$ 的长细比,$\lambda_y = \dfrac{l_1}{i_y}$,$l_1$ 为为侧向支承点的距离,对跨中无侧向支承的梁,$l_1$ 为其跨度;对跨中有侧向支承点的梁,$l_1$ 为受压翼缘侧向支承点间的距离;$i_y$ 为梁毛截面对 $y$ 轴的截面回转半径;

$A$——梁的毛截面面积;

$h$、$t_1$——梁截面的全高和受压翼缘厚度;

$\eta_b$——截面不对称影响系数,对双轴对称截面,$\eta_b = 0$;对单轴对称截面,受压翼缘加强时,$\eta_b = 0.8(2\alpha_b - 1)$;受拉翼缘加强时,$\eta_b = 2\alpha_b - 1$;

$\alpha_b = I_1/(I_1 + I_2)$,$I_1$ 和 $I_2$ 分别为受压翼缘和受拉翼缘对 y 轴的惯性矩。

当由式(B.1)算得的 $b$ 值大于 0.6 时,应用下式计算的 $\varphi'_b$ 代替 $\varphi_b$:

$$\varphi'_b = 1.07 - \frac{0.282}{\varphi_b} \leq 1.0 \qquad (B.2)$$

**附表 B.1　H 型钢和等截面工字形简支梁的系数 $\beta_b$**

| 项次 | 侧向支承 | 荷载 | | $\varepsilon \leq 2.0$ | $\varepsilon > 2.0$ | 适用范围 |
|---|---|---|---|---|---|---|
| 1 | 跨中无侧向支承 | 均布荷载作用在 | 上翼缘 | $0.69 + 0.13\varepsilon$ | 0.95 | 适用于双轴对称和受压翼缘加大的工字型截面梁 |
| 2 | | | 下翼缘 | $1.73 - 0.20\varepsilon$ | 1.33 | |
| 3 | | 集中荷载作用在 | 上翼缘 | $0.73 + 0.18\varepsilon$ | 1.09 | |
| 4 | | | 下翼缘 | $2.23 - 0.28\varepsilon$ | 1.67 | |
| 5 | 跨度中点有一个侧向支承点 | 均布荷载作用在 | 上翼缘 | 1.15 | | 适用于双轴对称和受压翼缘或受拉翼缘加强的工字形截面梁 |
| 6 | | | 下翼缘 | 1.40 | | |
| 7 | | 集中荷载作用在截面高度上任意位置 | | 1.75 | | |
| 8 | 跨中有不少于两个等距离侧向支承点 | 任意荷载作用在 | 上翼缘 | 1.20 | | |
| 9 | | | 下翼缘 | 1.40 | | |
| 10 | 梁端有弯矩,但跨中无荷载作用 | | | $1.75 - 1.05(\frac{M_2}{M_1}) + 0.3(\frac{M_2}{M_1})^2$,但 $\leq 2.3$ | | 适用于双轴对称和受压翼缘或受拉翼缘加强的工字型截面梁 |

注:1. $\xi$ 为参数 $\xi = \frac{l_1 t_1}{b_1 h}$,其中 $b_1$ 和 $l_1$ 分别为受压翼缘的宽度和侧向支承点间的距离。

2. $M_1$、$M_2$ 为梁的端弯矩,使梁产生同向曲率时 $M_1$ 和 $M_2$ 取同号,产生反向曲率时取异号,$|M_1| \geq |M_2|$。

3. 表中项次 3、4 和 7 的集中荷载是指一个或少数几个集中荷载位于跨中央附近的情况,对其他情况的集中荷载,应按表中项次 1、2、5、6 内的数值采用。

4. 表中项次 8、9 的 $\beta_b$,当集中荷载作用在侧向支承点处时,取 $\beta_b = 1.20$。

5. 荷载作用在上翼缘系指荷载作用点在翼缘表面,方向指向截面形心;荷载作用在下翼缘是指荷载作用点在翼缘表面,方向背向截面形心。

6. 对 $\alpha_b > 0.8$ 的加强受压翼缘工字形截面,下列情况的 $\beta_b$ 值应乘以相应的系数:

项次 1:当 $\xi \leq 1.0$ 时,乘以 0.95;

项次 3:当 $\xi \leq 0.5$ 时,乘以 0.90;当 $0.5 < \xi \leq 1.0$ 时,乘以 0.95。

**2. 轧制普通工字钢简支梁**

$\varphi_b$ 应按下表取用,当所得的 $\varphi_b$ 值大于 0.6 时,按式(B.2)算得的 $\varphi'_b$ 代替 $\varphi_b$。

附表 B.2　轧制普通工字钢简支梁 $\varphi_b$

| 项次 | 荷载情况 | | | 工字钢型号 | 自由长度 $l_1$/m | | | | | | | | |
|---|---|---|---|---|---|---|---|---|---|---|---|---|---|
| | | | | | 2 | 3 | 4 | 5 | 6 | 7 | 8 | 9 | 10 |
| 1 | 跨中无侧向支承点的梁 | 集中荷载作用于 | 上翼缘 | 10~20 | 2.00 | 1.30 | 0.99 | 0.80 | 0.68 | 0.58 | 0.53 | 0.48 | 0.43 |
| | | | | 22~32 | 2.40 | 1.48 | 1.09 | 0.86 | 0.72 | 0.62 | 0.54 | 0.49 | 0.45 |
| | | | | 36~63 | 2.80 | 1.60 | 1.07 | 0.83 | 0.68 | 0.56 | 0.50 | 0.45 | 0.40 |
| 2 | | | 下翼缘 | 10~20 | 3.10 | 1.95 | 1.34 | 1.01 | 0.82 | 0.69 | 0.63 | 0.57 | 0.52 |
| | | | | 22~40 | 5.50 | 2.80 | 1.84 | 1.37 | 1.07 | 0.86 | 0.73 | 0.64 | 0.56 |
| | | | | 45~63 | 7.30 | 3.60 | 2.30 | 1.62 | 1.20 | 0.96 | 0.80 | 0.69 | 0.60 |
| 3 | 跨中无侧向支承点的梁 | 均布荷载作用于 | 上翼缘 | 10~20 | 1.70 | 1.12 | 0.84 | 0.68 | 0.57 | 0.50 | 0.45 | 0.41 | 0.37 |
| | | | | 22~40 | 2.10 | 1.30 | 0.93 | 0.73 | 0.60 | 0.51 | 0.45 | 0.40 | 0.36 |
| | | | | 45~63 | 2.60 | 1.45 | 0.97 | 0.73 | 0.59 | 0.50 | 0.44 | 0.38 | 0.35 |
| 4 | | | 下翼缘 | 10~20 | 2.50 | 1.55 | 1.08 | 0.83 | 0.68 | 0.56 | 0.52 | 0.47 | 0.42 |
| | | | | 22~40 | 2.00 | 2.20 | 1.45 | 1.10 | 0.85 | 0.70 | 0.60 | 0.52 | 0.46 |
| | | | | 45~63 | 5.60 | 2.80 | 1.80 | 1.25 | 0.95 | 0.78 | 0.65 | 0.55 | 0.49 |
| 5 | 跨中有侧向支承点的梁(不论荷载作用点在截面高度上的位置) | | | 10~20 | 2.20 | 1.39 | 1.01 | 0.79 | 0.66 | 0.57 | 0.52 | 0.47 | 0.42 |
| | | | | 22~40 | 3.00 | 1.80 | 1.24 | 0.96 | 0.76 | 0.65 | 0.56 | 0.49 | 0.43 |
| | | | | 45~63 | 4.00 | 2.20 | 1.38 | 1.00 | 0.80 | 0.66 | 0.56 | 0.49 | 0.43 |

注:1. 同附表 B.1 的注 3、5。

2. 表中的 $b$ 适用于 Q235 钢。对其他钢号,表中数值应乘以 $235/f_y$。

### 3. 轧制槽钢简支梁

$$\varphi_b = \frac{570bt}{l_1 h} \cdot \frac{235}{f_y} \quad (B.3)$$

式中　$h、b、t$——槽钢截面的高度、翼缘宽度和平均厚度。

按式(B.3)算得的 $\varphi_b$ 值大于 0.6 时,应按式(B.2)算得相应的 $\varphi'_b$ 代替 $\varphi_b$。

### 4. 双轴对称工字形等截面悬臂梁

$\varphi_b$ 可按式(B.1)计算,但式中系数 $\varphi_b$ 应按附表 B.3 查得,$\lambda_y = l_1/i_y$,$l_1$ 为悬臂梁的悬伸长度。当求得的 $\varphi_b$ 大于 0.6 时,应按式(B.2)算得相应的 $\varphi'_b$ 代替 $\varphi_b$。

附表 B.3　悬臂梁的系数风

| 项次 | 荷载形式 | | $0.60 \leq \xi \leq 1.24$ | $1.24 \leq \xi \leq 1.96$ | $1.96 \leq \xi \leq 3.10$ |
|---|---|---|---|---|---|
| 1 | 自由端一个集中荷载作用在 | 上翼缘 | $0.21 + 0.67\xi$ | $0.72 + 0.26\xi$ | $1.17 + 0.03\xi$ |
| 2 | | 下翼缘 | $2.94 - 0.65\xi$ | $2.64 - 0.40\xi$ | $2.15 - 0.15\xi$ |
| 3 | 均布荷载作用在上翼缘 | | $0.62 + 0.82\xi$ | $1.25 + 0.31\xi$ | $1.66 + 0.10\xi$ |

注:1. 本表是按支承端为固定的情况确定的,当用于由邻跨延伸出来的伸臂梁时,应在构造上采取措施加强支承处的抗扭能力。

2. 表中 $\xi$ 见附表 B.1 的注 1。

### 5. 受弯构件整体稳定系数的近似计算

均匀弯曲的受弯构件,当 $\lambda_y \leqslant 120\sqrt{235/f_y}$ 时,其整体稳定系数 $\varphi_b$ 可按下列近似公式计算:

(1) 工字形截面(含 H 型钢)。

双轴对称时:

$$\varphi_b = 1.07 - \frac{\lambda_y^2}{44\,000} \cdot \frac{f_y}{235} \qquad (B.4)$$

单轴对称时:

$$\varphi_b = 1.07 - \frac{W_x}{(2a_b + 0.1)Ah} \cdot \frac{\lambda_y^2}{14\,000} \cdot \frac{f_y}{235} \qquad (B.5)$$

(2) T 形截面(弯矩作用在对称轴平面,绕 $x$ 轴)。

弯矩使翼缘受压时,双角钢 T 形截面:

$$\varphi_b = 1 - 0.0017\lambda_y \sqrt{235/f_y} \qquad (B.6)$$

部分 T 型钢和两板组合 T 形截面:

$$\varphi_b = 1 - 0.0022\lambda_y \sqrt{235/f_y} \qquad (B.7)$$

弯矩使翼缘受拉且腹板宽厚比不大于 $18\sqrt{235/f_y}$ 时:

$$\varphi_b = 1 - 0.0005\lambda_y \sqrt{235/f_y} \qquad (B.8)$$

按式(B.4)至式(B.8)算得的 $b$ 值大于 0.6 时,不需按式(B.5)换算成 $\varphi'_b$ 值;当按式(B.4)至式(B.5)算得的 $b$ 值大于 0.1 时,取 $\varphi_b = 0.1$。

# 附录 C  轴心受压构件的稳定系数

附表 C.1  轴心受压热轧钢钢构件的截面分类(板厚 $t<40$ mm)

| 截面形式 | 对 $x$ 轴 | 对 $y$ 轴 |
|---|---|---|
| 轧制（圆形） | a 类 | a 类 |
| 轧制，$b/h \leqslant 0.8$ | a 类 | b 类 |
| 轧制，$b/h>0.8$；焊接，翼缘为焰切边；焊接 | b 类 | b 类 |
| 轧制；轧制等边角钢 | b 类 | b 类 |
| 轧制，焊接(板件厚度比>20)；轧制或焊接 | b 类 | b 类 |
| 焊接；轧制截面和翼缘为焰切边的焊接截面 | b 类 | b 类 |
| 格构式；焊接，板件边缘焰切 | b 类 | b 类 |

续表 C.1

| 截面形式 | | | 对 $x$ 轴 | 对 $y$ 轴 |
|---|---|---|---|---|
| 焊接，翼缘为轧制或剪切边 | | | b 类 | c 类 |
| 焊接，板件边缘轧制或剪切 | 焊接，板件厚度比≤20 | | c 类 | c 类 |

附表 C.2　轴心受压热轧钢钢构件的截面分类（板厚 $t \geqslant 40$ mm）

| 截面形式 | | 对 $x$ 轴 | 对 $y$ 轴 |
|---|---|---|---|
| 轧制工字形或 H 形截面 | $t < 80$ mm | b 类 | c 类 |
| | $t \geqslant 80$ mm | c 类 | d 类 |
| 焊接工字形截面 | 翼缘为焰切边 | b 类 | b 类 |
| | 翼缘为轧制或剪切边 | c 类 | d 类 |
| 焊接箱形截面 | 板件宽厚比 > 20 | b 类 | b 类 |
| | 板件宽厚比 ≤ 20 | c 类 | c 类 |

附表 C.3a　类截面轴心受压热轧钢钢构件的稳定系数 $\varphi$

| $\lambda\sqrt{\dfrac{f_y}{235}}$ | 0 | 1 | 2 | 3 | 4 | 5 | 6 | 7 | 8 | 9 |
|---|---|---|---|---|---|---|---|---|---|---|
| 0 | 1.000 | 1.000 | 1.000 | 1.000 | 0.999 | 0.999 | 0.998 | 0.998 | 0.997 | 0.996 |
| 10 | 0.995 | 0.994 | 0.993 | 0.992 | 0.991 | 0.989 | 0.988 | 0.986 | 0.985 | 0.983 |
| 20 | 0.981 | 0.979 | 0.977 | 0.976 | 0.974 | 0.972 | 0.970 | 0.968 | 0.966 | 0.964 |
| 30 | 0.963 | 0.961 | 0.959 | 0.957 | 0.955 | 0.952 | 0.950 | 0.948 | 0.946 | 0.944 |
| 40 | 0.941 | 0.939 | 0.937 | 0.934 | 0.932 | 0.929 | 0.927 | 0.924 | 0.921 | 0.919 |
| 50 | 0.916 | 0.910 | 0.910 | 0.907 | 0.904 | 0.900 | 0.897 | 0.894 | 0.890 | 0.886 |
| 60 | 0.883 | 0.879 | 0.875 | 0.871 | 0.867 | 0.863 | 0.858 | 0.854 | 0.849 | 0.844 |
| 70 | 0.839 | 0.831 | 0.829 | 0.824 | 0.818 | 0.813 | 0.807 | 0.801 | 0.795 | 0.789 |
| 80 | 0.783 | 0.776 | 0.770 | 0.763 | 0.757 | 0.750 | 0.743 | 0.736 | 0.728 | 0.721 |
| 90 | 0.714 | 0.706 | 0.699 | 0.691 | 0.684 | 0.676 | 0.668 | 0.661 | 0.653 | 0.645 |
| 100 | 0.638 | 0.630 | 0.622 | 0.615 | 0.607 | 0.600 | 0.592 | 0.585 | 0.577 | 0.570 |

续表 C.3a

| $\lambda\sqrt{\dfrac{f_y}{235}}$ | 0 | 1 | 2 | 3 | 4 | 5 | 6 | 7 | 8 | 9 |
|---|---|---|---|---|---|---|---|---|---|---|
| 110 | 0.563 | 0.555 | 0.548 | 0.541 | 0.534 | 0.527 | 0.520 | 0.514 | 0.507 | 0.500 |
| 120 | 0.494 | 0.488 | 0.481 | 0.475 | 0.469 | 0.463 | 0.457 | 0.451 | 0.445 | 0.440 |
| 130 | 0.434 | 0.429 | 0.423 | 0.418 | 0.412 | 0.407 | 0.402 | 0.397 | 0.392 | 0.387 |
| 140 | 0.383 | 0.378 | 0.373 | 0.369 | 0.364 | 0.360 | 0.356 | 0.351 | 0.347 | 0.343 |
| 150 | 0.339 | 0.335 | 0.331 | 0.327 | 0.323 | 0.320 | 0.316 | 0.312 | 0.309 | 0.305 |
| 160 | 0.302 | 0.298 | 0.295 | 0.292 | 0.289 | 0.285 | 0.282 | 0.279 | 0.276 | 0.273 |
| 170 | 0.270 | 0.267 | 0.264 | 0.262 | 0.259 | 0.256 | 0.253 | 0.251 | 0.248 | 0.246 |
| 180 | 0.243 | 0.241 | 0.238 | 0.236 | 0.233 | 0.231 | 0.229 | 0.226 | 0.224 | 0.222 |
| 190 | 0.220 | 0.218 | 0.215 | 0.213 | 0.211 | 0.209 | 0.207 | 0.205 | 0.203 | 0.201 |
| 200 | 0.199 | 0.198 | 0.196 | 0.194 | 0.192 | 0.190 | 0.189 | 0.187 | 0.185 | 0.183 |
| 210 | 0.182 | 0.180 | 0.179 | 0.177 | 0.175 | 0.174 | 0.172 | 0.171 | 0.169 | 0.168 |
| 220 | 0.166 | 0.165 | 0.164 | 0.162 | 0.161 | 0.159 | 0.158 | 0.157 | 0.155 | 0.154 |
| 230 | 0.153 | 0.152 | 0.150 | 0.149 | 0.148 | 0.147 | 0.146 | 0.144 | 0.143 | 0.142 |
| 240 | 0.141 | 0.140 | 0.139 | 0.138 | 0.136 | 0.135 | 0.134 | 0.133 | 0.132 | 0.131 |
| 250 | 0.130 | — | — | — | — | — | — | — | — | — |

附表 C.4　b 类截面轴心受压热轧钢钢构件的稳定系数 $\varphi$

| $\lambda\sqrt{\dfrac{f_y}{235}}$ | 0 | 1 | 2 | 3 | 4 | 5 | 6 | 7 | 8 | 9 |
|---|---|---|---|---|---|---|---|---|---|---|
| 0 | 1.000 | 1.000 | 1.000 | 0.999 | 0.999 | 0.998 | 0.997 | 0.996 | 0.995 | 0.994 |
| 10 | 0.992 | 0.991 | 0.989 | 0.987 | 0.985 | 0.983 | 0.981 | 0.978 | 0.976 | 0.973 |
| 20 | 0.970 | 0.967 | 0.963 | 0.960 | 0.957 | 0.953 | 0.950 | 0.946 | 0.943 | 0.939 |
| 30 | 0.936 | 0.932 | 0.929 | 0.925 | 0.922 | 0.918 | 0.914 | 0.910 | 0.906 | 0.903 |
| 40 | 0.899 | 0.895 | 0.891 | 0.887 | 0.882 | 0.878 | 0.874 | 0.870 | 0.865 | 0.861 |
| 50 | 0.856 | 0.852 | 0.847 | 0.842 | 0.838 | 0.833 | 0.828 | 0.823 | 0.818 | 0.813 |
| 60 | 0.807 | 0.802 | 0.797 | 0.791 | 0.786 | 0.780 | 0.774 | 0.769 | 0.763 | 0.757 |
| 70 | 0.751 | 0.745 | 0.739 | 0.732 | 0.726 | 0.720 | 0.714 | 0.707 | 0.701 | 0.694 |
| 80 | 0.688 | 0.681 | 0.675 | 0.668 | 0.661 | 0.655 | 0.648 | 0.641 | 0.635 | 0.628 |
| 90 | 0.621 | 0.614 | 0.608 | 0.601 | 0.594 | 0.588 | 0.581 | 0.575 | 0.568 | 0.561 |
| 100 | 0.555 | 0.549 | 0.542 | 0.536 | 0.529 | 0.523 | 0.517 | 0.511 | 0.505 | 0.499 |
| 110 | 0.493 | 0.487 | 0.481 | 0.475 | 0.470 | 0.464 | 0.458 | 0.453 | 0.447 | 0.442 |
| 120 | 0.437 | 0.432 | 0.426 | 0.421 | 0.416 | 0.411 | 0.406 | 0.402 | 0.397 | 0.392 |
| 130 | 0.387 | 0.383 | 0.378 | 0.374 | 0.370 | 0.365 | 0.361 | 0.357 | 0.353 | 0.349 |
| 140 | 0.345 | 0.341 | 0.337 | 0.333 | 0.329 | 0.326 | 0.322 | 0.318 | 0.315 | 0.311 |
| 150 | 0.308 | 0.304 | 0.301 | 0.298 | 0.295 | 0.291 | 0.288 | 0.285 | 0.282 | 0.279 |
| 160 | 0.276 | 0.273 | 0.270 | 0.267 | 0.265 | 0.262 | 0.259 | 0.256 | 0.254 | 0.251 |
| 170 | 0.249 | 0.246 | 0.244 | 0.241 | 0.239 | 0.236 | 0.234 | 0.232 | 0.229 | 0.227 |
| 180 | 0.225 | 0.223 | 0.220 | 0.218 | 0.216 | 0.214 | 0.212 | 0.210 | 0.208 | 0.206 |
| 190 | 0.204 | 0.202 | 0.200 | 0.198 | 0.197 | 0.195 | 0.193 | 0.191 | 0.190 | 0.188 |
| 200 | 0.186 | 0.184 | 0.183 | 0.181 | 0.180 | 0.178 | 0.176 | 0.175 | 0.173 | 0.172 |
| 210 | 0.170 | 0.169 | 0.167 | 0.166 | 0.165 | 0.163 | 0.162 | 0.160 | 0.159 | 0.158 |
| 220 | 0.156 | 0.155 | 0.154 | 0.153 | 0.151 | 0.150 | 0.149 | 0.148 | 0.146 | 0.145 |
| 230 | 0.144 | 0.143 | 0.142 | 0.141 | 0.140 | 0.138 | 0.137 | 0.136 | 0.135 | 0.134 |
| 240 | 0.133 | 0.132 | 0.131 | 0.130 | 0.129 | 0.128 | 0.127 | 0.126 | 0.125 | 0.124 |
| 250 | 0.123 | — | — | — | — | — | — | — | — | — |

附表 C.5　c 类截面轴心受压热轧钢钢构件的稳定系数 $\varphi$

| $\lambda\sqrt{\dfrac{f_y}{235}}$ | 0 | 1 | 2 | 3 | 4 | 5 | 6 | 7 | 8 | 9 |
|---|---|---|---|---|---|---|---|---|---|---|
| 0 | 1.000 | 1.000 | 1.000 | 0.999 | 0.999 | 0.998 | 0.997 | 0.996 | 0.995 | 0.993 |
| 10 | 0.992 | 0.990 | 0.988 | 0.986 | 0.983 | 0.981 | 0.978 | 0.976 | 0.973 | 0.970 |
| 20 | 0.966 | 0.959 | 0.953 | 0.947 | 0.940 | 0.934 | 0.928 | 0.921 | 0.915 | 0.909 |
| 30 | 0.902 | 0.896 | 0.890 | 0.884 | 0.877 | 0.871 | 0.865 | 0.858 | 0.852 | 0.846 |
| 40 | 0.839 | 0.833 | 0.826 | 0.820 | 0.814 | 0.807 | 0.801 | 0.794 | 0.788 | 0.781 |
| 50 | 0.775 | 0.768 | 0.762 | 0.755 | 0.748 | 0.742 | 0.735 | 0.729 | 0.722 | 0.715 |
| 60 | 0.709 | 0.702 | 0.695 | 0.689 | 0.682 | 0.676 | 0.669 | 0.662 | 0.656 | 0.649 |
| 70 | 0.643 | 0.636 | 0.629 | 0.623 | 0.616 | 0.610 | 0.604 | 0.597 | 0.591 | 0.584 |
| 80 | 0.578 | 0.572 | 0.566 | 0.559 | 0.553 | 0.547 | 0.541 | 0.535 | 0.529 | 0.523 |
| 90 | 0.517 | 0.511 | 0.505 | 0.500 | 0.494 | 0.488 | 0.483 | 0.477 | 0.472 | 0.467 |
| 100 | 0.463 | 0.458 | 0.454 | 0.449 | 0.445 | 0.441 | 0.436 | 0.432 | 0.428 | 0.423 |
| 110 | 0.419 | 0.415 | 0.411 | 0.407 | 0.403 | 0.399 | 0.395 | 0.391 | 0.387 | 0.383 |
| 120 | 0.379 | 0.375 | 0.371 | 0.367 | 0.364 | 0.360 | 0.356 | 0.353 | 0.349 | 0.346 |
| 130 | 0.342 | 0.339 | 0.335 | 0.332 | 0.328 | 0.325 | 0.322 | 0.319 | 0.315 | 0.312 |
| 140 | 0.309 | 0.306 | 0.303 | 0.300 | 0.297 | 0.294 | 0.291 | 0.288 | 0.285 | 0.282 |
| 150 | 0.280 | 0.277 | 0.274 | 0.271 | 0.269 | 0.266 | 0.264 | 0.261 | 0.258 | 0.256 |
| 160 | 0.254 | 0.251 | 0.249 | 0.246 | 0.244 | 0.242 | 0.239 | 0.237 | 0.235 | 0.233 |
| 170 | 0.230 | 0.228 | 0.226 | 0.224 | 0.222 | 0.220 | 0.218 | 0.216 | 0.214 | 0.212 |
| 180 | 0.210 | 0.208 | 0.206 | 0.205 | 0.203 | 0.201 | 0.199 | 0.197 | 0.196 | 0.194 |
| 190 | 0.192 | 0.190 | 0.189 | 0.187 | 0.186 | 0.184 | 0.182 | 0.181 | 0.179 | 0.178 |
| 200 | 0.176 | 0.175 | 0.173 | 0.172 | 0.170 | 0.169 | 0.168 | 0.166 | 0.165 | 0.163 |
| 210 | 0.162 | 0.161 | 0.159 | 0.158 | 0.157 | 0.156 | 0.154 | 0.153 | 0.152 | 0.151 |
| 220 | 0.150 | 0.148 | 0.147 | 0.146 | 0.145 | 0.144 | 0.143 | 0.142 | 0.140 | 0.139 |
| 230 | 0.138 | 0.137 | 0.136 | 0.135 | 0.134 | 0.133 | 0.132 | 0.131 | 0.130 | 0.129 |
| 240 | 0.128 | 0.127 | 0.126 | 0.125 | 0.124 | 0.124 | 0.123 | 0.122 | 0.121 | 0.120 |
| 250 | 0.119 | — | — | — | — | — | — | — | — | — |

附表 C.6　d 类截面轴心受压热轧钢钢构件的稳定系数 $\varphi$

| $\lambda\sqrt{\dfrac{f_y}{235}}$ | 0 | 1 | 2 | 3 | 4 | 5 | 6 | 7 | 8 | 9 |
|---|---|---|---|---|---|---|---|---|---|---|
| 0 | 1.000 | 1.000 | 0.999 | 0.999 | 0.998 | 0.996 | 0.994 | 0.992 | 0.990 | 0.987 |
| 10 | 0.984 | 0.981 | 0.978 | 0.974 | 0.969 | 0.965 | 0.960 | 0.955 | 0.949 | 0.944 |
| 20 | 0.937 | 0.927 | 0.918 | 0.909 | 0.900 | 0.891 | 0.883 | 0.874 | 0.865 | 0.857 |
| 30 | 0.848 | 0.840 | 0.831 | 0.823 | 0.815 | 0.807 | 0.799 | 0.790 | 0.782 | 0.774 |
| 40 | 0.766 | 0.759 | 0.751 | 0.743 | 0.735 | 0.728 | 0.720 | 0.712 | 0.705 | 0.797 |
| 50 | 0.690 | 0.683 | 0.675 | 0.668 | 0.661 | 0.654 | 0.646 | 0.639 | 0.632 | 0.625 |
| 60 | 0.618 | 0.612 | 0.605 | 0.598 | 0.591 | 0.585 | 0.578 | 0.572 | 0.565 | 0.559 |
| 70 | 0.552 | 0.546 | 0.540 | 0.534 | 0.528 | 0.522 | 0.516 | 0.510 | 0.504 | 0.198 |
| 80 | 0.493 | 0.487 | 0.481 | 0.476 | 0.470 | 0.465 | 0.460 | 0.454 | 0.449 | 0.144 |
| 90 | 0.439 | 0.434 | 0.429 | 0.424 | 0.419 | 0.414 | 0.410 | 0.405 | 0.401 | 0.497 |
| 100 | 0.394 | 0.390 | 0.387 | 0.383 | 0.380 | 0.376 | 0.373 | 0.370 | 0.366 | 0.363 |
| 110 | 0.359 | 0.356 | 0.353 | 0.050 | 0.346 | 0.343 | 0.340 | 0.337 | 0.334 | 0.331 |
| 120 | 0.328 | 0.325 | 0.322 | 0.019 | 0.316 | 0.313 | 0.310 | 0.307 | 0.304 | 0.301 |
| 130 | 0.299 | 0.296 | 0.293 | 0.290 | 0.288 | 0.285 | 0.282 | 0.280 | 0.277 | 0.275 |
| 140 | 0.272 | 0.270 | 0.267 | 0.265 | 0.262 | 0.260 | 0.258 | 0.255 | 0.253 | 0.251 |
| 150 | 0.248 | 0.246 | 0.244 | 0.242 | 0.240 | 0.237 | 0.235 | 0.233 | 0.231 | 0.229 |

续表 C.6

| $\lambda\sqrt{\dfrac{f_y}{235}}$ | 0 | 1 | 2 | 3 | 4 | 5 | 6 | 7 | 8 | 9 |
|---|---|---|---|---|---|---|---|---|---|---|
| 160 | 0.227 | 0.225 | 0.223 | 0.221 | 0.219 | 0.217 | 0.215 | 0.213 | 0.212 | 0.210 |
| 170 | 0.208 | 0.206 | 0.204 | 0.203 | 0.201 | 0.199 | 0.197 | 0.196 | 0.194 | 0.192 |
| 180 | 0.191 | 0.189 | 0.188 | 0.186 | 0.184 | 0.183 | 0.181 | 0.180 | 0.178 | 0.177 |
| 190 | 0.176 | 0.174 | 0.173 | 0.171 | 0.170 | 0.168 | 0.167 | 0.166 | 0.164 | 0.163 |
| 200 | 0.162 | — | — | — | — | — | — | — | — | — |

注:1. 附表 C.3 至附表 C.6 中的值系按下列公式算得:

当 $\lambda_n = \lambda/\pi \sqrt{f_y/E} \leqslant 0.215$ 时:$\varphi = 1 - \alpha_1 \lambda_n^2$;

当 $\lambda_n > 0.215$ 时:$\varphi = \dfrac{1}{2\lambda_n^2}[(\alpha_2 + \alpha_3 \lambda_n + \lambda_n^2) - \sqrt{(\alpha_2 + \alpha_3 \lambda_n + \lambda_n^2)^2 - 4\lambda_n^2}]$。

式中,$\alpha_1$、$\alpha_2$、$\alpha_3$ 为系数,根据附表 C.1 和附表 C.2 的截面分类,按附表 C.7 采用。

2. 当构件的 $\lambda$ 值超出附表 C.3 至附表 C.6 中的范围时,则值按注 1 所列的公式计算。

附表 C.7  系数 $\alpha_1$、$\alpha_2$、$\alpha_3$

| 截面类别 | | $\alpha_1$ | $\alpha_2$ | $\alpha_3$ |
|---|---|---|---|---|
| a 类 | | 0.41 | 0.986 | 0.152 |
| b 类 | | 0.65 | 0.965 | 0.300 |
| c 类 | $\lambda_n \leqslant 1.05$ | 0.73 | 0.906 | 0.595 |
| | $\lambda_n > 1.05$ | | 1.216 | 0.302 |
| d 类 | $\lambda_n \leqslant 1.05$ | 1.35 | 0.868 | 0.915 |
| | $\lambda_n > 1.05$ | | 1.375 | 0.432 |

# 附录 D　柱的计算长度系数

**附表 D.1　无侧移框架柱的计算长度系数 $\mu$**

| $K_2$ \ $K_1$ | 0 | 0.05 | 0.1 | 0.2 | 0.3 | 0.4 | 0.5 | 1 | 2 | 3 | 4 | 5 | ≥10 |
|---|---|---|---|---|---|---|---|---|---|---|---|---|---|
| 0 | 1.000 | 0.990 | 0.981 | 0.964 | 0.949 | 0.935 | 0.922 | 0.875 | 0.820 | 0.791 | 0.773 | 0.760 | 0.732 |
| 0.05 | 0.990 | 0.981 | 0.971 | 0.955 | 0.940 | 0.926 | 0.914 | 0.867 | 0.814 | 0.784 | 0.766 | 0.754 | 0.726 |
| 0.1 | 0.981 | 0.971 | 0.962 | 0.946 | 0.931 | 0.918 | 0.906 | 0.860 | 0.807 | 0.778 | 0.760 | 0.748 | 0.721 |
| 0.2 | 0.964 | 0.955 | 0.946 | 0.930 | 0.916 | 0.903 | 0.891 | 0.846 | 0.795 | 0.767 | 0.749 | 0.737 | 0.711 |
| 0.3 | 0.949 | 0.940 | 0.931 | 0.916 | 0.902 | 0.889 | 0.878 | 0.834 | 0.784 | 0.756 | 0.739 | 0.728 | 0.701 |
| 0.4 | 0.935 | 0.926 | 0.918 | 0.903 | 0.889 | 0.877 | 0.866 | 0.823 | 0.774 | 0.747 | 0.730 | 0.719 | 0.693 |
| 0.5 | 0.922 | 0.914 | 0.906 | 0.891 | 0.878 | 0.866 | 0.855 | 0.813 | 0.765 | 0.738 | 0.721 | 0.710 | 0.685 |
| 1 | 0.875 | 0.867 | 0.860 | 0.846 | 0.834 | 0.823 | 0.813 | 0.774 | 0.729 | 0.704 | 0.688 | 0.677 | 0.654 |
| 2 | 0.820 | 0.814 | 0.807 | 0.795 | 0.784 | 0.774 | 0.765 | 0.729 | 0.686 | 0.663 | 0.648 | 0.638 | 0.615 |
| 3 | 0.791 | 0.784 | 0.778 | 0.767 | 0.756 | 0.747 | 0.738 | 0.704 | 0.663 | 0.640 | 0.625 | 0.616 | 0.593 |
| 4 | 0.773 | 0.766 | 0.760 | 0.749 | 0.739 | 0.730 | 0.721 | 0.688 | 0.648 | 0.625 | 0.611 | 0.601 | 0.580 |
| 5 | 0.760 | 0.754 | 0.748 | 0.737 | 0.728 | 0.719 | 0.710 | 0.677 | 0.638 | 0.616 | 0.601 | 0.592 | 0.570 |
| ≥10 | 0.732 | 0.726 | 0.721 | 0.711 | 0.701 | 0.693 | 0.685 | 0.654 | 0.615 | 0.593 | 0.580 | 0.570 | 0.549 |

注：1. 表中的计算长度系数 $\mu$ 值是按下式算得：

$$\left[\left(\frac{\pi}{\mu}\right)^2 + 2(K_1+K_2) - 4K_1K_2\right]\frac{\pi}{\mu}\cdot\sin\frac{\pi}{\mu} - 2\left[(K_1+K_2)\left(\frac{\pi}{\mu}\right)^2 + 4K_1K_2\right]\cos\frac{\pi}{\mu} + 8K_1K_2 = 0$$

式中，$K_1$、$K_2$ 分别为相交于柱上端、柱下端的横梁线刚度之和与柱线刚度之和的比值。当梁远端为铰接时，应将横梁线刚度乘以 1.5；当横梁远端为嵌固时，则将横梁线刚度乘以 2。

2. 当横梁与柱铰接时，取横梁线刚度为零。

3. 对底层框架柱：

当柱与基础铰接时，取 $K_2=0$（对平板支座可取 $K_2=0.1$）；

当柱与基础刚接时，取 $K_2=10$。

4. 当与柱刚性连接的横梁所受轴心压力 $N_b$ 较大时，横梁线刚度应乘以折减系数 $\alpha_N$：

横梁远端与柱刚接和横梁远端铰支时：$\alpha_N = 1 - N_b/N_{Eb}$

横梁远端嵌固时：$\alpha_N = 1 - N_b/(2N_{Eb})$

式中，$N_{Eb} = \pi^2 EI_b/l^2$，$I_b$ 为横梁截面惯性矩，$l$ 为横梁长度。

附表 D.2 有侧移框架柱的计算长度系数 μ

| $K_2$ \ $K_1$ | 0 | 0.05 | 0.1 | 0.2 | 0.3 | 0.4 | 0.5 | 1 | 2 | 3 | 4 | 5 | ≥10 |
|---|---|---|---|---|---|---|---|---|---|---|---|---|---|
| 0 | ∞ | 6.02 | 4.46 | 3.42 | 3.01 | 2.78 | 2.64 | 2.33 | 2.17 | 2.11 | 2.08 | 2.07 | 2.03 |
| 0.05 | 6.02 | 4.16 | 3.47 | 2.86 | 2.58 | 2.42 | 2.31 | 2.07 | 1.94 | 1.90 | 1.87 | 1.86 | 1.83 |
| 0.1 | 4.46 | 3.47 | 3.01 | 2.56 | 2.33 | 2.20 | 2.11 | 1.90 | 1.79 | 1.75 | 1.73 | 1.72 | 1.70 |
| 0.2 | 3.42 | 2.86 | 2.56 | 2.23 | 2.05 | 1.94 | 1.87 | 1.70 | 1.60 | 1.57 | 1.55 | 1.54 | 1.52 |
| 0.3 | 3.01 | 2.58 | 2.33 | 2.05 | 1.90 | 1.80 | 1.74 | 1.58 | 1.49 | 1.46 | 1.45 | 1.44 | 1.42 |
| 0.4 | 2.78 | 2.42 | 2.20 | 1.94 | 1.80 | 1.71 | 1.65 | 1.50 | 1.42 | 1.39 | 1.37 | 1.37 | 1.35 |
| 0.5 | 2.64 | 2.31 | 2.11 | 1.87 | 1.74 | 1.65 | 1.59 | 1.45 | 1.37 | 1.34 | 1.32 | 1.32 | 1.30 |
| 1 | 2.33 | 2.07 | 1.90 | 1.70 | 1.58 | 1.50 | 1.45 | 1.32 | 1.24 | 1.21 | 1.20 | 1.19 | 1.17 |
| 2 | 2.17 | 1.94 | 1.79 | 1.60 | 1.49 | 1.42 | 1.37 | 1.24 | 1.16 | 1.14 | 1.12 | 1.12 | 1.10 |
| 3 | 2.11 | 1.90 | 1.75 | 1.57 | 1.46 | 1.39 | 1.34 | 1.21 | 1.14 | 1.11 | 1.10 | 1.09 | 1.07 |
| 4 | 2.08 | 1.87 | 1.73 | 1.55 | 1.45 | 1.37 | 1.32 | 1.20 | 1.12 | 1.10 | 1.08 | 1.08 | 1.06 |
| 5 | 2.07 | 1.86 | 1.72 | 1.54 | 1.44 | 1.37 | 1.32 | 1.19 | 1.12 | 1.09 | 1.08 | 1.07 | 1.05 |
| ≥10 | 2.03 | 1.83 | 1.70 | 1.52 | 1.42 | 1.35 | 1.30 | 1.17 | 1.10 | 1.07 | 1.06 | 1.05 | 1.03 |

注:1. 表中的计算长度系数 μ 值系按下式算得:

$$\left[36K_1K_2-\left(\frac{\pi}{\mu}\right)^2\right]\sin\frac{\pi}{\mu}+6(K_1+K_2)\frac{\pi}{\mu}\cdot\cos\frac{\pi}{\mu}=0$$

式中,$K_1$、$K_2$ 分别为相交于柱上端、柱下端的横梁线刚度之和与柱线刚度之和的比值。当横梁远端为铰接时,应将横梁线刚度乘以 0.5;当横梁远端为嵌固时,则应乘以 2/3。

2. 当横梁与柱铰接时,取横梁线刚度为零。

3. 对底层框架柱:当柱与基础铰接时,取 $K_2=0$(对平板支座可取 $K_2=0.1$);当柱与基础刚接时。取 $K_2=10$。

4. 当与柱刚性连接的横梁所受轴心压力 $N_b$ 较大时,横梁线刚度应乘以折减系数 $\alpha_N$:

横梁远端与柱刚接时:$\alpha_N=1-N_b/(4N_{Eb})$

横梁远端铰支时:$\alpha_N=1-N_b/N_{Eb}$

横梁远端嵌固时:$\alpha_N=1-N_b/(2N_{Eb})$

$N_{Eb}$ 的计算式见附表 D.1 的注 4。

附表 D.3　柱上端可移动但不转动的单阶柱下段的计算长度系数 $\mu_2$

| $\eta_1$ \ $K_1$ | 0.06 | 0.08 | 0.10 | 0.12 | 0.14 | 0.16 | 0.18 | 0.20 | 0.22 | 0.24 | 0.26 | 0.28 | 0.3 | 0.4 | 0.5 | 0.6 | 0.7 | 0.8 |
|---|---|---|---|---|---|---|---|---|---|---|---|---|---|---|---|---|---|---|
| 0.2 | 1.96 | 1.94 | 1.93 | 1.91 | 1.90 | 1.89 | 1.88 | 1.86 | 1.85 | 1.84 | 1.83 | 1.82 | 1.81 | 1.76 | 1.72 | 1.68 | 1.65 | 1.62 |
| 0.3 | 1.96 | 1.94 | 1.93 | 1.92 | 1.91 | 1.89 | 1.88 | 1.87 | 1.86 | 1.85 | 1.84 | 1.83 | 1.82 | 1.77 | 1.73 | 1.70 | 1.66 | 1.63 |
| 0.4 | 1.96 | 1.95 | 1.94 | 1.92 | 1.91 | 1.90 | 1.89 | 1.88 | 1.87 | 1.86 | 1.85 | 1.84 | 1.83 | 1.79 | 1.75 | 1.72 | 1.68 | 1.66 |
| 0.5 | 1.96 | 1.95 | 1.94 | 1.93 | 1.92 | 1.91 | 1.90 | 1.89 | 1.88 | 1.87 | 1.86 | 1.85 | 1.85 | 1.81 | 1.77 | 1.74 | 1.71 | 1.69 |
| 0.6 | 1.97 | 1.96 | 1.95 | 1.94 | 1.93 | 1.92 | 1.91 | 1.90 | 1.90 | 1.89 | 1.88 | 1.87 | 1.87 | 1.83 | 1.80 | 1.78 | 1.75 | 1.73 |
| 0.7 | 1.97 | 1.97 | 1.96 | 1.95 | 1.94 | 1.94 | 1.93 | 1.92 | 1.92 | 1.91 | 1.90 | 1.90 | 1.89 | 1.86 | 1.84 | 1.82 | 1.80 | 1.78 |
| 0.8 | 1.98 | 1.98 | 1.97 | 1.96 | 1.96 | 1.95 | 1.95 | 1.94 | 1.94 | 1.93 | 1.93 | 1.93 | 1.92 | 1.90 | 1.88 | 1.87 | 1.86 | 1.84 |
| 0.9 | 1.99 | 1.99 | 1.98 | 1.98 | 1.98 | 1.97 | 1.97 | 1.97 | 1.97 | 1.96 | 1.96 | 1.96 | 1.96 | 1.95 | 1.94 | 1.93 | 1.92 | 1.92 |
| 1.0 | 2.00 | 2.00 | 2.00 | 2.00 | 2.00 | 2.00 | 2.00 | 2.00 | 2.00 | 2.00 | 2.00 | 2.00 | 2.00 | 2.00 | 2.00 | 2.00 | 2.00 | 2.00 |
| 1.2 | 2.03 | 2.04 | 2.04 | 2.05 | 2.06 | 2.07 | 2.07 | 2.08 | 2.08 | 2.09 | 2.10 | 2.10 | 2.11 | 2.13 | 2.15 | 2.17 | 2.18 | 2.20 |
| 1.4 | 2.07 | 2.09 | 2.11 | 2.12 | 2.14 | 2.16 | 2.17 | 2.18 | 2.20 | 2.21 | 2.22 | 2.23 | 2.24 | 2.29 | 2.33 | 2.37 | 2.40 | 2.42 |
| 1.6 | 2.13 | 2.16 | 2.19 | 2.22 | 2.25 | 2.27 | 2.30 | 2.32 | 2.34 | 2.36 | 2.37 | 2.39 | 2.41 | 2.48 | 2.54 | 2.59 | 2.63 | 2.67 |
| 1.8 | 2.22 | 2.27 | 2.31 | 2.35 | 2.39 | 2.42 | 2.45 | 2.48 | 2.50 | 2.53 | 2.55 | 2.57 | 2.59 | 2.69 | 2.76 | 2.83 | 2.88 | 2.93 |
| 2.0 | 2.35 | 2.41 | 2.46 | 2.50 | 2.55 | 2.59 | 2.62 | 2.66 | 2.69 | 2.72 | 2.75 | 2.77 | 2.80 | 2.91 | 3.00 | 3.08 | 3.14 | 3.20 |
| 2.2 | 2.51 | 2.57 | 2.63 | 2.68 | 2.73 | 2.77 | 2.81 | 2.85 | 2.89 | 2.92 | 2.95 | 2.98 | 3.01 | 3.14 | 3.25 | 3.33 | 3.41 | 3.47 |
| 2.4 | 2.68 | 2.75 | 2.81 | 2.87 | 2.92 | 2.97 | 3.01 | 3.05 | 3.09 | 3.13 | 3.17 | 3.20 | 3.24 | 3.38 | 3.50 | 3.59 | 3.68 | 3.75 |
| 2.6 | 2.87 | 2.94 | 3.00 | 3.06 | 3.12 | 3.17 | 3.22 | 3.27 | 3.31 | 3.35 | 3.39 | 3.43 | 3.46 | 3.62 | 3.75 | 3.86 | 3.95 | 4.03 |
| 2.8 | 3.06 | 3.14 | 3.20 | 3.27 | 3.33 | 3.38 | 3.43 | 3.48 | 3.53 | 3.58 | 3.62 | 3.66 | 3.70 | 3.87 | 4.01 | 4.13 | 4.23 | 4.32 |
| 3.0 | 3.26 | 3.34 | 3.41 | 3.47 | 3.54 | 3.60 | 3.65 | 3.70 | 3.75 | 3.80 | 3.85 | 3.89 | 3.93 | 4.12 | 4.27 | 4.40 | 4.51 | 4.61 |

$$K_1 = \frac{I_1}{I_2} \cdot \frac{H_2}{H_1}$$

$$\eta_1 = \frac{H_1}{H_2}\sqrt{\frac{N_1}{N_2} \cdot \frac{I_2}{I_1}}$$

$N_1$—上段柱的轴心力；

$N_2$—下段柱的轴心力

注：表中的计算长度系数 $\mu_2$ 值是按下式计算得出：

$$\tan\frac{\pi\eta_1}{\mu_2} + \eta_1 K_1 \cdot \tan\frac{\pi}{\mu_2} = 0$$

附表 D.4　柱上端为自由的单阶柱下段的计算长度系数 $\mu_2$

| 简图 | $K_1$ \ $\eta_1$ | 0.06 | 0.08 | 0.10 | 0.12 | 0.14 | 0.16 | 0.18 | 0.20 | 0.22 | 0.24 | 0.26 | 0.28 | 0.3 | 0.4 | 0.5 | 0.6 | 0.7 | 0.8 |
|---|---|---|---|---|---|---|---|---|---|---|---|---|---|---|---|---|---|---|---|
| | 0.2 | 2.00 | 2.01 | 2.01 | 2.01 | 2.01 | 2.01 | 2.01 | 2.02 | 2.02 | 2.02 | 2.02 | 2.02 | 2.02 | 2.03 | 2.04 | 2.05 | 2.06 | 2.07 |
| | 0.3 | 2.01 | 2.02 | 2.02 | 2.02 | 2.03 | 2.03 | 2.03 | 2.04 | 2.04 | 2.05 | 2.05 | 2.05 | 2.06 | 2.08 | 2.10 | 2.12 | 2.13 | 2.15 |
| | 0.4 | 2.02 | 2.03 | 2.04 | 2.04 | 2.05 | 2.06 | 2.07 | 2.07 | 2.08 | 2.09 | 2.09 | 2.10 | 2.11 | 2.14 | 2.18 | 2.21 | 2.25 | 2.28 |
| | 0.5 | 2.04 | 2.05 | 2.06 | 2.07 | 2.09 | 2.10 | 2.11 | 2.12 | 2.13 | 2.15 | 2.16 | 2.17 | 2.18 | 2.24 | 2.29 | 2.35 | 2.40 | 2.45 |
| | 0.6 | 2.06 | 2.08 | 2.10 | 2.12 | 2.14 | 2.16 | 2.18 | 2.19 | 2.21 | 2.23 | 2.25 | 2.26 | 2.28 | 2.36 | 2.44 | 2.52 | 2.59 | 2.66 |
| | 0.7 | 2.10 | 2.13 | 2.16 | 2.18 | 2.21 | 2.24 | 2.26 | 2.29 | 2.31 | 2.34 | 2.36 | 2.38 | 2.41 | 2.52 | 2.62 | 2.72 | 2.81 | 2.90 |
| | 0.8 | 2.15 | 2.20 | 2.24 | 2.27 | 2.31 | 2.34 | 2.38 | 2.41 | 2.44 | 2.47 | 2.50 | 2.53 | 2.56 | 2.70 | 2.82 | 2.94 | 3.06 | 3.16 |
| | 0.9 | 2.24 | 2.29 | 2.35 | 2.39 | 2.44 | 2.48 | 2.52 | 2.56 | 2.60 | 2.63 | 2.67 | 2.71 | 2.74 | 2.90 | 3.05 | 3.19 | 3.32 | 3.44 |
| | 1.0 | 2.36 | 2.43 | 2.48 | 2.54 | 2.59 | 2.64 | 2.69 | 2.73 | 2.77 | 2.82 | 2.86 | 2.90 | 2.94 | 3.12 | 3.29 | 3.45 | 3.59 | 3.74 |
| | 1.2 | 2.69 | 2.76 | 2.83 | 2.89 | 2.95 | 3.01 | 3.07 | 3.12 | 3.17 | 3.22 | 3.27 | 3.32 | 3.37 | 3.59 | 3.80 | 3.99 | 4.17 | 4.34 |
| $K_1 = \dfrac{I_1}{I_2} \cdot \dfrac{H_2}{H_1}$ | 1.4 | 3.07 | 3.14 | 2.99 | 3.29 | 3.36 | 3.42 | 3.48 | 3.55 | 3.61 | 3.66 | 3.72 | 3.78 | 3.83 | 4.09 | 4.33 | 4.56 | 4.77 | 4.97 |
| | 1.6 | 3.47 | 3.55 | 3.63 | 3.71 | 3.78 | 3.85 | 3.92 | 3.99 | 4.07 | 4.12 | 4.18 | 4.25 | 4.31 | 4.61 | 4.88 | 5.14 | 5.38 | 5.62 |
| $\eta_1 = \dfrac{H_1}{H_2}\sqrt{\dfrac{N_1}{N_2} \cdot \dfrac{I_2}{I_1}}$ | 1.8 | 3.88 | 3.97 | 4.05 | 4.13 | 4.21 | 4.29 | 4.37 | 4.44 | 4.52 | 4.59 | 4.66 | 4.73 | 4.80 | 4.80 | 4.44 | 5.73 | 6.00 | 6.26 |
| $N_1$—上段柱的轴心力； | 2.0 | 4.29 | 4.39 | 4.48 | 4.57 | 4.65 | 4.74 | 4.82 | 4.90 | 4.99 | 5.07 | 5.14 | 5.22 | 5.30 | 5.66 | 6.00 | 6.32 | 6.63 | 6.92 |
| | 2.2 | 4.71 | 4.81 | 4.91 | 5.00 | 5.10 | 5.19 | 5.28 | 5.37 | 5.46 | 5.54 | 5.63 | 5.71 | 5.80 | 6.19 | 6.57 | 6.92 | 7.26 | 7.58 |
| $N_2$—下段柱的轴心力 | 2.4 | 5.13 | 5.24 | 5.34 | 5.44 | 5.54 | 5.64 | 5.74 | 5.84 | 5.93 | 6.03 | 6.12 | 6.21 | 6.30 | 6.73 | 7.14 | 7.52 | 7.89 | 8.24 |
| | 2.6 | 5.55 | 5.66 | 5.77 | 5.88 | 5.99 | 6.10 | 6.20 | 6.31 | 6.41 | 6.51 | 6.61 | 6.71 | 6.80 | 7.27 | 7.71 | 8.13 | 8.52 | 8.90 |
| | 2.8 | 5.97 | 6.09 | 6.21 | 6.33 | 6.44 | 6.55 | 6.67 | 6.78 | 6.89 | 6.99 | 7.10 | 7.21 | 7.31 | 7.81 | 8.28 | 8.73 | 9.16 | 9.57 |
| | 3.0 | 6.39 | 6.52 | 6.64 | 6.77 | 6.89 | 7.01 | 7.13 | 7.25 | 7.37 | 7.48 | 7.59 | 7.71 | 7.82 | 8.35 | 8.86 | 9.80 | 9.34 | 10.24 |

注：表中的计算长度系数 $\mu_2$ 值是按下式计算得出：

$$\eta_1 K_1 \cdot \tan\frac{\pi}{\mu_2} \cdot \tan\frac{\pi\eta_1}{\mu_2} - 1 = 0$$

附表 D.5 柱上端为自由的双阶柱下段的计算长度系数 $\mu_3$

$K_1 = \dfrac{I_1}{I_3} \cdot \dfrac{H_3}{H_1}$

$K_2 = \dfrac{I_2}{I_3} \cdot \dfrac{H_3}{H_2}$

$\eta_1 = \dfrac{H_1}{H_3}\sqrt{\dfrac{N_1}{N_3} \cdot \dfrac{I_3}{I_1}}$

$\eta_2 = \dfrac{H_2}{H_3}\sqrt{\dfrac{N_2}{N_3} \cdot \dfrac{I_3}{I_2}}$

$N_1$—上段柱的轴心力；
$N_2$—中段柱的轴心力；
$N_3$—下段柱的轴心力

| $\eta_1$ | $\eta_2$ | $K_1$ = 0.05 | | | | | | | | | | |
|---|---|---|---|---|---|---|---|---|---|---|---|
| | | $K_2$ = 0.2 | 0.3 | 0.4 | 0.5 | 0.6 | 0.7 | 0.8 | 0.9 | 1.0 | 1.1 | 1.2 |
| 0.2 | 0.2 | 2.02 | 2.03 | 2.04 | 2.05 | 2.05 | 2.06 | 2.07 | 2.08 | 2.09 | 2.10 | 2.10 |
| | 0.4 | 2.08 | 2.11 | 2.15 | 2.19 | 2.22 | 2.25 | 2.29 | 2.32 | 2.35 | 2.39 | 2.42 |
| | 0.6 | 2.20 | 2.29 | 2.37 | 2.45 | 2.52 | 2.60 | 2.67 | 2.73 | 2.80 | 2.87 | 2.93 |
| | 0.8 | 2.42 | 2.57 | 2.71 | 2.83 | 2.95 | 3.06 | 3.17 | 3.27 | 3.37 | 3.47 | 3.56 |
| | 1.0 | 2.75 | 2.95 | 3.13 | 3.30 | 3.45 | 3.60 | 3.74 | 3.87 | 4.00 | 4.13 | 4.25 |
| | 1.2 | 3.13 | 3.38 | 3.60 | 3.80 | 4.00 | 4.18 | 4.35 | 4.51 | 4.67 | 4.82 | 4.97 |
| 0.4 | 0.2 | 2.04 | 2.05 | 2.05 | 2.06 | 2.07 | 2.08 | 2.09 | 2.09 | 2.10 | 2.11 | 2.12 |
| | 0.4 | 2.10 | 2.14 | 2.17 | 2.20 | 2.24 | 2.27 | 2.31 | 2.34 | 2.37 | 2.40 | 2.43 |
| | 0.6 | 2.24 | 2.32 | 2.40 | 2.47 | 2.54 | 2.62 | 2.68 | 2.75 | 2.82 | 2.88 | 2.94 |
| | 0.8 | 2.47 | 2.60 | 2.73 | 2.85 | 2.97 | 3.08 | 3.19 | 3.29 | 3.38 | 3.48 | 3.57 |
| | 1.0 | 2.79 | 2.98 | 3.15 | 3.32 | 3.47 | 3.62 | 3.75 | 3.89 | 4.02 | 4.11 | 4.26 |
| | 1.2 | 3.18 | 3.41 | 3.62 | 3.82 | 4.01 | 4.19 | 4.36 | 4.52 | 4.68 | 4.83 | 4.98 |
| 0.6 | 0.2 | 2.09 | 2.09 | 2.10 | 2.10 | 2.11 | 2.12 | 2.12 | 2.13 | 2.14 | 2.15 | 2.15 |
| | 0.4 | 2.17 | 2.19 | 2.22 | 2.25 | 2.28 | 2.31 | 2.34 | 2.38 | 2.41 | 2.44 | 2.47 |
| | 0.6 | 2.32 | 2.38 | 2.45 | 2.52 | 2.59 | 2.66 | 2.72 | 2.79 | 2.85 | 2.91 | 2.97 |
| | 0.8 | 2.56 | 2.67 | 2.79 | 2.90 | 3.01 | 3.11 | 3.22 | 3.32 | 3.41 | 3.50 | 3.60 |
| | 1.0 | 2.88 | 3.04 | 3.20 | 3.36 | 3.50 | 3.65 | 3.78 | 3.91 | 4.04 | 4.16 | 4.26 |
| | 1.2 | 3.26 | 3.46 | 3.66 | 3.86 | 4.04 | 4.22 | 4.38 | 4.55 | 4.70 | 4.85 | 5.00 |
| 0.8 | 0.2 | 2.29 | 2.24 | 2.22 | 2.21 | 2.21 | 2.22 | 2.22 | 2.22 | 2.23 | 2.23 | 2.24 |
| | 0.4 | 2.37 | 2.34 | 2.34 | 2.36 | 2.38 | 2.40 | 2.43 | 2.45 | 2.48 | 2.51 | 2.54 |
| | 0.6 | 2.52 | 2.52 | 2.56 | 2.61 | 2.67 | 2.73 | 2.79 | 2.85 | 2.91 | 2.96 | 3.02 |
| | 0.8 | 2.74 | 2.79 | 2.88 | 2.98 | 3.08 | 3.17 | 3.27 | 3.36 | 3.46 | 3.55 | 3.63 |
| | 1.0 | 3.04 | 3.15 | 3.28 | 3.42 | 3.56 | 3.69 | 3.82 | 3.95 | 4.07 | 4.19 | 4.31 |
| | 1.2 | 3.39 | 3.55 | 3.73 | 3.91 | 4.08 | 4.25 | 4.42 | 4.58 | 4.73 | 4.88 | 5.02 |
| 1.0 | 0.2 | 2.69 | 2.57 | 2.51 | 2.48 | 2.46 | 2.45 | 2.45 | 2.44 | 2.44 | 2.44 | 2.44 |
| | 0.4 | 2.75 | 2.64 | 2.60 | 2.59 | 2.59 | 2.59 | 2.60 | 2.62 | 2.63 | 2.65 | 2.67 |
| | 0.6 | 2.86 | 2.78 | 2.77 | 2.79 | 2.83 | 2.87 | 2.91 | 2.96 | 3.01 | 3.06 | 3.10 |
| | 0.8 | 3.04 | 3.01 | 3.05 | 3.11 | 3.19 | 3.27 | 3.35 | 3.44 | 3.52 | 3.61 | 3.69 |
| | 1.0 | 3.29 | 3.32 | 3.41 | 3.52 | 3.64 | 3.76 | 3.89 | 4.01 | 4.13 | 4.24 | 4.35 |
| | 1.2 | 3.60 | 3.69 | 3.83 | 3.99 | 4.15 | 4.31 | 4.47 | 4.62 | 4.77 | 4.92 | 5.06 |
| 1.2 | 0.2 | 3.16 | 3.00 | 2.92 | 2.87 | 2.84 | 2.81 | 2.80 | 2.79 | 2.78 | 2.77 | 2.77 |
| | 0.4 | 3.21 | 3.05 | 2.98 | 2.94 | 2.92 | 2.90 | 2.90 | 2.90 | 2.90 | 2.91 | 2.92 |
| | 0.6 | 3.30 | 3.15 | 3.10 | 3.08 | 3.08 | 3.10 | 3.12 | 3.15 | 3.18 | 3.22 | 3.26 |
| | 0.8 | 3.43 | 3.32 | 3.30 | 3.33 | 3.37 | 3.42 | 3.49 | 3.56 | 3.63 | 3.71 | 3.78 |
| | 1.0 | 3.62 | 3.57 | 3.60 | 3.68 | 3.77 | 3.87 | 3.98 | 4.09 | 4.20 | 4.31 | 4.42 |
| | 1.2 | 3.88 | 3.88 | 3.98 | 4.11 | 4.25 | 4.39 | 4.54 | 4.68 | 4.83 | 4.97 | 5.10 |
| 1.4 | 0.2 | 3.66 | 3.46 | 3.36 | 3.29 | 3.25 | 3.23 | 3.20 | 3.19 | 3.18 | 3.17 | 3.16 |
| | 0.4 | 3.70 | 3.50 | 3.40 | 3.35 | 3.31 | 3.29 | 3.27 | 3.26 | 3.26 | 3.26 | 3.26 |
| | 0.6 | 3.77 | 3.58 | 3.49 | 3.45 | 3.43 | 3.42 | 3.42 | 3.43 | 3.45 | 3.47 | 3.49 |
| | 0.8 | 3.87 | 3.70 | 3.64 | 3.63 | 3.64 | 3.67 | 3.70 | 3.75 | 3.81 | 3.86 | 3.92 |
| | 1.0 | 4.02 | 3.89 | 3.87 | 3.90 | 3.96 | 4.04 | 4.12 | 4.22 | 4.31 | 4.41 | 4.51 |
| | 1.2 | 4.23 | 4.15 | 4.19 | 4.27 | 4.39 | 4.51 | 4.64 | 4.77 | 4.91 | 5.04 | 5.17 |

续表 D.5

| 简图 | $K_1$ / $K_2$ | | 0.05 | | | | | | | | | |
|---|---|---|---|---|---|---|---|---|---|---|---|---|
| | $\eta_1$ | $\eta_2$ | 0.2 | 0.3 | 0.4 | 0.5 | 0.6 | 0.7 | 0.8 | 0.9 | 1.0 | 1.1 | 1.2 |
| | 0.2 | 0.2 | 2.03 | 2.03 | 2.04 | 2.05 | 2.06 | 2.07 | 2.08 | 2.08 | 2.09 | 2.10 | 911 |
| | | 0.4 | 2.09 | 2.12 | 2.16 | 2.19 | 2.23 | 2.26 | 2.29 | 2.33 | 2.36 | 2.39 | 2.42 |
| | | 0.6 | 2.21 | 2.30 | 2.38 | 2.46 | 2.53 | 2.60 | 2.67 | 2.74 | 2.81 | 2.87 | 2.93 |
| | | 0.8 | 2.44 | 2.58 | 2.71 | 2.84 | 2.96 | 3.07 | 3.17 | 3.28 | 3.37 | 3.47 | 3.56 |
| | | 1.0 | 2.76 | 2.96 | 3.14 | 3.30 | 3.46 | 3.60 | 3.74 | 3.88 | 4.01 | 4.13 | 4.25 |
| | | 1.2 | 3.15 | 3.39 | 3.61 | 3.81 | 4.00 | 4.18 | 4.35 | 4.52 | 4.68 | 4.83 | 4.98 |
| | 0.4 | 0.2 | 2.07 | 2.07 | 2.08 | 2.08 | 2.09 | 2.10 | 2.11 | 2.12 | 2.12 | 2.13 | 2.14 |
| | | 0.4 | 2.14 | 2.17 | 2.20 | 2.23 | 2.26 | 2.30 | 2.33 | 2.36 | 2.39 | 2.42 | 2.46 |
| | | 0.6 | 2.28 | 2.36 | 2.43 | 2.50 | 2.57 | 2.64 | 2.71 | 2.77 | 2.84 | 2.90 | 2.96 |
| | | 0.8 | 2.53 | 2.65 | 2.77 | 2.88 | 3.00 | 3.10 | 3.21 | 3.31 | 3.40 | 3.50 | 3.59 |
| | | 1.0 | 2.85 | 3.02 | 3.19 | 3.34 | 3.49 | 3.64 | 3.77 | 3.91 | 4.03 | 4.16 | 4.28 |
| | | 1.2 | 3.24 | 3.45 | 3.65 | 3.85 | 4.03 | 4.21 | 4.38 | 4.54 | 4.70 | 4.85 | 4.99 |
| | 0.6 | 0.2 | 2.22 | 2.19 | 2.18 | 2.17 | 2.18 | 2.18 | 2.19 | 2.19 | 2.20 | 2.20 | 2.21 |
| | | 0.4 | 2.31 | 2.30 | 2.31 | 2.33 | 2.35 | 2.38 | 2.41 | 2.44 | 2.47 | 2.49 | 2.52 |
| | | 0.6 | 2.48 | 2.49 | 2.54 | 2.60 | 2.66 | 2.72 | 2.78 | 2.84 | 2.90 | 2.96 | 3.02 |
| | | 0.8 | 2.72 | 2.78 | 2.87 | 2.97 | 3.07 | 3.17 | 3.27 | 3.36 | 3.46 | 3.55 | 3.64 |
| | | 1.0 | 3.04 | 3.15 | 3.28 | 3.42 | 3.56 | 3.70 | 3.83 | 3.95 | 4.08 | 4.20 | 4.31 |
| | | 1.2 | 3.40 | 3.56 | 3.74 | 3.91 | 4.09 | 4.26 | 4.42 | 4.58 | 4.73 | 4.88 | 5.03 |
| | 0.8 | 0.2 | 2.63 | 2.49 | 2.43 | 2.40 | 2.38 | 2.37 | 2.37 | 2.36 | 2.36 | 2.37 | 2.37 |
| | | 0.4 | 2.71 | 2.59 | 2.55 | 2.54 | 2.54 | 2.55 | 2.57 | 2.59 | 2.61 | 2.63 | 2.65 |
| | | 0.6 | 2.86 | 2.76 | 2.76 | 2.78 | 2.82 | 2.86 | 2.91 | 2.96 | 3.01 | 3.07 | 3.12 |
| | | 0.8 | 3.06 | 3.02 | 3.06 | 3.13 | 3.20 | 3.29 | 3.37 | 3.46 | 3.54 | 3.63 | 3.71 |
| | | 1.0 | 3.33 | 3.35 | 3.44 | 3.55 | 3.67 | 3.79 | 3.90 | 4.03 | 4.15 | 4.26 | 4.37 |
| | | 1.2 | 3.65 | 3.73 | 3.86 | 4.02 | 4.18 | 4.34 | 4.49 | 4.64 | 4.79 | 4.94 | 5.08 |
| | 1.0 | 0.2 | 3.18 | 2.95 | 2.84 | 2.77 | 2.73 | 2.70 | 2.68 | 2.67 | 2.66 | 2.65 | 2.65 |
| | | 0.4 | 3.24 | 3.03 | 2.93 | 2.88 | 2.85 | 2.84 | 2.84 | 2.84 | 2.85 | 2.86 | 2.87 |
| | | 0.6 | 3.36 | 3.16 | 3.09 | 3.07 | 3.08 | 3.09 | 3.12 | 3.15 | 3.19 | 3.23 | 3.27 |
| | | 0.8 | 3.52 | 3.37 | 3.34 | 3.36 | 3.41 | 3.46 | 3.53 | 3.60 | 3.67 | 3.75 | 3.82 |
| | | 1.0 | 3.74 | 3.64 | 3.67 | 3.74 | 3.83 | 3.93 | 4.03 | 4.14 | 4.25 | 4.35 | 4.46 |
| | | 1.2 | 4.00 | 3.97 | 4.05 | 4.17 | 4.31 | 4.45 | 4.59 | 4.73 | 4.87 | 5.01 | 5.14 |
| | 1.2 | 0.2 | 3.77 | 3.47 | 3.32 | 3.23 | 3.17 | 3.12 | 3.09 | 3.07 | 3.05 | 3.04 | 3.03 |
| | | 0.4 | 3.82 | 3.53 | 3.39 | 3.31 | 3.26 | 3.22 | 3.20 | 3.19 | 3.19 | 3.19 | 3.19 |
| | | 0.6 | 3.91 | 3.64 | 3.51 | 3.45 | 3.42 | 3.42 | 3.42 | 3.42 | 3.45 | 3.48 | 3.50 |
| | | 0.8 | 4.04 | 3.80 | 3.71 | 3.68 | 3.69 | 3.72 | 3.76 | 3.81 | 3.86 | 3.92 | 3.98 |
| | | 1.0 | 4.21 | 4.02 | 3.97 | 3.99 | 4.05 | 4.12 | 4.20 | 4.29 | 4.39 | 4.48 | 4.58 |
| | | 1.2 | 4.43 | 4.30 | 4.31 | 4.38 | 4.48 | 4.60 | 4.72 | 4.85 | 4.98 | 5.11 | 5.24 |
| | 1.4 | 0.2 | 4.37 | 4.01 | 3.82 | 3.71 | 3.63 | 3.58 | 3.54 | 3.51 | 3.49 | 3.47 | 3.45 |
| | | 0.4 | 4.41 | 4.06 | 3.88 | 3.77 | 3.70 | 3.66 | 3.63 | 3.60 | 3.59 | 3.58 | 3.57 |
| | | 0.6 | 4.48 | 4.15 | 3.98 | 3.89 | 3.83 | 3.80 | 3.79 | 3.78 | 3.79 | 3.80 | 3.81 |
| | | 0.8 | 4.59 | 4.28 | 4.13 | 4.07 | 4.04 | 4.04 | 4.06 | 4.08 | 4.12 | 4.16 | 4.21 |
| | | 1.0 | 4.74 | 4.45 | 4.35 | 4.32 | 4.34 | 4.38 | 4.43 | 4.50 | 4.58 | 4.66 | 4.74 |
| | | 1.2 | 4.92 | 4.69 | 4.63 | 4.65 | 4.72 | 4.80 | 4.90 | 5.10 | 5.13 | 5.24 | 5.36 |

$$K_1 = \frac{I_1}{I_3} \cdot \frac{H_3}{H_1}$$

$$K_2 = \frac{I_2}{I_3} \cdot \frac{H_3}{H_2}$$

$$\eta_1 = \frac{H_1}{H_3}\sqrt{\frac{N_1}{N_3} \cdot \frac{I_3}{I_1}}$$

$$\eta_2 = \frac{H_2}{H_3}\sqrt{\frac{N_2}{N_3} \cdot \frac{I_3}{I_2}}$$

$N_1$—上段柱的轴心力；

$N_2$—中段柱的轴心力；

$N_3$—下段柱的轴心力

续表 D.5

| 简图 | $K_1$ / $K_2$ / $\eta_1$ / $\eta_2$ | | 0.05 | | | | | | | | | |
|---|---|---|---|---|---|---|---|---|---|---|---|---|
| | | | 0.2 | 0.3 | 0.4 | 0.5 | 0.6 | 0.7 | 0.8 | 0.9 | 1.0 | 1.1 | 1.2 |
| | 0.2 | 0.2 | 2.04 | 2.04 | 2.05 | 2.06 | 2.07 | 2.08 | 2.08 | 2.09 | 2.10 | 2.11 | 2.12 |
| | | 0.4 | 2.10 | 2.13 | 2.17 | 2.20 | 2.24 | 2.27 | 2.30 | 2.34 | 2.37 | 2.40 | 2.43 |
| | | 0.6 | 2.23 | 2.31 | 2.39 | 2.47 | 2.54 | 2.61 | 2.68 | 2.75 | 2.82 | 2.88 | 2.94 |
| | | 0.8 | 2.46 | 2.60 | 2.73 | 2.85 | 2.97 | 3.08 | 3.18 | 3.29 | 3.38 | 3.48 | 3.57 |
| | | 1.0 | 2.79 | 2.98 | 3.15 | 3.32 | 3.47 | 3.61 | 3.75 | 3.89 | 4.02 | 4.14 | 4.26 |
| | | 1.2 | 3.18 | 3.41 | 3.62 | 3.82 | 4.01 | 4.19 | 4.36 | 4.52 | 4.68 | 4.83 | 4.98 |
| | 0.4 | 0.2 | 2.15 | 2.13 | 2.13 | 2.14 | 2.14 | 2.15 | 2.15 | 2.16 | 2.17 | 2.17 | 2.18 |
| | | 0.4 | 2.24 | 2.24 | 2.26 | 2.29 | 2.32 | 2.35 | 2.38 | 2.41 | 2.44 | 2.47 | 2.50 |
| | | 0.6 | 2.40 | 2.44 | 2.50 | 2.56 | 2.63 | 2.69 | 2.76 | 2.82 | 2.88 | 2.94 | 3.00 |
| | | 0.8 | 2.66 | 2.74 | 2.84 | 2.95 | 3.05 | 3.15 | 3.25 | 3.35 | 3.44 | 3.53 | 3.62 |
| | | 1.0 | 2.98 | 3.12 | 3.25 | 3.40 | 3.54 | 3.68 | 3.81 | 3.94 | 4.07 | 4.19 | 4.30 |
| | | 1.2 | 3.35 | 3.53 | 3.71 | 3.90 | 4.08 | 4.25 | 4.41 | 4.57 | 4.73 | 4.87 | 5.02 |
| | 0.6 | 0.2 | 2.57 | 2.42 | 2.37 | 2.34 | 2.33 | 2.32 | 2.32 | 2.32 | 2.32 | 2.32 | 2.33 |
| | | 0.4 | 2.67 | 2.54 | 2.50 | 2.50 | 2.51 | 2.52 | 2.54 | 2.56 | 2.58 | 2.61 | 2.63 |
| | | 0.6 | 2.83 | 2.74 | 2.73 | 2.76 | 2.80 | 2.85 | 2.90 | 2.96 | 3.01 | 3.06 | 3.12 |
| | | 0.8 | 3.06 | 3.01 | 3.05 | 3.12 | 3.20 | 3.29 | 3.38 | 3.46 | 3.55 | 3.63 | 3.72 |
| | | 1.0 | 3.34 | 3.35 | 3.44 | 3.56 | 3.68 | 3.80 | 3.92 | 4.04 | 4.15 | 4.27 | 4.38 |
| | | 1.2 | 3.67 | 3.74 | 3.88 | 4.03 | 4.19 | 4.35 | 4.50 | 4.65 | 4.80 | 4.94 | 5.08 |
| | 0.8 | 0.2 | 3.25 | 2.96 | 2.82 | 2.74 | 2.69 | 2.66 | 2.64 | 2.62 | 2.61 | 2.61 | 2.60 |
| | | 0.4 | 3.33 | 3.05 | 2.93 | 2.87 | 2.84 | 2.83 | 2.83 | 2.83 | 2.84 | 2.85 | 2.87 |
| | | 0.6 | 3.45 | 3.21 | 3.12 | 3.10 | 3.10 | 3.12 | 3.14 | 3.18 | 3.22 | 3.26 | 3.30 |
| | | 0.8 | 3.63 | 3.44 | 3.39 | 3.41 | 3.45 | 3.51 | 3.57 | 3.64 | 3.71 | 3.79 | 3.86 |
| | | 1.0 | 3.86 | 2.73 | 3.73 | 3.80 | 3.88 | 3.98 | 4.08 | 4.18 | 4.29 | 4.39 | 4.50 |
| | | 1.2 | 4.13 | 4.07 | 4.13 | 4.24 | 4.36 | 4.50 | 4.64 | 4.78 | 4.91 | 5.05 | 5.18 |
| | 1.0 | 0.2 | 4.00 | 3.60 | 3.39 | 3.26 | 3.18 | 3.13 | 3.08 | 3.05 | 3.03 | 3.01 | 3.00 |
| | | 0.4 | 4.06 | 3.67 | 3.48 | 3.37 | 3.30 | 3.26 | 3.23 | 3.21 | 3.21 | 3.20 | 3.20 |
| | | 0.6 | 4.15 | 3.79 | 3.63 | 3.54 | 3.50 | 3.48 | 3.49 | 3.50 | 3.51 | 3.54 | 3.57 |
| | | 0.8 | 4.29 | 3.97 | 3.84 | 3.80 | 3.79 | 3.81 | 3.85 | 3.90 | 3.95 | 4.01 | 4.07 |
| | | 1.0 | 4.48 | 4.21 | 4.13 | 4.13 | 4.17 | 4.23 | 4.31 | 4.39 | 4.48 | 4.57 | 4.66 |
| | | 1.2 | 4.70 | 4.49 | 4.47 | 4.52 | 4.60 | 4.71 | 4.82 | 4.94 | 5.07 | 5.19 | 5.31 |
| | 1.2 | 0.2 | 4.76 | 4.26 | 4.00 | 3.83 | 3.72 | 3.65 | 3.59 | 3.54 | 3.51 | 3.48 | 3.46 |
| | | 0.4 | 4.81 | 4.32 | 4.07 | 3.91 | 3.82 | 3.75 | 3.70 | 3.67 | 3.65 | 3.63 | 3.62 |
| | | 0.6 | 4.89 | 4.43 | 4.19 | 4.05 | 3.98 | 3.93 | 3.91 | 3.89 | 3.89 | 3.90 | 3.91 |
| | | 0.8 | 5.00 | 4.57 | 4.36 | 4.26 | 4.21 | 4.20 | 4.21 | 4.23 | 4.26 | 4.30 | 4.34 |
| | | 1.0 | 5.15 | 4.76 | 4.59 | 4.53 | 4.53 | 4.55 | 4.60 | 4.66 | 4.73 | 4.80 | 4.88 |
| | | 1.2 | 5.34 | 5.00 | 4.88 | 4.87 | 4.91 | 4.98 | 5.07 | 5.17 | 5.27 | 5.38 | 5.49 |
| | 1.4 | 0.2 | 5.53 | 4.94 | 4.62 | 4.42 | 4.29 | 4.19 | 4.12 | 4.06 | 4.02 | 3.98 | 3.95 |
| | | 0.4 | 5.57 | 4.99 | 4.68 | 4.49 | 4.36 | 4.27 | 4.21 | 4.16 | 4.13 | 4.10 | 4.08 |
| | | 0.6 | 5.64 | 5.07 | 4.78 | 4.60 | 4.49 | 4.42 | 4.38 | 4.35 | 4.33 | 4.32 | 4.32 |
| | | 0.8 | 5.74 | 5.19 | 4.92 | 4.77 | 4.69 | 4.64 | 4.62 | 4.62 | 4.63 | 4.65 | 4.67 |
| | | 1.0 | 5.86 | 5.35 | 5.12 | 5.00 | 4.95 | 4.94 | 4.96 | 4.99 | 5.03 | 5.09 | 5.15 |
| | | 1.2 | 6.02 | 5.55 | 5.36 | 5.29 | 5.28 | 5.31 | 5.37 | 5.44 | 5.52 | 5.61 | 5.71 |

$K_1 = \dfrac{I_1}{I_3} \cdot \dfrac{H_3}{H_1}$

$K_2 = \dfrac{I_2}{I_3} \cdot \dfrac{H_3}{H_2}$

$\eta_1 = \dfrac{H_1}{H_3}\sqrt{\dfrac{N_1}{N_3} \cdot \dfrac{I_3}{I_1}}$

$\eta_2 = \dfrac{H_2}{H_3}\sqrt{\dfrac{N_2}{N_3} \cdot \dfrac{I_3}{I_2}}$

$N_1$——上段柱的轴心力；

$N_2$——中段柱的轴心力；

$N_3$——下段柱的轴心力

续表 D.5

| 简图 | $K_1$ $\eta_1$ | $K_2$ $\eta_2$ | 0.05 | | | | | | | | | | |
|---|---|---|---|---|---|---|---|---|---|---|---|---|---|
| | | | 0.2 | 0.3 | 0.4 | 0.5 | 0.6 | 0.7 | 0.8 | 0.9 | 1.0 | 1.1 | 1.2 |
| | 0.2 | 0.2 | 2.05 | 2.05 | 2.06 | 2.07 | 2.08 | 2.09 | 2.09 | 2.10 | 2.11 | 2.12 | 2.13 |
| | | 0.4 | 2.12 | 2.15 | 2.18 | 2.21 | 2.25 | 2.28 | 2.31 | 2.35 | 2.38 | 2.41 | 2.44 |
| | | 0.6 | 2.25 | 2.33 | 2.41 | 2.48 | 2.56 | 2.63 | 2.69 | 2.76 | 2.83 | 2.89 | 2.95 |
| | | 0.8 | 2.49 | 2.62 | 2.75 | 2.87 | 2.98 | 3.09 | 3.20 | 3.30 | 3.39 | 3.49 | 3.58 |
| | | 1.0 | 3.82 | 3.00 | 3.17 | 3.33 | 3.48 | 3.63 | 3.76 | 3.90 | 4.02 | 4.15 | 4.27 |
| | | 1.2 | 3.20 | 3.43 | 3.64 | 3.83 | 4.02 | 4.20 | 4.37 | 4.53 | 4.69 | 4.84 | 4.99 |
| | 0.4 | 0.2 | 2.26 | 2.21 | 2.20 | 2.19 | 2.19 | 2.20 | 2.20 | 2.21 | 2.21 | 2.22 | 2.23 |
| | | 0.4 | 2.36 | 2.33 | 2.33 | 2.35 | 2.38 | 2.40 | 2.43 | 2.46 | 2.49 | 2.51 | 2.54 |
| | | 0.6 | 2.54 | 2.54 | 2.58 | 2.63 | 2.69 | 2.75 | 2.81 | 2.87 | 2.93 | 2.99 | 3.04 |
| | | 0.8 | 2.79 | 2.83 | 2.91 | 3.01 | 3.10 | 3.20 | 3.30 | 3.39 | 3.48 | 3.57 | 3.66 |
| | | 1.0 | 3.11 | 3.20 | 2.29 | 3.46 | 3.59 | 3.72 | 3.85 | 3.98 | 4.10 | 4.22 | 4.33 |
| | | 1.2 | 3.47 | 3.60 | 3.77 | 3.95 | 4.12 | 4.28 | 4.45 | 4.60 | 4.75 | 4.90 | 5.04 |
| | 0.6 | 0.2 | 2.93 | 2.68 | 2.57 | 2.52 | 2.49 | 2.47 | 2.46 | 2.45 | 2.45 | 2.45 | 2.45 |
| | | 0.4 | 3.02 | 2.79 | 2.71 | 2.67 | 2.66 | 2.66 | 2.67 | 2.69 | 2.70 | 2.72 | 2.74 |
| | | 0.6 | 3.17 | 2.98 | 2.93 | 2.93 | 2.95 | 2.98 | 3.02 | 3.07 | 3.11 | 3.16 | 3.21 |
| | | 0.8 | 4.37 | 3.24 | 3.23 | 3.27 | 3.33 | 3.41 | 3.48 | 3.56 | 3.64 | 3.72 | 3.80 |
| | | 1.0 | 3.63 | 3.56 | 3.60 | 3.69 | 3.79 | 3.90 | 4.01 | 4.12 | 4.23 | 4.34 | 4.45 |
| | | 1.2 | 3.94 | 3.92 | 4.02 | 4.15 | 4.29 | 4.43 | 4.58 | 4.72 | 4.87 | 5.01 | 5.14 |
| | 0.8 | 0.2 | 3.78 | 3.38 | 3.18 | 3.06 | 2.98 | 2.93 | 2.89 | 2.86 | 2.84 | 2.83 | 2.82 |
| | | 0.4 | 3.85 | 3.47 | 3.28 | 3.18 | 2.19 | 3.09 | 3.07 | 3.06 | 3.06 | 3.06 | 3.06 |
| | | 0.6 | 3.96 | 3.61 | 3.46 | 3.39 | 3.36 | 3.35 | 3.36 | 3.38 | 3.41 | 3.44 | 3.47 |
| | | 0.8 | 4.12 | 3.82 | 3.70 | 3.67 | 3.68 | 3.72 | 3.76 | 3.82 | 3.88 | 3.94 | 4.01 |
| | | 1.0 | 4.32 | 4.07 | 4.01 | 4.03 | 4.08 | 4.16 | 4.24 | 4.33 | 4.43 | 4.52 | 4.62 |
| | | 1.2 | 4.57 | 4.38 | 4.38 | 4.44 | 4.54 | 4.66 | 4.78 | 4.90 | 5.03 | 5.16 | 5.29 |
| | 1.0 | 0.2 | 4.68 | 4.15 | 3.86 | 3.69 | 3.57 | 3.49 | 3.43 | 3.38 | 3.35 | 3.32 | 3.30 |
| | | 0.4 | 4.73 | 4.21 | 3.94 | 3.78 | 3.68 | 3.61 | 3.57 | 3.54 | 3.51 | 3.50 | 3.49 |
| | | 0.6 | 4.82 | 4.33 | 4.08 | 3.95 | 3.87 | 3.83 | 3.80 | 3.80 | 3.80 | 3.81 | 3.83 |
| | | 0.8 | 4.94 | 4.49 | 4.28 | 4.18 | 4.14 | 4.13 | 4.14 | 4.17 | 4.20 | 4.25 | 4.29 |
| | | 1.0 | 5.10 | 4.70 | 4.53 | 4.48 | 4.48 | 4.51 | 4.56 | 4.62 | 4.70 | 4.77 | 4.85 |
| | | 1.2 | 5.30 | 4.95 | 4.84 | 4.83 | 4.88 | 4.96 | 5.05 | 5.15 | 5.26 | 5.37 | 5.48 |
| | 1.2 | 0.2 | 5.58 | 4.93 | 4.57 | 4.35 | 4.20 | 4.10 | 4.01 | 3.95 | 3.90 | 3.86 | 3.83 |
| | | 0.4 | 5.62 | 4.98 | 4.64 | 4.43 | 4.29 | 4.19 | 4.12 | 4.07 | 4.03 | 4.01 | 3.98 |
| | | 0.6 | 5.70 | 5.08 | 4.75 | 4.56 | 4.44 | 4.37 | 4.32 | 4.29 | 4.27 | 4.26 | 4.26 |
| | | 0.8 | 5.80 | 5.21 | 4.91 | 4.75 | 4.66 | 4.61 | -4.59 | 4.59 | 4.60 | 4.62 | 4.65 |
| | | 1.0 | 5.10 | 5.38 | 5.12 | 5.00 | 4.95 | 4.94 | 4.95 | 4.99 | 5.03 | 5.09 | 5.15 |
| | | 1.2 | 6.10 | 5.59 | 5.38 | 5.31 | 5.30 | 5.33 | 5.39 | 5.46 | 5.54 | 5.63 | 5.73 |
| | 1.4 | 0.2 | 6.49 | 5.72 | 5.30 | 5.03 | 4.85 | 4.72 | 4.62 | 4.54 | 4.48 | 4.43 | 4.38 |
| | | 0.4 | 6.53 | 5.77 | 5.35 | 5.10 | 4.93 | 4.80 | 4.71 | 4.64 | 4.59 | 4.55 | 4.51 |
| | | 0.6 | 6.59 | 5.85 | 5.45 | 5.21 | 5.05 | 4.95 | 4.87 | 4.82 | 4.78 | 4.76 | 4.74 |
| | | 0.8 | 6.68 | 5.96 | 5.59 | 5.37 | 5.24 | 5.15 | 5.10 | 5.08 | 5.06 | 5.06 | 5.07 |
| | | 1.0 | 6.79 | 6.10 | 5.76 | 5.58 | 5.48 | 5.43 | 5.41 | 5.41 | 5.44 | 5.47 | 5.51 |
| | | 1.2 | 6.93 | 6.28 | 5.98 | 5.84 | 5.78 | 5.76 | 5.79 | 5.83 | 5.89 | 5.95 | 6.03 |

$K_1 = \dfrac{I_1}{I_3} \cdot \dfrac{H_3}{H_1}$

$K_2 = \dfrac{I_2}{I_3} \cdot \dfrac{H_3}{H_2}$

$\eta_1 = \dfrac{H_1}{H_3}\sqrt{\dfrac{N_1}{N_3} \cdot \dfrac{I_3}{I_1}}$

$\eta_2 = \dfrac{H_2}{H_3}\sqrt{\dfrac{N_2}{N_3} \cdot \dfrac{I_3}{I_2}}$

$N_1$—上段柱的轴心力；

$N_2$—中段柱的轴心力；

$N_3$—下段柱的轴心力

注：表中的计算长度系数 $\mu_3$ 值是按下式计算得出：

$$\dfrac{\eta_1 K_1}{\eta_2 K_2} \cdot \tan\dfrac{\pi\eta_1}{\mu_3} \cdot \tan\dfrac{\pi\eta_2}{\mu_3} + \eta_1 K_1 \cdot \tan\dfrac{\pi\eta_1}{\mu_3} \cdot \tan\dfrac{\pi}{\mu_3} + \eta_2 K_2 \cdot \tan\dfrac{\pi\eta_2}{\mu_3} \cdot \tan\dfrac{\pi}{\mu_3} - 1 = 0$$

附表 D.6　柱上端可移动但不转动的双阶柱下段的计算长度系数 $\mu_3$

$K_1 = \dfrac{I_1}{I_3} \cdot \dfrac{H_3}{H_1}$

$K_2 = \dfrac{I_2}{I_3} \cdot \dfrac{H_3}{H_2}$

$\eta_1 = \dfrac{H_1}{H_3}\sqrt{\dfrac{N_1}{N_3} \cdot \dfrac{I_3}{I_1}}$

$\eta_2 = \dfrac{H_2}{H_3}\sqrt{\dfrac{N_2}{N_3} \cdot \dfrac{I_3}{I_2}}$

$N_1$ —上段柱的轴心力；
$N_2$ —中段柱的轴心力；
$N_3$ —下段柱的轴心力

| $\eta_1$ | $\eta_2$ | $K_1$ = 0.05 | | | | | | | | | | |
|---|---|---|---|---|---|---|---|---|---|---|---|---|
| | | $K_2$ = 0.2 | 0.3 | 0.4 | 0.5 | 0.6 | 0.7 | 0.8 | 0.9 | 1.0 | 1.1 | 1.2 |
| 0.2 | 0.2 | 1.99 | 1.99 | 2.00 | 2.00 | 2.01 | 2.02 | 2.02 | 2.03 | 2.04 | 2.05 | 2.06 |
| | 0.4 | 2.03 | 2.06 | 2.09 | 2.12 | 2.16 | 2.19 | 2.22 | 2.25 | 2.29 | 2.32 | 2.35 |
| | 0.6 | 2.12 | 2.20 | 2.28 | 2.36 | 2.43 | 2.50 | 2.57 | 2.64 | 2.71 | 2.77 | 2.83 |
| | 0.8 | 2.28 | 2.43 | 2.57 | 2.70 | 2.82 | 2.94 | 3.04 | 3.15 | 3.25 | 3.34 | 3.43 |
| | 1.0 | 2.53 | 2.76 | 2.96 | 3.13 | 3.29 | 3.44 | 3.59 | 3.72 | 3.85 | 3.98 | 4.10 |
| | 1.2 | 2.86 | 3.15 | 3.39 | 3.61 | 3.80 | 3.99 | 4.16 | 4.33 | 4.49 | 4.64 | 4.79 |
| 0.4 | 0.2 | 1.99 | 1.99 | 2.00 | 2.01 | 2.01 | 2.02 | 2.03 | 2.04 | 2.04 | 2.05 | 2.06 |
| | 0.4 | 2.03 | 2.06 | 2.09 | 2.13 | 2.16 | 2.19 | 2.23 | 2.26 | 2.29 | 2.32 | 2.35 |
| | 0.6 | 2.12 | 2.20 | 2.28 | 2.36 | 2.44 | 2.51 | 2.58 | 2.64 | 2.71 | 2.77 | 2.84 |
| | 0.8 | 2.29 | 2.44 | 2.58 | 2.71 | 2.83 | 2.94 | 3.05 | 3.15 | 3.25 | 3.35 | 3.44 |
| | 1.0 | 2.54 | 2.77 | 2.96 | 3.14 | 3.30 | 3.45 | 3.59 | 3.73 | 3.85 | 3.98 | 4.10 |
| | 1.2 | 2.87 | 3.15 | 3.40 | 3.61 | 3.81 | 3.99 | 4.17 | 4.33 | 4.49 | 4.65 | 4.79 |
| 0.6 | 0.2 | 1.99 | 1.98 | 2.00 | 2.01 | 2.02 | 2.03 | 2.04 | 2.04 | 2.05 | 2.06 | 2.07 |
| | 0.4 | 2.04 | 2.07 | 2.10 | 2.14 | 2.17 | 2.20 | 2.23 | 2.27 | 2.30 | 2.33 | 2.36 |
| | 0.6 | 2.13 | 2.21 | 2.29 | 2.37 | 2.45 | 2.52 | 2.59 | 2.65 | 2.72 | 2.78 | 2.84 |
| | 0.8 | 2.30 | 2.45 | 2.59 | 2.72 | 2.84 | 2.95 | 3.06 | 3.16 | 3.26 | 3.35 | 3.44 |
| | 1.0 | 2.56 | 2.78 | 9.07 | 3.15 | 3.31 | 3.46 | 3.60 | 3.73 | 3.86 | 3.99 | 4.11 |
| | 1.2 | 2.89 | 3.17 | 3.41 | 3.62 | 3.82 | 4.00 | 4.17 | 4.34 | 4.50 | 4.65 | 4.80 |
| 0.8 | 0.2 | 2.00 | 2.01 | 2.02 | 2.02 | 2.03 | 2.04 | 2.05 | 2.05 | 2.06 | 2.07 | 2.08 |
| | 0.4 | 2.05 | 2.08 | 2.12 | 2.15 | 2.18 | 2.21 | 2.25 | 2.28 | 2.31 | 2.34 | 2.37 |
| | 0.6 | 2.15 | 2.23 | 2.31 | 2.39 | 2.46 | 2.53 | 2.60 | 2.67 | 2.73 | 2.79 | 2.85 |
| | 0.8 | 2.32 | 2.47 | 2.61 | 2.73 | 2.85 | 2.96 | 3.07 | 3.17 | 3.27 | 3.36 | 3.45 |
| | 1.0 | 2.59 | 2.80 | 2.99 | 3.16 | 3.32 | 3.47 | 3.61 | 3.74 | 3.87 | 3.99 | 4.11 |
| | 1.2 | 2.92 | 3.19 | 3.42 | 3.63 | 3.83 | 4.01 | 4.18 | 4.35 | 4.51 | 4.66 | 4.81 |
| 1.0 | 0.2 | 2.02 | 2.02 | 2.03 | 2.04 | 2.05 | 2.05 | 2.06 | 2.07 | 2.08 | 2.09 | 2.09 |
| | 0.4 | 2.07 | 2.10 | 2.14 | 2.17 | 2.20 | 2.23 | 2.26 | 2.30 | 2.33 | 2.36 | 2.39 |
| | 0.6 | 2.17 | 2.26 | 2.33 | 2.41 | 2.48 | 2.55 | 2.62 | 2.68 | 2.75 | 2.81 | 2.87 |
| | 0.8 | 2.36 | 2.50 | 2.63 | 2.76 | 2.87 | 2.98 | 3.08 | 3.19 | 3.28 | 3.38 | 3.47 |
| | 1.0 | 2.62 | 2.83 | 3.01 | 3.18 | 3.34 | 3.48 | 3.62 | 3.75 | 3.88 | 4.01 | 4.12 |
| | 1.2 | 2.95 | 3.21 | 3.44 | 3.65 | 3.82 | 4.02 | 4.20 | 4.36 | 4.52 | 4.67 | 4.81 |
| 1.2 | 0.2 | 2.04 | 2.05 | 2.06 | 2.06 | 2.07 | 2.08 | 2.09 | 2.09 | 2.10 | 2.11 | 2.12 |
| | 0.4 | 2.10 | 2.13 | 2.17 | 2.20 | 2.23 | 2.26 | 2.29 | 2.32 | 2.35 | 2.38 | 2.41 |
| | 0.6 | 2.22 | 2.29 | 2.37 | 2.44 | 2.51 | 2.58 | 2.64 | 2.71 | 2.77 | 2.83 | 2.89 |
| | 0.8 | 2.41 | 2.54 | 2.67 | 2.78 | 2.90 | 3.00 | 3.11 | 3.20 | 3.30 | 3.39 | 3.48 |
| | 1.0 | 2.68 | 2.87 | 3.04 | 3.21 | 3.36 | 3.50 | 3.64 | 3.77 | 3.90 | 4.02 | 4.14 |
| | 1.2 | 3.00 | 3.25 | 3.47 | 3.67 | 3.86 | 4.04 | 4.21 | 4.37 | 4.53 | 4.68 | 4.83 |
| 1.4 | 0.2 | 2.10 | 2.10 | 2.10 | 2.11 | 2.11 | 2.12 | 2.13 | 2.13 | 2.14 | 2.15 | 2.15 |
| | 0.4 | 2.17 | 2.19 | 2.21 | 2.24 | 2.27 | 2.30 | 2.33 | 2.36 | 2.39 | 2.41 | 2.44 |
| | 0.6 | 2.29 | 2.35 | 2.41 | 2.48 | 2.55 | 2.61 | 2.67 | 2.74 | 2.80 | 2.86 | 2.91 |
| | 0.8 | 2.48 | 2.60 | 2.71 | 2.82 | 2.93 | 3.03 | 3.13 | 3.23 | 3.32 | 3.41 | 3.50 |
| | 1.0 | 2.74 | 2.92 | 3.08 | 3.24 | 3.39 | 3.53 | 3.66 | 3.79 | 3.92 | 4.04 | 4.15 |
| | 1.2 | 3.06 | 3.29 | 3.50 | 3.70 | 3.89 | 4.06 | 4.23 | 4.39 | 4.55 | 4.70 | 4.84 |

续表 D.6

| 简图 | $K_1$ | | 0.05 | | | | | | | | | | |
|---|---|---|---|---|---|---|---|---|---|---|---|---|---|
| | $\eta_1$ | $K_2$ $\eta_2$ | 0.2 | 0.3 | 0.4 | 0.5 | 0.6 | 0.7 | 0.8 | 0.9 | 1.0 | 1.1 | 1.2 |
| | 0.2 | 0.2 | 1.96 | 1.9.6 | 1.97 | 1.97 | 1.98 | 1.98 | 1.99 | 2.00 | 2.00 | 2.01 | 2.02 |
| | | 0.4 | 2.00 | 2.02 | 2.05 | 2.08 | 2.11 | 2.14 | 2.17 | 2.20 | 2.23 | 2.26 | 2.29 |
| | | 0.6 | 2.07 | 2.14 | 2.22 | 2.29 | 2.36 | 2.43 | 2.50 | 2.56 | 2.63 | 2.69 | 2.75 |
| | | 0.8 | 2.20 | 2.35 | 2.48 | 2.61 | 2.73 | 2.84 | 2.94 | 3.05 | 3.14 | 3.24 | 3.33 |
| | | 1.0 | 2.41 | 2.64 | 2.83 | 3.01 | 3.17 | 3.32 | 3.46 | 3.59 | 3.72 | 3.85 | 3.97 |
| | | 1.2 | 2.70 | 2.99 | 3.23 | 3.45 | 3.65 | 3.84 | 4.01 | 4.18 | 4.34 | 4.49 | 4.64 |
| | 0.4 | 0.2 | 1.96 | 1.97 | 1.97 | 1.98 | 1.98 | 1.99 | 2.00 | 2.00 | 2.01 | 2.02 | 2.03 |
| | | 0.4 | 2.00 | 2.03 | 2.06 | 2.09 | 2.12 | 2.15 | 2.18 | 2.21 | 2.24 | 2.27 | 2.30 |
| | | 0.6 | 2.08 | 2.15 | 2.23 | 2.30 | 2.37 | 2.44 | 2.51 | 2.57 | 2.64 | 2.70 | 2.76 |
| | | 0.8 | 2.21 | 2.36 | 2.49 | 2.62 | 2.73 | 2.85 | 2.95 | 3.05 | 3.15 | 3.24 | 3.34 |
| | | 1.0 | 2.43 | 2.65 | 2.84 | 3.02 | 3.18 | 3.33 | 3.47 | 3.60 | 3.73 | 3.85 | 3.97 |
| | | 1.2 | 2.71 | 3.00 | 3.24 | 3.46 | 3.66 | 3.85 | 4.02 | 4.19 | 4.34 | 4.49 | 4.64 |
| | 0.6 | 0.2 | 1.97 | 1.98 | 1.98 | 1.99 | 2.00 | 2.00 | 2.01 | 2.02 | 2.02 | 2.03 | 2.04 |
| | | 0.4 | 2.01 | 2.04 | 2.07 | 2.10 | 2.13 | 2.16 | 2.19 | 2.22 | 2.26 | 2.29 | 2.32 |
| | | 0.6 | 2.09 | 2.17 | 2.24 | 2.32 | 2.39 | 2.46 | 2.52 | 2.59 | 2.65 | 2.71 | 2.77 |
| | | 0.8 | 2.23 | 2.38 | 2.51 | 2.64 | 2.75 | 2.86 | 2.97 | 3.07 | 3.16 | 3.26 | 3.35 |
| | | 1.0 | 2.45 | 2.68 | 2.86 | 3.03 | 3.19 | 3.34 | 3.48 | 3.61 | 3.71 | 3.86 | 3.98 |
| | | 1.2 | 2.74 | 3.02 | 3.26 | 3.48 | 3.67 | 3.86 | 4.03 | 4.20 | 4.35 | 4.50 | 4.65 |
| | 0.8 | 0.2 | 1.99 | 1.99 | 2.00 | 2.01 | 2.01 | 2.02 | 2.03 | 2.04 | 2.04 | 2.05 | 2.06 |
| | | 0.4 | 2.03 | 2.06 | 2.09 | 2.12 | 2.15 | 2.19 | 2.22 | 2.25 | 2.28 | 2.31 | 2.34 |
| | | 0.6 | 2.12 | 2.19 | 2.27 | 2.34 | 2.41 | 2.48 | 2.55 | 2.61 | 2.67 | 2.73 | 2.79 |
| | | 0.8 | 2.27 | 2.41 | 2.54 | 2.66 | 2.78 | 2.89 | 2.99 | 3.09 | 3.18 | 3.28 | 3.37 |
| | | 1.0 | 2.49 | 2.70 | 2.89 | 3.06 | 3.21 | 3.36 | 3.50 | 3.63 | 3.76 | 3.88 | 4.00 |
| | | 1.2 | 2.78 | 3.05 | 3.29 | 3.50 | 3.69 | 3.88 | 4.05 | 4.21 | 4.37 | 4.52 | 4.66 |
| | 1.0 | 0.2 | 2.01 | 2.02 | 2.03 | 2.04 | 2.04 | 2.05 | 2.06 | 2.07 | 2.07 | 2.08 | 2.09 |
| | | 0.4 | 2.06 | 2.10 | 2.13 | 2.16 | 2.19 | 2.22 | 2.25 | 2.28 | 2.31 | 2.34 | 2.37 |
| | | 0.6 | 2.16 | 2.24 | 2.31 | 2.38 | 2.45 | 2.51 | 2.58 | 2.64 | 2.70 | 2.76 | 2.82 |
| | | 0.8 | 2.32 | 2.46 | 2.58 | 2.70 | 2.81 | 2.92 | 3.02 | 3.12 | 3.21 | 3.30 | 3.39 |
| | | 1.0 | 2.55 | 2.75 | 2.93 | 3.09 | 3.25 | 3.39 | 3.53 | 3.66 | 3.78 | 3.90 | 4.02 |
| | | 1.2 | 2.84 | 3.10 | 3.32 | 3.53 | 3.72 | 3.90 | 4.07 | 4.23 | 4.39 | 4.54 | 4.68 |
| | 1.2 | 0.2 | 2.07 | 2.08 | 2.08 | 2.09 | 2.09 | 2.10 | 2.11 | 2.11 | 2.12 | 2.13 | 2.13 |
| | | 0.4 | 2.13 | 2.16 | 2.18 | 2.21 | 2.24 | 2.27 | 2.30 | 2.33 | 2.35 | 2.38 | 2.41 |
| | | 0.6 | 2.24 | 2.30 | 2.37 | 2.43 | 2.50 | 2.56 | 2.63 | 2.68 | 2.74 | 2.80 | 2.86 |
| | | 0.8 | 2.41 | 2.53 | 2.64 | 2.75 | 2.86 | 2.96 | 3.06 | 3.15 | 3.24 | 3.33 | 3.42 |
| | | 1.0 | 2.64 | 2.82 | 2.98 | 3.14 | 3.29 | 3.43 | 3.56 | 3.69 | 3.81 | 3.93 | 4.04 |
| | | 1.2 | 2.92 | 3.16 | 3.37 | 3.57 | 3.76 | 3.93 | 4.10 | 4.26 | 4.41 | 4.56 | 4.70 |
| | 1.4 | 0.2 | 2.20 | 2.18 | 2.17 | 2.17 | 2.17 | 2.18 | 2.18 | 2.19 | 2.19 | 2.20 | 2.20 |
| | | 0.4 | 2.26 | 2.26 | 2.27 | 2.29 | 2.32 | 2.34 | 2.37 | 2.39 | 2.42 | 2.44 | 2.47 |
| | | 0.6 | 2.37 | 2.41 | 2.46 | 2.51 | 2.57 | 2.63 | 2.68 | 2.74 | 2.80 | 2.85 | 2.91 |
| | | 0.8 | 2.53 | 2.62 | 2.72 | 2.82 | 2.92 | 3.01 | 3.11 | 3.20 | 3.29 | 3.37 | 3.46 |
| | | 1.0 | 2.75 | 2.90 | 3.05 | 3.20 | 3.34 | 3.47 | 3.60 | 3.72 | 3.84 | 3.96 | 4.07 |
| | | 1.2 | 3.02 | 3.23 | 3.43 | 3.62 | 3.80 | 3.97 | 4.13 | 4.29 | 4.44 | 4.59 | 4.73 |

$K_1 = \dfrac{I_1}{I_3} \cdot \dfrac{H_3}{H_1}$

$K_2 = \dfrac{I_2}{I_3} \cdot \dfrac{H_3}{H_2}$

$\eta_1 = \dfrac{H_1}{H_3}\sqrt{\dfrac{N_1}{N_3} \cdot \dfrac{I_3}{I_1}}$

$\eta_2 = \dfrac{H_2}{H_3}\sqrt{\dfrac{N_2}{N_3} \cdot \dfrac{I_3}{I_2}}$

$N_1$—上段柱的轴心力；

$N_2$—中段柱的轴心力；

$N_3$—下段柱的轴心力

续表 D.6

$K_1 = \dfrac{I_1}{I_3} \cdot \dfrac{H_3}{H_1}$

$K_2 = \dfrac{I_2}{I_3} \cdot \dfrac{H_3}{H_2}$

$\eta_1 = \dfrac{H_1}{H_3}\sqrt{\dfrac{N_1}{N_3} \cdot \dfrac{I_3}{I_1}}$

$\eta_2 = \dfrac{H_2}{H_3}\sqrt{\dfrac{N_2}{N_3} \cdot \dfrac{I_3}{I_2}}$

$N_1$—上段柱的轴心力；
$N_2$—中段柱的轴心力；
$N_3$—下段柱的轴心力

| $\eta_1$ | $\eta_2$ | $K_1$ = 0.05 | | | | | | | | | | |
|---|---|---|---|---|---|---|---|---|---|---|---|---|
| | | $K_2$ = 0.2 | 0.3 | 0.4 | 0.5 | 0.6 | 0.7 | 0.8 | 0.9 | 1.0 | 1.1 | 1.2 |
| 0.2 | 0.2 | 1.94 | 1.03 | 1.93 | 1.93 | 1.93 | 1.93 | 1.94 | 1.94 | 1.95 | 1.95 | 1.96 |
| | 0.4 | 1.96 | 1.98 | 1.99 | 2.02 | 2.04 | 2.07 | 2.09 | 2.12 | 2.15 | 2.17 | 2.20 |
| | 0.6 | 2.02 | 2.07 | 2.13 | 2.19 | 2.26 | 2.32 | 2.38 | 2.44 | 2.50 | 2.56 | 2.62 |
| | 0.8 | 2.12 | 2.23 | 2.35 | 2.47 | 2.58 | 2.68 | 2.78 | 2.88 | 2.98 | 3.07 | 3.15 |
| | 1.0 | 2.28 | 2.47 | 2.65 | 2.82 | 2.97 | 3.12 | 3.26 | 3.39 | 3.51 | 3.63 | 3.75 |
| | 1.2 | 2.50 | 2.77 | 3.01 | 3.22 | 3.42 | 3.60 | 3.77 | 3.93 | 4.09 | 4.23 | 4.38 |
| 0.4 | 0.2 | 1.93 | 1.93 | 1.93 | 1.93 | 1.94 | 1.94 | 1.95 | 1.95 | 1.96 | 1.96 | 1.97 |
| | 0.4 | 1.97 | 1.98 | 2.00 | 2.03 | 2.05 | 2.08 | 2.11 | 2.13 | 2.16 | 2.19 | 2.22 |
| | 0.6 | 2.03 | 2.08 | 2.14 | 2.21 | 2.27 | 2.33 | 2.40 | 2.46 | 2.52 | 2.58 | 2.63 |
| | 0.8 | 2.13 | 2.25 | 2.37 | 2.48 | 2.59 | 2.70 | 2.80 | 2.90 | 2.99 | 3.08 | 3.17 |
| | 1.0 | 2.29 | 2.19 | 2.67 | 2.83 | 2.99 | 3.13 | 3.27 | 3.40 | 3.53 | 3.64 | 3.76 |
| | 1.2 | 2.52 | 2.79 | 3.02 | 3.23 | 3.43 | 3.61 | 3.78 | 3.94 | 4.10 | 4.24 | 4.39 |
| 0.6 | 0.2 | 1.95 | 1.15 | 1.95 | 1.95 | 1.96 | 1.96 | 1.97 | 1.97 | 1.98 | 1.98 | 1.99 |
| | 0.4 | 1.98 | 2.00 | 2.02 | 2.05 | 2.08 | 2.10 | 2.13 | 2.16 | 2.19 | 2.21 | 2.24 |
| | 0.6 | 2.04 | 2.10 | 2.17 | 2.23 | 2.30 | 2.36 | 2.42 | 2.48 | 2.54 | 2.60 | 2.66 |
| | 0.8 | 2.15 | 2.27 | 2.39 | 2.51 | 2.62 | 2.72 | 2.82 | 2.92 | 3.01 | 3.10 | 3.19 |
| | 1.0 | 2.32 | 2.52 | 2.70 | 2.86 | 3.01 | 3.16 | 3.29 | 3.42 | 3.55 | 3.66 | 3.78 |
| | 1.2 | 2.55 | 2.82 | 3.05 | 3.26 | 3.45 | 3.63 | 3.80 | 3.96 | 4.11 | 4.26 | 4.40 |
| 0.8 | 0.2 | 1.97 | 1.07 | 1.98 | 1.98 | 1.99 | 1.99 | 2.00 | 2.01 | 2.01 | 2.02 | 2.03 |
| | 0.4 | 2.00 | 2.03 | 2.06 | 2.08 | 2.11 | 2.14 | 2.17 | 2.20 | 2.22 | 2.25 | 2.28 |
| | 0.6 | 2.08 | 2.14 | 2.21 | 2.27 | 2.34 | 2.40 | 2.46 | 2.52 | 2.58 | 2.64 | 2.69 |
| | 0.8 | 2.19 | 2.32 | 2.44 | 2.55 | 2.66 | 2.76 | 2.86 | 2.96 | 3.05 | 3.13 | 3.22 |
| | 1.0 | 2.37 | 2.57 | 2.74 | 2.90 | 3.05 | 3.19 | 3.33 | 3.45 | 3.58 | 3.69 | 3.81 |
| | 1.2 | 2.61 | 2.87 | 3.09 | 3.30 | 3.49 | 3.66 | 3.83 | 3.99 | 4.14 | 4.29 | 4.42 |
| 1.0 | 0.2 | 2.01 | 2.02 | 2.03 | 2.03 | 2.04 | 2.05 | 2.05 | 2.06 | 2.07 | 2.07 | 2.08 |
| | 0.4 | 2.06 | 2.09 | 2.11 | 2.14 | 2.17 | 2.20 | 2.23 | 2.25 | 2.28 | 2.31 | 2.33 |
| | 0.6 | 2.14 | 2.21 | 2.27 | 2.34 | 2.40 | 2.46 | 2.52 | 2.58 | 2.63 | 2.69 | 2.74 |
| | 0.8 | 2.27 | 2.39 | 2.51 | 2.62 | 2.72 | 2.82 | 2.91 | 3.00 | 3.09 | 3.18 | 3.26 |
| | 1.0 | 2.46 | 2.64 | 2.81 | 2.96 | 3.10 | 3.24 | 3.37 | 3.50 | 3.61 | 3.73 | 3.84 |
| | 1.2 | 2.69 | 2.94 | 3.15 | 3.35 | 3.53 | 3.71 | 3.87 | 4.02 | 4.17 | 4.32 | 4.46 |
| 1.2 | 0.2 | 2.13 | 2.12 | 2.12 | 2.13 | 2.13 | 2.14 | 2.14 | 2.15 | 2.15 | 2.16 | 2.16 |
| | 0.4 | 2.18 | 2.19 | 2.21 | 2.24 | 2.26 | 2.29 | 2.31 | 2.34 | 2.36 | 2.38 | 2.41 |
| | 0.6 | 2.27 | 2.32 | 2.37 | 2.43 | 2.49 | 2.54 | 2.60 | 2.65 | 2.70 | 2.76 | 2.81 |
| | 0.8 | 2.41 | 2.50 | 2.60 | 2.70 | 2.80 | 2.89 | 2.98 | 3.07 | 3.15 | 3.23 | 3.32 |
| | 1.0 | 2.59 | 2.74 | 2.89 | 3.04 | 3.17 | 3.30 | 3.43 | 3.55 | 3.66 | 3.78 | 3.89 |
| | 1.2 | 2.81 | 3.03 | 3.23 | 3.42 | 2.59 | 3.76 | 3.92 | 4.07 | 4.22 | 4.36 | 1.49 |
| 1.4 | 0.2 | 2.35 | 2.31 | 2.29 | 2.28 | 2.27 | 2.27 | 2.27 | 2.27 | 2.27 | 2.28 | 2.28 |
| | 0.4 | 2.40 | 2.37 | 2.37 | 2.38 | 2.39 | 2.41 | 2.43 | 2.45 | 2.47 | 2.49 | 2.51 |
| | 0.6 | 2.48 | 2.49 | 2.52 | 2.56 | 2.61 | 2.65 | 2.70 | 2.75 | 2.80 | 2.85 | 2.89 |
| | 0.8 | 2.60 | 2.66 | 2.73 | 2.82 | 2.90 | 2.98 | 3.07 | 3.15 | 3.23 | 3.31 | 1.38 |
| | 1.0 | 2.77 | 2.88 | 3.01 | 3.14 | 3.26 | 3.38 | 3.50 | 3.62 | 3.73 | 3.84 | 1.94 |
| | 1.2 | 2.97 | 3.15 | 3.33 | 3.50 | 3.67 | 3.83 | 3.98 | 4.13 | 4.27 | 4.41 | 4.54 |

续表 D.6

| 简图 | $K_1$ / $K_2$ $\eta_1$ / $\eta_2$ | | 0.05 | | | | | | | | | | |
|---|---|---|---|---|---|---|---|---|---|---|---|---|---|
| | | | 0.2 | 0.3 | 0.4 | 0.5 | 0.6 | 0.7 | 0.8 | 0.9 | 1.0 | 1.1 | 1.2 |
| | 0.2 | 0.2 | 1.92 | 1.91 | 1.90 | 1.89 | 1.89 | 1.89 | 1.90 | 1.90 | 1.90 | 1.90 | 1.91 |
| | | 0.4 | 1.95 | 1.95 | 1.96 | 1.97 | 1.99 | 2.01 | 2.04 | 2.06 | 2.08 | 2.11 | 2.13 |
| | | 0.6 | 1.99 | 2.03 | 2.08 | 2.13 | 2.18 | 2.24 | 2.29 | 2.35 | 2.41 | 2.46 | 2.52 |
| | | 0.8 | 2.07 | 2.16 | 2.27 | 2.37 | 2.47 | 2.57 | 2.66 | 2.75 | 2.84 | 2.93 | 3.01 |
| | | 1.0 | 2.20 | 2.37 | 2.53 | 2.69 | 2.83 | 2.97 | 3.10 | 3.23 | 3.35 | 3.46 | 3.57 |
| | | 1.2 | 2.39 | 2.63 | 2.85 | 3.05 | 3.24 | 3.42 | 3.58 | 3.74 | 3.89 | 4.03 | 4.17 |
| | 0.4 | 0.2 | 1.92 | 1.91 | 1.91 | 1.90 | 1.90 | 1.91 | 1.91 | 1.91 | 1.92 | 1.92 | 1.92 |
| | | 0.4 | 1.95 | 1.96 | 1.97 | 1.99 | 2.01 | 2.03 | 2.05 | 2.08 | 2.10 | 2.12 | 2.15 |
| | | 0.6 | 2.00 | 2.04 | 2.09 | 2.14 | 2.20 | 2.26 | 2.31 | 2.37 | 2.42 | 2.48 | 2.53 |
| | | 0.8 | 2.08 | 2.18 | 2.28 | 2.39 | 2.49 | 2.59 | 2.68 | 2.77 | 2.86 | 2.95 | 3.03 |
| | | 1.0 | 2.22 | 2.39 | 2.55 | 2.71 | 2.85 | 2.99 | 3.12 | 3.24 | 3.36 | 3.48 | 3.59 |
| | | 1.2 | 2.41 | 2.65 | 2.87 | 3.07 | 3.26 | 3.43 | 3.60 | 3.75 | 3.90 | 4.04 | 4.18 |
| | 0.6 | 0.2 | 1.93 | 1.93 | 1.92 | 1.92 | 1.93 | 1.93 | 1.93 | 1.94 | 1.94 | 1.95 | 1.95 |
| | | 0.4 | 1.96 | 1.97 | 1.99 | 2.01 | 2.03 | 2.06 | 2.08 | 2.11 | 2.13 | 2.16 | 2.18 |
| | | 0.6 | 2.02 | 2.06 | 2.12 | 2.17 | 2.23 | 2.29 | 2.35 | 2.40 | 2.46 | 2.51 | 2.57 |
| | | 0.8 | 2.11 | 2.21 | 2.32 | 2.42 | 2.52 | 2.62 | 2.71 | 2.80 | 2.89 | 2.98 | 3.06 |
| | | 1.0 | 2.25 | 2.42 | 2.59 | 2.74 | 2.88 | 3.02 | 3.15 | 3.27 | 3.39 | 3.50 | 3.61 |
| | | 1.2 | 2.44 | 2.69 | 2.91 | 3.11 | 3.29 | 3.46 | 3.62 | 3.78 | 3.93 | 4.07 | 4.20 |
| | 0.8 | 0.2 | 1.96 | 1.95 | 1.96 | 1.96 | 1.97 | 1.97 | 1.98 | 1.98 | 1.99 | 1.99 | 2.00 |
| | | 0.4 | 1.99 | 2.01 | 2.03 | 2.05 | 2.08 | 2.10 | 2.13 | 2.15 | 2.18 | 2.21 | 2.23 |
| | | 0.6 | 2.05 | 2.10 | 2.16 | 2.22 | 2.28 | 2.34 | 2.40 | 2.45 | 2.51 | 2.56 | 2.81 |
| | | 0.8 | 2.15 | 2.26 | 2.37 | 2.47 | 2.57 | 2.67 | 2.76 | 2.85 | 2.94 | 3.02 | 3.10 |
| | | 1.0 | 2.30 | 2.48 | 2.64 | 2.79 | 2.93 | 3.07 | 3.19 | 3.31 | 3.43 | 3.54 | 3.65 |
| | | 1.2 | 2.50 | 2.74 | 2.96 | 3.15 | 3.33 | 3.50 | 3.66 | 3.81 | 3.96 | 4.10 | 4.23 |
| | 1.0 | 0.2 | 2.01 | 2.02 | 2.02 | 2.03 | 2.04 | 2.04 | 2.05 | 2.06 | 2.06 | 2.07 | 2.07 |
| | | 0.4 | 2.05 | 2.08 | 2.10 | 2.13 | 2.16 | 2.18 | 2.21 | 2.23 | 2.26 | 2.28 | 2.31 |
| | | 0.6 | 2.13 | 2.19 | 2.25 | 2.30 | 2.36 | 2.42 | 2.47 | 2.53 | 2.58 | 2.63 | 2.68 |
| | | 0.8 | 2.24 | 2.35 | 2.45 | 2.55 | 2.65 | 2.74 | 2.83 | 2.92 | 3.00 | 3.08 | 3.16 |
| | | 1.0 | 2.40 | 2.57 | 2.72 | 2.86 | 3.00 | 3.13 | 3.13 | 3.37 | 3.48 | 3.59 | 3.70 |
| | | 1.2 | 2.60 | 2.83 | 3.03 | 3.22 | 3.39 | 3.56 | 3.71 | 3.86 | 4.01 | 4.14 | 4.28 |
| | 1.2 | 0.2 | 2.17 | 2.16 | 2.16 | 2.16 | 2.16 | 2.16 | 2.17 | 2.17 | 2.18 | 2.18 | 2.19 |
| | | 0.4 | 2.22 | 2.22 | 2.24 | 2.26 | 2.28 | 2.30 | 2.32 | 2.34 | 2.36 | 2.39 | 2.41 |
| | | 0.6 | 2.29 | 2.33 | 2.38 | 2.43 | 2.48 | 2.53 | 2.58 | 2.62 | 2.67 | 2.72 | 2.77 |
| | | 0.8 | 2.41 | 2.49 | 2.58 | 2.67 | 2.75 | 2.84 | 2.92 | 3.00 | 3.08 | 3.16 | 3.23 |
| | | 1.0 | 2.56 | 2.69 | 2.83 | 2.96 | 3.09 | 3.21 | 3.33 | 3.44 | 3.55 | 3.66 | 3.76 |
| | | 1.2 | 2.74 | 2.94 | 3.13 | 3.30 | 3.47 | 3.63 | 3.78 | 3.92 | 4.06 | 4.20 | 4.33 |
| | 1.4 | 0.2 | 2.45 | 2.40 | 2.37 | 2.35 | 2.35 | 2.34 | 2.34 | 2.34 | 2.34 | 2.34 | 2.34 |
| | | 0.4 | 2.48 | 2.45 | 2.44 | 2.44 | 2.45 | 2.46 | 2.48 | 2.49 | 2.51 | 2.53 | 2.55 |
| | | 0.6 | 2.55 | 2.54 | 2.56 | 2.60 | 2.63 | 2.67 | 2.71 | 2.75 | 2.80 | 2.84 | 2.88 |
| | | 0.8 | 2.64 | 2.68 | 2.74 | 2.81 | 2.89 | 2.96 | 3.04 | 3.11 | 3.18 | 3.25 | 3.33 |
| | | 1.0 | 2.77 | 2.87 | 2.98 | 3.09 | 3.20 | 3.32 | 3.43 | 3.53 | 3.64 | 3.74 | 3.84 |
| | | 1.2 | 2.94 | 3.09 | 3.26 | 3.41 | 3.57 | 3.72 | 3.86 | 4.00 | 4.13 | 4.26 | 4.39 |

$K_1 = \dfrac{I_1}{I_3} \cdot \dfrac{H_3}{H_1}$

$K_2 = \dfrac{I_2}{I_3} \cdot \dfrac{H_3}{H_2}$

$\eta_1 = \dfrac{H_1}{H_3}\sqrt{\dfrac{N_1}{N_3} \cdot \dfrac{I_3}{I_1}}$

$\eta_2 = \dfrac{H_2}{H_3}\sqrt{\dfrac{N_2}{N_3} \cdot \dfrac{I_3}{I_2}}$

$N_1$—上段柱的轴心力;
$N_2$—中段柱的轴心力;
$N_3$—下段柱的轴心力

注:表中的计算长度系数 $\mu_3$ 值是按下式计算得出:

$$\dfrac{\eta_1 K_1}{\eta_2 K_2} \cdot \cot\dfrac{\pi\eta_1}{\mu_3} \cdot \cot\dfrac{\pi\eta_2}{\mu_3} + \eta_1 K_1 \cdot \cot\dfrac{\pi\eta_1}{\mu_3} \cdot \cot\dfrac{\pi}{\mu_3} + \eta_2 K_2 \cdot \cot\dfrac{\pi\eta_2}{\mu_3} \cdot \cot\dfrac{\pi}{\mu_3} - 1 = 0$$

# 附录 E  疲劳计算的构件和连接分类

附表 E.1  构件和连接分类

| 项次 | 简图 | 说明 | 类别 |
|---|---|---|---|
| 1 | | 无连接处的主体金属<br>1. 轧制型钢<br>2. 钢板<br>1）两边为轧制边或刨边<br>2）两侧为自动、半自动切割边（切割质量标准应符合《钢结构工程施工及验收规范》GB50205—2001) | 1<br><br>1<br>2 |
| 2 | | 横向对接焊缝附近的主体金属<br>1. 符合《钢结构工程施工及验收规范》GB50205—2001 的一级焊缝<br>2. 经加工、磨平的一级焊缝 | 3<br><br>2 |
| 3 | | 不同厚度（或宽度）横向对接焊缝附近的主体金属、焊缝加工成平滑过渡并符合一级焊缝标准 | 2 |
| 4 | | 纵向对接焊缝附近的主体金属，焊缝符合二级焊缝标准 | 2 |
| 5 | | 翼缘连接焊缝附近的主体金属<br>1. 翼缘板与腹板的连接焊缝<br>1）自动焊，二级 T 形对接和角接组合焊缝<br>2）自动焊，角焊缝，外观质量标准符合二级<br>3）手工焊，角焊缝，外观质量标准符合二级<br>2. 双层翼缘板之间的连接焊缝<br>1）自动焊，角焊缝，外观质量标准符合二级<br>2）手工焊，角焊缝，外观质量标准符合二级 | <br><br>2<br>3<br>4<br><br>3<br>4 |
| 6 | | 横向加劲肋端部附近的主体金属<br>1. 肋端不断弧（采用回焊）<br>2. 肋端断弧 | 4<br>5 |

续表 E.1

| 项次 | 简图 | 说明 | 类别 |
|---|---|---|---|
| 7 | (r≥60) | 梯形节点板用对接焊缝焊于梁翼缘、腹板以及桁架构件处的主体金属,过渡处在焊后铲平、磨光、圆滑过渡,不得有焊接起弧、灭弧缺陷 | 5 |
| 8 | | 矩形节点板焊接于构件翼缘或腹板处的主体金属,l>150 mm | 7 |
| 9 | | 翼缘板中断处的主体金属(板端有正面焊缝) | 7 |
| 10 | | 向正面角焊缝过渡处的主体金属 | 6 |
| 11 | | 两侧面角焊缝连接端部的主体金属 | 8 |
| 12 | | 三面围焊的角焊缝端部主体金属 | 7 |
| 13 | | 三面围焊或两侧面角焊缝连接的节点板主体金属(节点板计算宽度按应力扩散角 $\theta=30°$ 考虑) | 7 |
| 14 | | K形对接焊缝处的主体金属,两板轴线偏离小于 $0.15t$,焊缝为二级,焊趾角 $\alpha \leqslant 45°$ | 5 |
| 15 | | 十字接头角焊缝处的主体金属,两板轴线偏离小于 $0.15t$ | 7 |

续表 E.1

| 项次 | 简图 | 说明 | 类别 |
|---|---|---|---|
| 16 | 角焊缝 | 按有效截面确定的切应力幅计算 | 8 |
| 17 |  | 铆钉连接处的主体金属 | 3 |
| 18 |  | 连系螺栓和虚孔处的主体金属 | 3 |
| 19 |  | 高强度螺栓擦型连接处的主体金属 | 2 |

注：1. 所有对接焊缝均需焊透，所有焊缝的外形尺寸均应符合《钢结构焊缝外形尺寸》(JB 7949—1999)的规定。

2. 角焊缝应符合《钢结构设计规范》(GB 50017—2003)的相关要求。

3. 项次16中的切应力幅 $\triangle \tau = \tau_{max} - \tau_{min}$，其中 $\tau_{min}$ 的正负值为：与 $\tau_{max}$ 同方向时，取正值；与 $\tau_{max}$ 反方向时，取负值。

4. 第17、18项中的应力应以净截面面积计算，第19项应以毛截面面积计算。

# 参考文献

[1] 中华人民共和国建设部.(GB 50009—2001)建筑结构荷载规范[S].北京:中国建筑工业出版社,2002.

[2] 中华人民共和国建设部.(GB 50205—2001)钢结构工程施工质量验收规范[S].北京:中国计划出版社,2002.

[3] 中华人民共和国建设部.(GB 50017—2003)钢结构设计规范[S].北京:中国计划出版社,2003.

[4] 中华人民共和国建设部.(GB 50011—2010)建筑抗震设计规范[S].北京:中国建筑工业出版社,2010.

[5] 中华人民共和国建设部.(JGJ 99—1998)高层民用建筑钢结构技术规程[S].北京:中国建筑工业出版社,1998.

[6] 丁阳.钢结构设计原理[M].天津:天津大学出版社,2004.

[7] 陈志华.建筑钢结构设计[M].天津:天津大学出版社,2004.

[8] 张其林.轻型门式刚架[M].济南:山东科学技术出版社,2004.

[9] 张耀春,周绪红.钢结构设计原理[M].北京:高等教育出版社,2004.

[10] 王新武.钢结构[M].郑州:郑州大学出版社,2006.

[11] 邬建华.钢结构:同步辅导及习题精解[M]2版.西安:陕西师范大学出版社,2006.

[12] 陈绍蕃,顾强.钢结构(上册)——钢结构基础[M]2版.北京:中国建筑工业出版社,2007.

[13] 马人乐,罗烈,邓洪洲.建筑钢结构设计[M]2版.上海:同济大学出版社,2008.

[14] 王军龙.钢结构[M].成都:西南交通大学出版社,2008.

[15] 刘树堂.钢结构[M].北京:中国电力出版社,2009.

[16] 牛秀艳,刘伟.钢结构原理与设计[M].武汉:武汉理工大学出版社,2010.